Jo

Familia Briab.

1/1/05

¡ARRIBA JUVENTUD!

Devocionario para Jóvenes
2005
Frank González

ASOCIACIÓN PUBLICADORA INTERAMERICANA

Belice - Bogotá - Caracas - Guatemala - Managua - Panamá
San Salvador - San José - San Juan - Santo Domingo - Tegucigalpa

Dirección editorial: Dr. Félix Cortéz
Redactor de libros: Sergio V. Collins
Diagramación: José Dolorier
Portada: Ideyo Alomía

ISBN   1-57554-356-7

Asociación Publicadora Interamericana
2905 N.W. 87th Avenue
Miami, Florida, 33172
Estados Unidos de Norteamérica

Impreso y encuadernado para APIA por:
Grupo OP, Bogotá, Colombia

Impreso en Colombia
Printed in Colombia

PREFACIO

Salomón, el rey sabio, hace tres mil años escribió: "Vanidad de vanidades, todo es vanidad. ¿Qué provecho tiene el hombre de todo su trabajo con que se afana debajo del sol?" (Eclesiastés 1:2-4). De este modo describió la condición de una vida colectiva cuyas sensaciones y emociones habían perdido su vigor y frescura, convirtiéndola en una existencia hueca y sin interés, importancia ni propósito. Este concepto del sabio se aplica perfectamente a amplios sectores del mundo juvenil de comienzos del tercer milenio.

La mente de la gente joven es el campo de batalla en el que se libran acerbos combates conceptuales entre las verdades transformadoras y salvadoras de Dios contenidas en la Biblia y las mentiras, dudas, temores, apetencias sexuales y vicios con los que Satanás bombardea implacablemente a seres humanos creados a imagen y semejanza de Dios, entre los cuales su blanco predilecto son los adolescentes y los jóvenes. "Porque nuestra lucha... es... contra potestades que dominan este mundo de tinieblas, contra fuerzas espirituales malignas" (Efesios 6: 12).

Por la gracia de Dios, los jóvenes tienen a su disposición armas poderosas y eficaces para neutralizar las despiadadas acometidas de las "fuerzas espirituales malignas" que procuran neutralizar la fuerza moral juvenil: "Las armas con que luchamos no son de este mundo, sino que tienen el poder divino para derribar fortalezas... y llevamos cautivo todo pensamiento para que se someta a Cristo" (2 Corintios 10: 4, 5).

El escritor William Blake es autor del pensamiento que sigue, el cual se aplica especialmente al quehacer de la gente joven: "Si se limpiaran las puertas de la percepción [es decir, las "avenidas del alma" o los cinco sentidos], todas las cosas se verían tales como son, es decir, infinitas". Cuando quienes viven en el mundo juvenil permitan que el Espíritu Santo limpie su mente y les ayude a controlar los cinco sentidos para que no perciban lo que puede inducirlos a desagradar a su Creador, entonces percibirán "todo lo que es verdadero, todo lo honesto, todo lo justo, todo lo puro, todo lo amable, todo lo que es de buen nombre; si hay virtud alguna, si algo digno de alabanza, en esto pensad" (Filipenses 4.8). Entonces, "la paz de Dios que sobrepasa todo entendimiento, guardará vuestros corazones y vuestros pensamientos en Cristo Jesús" (Vers. 7).

El devocionario juvenil para el año 2005, con sus 365 mensajes cotidianos, dirigirá las mentes de los lectores hacia las cosas y las realidades "infinitas", para que la gracia de nuestro Señor Jesucristo los acompañe constantemente. Este devocionario contiene reflexiones espirituales interesantes que cautivan la atención, deleitan y dirigen los pensamientos hacia la fuente divina de poder y sabiduría. El escritor Richard Bernstein dijo acertadamente: "O existe algún apoyo para nuestro ser, un fundamento firme para nuestro conocimiento, o no podremos escapar de las fuerzas de la oscuridad que nos rodean". Dios quiera que sus hijos jóvenes se apertrechen cada día con las poderosas armas provistas por el Espíritu Santo para vencer las fuerzas del mal y realizar en ellos este anhelo de Dios: "La santificación del alma por la obra del Espíritu Santo es la implantación de la naturaleza de Cristo en la humanidad" (Palabras de vida del gran Maestro, p. 316).

El Dr. Frank González brinda a jóvenes y señoritas, fieles soldados de Jesús, 365 poderosas granadas en forma de reflexiones espirituales para cada día, interesantes e inspiradoras, que el Espíritu Santo hará detonar en el momento oportuno para aniquilar la influencia de los espíritus del mal. ¡Arriba juventud! ¡Busquen la superación personal en Cristo!

—Sergio V. Collins

¿FRÁGILES COMO TELARAÑAS?

Ahora, pues, si diereis oído a mi voz, y guardareis mi pacto, vosotros seréis mi especial tesoro... (Éxodo 19:5).

En torno al Año Nuevo llueven las resoluciones, las promesas a Dios y a nuestros familiares o amigos. De ahora en adelante no volveremos a decir malas palabras, a enojarnos, a gritarle al familiar que nos saca de quicio, mirar pornografía, o cualquier otra cosa semejante. Y decimos: "Lo prometo con todo mi corazón". Para sustituir estas malas costumbres tenemos una lista de buenos hábitos. De ahora en adelante vamos a leer la Biblia todos los días, oraremos más, seremos buenos hijos (o padres), más generosos, más pacientes, no pensaremos mal, etc., etc. ¡Excelentes resoluciones de Año Nuevo!

Hemos hecho resoluciones similares antes, pero ninguna de ellas duró más de unas pocas semanas. Nuestras promesas rotas debilitan la confianza en nuestra propia sinceridad y dudamos de que Dios vuelva a creernos. ¿Para qué probar de nuevo?

¡Dios *nunca* nos ha pedido que le hagamos promesas! Lo que siempre ha demandado de nosotros es *elegir*. Dios sabe muy bien que, por nuestra debilidad humana, no podemos cumplir las promesas que le hacemos. Y si las hacemos para sólo quebrantarlas, terminaremos sintiendo que para nosotros no hay esperanza. Así, nuestros malos hábitos nos habrán atrapado para siempre.

Permítame, joven amigo, compartir contigo el consejo más sabio que haya encontrado acerca de cómo se puede vencer el pecado:

"Muchos dicen: '¿Cómo me entregaré a Dios?' Deseáis hacer su voluntad, mas sois moralmente débiles, esclavos de la duda y dominados por los hábitos de vuestra vida de pecado. Vuestras promesas y resoluciones son *frágiles como telarañas**. No podéis gobernar vuestros pensamientos, impulsos y afectos. El conocimiento de vuestras promesas no cumplidas y de vuestros votos quebrantados debilita la confianza que tuvisteis en vuestra propia sinceridad, y os induce a sentir que Dios no puede aceptaros; mas no necesitáis desesperar. Lo que debéis entender es la verdadera fuerza de la voluntad. Ésta es el poder gobernante en la naturaleza del hombre, la facultad de decidir o escoger. Todo depende de la correcta acción de la voluntad. Dios dio a los hombres el poder de elegir; a ellos les toca ejercerlo. No podéis cambiar vuestro corazón, ni dar por vosotros mismos vuestros afectos a Dios. Podéis darle vuestra voluntad, para que él obre en vosotros tanto el querer como el hacer, según su voluntad. De ese modo vuestra naturaleza entera estará bajo el dominio del Espíritu de Cristo" (*El camino a Cristo*, págs. 47, 48).

OJO POR OJO Y DIENTE POR DIENTE

Oísteis que fue dicho: Ojo por ojo, y diente por diente. Pero yo os digo: No resistáis al que es malo; antes, a cualquiera que te hiera en la mejilla derecha, vuélvele también la otra (Mateo 5:38, 39).

Cuando alguien nos ofende, nos insulta o nos lastima intencionalmente, tendemos a responder de la misma forma. Pero esa actitud provoca resentimientos y a su vez trastornos a nuestro propio organismo. ¿Cómo podemos reprimir el deseo de venganza? ¿Es posible substituirlo por otros sentimientos? De ser así, ¿qué beneficios reportaría?

Ciertamente, las enseñanzas de Jesús no son un idealismo impracticable, ni mucho menos un absurdo. Cuando él dice: "A cualquiera que te hiriere la mejilla derecha, vuélvele también la otra", sabe que eso es exactamente lo que nos conviene. Conocedor de la naturaleza humana por cuanto él mismo la creó, sabe bien cuán íntima es la relación entre la mente y el cuerpo: de qué modo nuestra actitud hacia los problemas y hacia la gente puede determinar, en gran medida, no sólo el éxito o el fracaso de nuestras empresas, sino aun la salud o la enfermedad de nuestro organismo. Cuando aconseja: "Amad a vuestros enemigos" (Mateo 5:44); "perdonad si tenéis algo contra alguno" (Marcos 11:25), él no habla "porque sí". Sabe que su respuesta asegura paz mental, salud y alegría de vivir. Porque cuando uno llega a sentir odio hacia alguien, y no lo extirpa a tiempo, este odio se hace como un tumor canceroso. Aumenta y se expande hasta ocupar todo el ser. Y lo destruye; tal como a aquel hombre que había jurado recordar hasta la muerte un mal que alguien le hizo en su juventud. Y al morir, dijo con amargura: "Veo ahora que mis maldiciones han carcomido mi alma, fueron como hiel en mi lengua, y arena en mis dientes; mi odio no ha dañado a nadie, sino a mí mismo; mi vida ha sido un infierno".

En gira por Venezuela conocimos a un hombre que se dedica en su tiempo libre a inscribir personas en los cursos de *La Voz de la Esperanza*. Hacía poco que había sufrido un durísimo golpe. Durante un robo, un ladrón le quitó la vida a uno de sus hijos. Cuál no fue nuestra sorpresa, cuando seguidamente nos relató cómo determinó evangelizar al asesino de su hijo; y la alegría que sintió al verlo entregar su corazón al Señor Jesús . Nos dejó sin palabras. Habíamos predicado nuestro tema favorito: el incomparable amor incondicional de Dios; pero este hombre ya lo estaba practicando... ¿Y nosotros?

¿POTROS SALVAJES?

Mejor es el que tarda en airarse que el fuerte; y el que se enseñorea de su espíritu, que el que toma una ciudad (Proverbios 16:32).

Hay personas que parecen especialmente predispuestas al enojo. Cualquier excusa se convierte en causa de molestia y les hace manifestar su desagrado. ¿Qué podemos hacer frente a ellas? ¿Cómo se entiende que aun se enojen con nosotros cuando, honestamente, no les hemos dado motivo?

La gran mayoría de nosotros deseamos llevarnos bien con todos; vivir tranquilos y felices. Pero nunca falta algo, o alguien, que se encargue de evitarlo. A veces un contratiempo, algo que no salió como esperábamos, puede ser el fósforo encendido que nos haga estallar y nos convierta, sin proponérnoslo, en enemigos de los demás.

Los que nos rodean, no siempre pueden entender que nuestra animosidad no es contra ellos realmente, sino porque estamos enojados con nosotros mismos. Acaso lleguen a preocuparse pensando cómo y en qué nos habrán ofendido para que reaccionemos de este modo. Algunos decidirán cortar toda relación con nosotros. Y cuando se nos calma la tormenta interior, descubrimos cuánto daño hicimos al lanzar nuestro torrente de agresividad. Por una palabra o un gesto insultante, habremos perdido salud, alegría, paz y amigos. ¿Vale la pena?

Pensemos bien antes de reaccionar en forma violenta. Si conocemos que nuestro temperamento se parece bastante a un potro salvaje, domémoslo. Aprendamos a controlar nuestros impulsos, porque el libro Sagrado dice: "Mejor es el que tarda en airarse, que el fuerte; y el que se enseñorea de su espíritu, que el que toma una ciudad" (Proverbios 16:32).

Por lo demás, si justamente no somos nosotros los "potros salvajes", sino papá, o mamá, nuestro amigo, o el maestro de la escuela... ¡evitemos el mal rato! Pensemos que a lo mejor le está pasando lo mismo que nos pasó a nosotros en nuestro "día malo". Tendámosle la mano. Tengamos una palabra amable, alguna expresión de comprensión y simpatía. Acaso, una broma, o un silencio bondadoso. Esto le hará bien a ellos, y nos producirá una íntima satisfacción.

Bien lo dijo Jesús: "Todas las cosas que queráis que los hombres hagan con vosotros, así también haced vosotros con ellos" (Mateo 7:12). Esta "regla de oro" es la mejor herramienta para desvanecer los conflictos y tensiones en las relaciones humanas, ¿no le parece?

COMO A TI MISMO

Y el segundo es semejante: Amarás a tu prójimo como a ti mismo
(Mateo 22:39).

Es creencia común que amar a los demás es una virtud, en tanto que amarse a uno mismo es ser egoísta. Sin embargo, la psicología moderna opina diferente. ¿Quién tiene la razón? ¿Hay contradicción entre el amor a uno mismo y el amor a los demás? ¿Es el amor a sí mismo un fenómeno similar al egoísmo, o son opuestos? ¿De qué sirve conocer la diferencia?

Cuando Enrique Fawcett era joven, yendo de cacería recibió en pleno rostro la descarga de la escopeta de su padre. Quedó ciego. Por un tiempo se sumió en la angustia; pero luego, se sobrepuso a sus sentimientos. Estudió y se esforzó. Llegó a ser miembro destacado del Parlamento Británico, y Administrador General de Correos.

Fawcett compensó sus deficiencias físicas con esfuerzo y desarrollo intelectual, y a la vez, substituyó sus sentimientos de autocompasión por otros altruistas, con el fin de aliviar el dolor moral de su padre. Porque se amaba a sí mismo y amaba a su padre, se negó a desesperar. Decidió hacer algo que le ayudara a superarse.

Si Fawcett hubiera sido egoísta, habría tenido una actitud muy diferente: de frustración, de autocompasión, de rumiar sus problemas y su infelicidad. Incapaz de sobreponerse, no habría podido reprimir el resentimiento hacia su padre por haber sido el causante de su desgracia. Así habría perdido totalmente su capacidad de amar y de disfrutar de la vida. Habría aprendido a odiarse, a odiar a su padre, y a vivir lleno de amargura.

En su obra *El Arte de Amar*, Erich Fromm explica cómo "el egoísmo y el amor a sí mismo, lejos de ser idénticos, son realmente opuestos. Las personas egoístas son incapaces de amar a los demás, pero tampoco pueden amarse ellas mismas". Es que, en verdad, lo uno depende de lo otro. Sólo cuando nos aceptamos a nosotros mismos, con nuestras posibilidades y limitaciones, estamos en condiciones de aceptar "igualmente" a los demás. De la misma manera, sólo cuando aprendemos a amarnos a nosotros mismos, estamos en condiciones de amar "igualmente" a los demás.

Convendrá pues, que examinemos nuestros motivos íntimos; pero que lo hagamos a la luz del mandamiento divino: "Amarás a tu prójimo como a ti mismo" (Gálatas 5:14). Y recordemos que la fuente del amor se encuentra en Dios.

EL CAMINO MÁS EXCELENTE

Mas... yo os muestro un camino más excelente (1 Corintios 12:31).

Las sendas de la vida son "senderos que se bifurcan" —al decir de Jorge Luis Borges—. ¿Cómo reaccionar ante las cosas? ¿Qué camino escoger? Cuando se trata de agravios e insultos, debemos pensar bien antes de reaccionar en forma destructiva.

Un doctor aconsejaba así a su paciente: "Pruebe hacer un bien a su enemigo; y le sorprenderá lo fácil que es amarlo". Pero, ¿cómo lograrlo? ¿Cabe, en una sociedad como la nuestra, aplicar el amor siempre? ¿A toda la gente?

El caso de Roberto Hernández salió en los noticieros hace algunos años. Roberto no amaba al muchacho responsable por la muerte de su hijo. Más bien, lo odiaba con toda su alma. Pero comprendió a tiempo que ese odio no resucitaría a su hijo, ni le devolvería la paz y la alegría que él había perdido. El niño estaba muerto y no necesitaba su amor ni su ayuda. Pero este adolescente, que esa mañana se había escapado del orfanato, había robado un auto y con él atropellado a su hijo, sí necesitaba un padre. Roberto Hernández decidió serlo. En una entrevista Roberto declaró: "El amor salvó mi vida y me impidió enterrarme en la compasión propia, la miseria y un odio profundo hacia toda la raza humana. En realidad, si no hubiera sido por el amor podría haberme suicidado, o quizás hasta haberme convertido en un asesino". De su hijo adoptivo, comentó: "Es nuestro hijo legalmente adoptado, y Teresa y yo lo amanos tiernamente".

La mayoría de nosotros no ha vivido nunca semejante situación. Sin embargo, por daños menores que alguien nos haya hecho, reaccionamos con tal amargura y resentimiento que ahondamos su mala voluntad y arruinamos nuestra existencia.

"Pero... yo os muestro un camino más excelente", decía San Pablo. Y se refería al camino del amor, el verdadero, el único. El amor que "nunca deja de ser". El que a pesar del odio, la indiferencia, la burla, el desprecio, la adversidad, o la injusticia, sigue en pie, porque —simplemente— "no puede negarse a sí mismo". Este amor se traduce en paz y alegría. Para el que lo da y para el que lo recibe, este amor divino es la medicina más poderosa que pueda aplicarse al alma herida.

IDEALISMO CON MADUREZ

Y el niño crecía y se fortalecía, y se llenaba de sabiduría; y la gracia de Dios era sobre él... Y Jesús crecía en sabiduría y en estatura, y en gracia para con Dios y los hombres (Lucas 2:40, 52).

¿Cómo puede un joven madurar sin perder el celo y el idealismo de la juventud? ¿Cómo ser entusiasta, progresista y apasionado, sin ser ofensivo ni iconoclasta?

En uno de los libros de Stern, el protagonista caza una mosca, pero luego la suelta junto a la ventana abierta, diciéndole: "Vete, pobre insecto, vete, este mundo es bastante grande para ti y para mí". Aarón Burr, quien había matado en duelo a uno de los próceres de la independencia estadounidense, leyó esta obra de Stern cuando tenía 80 años. Entonces, con pesar, comentó: "Si yo en mi juventud hubiese leído más a Stern y menos a Voltaire, habría sabido que el mundo era bastante grande para Hamilton y para mí".

Cuando pasan los años, uno se da cuenta mejor de cuántos y cuáles fueron los errores que cometió en el pasado. Pero le es más difícil, y a veces imposible, reconocer los que comete en el presente. Cuando se es joven, el futuro se percibe inmenso, y lo atrae a uno como la pampa fértil al sembrador. Y cree... que él (o ella, como sea el caso), sí sabrá. El adulto, por su parte, considera este idealismo como una pedantería propia de la inexperiencia y la inmadurez.

Para Alberto Schweitzer, sin embargo, la "madurez" referida al hombre era "sinónimo de empobrecimiento y desgaste". Según él, "el gran secreto consiste en atravesar la vida con el alma intacta. La experiencia que los adultos transmiten a los jóvenes no debe formalizarse diciéndoles que 'la realidad de las cosas ya se encargará de arruinar su idealismo'. Es preciso poder decirles: 'Ojalá que tu ideal se incorpore de tal manera en ti que la vida no sea capaz de robártelo'". Eso es *idealismo con madurez*; eso es *crecer en sabiduría, en estatura y en gracia*.

AVES SUICIDAS

Glorificad pues a Dios en vuestro cuerpo y en vuestro espíritu, los cuales son de Dios (1 Corintios 6:20).

Nuestras oficinas, dentro de los predios de la sede mundial de La Voz de la Esperanza, tienen unos ventanales tan limpios y transparentes que parecen no existir. Hemos aprendido a bajar un tanto las persianas para evitar que las aves, atraídas por la sala iluminada, se estrellen contra el ventanal. Para Cecilio Arrastía, ésta es una parábola de la vida. Según él, los pájaros se matan "por no ver el peligro transparente pero inminente". Y añade: "hay hombres y mujeres que repiten la experiencia de estas aves suicidas".

Y así es. Muchas de las señoritas que ceden a los requerimientos de sus novios o amigos, lo hacen creyendo, equivocadamente, que así expresan su amor, y a su vez lo consiguen. No ven el peligro "transparente pero inminente" que esconden las caricias aparentemente inofensivas y la "sala iluminada" de alguna boca llena de promesas. Después, será lo otro: el "choque". El muchacho la probó, y ahora la deja.

Amable joven, el verdadero amor es responsable y por lo tanto protege la pureza propia y la ajena. En el noviazgo, como en toda otra relación, es necesario que analicemos con honestidad nuestros motivos. Pero sobre todo que reconozcamos, como San Pablo, que en realidad "no somos nuestros" sino de Dios. Tal concepto, da una dimensión nueva a la vida y restaura la dignidad del cuerpo y el dominio del hombre sobre sus apetitos. De ese modo, jóvenes y adultos pueden controlar y dirigir sus emociones. Pueden hacer suyas las palabras del gran apóstol Pablo: "Glorificad pues a Dios en vuestro cuerpo y en vuestro espíritu, los cuales son de Dios" (1 Corintios 6:20).

CONSEJOS DE UN AMIGO DE LOS JÓVENES

Y soñó José un sueño... (Génesis 37:5).

En *Joven Amigo*, el recordado Dr. Braulio Pérez Marcio decía lo siguiente:

"Joven amigo, tú sueñas con toda la fuerza de tu juventud y te dices: yo seré grande. Y cuando miras hacia el futuro te ves envuelto en un nimbo tal de grandeza y celebridad que te parece que el mundo se ha hecho sólo para que tú lo conquistes.

"Y tienes razón. La vida es tu oportunidad, es tu conquista y debe ser tu éxito. Pero, escucha: la vida no se conquista con ilusiones, ni con sólo deseos, ni con suspiros. La vida será tuya mediante una idealidad genuina y noble, mediante la acción pujante y vigorosa, y será tuya por la gracia todopoderosa de la Divinidad.

"...Una idealidad, porque el que desea llegar a alguna parte, debe saber adónde va, debe tener objetivo, como lo tiene el navío que zarpa, el tren que se pone en marcha, el avión que se remonta a las nubes...

"...Una acción pujante y vigorosa porque sin ella de nada serviría la más sublime idealidad, y resultaría estéril la más fecunda de las posibilidades. Debe echarse mano a la energía que todo lo crea, que todo lo enciende, que todo lo allana.

"...La gracia todopoderosa de la Divinidad, porque quien desecha a Dios, quita de sí toda posibilidad de verdadera victoria y se priva del auxilio del que todo lo puede...

"Tú sueñas, pero ya ves que no es sólo con sueños con lo que se triunfa. Abre tu corazón a estas palabras, levanta tus ojos hacia Dios en una suprema invocación humilde, clava tu vista en lo más digno que puedas concebir y luego marcha. Marcha siempre con noble tesón y no cedas nunca a las vacilaciones, cierra tus oídos a toda insinuación de debilidad y si el dolor te hiere no te detengas a llorar, pero tampoco detengas tus lágrimas: llora mientras caminas, y que una gran confianza llene tu ser. Dios te mirará con ojos benignos y triunfarás".

LA BIBLIA Y TU CORAZÓN

Sobre toda cosa guardada, guarda tu corazón; porque de él mana la vida (Proverbios 4:23).

Su tamaño no excede al de un puño cerrado, pero cada día trabaja lo suficiente como para levantar a un hombre de 75 kilogramos de peso a una altura de 280 metros. Nos referimos al corazón, ese órgano vital, tremendamente resistente pero también vulnerable a la enfermedad más común de nuestra época: la arterioesclerosis. ¿En qué consiste este mal? ¿Es factible evitarlo? ¿Cómo puede uno cuidar su corazón?

A un ritmo promedio de 72 pulsaciones por minuto, el corazón late durante toda la vida, reposando sólo una fracción de segundo después de cada latido. Impulsa diariamente 11.500 litros de sangre, y cuando late rápidamente, acorta su período de descanso pero no de latido. Su actividad y resistencia son extraordinarias en verdad; sin embargo, esto no quita que justamente las enfermedades que lo afectan sean las que encabezan la lista de las causas de todas las defunciones. La arterioesclerosis es llamada "la enfermedad de todos"; y lo paradójico es que podría evitarse o al menos retardar su proceso, pues no la ocasionan agentes infecciosos sino los depósitos de grasa en las arterias que conducen la sangre.

Es interesante notar que 3.500 años antes que la ciencia lo aconsejara, Dios había ordenado así a Moisés: "La grosura de animal... se dispondrá para cualquier otro uso, mas no la comeréis" (Levítico 7:24). Por lo demás, la Biblia también amonesta contra la glotonería y la intemperancia: principales causantes de la obesidad. Y en cuanto a las tensiones, da el único remedio eficaz; "Tened fe en Dios" (Marcos 11:22).

La ciencia descubre y aconseja hoy, lo que la Biblia ya enseñaba miles de años antes. En lo físico como en lo espiritual, la advertencia sigue siendo oportuna: "Sobre toda cosa guardada, guarda tu corazón; porque de él mana la vida" (Proverbios 4:23).

COMO EN LOS DÍAS DE NOÉ

Mas como en los días de Noé, así será la venida del Hijo del Hombre...
hasta el día en que Noé entró en el arca, y no entendieron hasta que
vino el diluvio y se los llevó a todos (Mateo 24:37- 39).

Noé dejo abierta la puerta del arca, de modo que la gente pudiera entrar y hallar refugio cuando viniera el diluvio. Los ángeles hicieron entrar a los animales, una pareja de cada especie en el caso de los clasificados como inmundos (no aptos para el consumo), y en grupos de siete parejas de cada especie en el caso de los animales considerados limpios. Pero hasta el último día los seres humanos rehusaron entrar. Sólo Noé y su familia entraron, y luego un ángel cerró la maciza puerta.

Pero la lluvia no vino en seguida. El clima siguió despejado, como de costumbre. Esto les dio ánimo a los que habían rechazado el evangelio, y se volvieron más atrevidos en sus burlas. Durante siete días, Noé y su familia permanecieron encerrados; no podrían haber salido, porque la puerta no se podía abrir. Por su parte, los que habían quedado afuera ya no podían entrar aunque quisieran, porque la puerta se había cerrado. Toda esta escena provee una lección divinamente inspirada, la cual todos podemos comprender:

(a) En nuestros días, nuevamente el evangelio está siendo predicado por todo el mundo, y la verdad acerca de la pronta venida de Jesús ha estado proclamándose por más de cien años.

(b) Una vez más, el mundo en general ha resistido y rechazado el mensaje de la gracia de Dios.

(c) Una vez más, se ha provisto un "arca" de seguridad para que todos entren en ella. Es la "iglesia remanente" de Apocalipsis 12:17 ["el resto de la descendencia de ella"] y 14:12, la iglesia que se distingue de modo que todos la pueden reconocer, cuyos miembros "guardan los mandamientos de Dios y la fe de Jesús", y proclaman el mensaje distintivo del día del juicio divino (Apocalipsis 14 :6-12).

(d) Una vez más, se hace una invitación final a todos: "Venid a mí todos los que estáis fatigados y cargados, y yo os haré descansar". "El Espíritu y la esposa dicen: '¡Ven!' Y el que oiga, *también* diga: '¡Ven!' Y el que tenga sed y quiera, venga y reciba el agua de la vida gratuitamente" (Mateo 11:28; Apocalipsis 22:17).

(e) Y una vez más, usted ha escuchado (leído) este mensaje. Pero tal "como en los días de Noé", llegará un día en que se extenderá la invitación por última vez, como cuando Noé predicó su último sermón antes que el ángel cerrara la puerta. Nadie sabe si este día de hoy será la última oportunidad que nosotros tendremos para presentar el mensaje, o tu última oportunidad de escucharlo y venir.

LOS MARCADOS

Porque no envió Dios a su Hijo al mundo para condenar al mundo, sino para que el mundo sea salvo por él (Juan 3:17).

El hombre suele ser implacable con el hombre. Si alguien comete una falta, y es conocida, queda marcado para siempre. Pero, ¿es eso justo? ¿Cómo se puede levantar al caído?

En una soleada tarde de sábado, un ministro adventista salió por las calles de La Habana para repartir volantes que anunciaban unas conferencias evangelizadoras. Viendo a un nutrido grupo de hombres que pasaba el rato conversando en la calle, decidió acercárseles. Los hombres —acaso por cortesía y deferencia a este hombre de Dios—, le aceptaron los volantes. Mientras conversaban, el pastor observó a un hombre tirado en la acera, semidormido. Preguntó por él y se le dijo que "no tenía importancia", que se trataba del "borrachín del pueblo" que, dormitando su última borrachera, experimentaba el estupor de rigor y nada más. Con todo, el pastor sentía que no debía pasarlo por alto y se propuso entregarle su volante. Cuando estaba con el brazo extendido, a punto de hacerlo, escuchó el coro de protestas: "No pierda su tiempo, ni malgaste ese hermoso volante en este hombre; hágale usted esa invitación a alguien que valga la pena; alguien que sepa apreciarla". Coaccionado, el pastor ya retiraba el brazo cuando, de repente, el borrachín intervino con insospechada cordura y firmeza: "No señor, ellos están equivocados, yo sí quiero el volante, y sí voy... sí voy".

En el transcurso de las conferencias que *La Voz de la Esperanza* llevó a cabo en el histórico Teatro Mella de La Habana tuvimos ocasión de conocer al menospreciado y marcado borrachín. Excepto que ya no le cabe lo de "borracho", pues hoy lo único que "intoxica" su alma es el amor de Cristo en su corazón. ¡Alabado sea Dios por su gran amor!

Amigo lector, Dios nos ha marcado, sí, pero para salvación.

GRAFFITTI CELESTIALES

De tal manera amó Dios al mundo, que ha dado a su Hijo unigénito,
para que todo aquel que en él cree, no se pierda, mas tenga vida eterna
(Juan 3:16).

Si nos gustan los garabatos rociados o graffitti debemos sentirnos felices, porque hoy se los ve por todos lados. El "arte" de la pintura rociada decora nuestros puentes, señales de tránsito, y muchos edificios cuyos dueños no pueden mantenerlos limpios. Ninguno de estos "artistas" ha logrado alcanzar la pericia que exhibió Miguel Ángel en los frescos de la Capilla Sixtina en Roma; pero todos ellos se han dedicado tanto como él a expresarse en paredes, para que todos vean su obra. Lo que están diciendo es: "¡Miren! ¡Soy importante!"

Uno de estos notorios "artistas" urbanos de la ciudad de Los Ángeles practicó su pasatiempo gráfico hasta que se convirtió en una adicción. De algún modo se las arreglaba para adelantársele una cuadra a la policía. El acto de rociar una pared con pintura dejando así su nombre grabado en ella, le producía tal placer que lo repetía una y otra vez: algo parecido a estar adicto a la cocaína. "Kres" —esa era su firma—, se convirtió al cristianismo. Al mismo tiempo, se le ocurrió una idea brillante. ¿Por qué no pintar murales decentes, con temas elevadores, en las paredes cubiertas de garabatos indecentes? El joven guatemalteco cuyo verdadero nombre es Chris Albisurez, obtuvo el permiso de los dueños, y se dedicó a obtener placer practicando un arte que ahora dirige a la gente hacia Jesucristo, el Salvador del Mundo.

Este relato positivo nos hace pensar si acaso Dios mismo no sentirá a veces la tentación de escribir en nuestras paredes y sitios públicos, una especie de "graffitti" celestiales. ¿Tiene el Creador algún mensaje que anhela comunicar al mundo? El principal es el siguiente: "De tal manera amó Dios al mundo, que ha dado a su Hijo unigénito, para que todo aquel que en él cree, no se pierda, mas tenga vida eterna". Deja que Dios lo escriba en tu corazón.

UNA CITA CON DIOS

Acuérdate del día de reposo para santificarlo. Seis días trabajarás, y harás toda tu obra; mas el séptimo día es reposo para Jehová tu Dios...
(Éxodo 20:8-11).

Cuando era apenas un adolescente tuve la oportunidad de trabajar en ese mundo de la fantasía que todos conocen como Disney World (Mundo de Disney) en Orlando, Florida. Pude observar, vez tras vez, cómo los niños pasan de una diversión a otra cada vez mayor y más fascinante.

Para mí, el aliciente especial de todo ese mágico lugar era precisamente la atracción que ejercía en cada niño; verlos tan felices, arrebatados por un arrobamiento ininterrumpido y ascendiente, como una sinfonía dirigida hacia un "crescendo" heroico. Sí, todo fríamente calculado y orientado hacia un glorioso y climático final. El último evento de la noche presenta en dramático desfile todas las figuras célebres del mundo de Disney, desde el pato Donald hasta la máxima figura de todas, que aparece al final del mismo como epifanía insuperable. Hay que estar ahí para observar la expresión de estos niños cuando por fin alcanzan a ver, con ojos agrandados por el asombro y la expectativa, al célebre Mickey Mouse (Ratón Miguelito).

Adán y Eva no sintieron menos asombro al contemplar las grandiosas obras de Dios. En la fauna y la flora recién creadas por Dios, veían un mundo de maravillas; en cada flor, en cada animal, un espectáculo asombroso, arrobador. Sin embargo, es de suponer que en su mente merodeara una pregunta inquietante. Ese Dios Creador, ¿querrá relacionarse con sus criaturas? ¿Tendrá interés en ellas? ¿Se da cita ese Dios con sus criaturas? ¿Le importamos?

No tardó mucho la respuesta. El séptimo día de la creación trajo consigo la respuesta afirmativa. Llegó la invitación a ellos y también a nosotros: "...mas el séptimo día será reposo (ininterrumpida comunión y compañerismo) para Jehová tu Dios". ¿Estás aprovechando bien tu cita semanal con Dios?

"VARÓN PERFECTO"

Hasta que todos lleguemos a la unidad de la fe y del conocimiento del Hijo de Dios, a un varón perfecto, a la medida de la estatura de la plenitud de Cristo (Efesios 4:13).

Moisés era un hombre como nosotros; esto es, era egoísta de corazón, tal como todos nacemos. Pero el Espíritu Santo lo ayudó a ver algo de lo que estaba involucrado en la cruz de Cristo. Cuando Israel pecó gravemente contra Dios, el Señor probó a Moisés con un severo anuncio registrado en Éxodo 32. El pueblo había pecado tan gravemente que Dios le propuso a Moisés borrarlos de la existencia y comenzar de nuevo con otro pueblo, los hijos de Moisés. ¡Pero leemos que primero Dios le pidió a Moisés permiso para proceder!

Para Moisés habría significado un gran honor. El mundo ya no hablaría de "los hijos de Abrahán, Isaac y Jacob"; desde entonces en adelante serían "los hijos de Moisés".

Pero Moisés dijo: "No". Al hablar con Dios oró pidiéndole que si los hijos de Israel debían morir, él muriera con ellos. "Ráeme ahora de tu libro que has escrito" (Éxodo 32:31, 32). ¡Es una escena estupenda! Moisés se refería a la segunda muerte, el castigo final de los perdidos. El patriarca le dice a Dios: Prefiero perderme al fin, que ver a los hijos de Israel destruidos.

Esto nos revela algo importante: Moisés sabía de ese amor especial que según la Biblia se llama ágape, puesto que fue ese amor lo que llevó a Jesús a morir por nosotros en su cruz.

Alguien puede decir: "Está bien que Moisés haya querido hacer esa elección; ¡pero yo nunca podría amar de ese modo!"

Mientras estamos en el kindergarten, nuestra idea de lo que es la fe puede ser muy infantil, y por lo tanto, egocéntrica. Pero cuando "todos lleguemos... a un estado perfecto, a la madurez de la plenitud de Cristo", apreciaremos cada vez mejor cómo es su amor por nosotros (Efesios 4:13-16). Aprenderemos a pensar menos en nosotros mismos, y más en cómo honrar a Cristo. De hecho, ¿puedo confiarte un pensamiento íntimo? Si algún día un ángel trata de ponerme una corona en la cabeza allá en el reino de Dios, yo espero tener suficiente honestidad y humildad como para decir: "¡No, gracias! Debo poner mi corona a los pies de Jesús. ¡Él merece coronas, no yo!"

LA FELICIDAD, EN TUS MANOS

Ocupaos en vuestra salvación con temor y temblor... Y la paz de Dios, que sobrepasa todo entendimiento, guardará vuestros corazones y vuestros pensamientos en Cristo Jesús (Filipenses 2:12; 4:7).

Un tiempo atrás escuché la entrevista que se le hacía por televisión a la sobrina del difunto presidente estadounidense John F. Kennedy, la Sra. María Shriver, destacada reportera, autora de varios libros, pero cuya fama toma un segundo plano ante la destellante celebridad de su esposo, afamado actor de cine Arnold Schwarznegger (al escribir estas líneas el Sr. Shwarznegger funge como gobernador del Estado de California, EE. UU.).

Según ella, éste le dijo antes de casarse: "No esperes que yo te haga feliz; ser feliz está en tus manos y no en las mías". Dice María que al principio le chocaron esas palabras. "¿Acaso no es la expectativa de toda mujer, casarse con ese hombre galán, cortés y amante que 'la haga feliz'? Pero, —añade María— me di cuenta de la sabiduría incontrovertible de ellas. Tiene razón Arnold, pensé, es a mí a quien toca construir mi propia felicidad; procuraré ser la persona que quiero ser, y... ¡seré feliz!" Así es, amigo lector, una actitud tal contribuye a la felicidad de Arnold, de María y a la de todos los cónyuges que la adopten.

Esto significa sencilla y llanamente que nadie debe esperar que su cónyuge lo haga feliz; no le impongamos esa difícil carga. No significa, sin embargo, que no procuraremos nosotros contribuir a la felicidad, paz y gozo de nuestra pareja. Esto no es carga, es nuestro gozo, un deber impuesto sólo por el amor. Porque al decir de la Escritura: "El amor es sufrido, es benigno; el amor no tiene envidia, no es jactancioso, no se envanece; no es indecoroso, no busca lo suyo, no se irrita, no guarda rencor... Todo lo sufre, todo lo cree, todo lo espera, todo lo soporta. El amor nunca deja de ser" (1 Corintios 13:4-8).

Enero 16

LAS ESPOSAS, LOS AUTOMÓVILES, Y LA INFIDELIDAD

Por lo demás, cada uno de vosotros ame también a su mujer como a sí mismo; y la mujer respete a su marido (Efesios 5:33).

La infidelidad matrimonial no es algo nuevo. Nuevo, quizá, es haber roto los prejuicios y hablar de ella con naturalidad. ¿Qué es la infidelidad? ¿Se trata de un mal necesario? ¿Qué la origina? ¿Es una falta de ambos sexos? ¿Debe y puede realmente evitarse? ¿Cómo? Con humor, Hal Boyle compara las características de duración y rendimiento entre las esposas y los automóviles. Refiriéndose a las primeras, decía: "Por lo general, cuanto más tiempo lleven de matrimonio, mejor resultan. Año tras año se vuelven más útiles a sus maridos. Pasado el tiempo, puede que a la carrocería le falte cierta brillantez, pero debajo de la tapa del motor hay más valor que antes".

Más allá del chiste y de la broma, hay hombres que no valoran a sus esposas; y de veras las comparan y las tratan como objetos. Por cierto, también hay mujeres con la misma actitud hacia sus maridos. Alguna vez prometieron amarse y respetarse para siempre; pero "siempre" significa en sus diccionarios íntimos: "hasta que consiga a alguien mejor que tú".

La infidelidad es —por así decirlo— una enfermedad que no se manifiesta con idénticos síntomas en todos los casos, pero cuya causa, básicamente, es la misma: el egoísmo. La persona que lo padece considera únicamente sus propios méritos y difícilmente reconoce el mal. Se siente justificada porque piensa que la manera de ser de su consorte provoca y hasta merece infidelidad. Sin embargo, como señalara el doctor Teodoro Bovet: "Cada cual debe preguntarse seriamente qué error de su conducta origina o fomenta la falta que tanto le molesta en el cónyuge".

La infidelidad tiene remedio, pero su eficacia se prueba cuando ambos esposos lo aplican. Debe mirarse por dentro, con absoluta honestidad; descubrir sus propios errores y corregirlos resueltamente. También deben tender un puente de comprensión y de amor hacia su cónyuge, que después de todo, es "su mismo cuerpo, carne y huesos" (Efesios 5:30). Porque, al decir de la Escritura: "El amor es sufrido, es benigno; el amor no tiene envidia, no es jactancioso, no se envanece; no es indecoroso, no busca lo suyo, no se irrita, no guarda rencor... Todo lo sufre, todo lo cree, todo lo espera, todo lo soporta. El amor nunca deja de ser".

Este amor proviene de Dios y puede ser nuestro si lo pedimos con sinceridad. Es un pedido que siempre recibe respuesta.

¿MEJOR SOLO QUE MAL ACOMPAÑADO?

Y dijo Jehová Dios: No es bueno que el hombre esté solo; le haré ayuda idónea para él (Génesis 2:18).

Ante la cruda realidad que presentan las actuales estadísticas sobre el índice de felicidad conyugal, las palabras "se enamoraron, se casaron y vivieron felices" parecen más propias de cuentos de hadas, que de la vida real. No sólo ya ascienden a dos de cada tres los matrimonios que terminan en divorcio, sino que se asegura que muy pocos de los que no se divorcian son realmente felices. ¿Es factible la dicha conyugal? ¿Valdrá la pena procurarla?

Frank Pruit, a los 105 años contraía matrimonio por sexta vez (cinco veces quedó viudo). Cuando alguien le preguntó por qué lo hacía, él contestó: "un hombre necesita una esposa".

Otros opinan diferente. El filósofo Mirte, explicaba así su soltería: "La mujer que tengo de tomar, si es buena, la he que perder; si es mala, que soportar; si es pobre, que mantener; si es rica, que sufrir; si es fea, que aborrecer; si es hermosa, que guardar; y lo que es peor de todo —concluía— que rindo para siempre mi libertad a quien jamás me lo ha de agradecer".

¿Qué sabe el anciano Sr. Pruit que no comprendió el filósofo Mirte?

Aparentemente Frank Pruit comprobó en vida lo que la Biblia declarara miles de años antes: "Y dijo Jehová Dios: No es bueno que el hombre esté solo; le haré ayuda idónea para él" (Génesis 2:18). Más allá de la verdad de Perogrullo en este caso —que sin esta primera unión (y las que siguieron), no habría Mirte ni Pruit, ni ninguno de nosotros para debatir el caso—, nos aguarda un hallazgo profundo y sublime. El apóstol Pablo —famoso por su soltería— ve en el matrimonio la mejor metáfora del inefable amor de Cristo por nosotros: "Maridos, amad a vuestras mujeres, así como Cristo amó a la iglesia, y se entregó a sí mismo por ella,... a fin de presentársela a sí mismo, una iglesia gloriosa, que no tuviese mancha ni arruga ni cosa semejante..." (Efesios 5:25-28).

Señora, ¿es usted una "ayuda idónea" o una carga para su esposo? ¿Y usted, amigo, ama a su esposa, hasta estar dispuesto a morir por ella?

El grano de trigo, vivo y solo, no beneficia a nadie, pero enterrado, germina y da fruto abundante. En forma similar debemos sepultar nuestros egoísmos, a fin de germinar luego, y fructificar... en amor, en disposición a servir más bien que a ser servidos. No más recriminaciones, ni celos ni venganzas; no más huidas ni separaciones. Amor, comprensión, ayuda mutua: ésta es la fórmula para la plenitud del gozo conyugal. ¿No le parece?

¡POR FAVOR, AYUDEN A MIS PADRES!

Palabra corrompida no salga de vuestra boca, sino la que sea buena para...
la edificación (Efesios 4:29).

"**P**or favor, por favor, ayude a una niña de 10 años, a conservar a su mamá y a su papá! Por favor, no los deje obtener el divorcio. Mi mamá quiere a mi papá. Si usted lo pone en un hospital, el dejará de tomar". Esto, en parte, es lo que decía la conmovedora carta que una niña escribió al juez que intervendría en el caso del inminente divorcio de sus padres. La historia tuvo un desenlace feliz. Desafortunadamente, hay muchos que aún no han hallado la solución.

Un eminente abogado señalaba que prácticamente el 90% de los divorcios se deben a la falta de comunicación entre los esposos. Paulatinamente han llegado a desinteresarse el uno del otro. Llevado por el egoísmo o el orgullo, cada contrayente se ha encerrado en sí mismo. Como la tortuga o el caracol, cuando algo amenaza con tocarlo se repliega dentro de su caparazón. ¿Qué debe hacerse para reparar la línea dañada de comunicación? ¿Cómo puede una mujer lograr que su esposo quiera hablarle?

Cierto consejero matrimonial aconseja a la mujer vigilar cuánto, cuándo, y de qué habla. ¿Lleva usted el 51% de la conversación? ¿Es inoportuna? ¿Habla sólo "cosas de mujeres"? ¿Critica o acusa a su marido? ¿Se queja a menudo?

Por supuesto, la falta de comunicación entre los esposos no es sólo ni siempre por culpa de las esposas. Hay hombres casi incorregibles. Sin embargo, para la gran mayoría de las parejas hay esperanza. Y es la mujer inteligente, la que corrigiendo sus propias fallas logrará ayudar a su esposo, y facilitará la comunicación entre ambos. Recuerde amiga que —emocionalmente hablando— usted es el verdadero "sexo fuerte". Y usted amigo mío, no espere que la armonía y el gozo conyugal dependan exclusivamente de su esposa. Ella necesita de su apoyo, de su comprensión y de su ayuda.

Y recuerden ambos algo importante: el matrimonio no es un invento humano ya caduco; es creación de Dios, la fuente de amor. Y él que formó y bendijo a la primera pareja, tenía —y tiene todavía—, el propósito de hacer felices a los hombres. Nadie mejor que el fabricante para explicar cómo usar con provecho el producto que adquirimos. Ya que Dios es el Fabricante del hogar, ¿por qué no recurrir a él, cuando notamos desperfectos? Dios sabe bien cuál es la solución para cada caso.

A DIOS ORANDO, Y CON EL MAZO DANDO

**Así también la fe, si no tiene obras, es muerta en sí misma
(Santiago 2:17).**

Quien cita la máxima a Dios orando y con el mazo dando suele añadir: "como dice el buen Libro" —o algo por el estilo—, sin saber que la mencionada frase es enteramente apócrifa. Sin embargo, no hay que negar que la misma encierra un principio respaldado por las Sagradas Escrituras: la fe se muestra por las obras. Esta verdad la expresa con energía viril el poeta Enrique Wadsworth Longfellow (1807-1882) en su bellísima composición El Salmo de la Vida.

*...La vida es acción viva, afán perenne...
La vida es lucha, es duelo.
La obra del hombre es lenta: el tiempo huye
rápido como el viento;
Y el corazón la marcha del combate
sigue siempre batiendo.
¡Alerta! En la batalla de la vida
reposar un momento
es torpe cobardía: la victoria
es hija del esfuerzo.
Da un adiós al pasado, y del mañana
no busques destellos;
Pon la esperanza en Dios, mira el presente.
Y lucha con denuedo.*

*La historia nos lo dice: la constancia,
el valor y el talento
engrandecen al hombre. ¡Fe y audacia!
¡También grandes seremos!
Y más tarde, ¡quien sabe si otro hermano
al cual agobie el peso
del infortunio, revivir se sienta
siguiendo nuestro ejemplo!
Trabajar es luchar. ¡A la obra, a la obra,
sin desmayar, obreros!
Grabemos esta máxima en el alma:
Trabajar... y esperemos.*

¿BASTA CON DECIR NO?

**Hijo mío, si los pecadores te quisieren engañar, no consientas
(Proverbios 1:10).**

En un artículo publicado en la revista Newsweek, el conocido comentarista George Wills ruega por alguien como Juan Wesley (que salvó a Inglaterra de los horrores de la Revolución Francesa), para que vaya al África y salve a ese continente del suicidio colectivo que resulta de la propagación del SIDA. No hay palabras para describir el horror que se cierne sobre el mundo.

Pascoal Mocumbi, Primer Ministro de Mozambique, dice que en su país, el 37 por ciento de la juventud de 16 años de edad morirán de SIDA antes de cumplir los 30 años. George Wills dice con admirable franqueza que la causa fundamental de que la horrible enfermedad siga extendiéndose es simplemente la "promiscuidad sexual".

Hace algunos años, la esposa de un famoso presidente de los Estados Unidos pensó que ella sabía cómo ayudar a que la juventud mostrara dominio propio. Su consejo a los jóvenes fue: "Simplemente, digan '¡No'". Pero su sabiduría no ha dado resultados. Es cierto que el sabio Salomón dijo: "Hijo mío, si los pecadores intentan engañarte, no consientas" (Proverbios 1:10), lo cual parece ser equivalente al consejo de la Primera Dama. Pero Salomón dijo que hay algo que siempre debe venir primero. Hablando en calidad de profeta de Dios, nos ruega: "Dame, hijo mío, tu corazón" (Proverbios 23:26). Eso es lo que debe suceder primero, y después podemos decir "No" a las tentaciones. Entonces Dios promete que el diablo se ve obligado a huir de nuestro lado. Santiago 4:7 dice: "Someteos, pues, a Dios —y veamos lo que sucede después—: resistid al diablo, y él huirá de vosotros". Cuando le decimos "¡No!" a Satanás *después* que le hemos dicho "¡Sí!" a Dios, entonces el mismo Dios refuerza nuestra decisión. Entonces, cuando le decimos "No" a Satanás, el enemigo no tiene poder para resistirnos. *Tiene* que huir. Amigo lector, digámosle "Sí" a Jesús hoy, y todos los días.

SEAMOS MILLONARIOS

Dichoso el hombre que halla la sabiduría, el que adquiere inteligencia...
Largura de días está en su mano derecha, en su izquierda riquezas y
honra (Proverbios 3:13, 16, NVI, RV 1960).

¿A quién le gustaría tener que vivir toda su vida en la pobreza y el sufrimiento, si hubiera podido ser rico y feliz todo el tiempo? Hoy vemos a muchos "pseudo-expertos" que ofrecen seminarios de fin de semana a cien dólares o más, para tener el privilegio de asistir y escuchar los "secretos" de su conocimiento. A diferencia de ellos, la sabiduría de Salomón cuesta mucho menos y es incomparablemente más valiosa: "¡Dichoso el hombre que halla la sabiduría, y obtiene la inteligencia! Porque es más provechosa que la plata, rinde más ganancia que el oro fino... Largura de días está en su mano derecha, en su izquierda riquezas y honra" (Proverbios 3:13, 16).

Y hay algo más que me parece muy bueno. Según Salomón, ¡nuestra parte consiste simplemente en *escuchar*! Diez veces repite el verbo "oír" o "escuchar". Veamos algunos ejemplos: Capítulo 5:7 dice: "Ahora, pues, hijo, *óyeme*, no te apartes de las razones de mi boca". Capítulo 8:6: "*Oíd*, porque hablaré cosas excelentes". Versículo 33: "*Atended el consejo*, sed sabios, y no lo menospreciéis". Y en el capítulo 22, versículo 17, nos dice que nos humillemos y nos inclinemos para no perdernos ni una sola palabra: "*Inclina tu oído* y oye los dichos de los sabios, aplica tu corazón a mi sabiduría".

¡Qué maravilla! Dios hace que a todos les resulte muy fácil conocer los secretos de la sabiduría, riquezas y honra... ¡oír con los oídos y con el corazón! En el Apocalipsis, también se promete una bendición especial a cualquiera que *oiga* leer su contenido. Dice: "¡Dichoso el que lee las palabras de esta profecía, y dichosos los que la oyen, y guardan lo que está escrito en ella, porque el tiempo está cerca" (Apocalipsis 1:3). ¿Cómo están nuestros oídos últimamente?

"TEMED A DIOS"

Temed a Dios, y dadle gloria (Apocalipsis 14:7).

¿Qué significa "temer" a Dios? ¿Será que debemos vivir teniéndole miedo, pensando que si no hacemos todo a la perfección él nos va a mandar un rayo, o algo por el estilo? Millones y millones de personas tienen una idea equivocada de Dios, la cual es el resultado de las mentiras que Satanás ha esparcido. ¿Cómo es Dios? ¿Cómo podemos aprender a "venerarlo" sin tenerle miedo?

Primero: Aprendemos que Dios fue revelado en Cristo. Dijo el Salvador: "El que me ha visto a mí, ha visto al Padre" (Juan 14:9). **Segundo: Aprendemos que "Dios es amor", es decir, que el amor genuino es la esencia de su ser (1 Juan 4:8). En tercer lugar, vemos ese amor revelado en que Cristo se entregó a sí mismo para salvar al mundo.** "En esto consiste el amor: No en que nosotros hayamos amado a Dios [la iniciativa no fue nuestra], sino en que él nos amó a nosotros, y envió a su Hijo como expiación por nuestros pecados" (1 Juan 4:10).

El cuarto punto, es la siguiente invitación bíblica: "Considerad, pues, a aquel que sufrió tal hostilidad de los pecadores contra sí mismo" (Hebreos 12:3). Contemplamos al Salvador, a quien Juan el Bautista presentó diciendo: "¡Este es el Cordero de Dios, que quita el pecado del mundo!" (Juan

1:29). **En quinto lugar, comenzamos a comprender el precio que debió pagar por salvar al mundo.** La muerte que Cristo padeció no fue la muerte común que nosotros conocemos. La muerte que sufrió el Salvador implicaba la "maldición" de Dios (Gálatas 3:13), es decir, pasar por lo que la Biblia llama "la segunda muerte" (Apocalipsis 2:11).

Y el sexto punto, el final, sucede tan ciertamente como el día sigue a la noche: "Nuestro corazón se conmueve; al ver ese amor nos asombramos, y comenzamos a experimentar lo que es la fe, a saber, el aprecio de ese amor con todo el corazón. Eso es "temer" a Dios y darle gloria.

LA LUZ QUE ALUMBRA A TODO HOMBRE

La sabiduría clama en las calles, da su voz en las plazas, clama en los principales lugares de reunión, en las puertas de la ciudad da sus razones. ¿Hasta cuándo los simples amarán la simpleza, los burladores se complacerán en burlarse, y los insensatos aborrecerán la ciencia?... Llamé, y no quisisteis oír, extendí mi mano, y no hubo quien atendiera. Antes desechasteis mis consejos y no aceptasteis mi reprensión... Pero el que me obedece, habitará confiadamente, vivirá reposado, sin temor de mal (Proverbios 1:20-33, NRV).

En un mensaje maravilloso, Salomón personifica a la "sabiduría", y la muestra hablándoles a todos los que pasan por una calle muy concurrida. En el Nuevo Testamento se nos muestra que esta personificación de la sabiduría es Cristo mismo. ¡Sí, el libro de Proverbios es una obra Cristocéntrica! Salomón, como un gran dramaturgo, escribe una obra mejor que un documental de televisión, en la cual describe a Cristo en el cruce de dos calles importantes, llamando a voces a todos los que pasan por su lado, ocupados en sus trabajos o en sus placeres.

El Evangelio de Juan está de acuerdo con esto, pues allí leemos que Cristo es "la Luz verdadera, que alumbra a todo hombre que viene a este mundo" (Juan 1:9). Quizás usted no se haya dado cuenta, pero es un hecho que Jesucristo, personificado como la "sabiduría", se ha esforzado durante toda la vida de usted por enseñarle la verdad. No hay en el mundo nadie que sea tan pecador o inútil, que la Luz de Dios se haya negado a brillar en su camino. Este bendito libro de Proverbios abre el telón que oculta el gran escenario de la vida, para mostrarnos lo que ha estado sucediendo más allá de nuestra vida, un ministerio constante del amor de Cristo por todo ser humano. Nuestra vida transcurre como si cada uno de nosotros fuera un alumno en la escuela del Señor. Algunos de nosotros escuchamos y aprendemos; otros se tapan los oídos, pero cada mañana con la salida del sol, nuestro Salvador es tan paciente y bondadoso que nos da una oportunidad más de arrepentirnos y aprender. ¡Aprovechemos hoy otra oportunidad!

EL MUCHACHO CONSENTIDO

La vara y la reprensión imparten sabiduría, pero el muchacho consenti-do avergonzará a su madre (Proverbios 29:15).

Hace poco una encuesta de la compañía TIME/CNN comprobó algo que todos sospechábamos intuitivamente: "Los niños de hoy son criados con mayor indulgencia que los de hace 10 o 15 años, y entre los mismos padres, hay dos tercios que admiten haber echado a perder a sus hijos por su indulgencia imprudente". Como ejemplo, en Houston, Texas, se celebró una fiesta extravagante para 50 niñas de 7 años, la cual costó veinte mil dólares. ¡Y tal como sus madres, todas las niñitas exhibían abrigos de pieles de armiño!

Dice la revista TIME: "Vaya usted al *mall*, o a un concierto o un restaurante, y podrá verlos al natural, a los niños que nunca se les ha dicho: '¡No!', cuya actitud de ser quienes tienen derechos ilimitados deja a los espectadores sin aliento, los déspotas lloricones, que patean la arena, se entregan a rabietas, lo exigen todo y se quejan por todo, cuyos padres sin duda merecen la compañía de esos monstruos que, después de todo, ellos mismos han creado" (Agosto 6, 2001).

Los padres modernos —a menos que vivan en algún rincón del desierto— sienten casi sin excepciones la presión que generan sus hijos al exigirles dinero e indulgencias con las cuales las generaciones anteriores ni siquiera soñaban. Ahora, papá contrata a un jardinero, cuando antes era su hijo quien cortaba el césped. Mamá le paga a una mucama para que lave la loza mientras las hijas se van de fiesta.

Joven amiga, amigo mío, vivimos en una orgía de materialismo, y no cuesta mucho ver que los hijos que crecen así, empapados de necia indulgencia, no están preparados para afrontar la vida. La disciplina efectiva casi ha desaparecido por completo. Sin embargo, la disciplina les hace bien a los niños. Bien dice Salomón: "La vara y la reprensión imparten sabiduría, pero el muchacho consentido avergüenza a su madre" (Proverbios 29:15).

LA VARA DE CORRECCIÓN

Hijo mío, no menosprecies la disciplina del Señor, ni desmayes cuando eres reprendido por él. Porque el Señor reprende al que ama, y azota a todo el que recibe por hijo (Hebreos 12:5, 6).

Es privilegio de los padres, desde el nacimiento de sus hijos —algunos sabios dicen que desde mucho antes— , ser para ellos ministros de gracia, de modo que aprendan a ser abnegados en vez de egoístas. Esto es lo que Salomón tenía en mente al decir: "La vara y la represión imparten sabiduría". Según Salomón, hay ocasiones en que la corrección y la disciplina deben ser administradas físicamente. "La necedad está ligada al corazón del muchacho, pero la vara de la disciplina lo alejará de ella" (Proverbios 22:15). En el capítulo siguiente, Salomón quiso ser aun más específico: "No rehúses disciplinar al muchacho, si lo castigas con vara no morirá. Antes, al castigarlo con vara, lo librarás de la muerte" (23:13, 14).

En este punto debemos ser muy cuidadosos para no entender mal la enseñanza de Salomón. Nunca se debe administrar el castigo físico cuando se está enojado. Hacer eso sólo empeoraría el problema, porque la ira de los padres sólo consigue amargar a los hijos y apartarlos aún más de Dios. Como padres debemos ministrar el amor de Dios al niño, de modo que su corazón aprenda a responder a ese amor con agradecimiento. Aun los niños pequeños hacen elecciones, y si les enseñamos a tenernos miedo o a pensar que somos crueles o injustos, aprenderán a tenerle miedo a Dios, y en lo profundo de sus corazones pueden llegar a odiarlo. A veces, algunos hijos nunca aprenden cuán bueno es Dios en realidad.

Si el padre o la madre pierde la paciencia en su trato con el niño, lo único que logra es empeorar la separación natural que ya había entre él y Dios. Antes de administrarle un castigo físico a un hijo, en armonía con este consejo bíblico, debiéramos hacer una pausa y orar pidiendo que Dios nos conceda sabiduría más que humana para saber cómo "disciplinar" (significa "enseñar") a ese precioso ser que Dios ha confiado a nuestro cuidado.

LA VARA DE CORRECCIÓN —Segunda parte

Con misericordia y verdad se corrige el pecado, y con el temor de Jehová los hombres se apartan del mal (Proverbios 16:6).

Erica Goode, en un artículo publicado en el periódico Times de Nueva York, describió la controversia que existe entre los que dicen que no hay que castigar físicamente a los niños, y los que piensan que es correcto castigar si se hace con prudencia. La autora citada dice que "ningún otro debate es más contencioso ni tan perdurable". Pero recientemente Diana Baumrind, en una reunión de la Asociación Psicológica Estadounidense celebrada en San Francisco, se pronunció en favor del castigo físico. Afirma que hay estudios científicos que muestran que cierta dosis de castigo corporal, si se la administra sabiamente, no tiene efectos dañinos. La psicóloga mencionada se hace eco del sabio consejo de Salomón: "Si los padres son amorosos y firmes, y mantienen buena comunicación con el niño, los hijos son excepcionalmente competentes y bien ajustados, no importa si sus padres los castigaron corporalmente o no en su edad preescolar... Los padres debieran ser dejados libres de criar a sus hijos de acuerdo con sus propios valores y tradiciones".

A pesar de lo dicho, la mayoría de los expertos están de acuerdo en que el castigo físico aplicado con ira es en verdad causa de graves daños, y que los padres debieran disciplinar sin violencia. La sabiduría de Salomón es todavía la mejor, aún después de varios milenios, porque fue inspirada por Dios. Que nuestros hijos comprendan las siguientes palabras: "El amor y la fidelidad nunca se aparten de ti, átalos a tu cuello, escríbelos en la tabla de tu corazón; y hallarás gracia y buena opinión en los ojos de Dios y de los hombres" (Proverbios 3:3, 4).

Pablo amonesta a los padres a ser pacientes con sus hijos: "Y vosotros, padres, no irritéis a vuestros hijos; sino criadlos en la disciplina y amonestación del Señor" (Efesios 6:4).

EL REGALO CON FALDAS

Casas y riquezas se heredan de los padres, pero una esposa prudente proviene de Dios (Proverbios 19:14).

Esto es tan fácil de comprender, que hasta un niño lo puede ver. Cuando un hombre se da cuenta de que fue Dios quien le concedió una esposa prudente, entonces puede aprender cómo tener un hogar feliz. Amigo lector, todo el dinero que tu padre te haya dejado en su testamento no te producirá la felicidad que trae una esposa fiel y amante. Una demanda judicial que ganes puede darte casas y cuentas en el banco, pero no te concede necesariamente paz en el corazón. Lo único que puede llenarte de felicidad es algo que sólo Dios te puede conceder: el don del amor familiar. Por lo tanto, dice el sabio rey Salomón que el primer paso en dirección a un hogar feliz es que humillemos nuestros corazones orgullosos y le demos a Dios las gracias por lo que ya nos ha concedido.

Esto significa que el esposo aprenderá a tratar a su esposa con bondad y ternura, como un raro tesoro (que lo es). El apóstol Pedro desarrolla la idea. Nos dice cómo un esposo puede orar y orar a Dios sin recibir respuesta, porque no trata a su esposa como es debido, como Dios lo quiere. Este secreto es uno que muchos esposos nunca han aprendido: "Vosotros, maridos, sed considerados con vuestras esposas, y tratadlas con respeto, como a la compañera más frágil, coheredera de la gracia de la vida, *para que vuestras oraciones no sean impedidas* (1 Pedro 3:7).

Vivamos con nuestra esposa en forma inteligente, es decir, tratándola como igual a nosotros delante de Dios, porque tanto nosotros como ella somos "coherederos de la gracia de la vida". ¿Cuál es esa "gracia de la vida"? Gracia es dar algo que no se merece; y eso es precisamente lo que significa cada nuevo día juntos: ¡interés inesperado en nuestra cuenta bancaria espiritual!

CON OJOS NUEVOS

Si, pues, coméis o bebéis, o hacéis otra cosa, hacedlo todo para la gloria de Dios (1 Corintios 10:31).

Solemos decir que no es el trabajo el que dignifica al hombre, sino el hombre al trabajo. Pero en la práctica, miles de individuos se sienten miserables, justamente porque se ocupan en tareas que no responden a su verdadera vocación y aptitudes. ¿Qué pueden hacer? ¿Cómo sobreponerse a los sentimientos negativos que provoca esta situación?

En *Arena y espuma*, Gibrán describía el encuentro de un filósofo y un barredor de calles. Aquel dijo: '"Te compadezco. ¡La tuya es una dura y sucia tarea!' Y el barredor de calles dijo: 'Gracias, señor. Pero, decidme, ¿cuál es vuestra tarea?' A lo que el filósofo respondió: 'Estudio la mente del hombre, sus acciones y sus deseos'. El barredor de calles siguió barriendo y dijo con una sonrisa: 'Yo también os compadezco'".

A veces ambicionamos los puestos de los otros. O los menospreciamos. Pero si conociéramos mejor lo que verdaderamente implican, no haríamos ni lo uno ni lo otro. Todas las tareas, por adaptadas que estén a nuestra vocación y habilidades, exigen de nosotros un cierto dolor, una cierta tristeza que a veces hasta nos hacen dudar de nuestro talento y capacidad para cumplirlas. Y todas, también, por insignificantes que parezcan, guardan una cierta belleza, una cierta poesía, que al descubrirla determina una nueva visión, una nueva perspectiva no sólo respecto del trabajo mismo, sino de toda la vida.

Eugenio d'Ors juzgaba inmoral a un caricaturista que, soñando ser pintor, despreciaba su ocupación, y llamaba a sus dibujos "tonterías" y "comercio puro". Según d'Ors, "hay una manera de dibujar caricaturas, de trabajar la madera, de limpiar las plazas o de escribir direcciones, que revela que en la actividad se ha puesto amor, cuidado de perfección, armonía y una pequeña chispa de fuego personal: eso que los artistas llaman estilo propio, y que no hay obra ni obrilla humana en que no pueda florecer; es la buena manera de trabajar. La otra, la de menospreciar el oficio teniéndolo por vil, en lugar de redimirlo y secretamente transformarlo, es mala e inmoral".

No se trata de mera resignación o conformismo. Se trata de excelencia. Mientras nos preparamos para el cargo a que aspiramos, no desdeñemos la tarea de hoy. Descubramos en ella la poesía... la belleza que encierra: poesía y belleza que nos permitirán que vayamos al taller, a la oficina, al aula o al campo, al lavadero o a la cocina, con sentido de misión. Harán que enfrentemos los días con más optimismo, con más energía; y que aceptemos con gozosa resignación la tarea que tenemos a la mano, obedeciendo el precepto divino: "Todo lo que te viniere a la mano para hacer, hazlo según tus fuerzas", que, "como tus días serán tus fuerzas" (Eclesiastés 9:10; Deuteronomio 33:25). Actuando así, aprenderemos a mirar y ver *con ojos nuevos*.

UN PARÉNTESIS DE AMOR Y DICHA

Este es el día que hizo Jehová; nos gozaremos y alegraremos en él
(Salmo 118:24).

La agitación de la vida diaria, la presión de los horarios, la monotonía de lo cotidiano... acaban por aburrirnos. ¿Cómo evitarlo? ¿Qué hacer para que las obligaciones no nos resulten tediosas? ¿Hay algún modo de despertar y mantener el entusiasmo?

"Hay gente —decía Duhamel— que ha pasado mil veces cerca de una planta, sin pensar en tomar una hoja para frotarla entre los dedos. Hacedlo y descubriréis centenares de perfumes nuevos... Si tomasteis interés por una lectura, o por un paseo, si hallasteis admirable un espectáculo, invitad a todos los que conozcáis a hacer esa lectura o ese paseo, a contemplar ese espectáculo". Y agrega: "Poned discernimiento en vuestras invitaciones. Defendeos un poco de los escépticos, de los espíritus irónicos, contradictorios o crueles. Defendeos de ellos, pero no los abandonéis: son ovejas descarriadas cuyo regreso deberá colmar de alegría vuestro corazón.

Cuando vosotros hayáis hecho confesar: '¡Sí, de veras que es hermoso! ¡Sí, que es interesante! ¡Vale la pena vivir!' os podréis dormir sonrientes; no habréis perdido vuestra jornada".

En esta época nuestra, tan agitada y a menudo monótona, cuando los hombres y las máquinas parecen cantar el mismo canto o hacer el mismo ruido, cuando un día es tan igual al otro día y la rutina se nos vuelve insoportable... conviene detenerse y tal vez recordar la sugerencia del escritor mencionado anteriormente. Frotar la hoja de una planta, aspirar su olor nuevo, leer un buen libro o dar un paseo; y recomendar su bonanza a un amigo, o familiar, o vecino, o simplemente... a cualquiera que hallemos con el ceño fruncido y el semblante triste.

En una carta que escribiera a su amigo Manuel, decía Gabriela Mistral: "...quiero tener un paréntesis de amor y de dicha, que me lo merezco, que de los rosales del camino esta vez quiero cortar una rosa, una siquiera, para seguir después la jornada aspirándola y cantándola". ¿Acaso no merecemos también nosotros ese mismo *paréntesis de amor y de dicha*? Tomémoslo hoy. Podrán entonces, seguir siendo iguales los ruidos de los hombres y de las máquinas; igual también la calle por donde transitamos y las obligaciones a que estamos sujetos; pero ya no habrá queja. Del corazón brotará otro canto: "Este es el día que hizo Jehová; nos gozaremos y alegraremos en él (Salmo 118:24).

PARA EL QUE TIENE LA VERDAD

Conoceréis la verdad, y la verdad os hará libres (Juan 8:32).

En ocasiones nos aferramos a lo que llamamos "la verdad", defendiéndola a capa y espada en una lucha sin cuartel. Hacemos bien; ¿acaso no dice la Palabra: "compra la verdad y no la vendas" (Proverbios 23:23)? Pero cabe aquí una nota de advertencia: la verdad divina es absoluta, infinita; nosotros en cambio somos finitos y limitados, ¿no es de suponer entonces que nuestra comprensión de ella sea —en el mejor de los casos— sólo parcial e inconclusa?

Según una antigua parábola, "cuatro ciegos fueron a ver un elefante. Uno le tocó una pata y dijo: 'El elefante es como un pilar'. El segundo le tocó la trompa y exclamó: 'El elefante es como un palo grueso'. El tercero le tocó la barriga y dijo: 'El elefante es como un tonel'. El cuarto le tocó las orejas y concluyó: 'El elefante es como un aventador'. Entonces comenzaron a disputar entre ellos sobre la figura del elefante. Un transeúnte, viéndolos reñir así, les preguntó qué era lo que les pasaba. Le contaron todo y pidieron que fallara la cuestión. El hombre replicó: 'Ninguno de vosotros ha visto al elefante. El elefante no es como un pilar, sus patas son como pilares. No es como un tonel, su barriga es como un tonel. No es como un aventador, sus orejas son como aventadores. No es como un palo grueso, su trompa es como un palo grueso. El elefante es como la combinación de todo eso'".

El caso es que a nosotros nos sucede como a los ciegos de la parábola. Tras haber considerado desde nuestros respectivos ángulos una parte del conjunto, creemos que el resto es como la parte que analizamos. Y nos atrevemos a pensar que tenemos razón.

Símaco, político y orador latino, decía que "el universo es un misterio demasiado grande para que haya una única interpretación del mismo". Y convendría que nos acordáramos de ello; pues cuando nos creemos poseedores de la verdad, sólo tenemos una visión parcial de ella, en tanto el resto sigue siendo un misterio demasiado grande para que pensemos que somos sus únicos intérpretes correctos.

Amigo lector, es interesante notar que Jesús no dijo: "Yo tengo la verdad". Lo que afirmó es: "Yo soy la verdad" (Juan 14:6). Por él llegamos a la verdad, y en él estamos en la verdad. Leyendo su Palabra, siguiendo su ejemplo, aceptando que él viva y se exprese en nuestro ser, podremos decir que estamos conociendo la verdad. Libres ya de nuestra suficiencia propia, veremos a los otros no como rivales, sino como hermanos y condiscípulos nuestros, alumnos todos del único que es la verdad. Se cumplirá entonces en nosotros la promesa de Jesús: "Conoceréis la verdad, y la verdad os hará libres" (Juan 8:32).

ANTE DESILUSIONES Y FRACASOS

Y si alguno de vosotros tiene falta de sabiduría, pídala a Dios, el cual da a todos abundantemente y sin reproche, y le será dada. Pero pida con fe, no dudando nada (Santiago 1:5, 6).

¿Qué hacer cuando nos toca entrar en los oscuros túneles de la desilusión? ¿Cómo recuperar el optimismo y la confianza más allá del fracaso reiterado? ¿Podremos reconstruir lo que tantas veces hemos roto?

Jorge Vocos Lescano tituló uno de sus libros: *El alma hasta la superficie.* Y es eso exactamente lo que logró entregar en sus poemas. En un significativo soneto, dice:

"¿Y siempre, siempre he de mirar, Dios mío,
pese a todos los años que han pasado,
desnudo el campo que elegí por prado,
reseco el cauce que debió ser río?

¿Y lo que tanto quiero y tanto ansío
no habrá de ser, me habrá de ser negado?
¿Y el corazón que entero he dedicado
por siempre y siempre he de sentir vacío?

Muchos los años son que en esto llevo,
mucho el amor que he puesto y la esperanza,
pero ya ves, ya ves, nada ha valido.

Sin fin me obligo a comenzar de nuevo
y es inútil, lo nuevo nunca alcanza.
¿Siempre he de ser, Dios mío, el que no ha sido?"

La gran mayoría de nosotros sentimos alguna vez esta misma íntima y molesta sensación de no haber alcanzado el blanco al que apuntaban nuestros ideales. Cuando, como el poeta, traemos "el alma hasta la superficie", reconocemos nuestra derrota. Sin embargo, es a partir de esta toma de conciencia, cuando realmente determinamos el éxito o el fracaso de nuestras vidas.

Algunos, al ver morir sus primeros ideales, no se atreven a engendrar ni a adoptar otros nuevos. Viven los que les queda por vivir. Otros huyen. Cambian constantemente de lugar, de trabajo, de estudio o de compañeros, como quien escapa de los demás y de sí mismo. Hay quienes pertenecen al grupo de los bien intencionados que nunca concretan sus buenas intenciones. Pero están aquellos que sí saben adónde se dirigen y qué deben hacer para llegar. Han considerado los costos, y están irrenunciablemente dispuestos a pagar el precio del esfuerzo y la constancia. Estos son también, los que han descubierto en la Biblia la condición y la promesa que les asegura el éxito. Dice así: "Y si alguno de vosotros tiene falta de sabiduría, pídala a Dios, el cual da a todos abundantemente y sin reproche, y le será dada. Pero pida con fe, no dudando nada" (Santiago 1:5, 6). Si dependemos de Dios el éxito está asegurado. ¿No le parece?

ENCONTRÓ LA FELICIDAD EN UN TARRO DE BASURA

Fueron halladas tus palabras, y yo las comí; y tu palabra me fue por
gozo y por alegría de mi corazón (Jeremías 15:16).

¿Puede alguien saber el gusto de una fruta sin haberla probado? Hay gente que tilda de anticuadas e impracticables las enseñanzas de la Biblia. Me pregunto, ¿la habrán leído? ¿Habrán probado qué gusto tiene? Por lo demás —honestamente— ¿es aplicable el lenguaje de las Escrituras? ¿Puede el hombre de hoy hallar en ellas el consejo oportuno que busca?

Leandro Pita Romero contaba historias de "Papeles rotos" en un ingenioso artículo. Entre ellas comentaba el caso de un detective periodístico que había examinado los desperdicios de la casa del diplomático Henry Kissinger, con la esperanza de encontrar material de interés informativo. Como Kissinger se había indignado por esto, Pita Romero preguntaba: "¿Qué podían contener esos restos para justificar las airadas protestas del hombre de Estado?"

Hablando de otros papeles y de otro hallazgo, alguien contaba cómo había encontrado en un recipiente de residuos, un ejemplar de las Sagradas Escrituras. Aunque el volumen estaba sucio y roto, en una porción más legible el hombre alcanzó a leer lo siguiente: "El libro de esta ley nunca se apartará de tu boca: antes de día y de noche meditarás en él, para que guardes y hagas conforme a todo lo que en él está escrito: porque entonces harás prosperar tu camino, y todo te saldrá bien" (Josué 1:8). Su asombro no tuvo límites. Este hallazgo era más que un material de información. Era lo que transformaría radicalmente su vida. Comprendiendo esto, procuró conseguir un volumen completo de las Sagradas Escrituras, y se abocó a su estudio con especial interés.

En el regocijo de este hombre se podía leer la misma vivencia del profeta Jeremías: "Fueron halladas tus palabras, y yo las comí; y tu palabra me fue por gozo y por alegría de corazón". Asombrado y gozoso, el hombre de nuestro relato decía: "¡Fíjense dónde fui a encontrar la felicidad: en un tarro de basura!" Parece increíble, ¿verdad?; sin embargo, así fue. Y esta vez, el Autor de los papeles hallados no se enojó; ¡al contrario!, se alegró intensamente por lo sucedido. Y no podía ser de otro modo. Aquel Autor era Dios mismo, quien había prometido en su Palabra: "Pedid, y se os dará; buscad, y hallaréis; llamad, y se os abrirá" (Mateo 7:7).

Amigo lector, vale la pena probar el sabor de la promesa; acercarnos con fe a la Palabra de Dios y —por así decirlo— "comer" de ella, saciar en ella el hambre y la sed de nuestras almas. Sí, el hombre de nuestro relato, buscó y halló la felicidad; y usted y yo... también podemos hallarla.

EL LIBRO PARA TODAS LAS GENTES Y TODOS LOS TIEMPOS

El cielo y la tierra pasarán, mas mis palabras no pasarán
(Mateo 24:35).

Algunos ni se imaginan la sorprendente actualidad de la Biblia. En tiempos cuando se aceptaban como científicas teorías que hoy nos hacen sonreír, las Escrituras revelaban conocimientos realmente de avanzada. ¿Conoce usted algunos de estos descubrimientos?

Si —como en cierta historieta de vikingos— se nos dijera que la luna es un melón enorme que crece incesantemente, y que para evitar su exceso de tamaño, un cuervo glotón vuela hasta ella una vez al mes y le come unos cuantos pedazos, sonreiríamos por la ocurrencia. Sin embargo, en la historia real de la humanidad hubo teorías semejantes a ésta. Épocas cuando se creyó que la Tierra era un casquete apoyado sobre cuatro elefantes, parados a su vez sobre una gigantesca tortuga que nadaba en leche.

En el siglo VI antes de Cristo, el filósofo Anaximandro aseguraba que la Tierra tenía la forma de un cilindro cuyo diámetro era tres veces mayor que su altura, y que sólo podía ser habitada en su cara superior. Mientras tanto, Leucipo enseñaba que tenía forma de tambor; y Píndaro —el príncipe de los poetas líricos griegos— añadía que estaba sostenida por columnas. Aun Platón, 200 años más tarde, sostenía que nuestro planeta era cúbico.

Sin embargo, las Sagradas Escrituras ya hablaban de la esfericidad de la Tierra. En expresiva figura, el profeta Isaías —siete siglos antes de Jesucristo— declaró que Dios "está sentado sobre el *círculo* de la tierra, cuyos moradores son como langostas" (Isaías 40:22).

A mediados del siglo XVIII, cuando la gente todavía creía que el aire era la nada, el burgomaestre de Magdeburgo, Otón de Guericke, sorprendió a sus contemporáneos uniendo dos semiesferas huecas —al extraer el aire de su interior— y separándolas luego, con sólo introducirles aire nuevamente. Al fin, con la creación del barómetro en el año 1643, Torricelli demostró que la atmósfera tenía peso. Pero la Escritura lo había declarado 3.200 años antes en los labios de Job: Dios da "peso al viento" (Job 28:25).

Como es obvio, no podemos enumerar ahora todos los descubrimientos científicos que los escritores bíblicos hicieron, o más bien recibieron de Dios, antes que los hombres de ciencia. Eso sí, recordemos que éste no es el único ni el principal tesoro que hallaremos en la Biblia. Como dijera el mismo Job: "estas cosas son sólo los bordes de sus caminos" (26:14). Ella es la Palabra del Dios Creador y Padre del hombre; su carta de amor para todos nosotros.

PROCUREMOS AGRADAR

Cualquiera cosa que pidiéremos la recibiremos de él, porque guardamos sus mandamientos, y hacemos las cosas que son agradables delante de él (1 Juan 3:22).

Se dice que "los amigos más complacientes no son siempre los más seguros". Tienen ellos una cierta amabilidad que en vez de atraer, repele a los demás. ¿Por qué? ¿No es una cualidad, acaso, el procurar agradar a otros? ¿Qué impide que logren su objetivo? ¿En qué consiste el arte de agradar?

Durante una importante convención, los hoteles y pensiones de Filadelfia casi no daban abasto. Por ello, una pareja de ancianos había recurrido a uno de los hoteles pequeños de los alrededores. Pero tampoco allí había lugar. Con todo, el administrador no quiso permitir que quedaran en la calle, así que les ofreció su propia habitación, quedando él a dormir en un pasillo. Agradecido por su gesto, antes de despedirse, el viejecito le dijo: "Un hombre de su carácter no debería administrar un hotel pequeño y viejo como éste, sino alguno de los mejores en el país. Quizá yo le edifique uno algún día".

El administrador rió por la ocurrencia; pero dos años después, junto con una expresiva carta de gratitud de los viejitos, recibió un pasaje para viajar a Nueva York. Ni bien llegó a "la Gran Manzana", el anciano lo guió hasta la Quinta Avenida y la Calle Treinta y cuatro, donde se alzaba un suntuoso edificio de piedra; y frente a él, le dijo: "¿Querrá usted administrar este hotel?" El anciano era Guillermo Waldorf Astor, y su hotel, conocido como Waldorf-Astoria, fue por años el más famoso del mundo.

Jorge Boldt, el administrador del modesto hotel de Filadelfia, tuvo su recompensa. Había sido amable con aquella pareja porque necesitaban su ayuda, y no porque supiera que eran gente de dinero. Otros, en cambio, son amables sólo cuando les conviene. Procuran agradar a los demás sólo para lograr su aprobación y admiración; y eso es justamente lo que menos logran.

Puesto que el verdadero acto de agradar es opuesto a esta actitud, en vez de centrar su preocupación en su propio placer y voluntad, la centra en hacer la voluntad de Dios y en obrar en bien de los demás, por amor de los cuales hasta está dispuesto a sacrificar sus propios intereses. Así despierta la aprobación y la admiración que no busca, pero que bien merece. Al obrar así, adquieren justificada confianza: "Cualquiera cosa que pidiéremos la recibiremos de él, porque guardamos sus mandamientos, y hacemos las cosas que son agradables delante de él" (1 Juan 3:22).

EL SALUDO DEL DESIERTO

Y de una sangre ha hecho todo el linaje de los hombres...
(Hechos 17:26).

Casi hemos perdido el arte de interesarnos en el bienestar ajeno. Sufrimos porque los demás no nos escuchan, y a la vez resistimos escuchar a los demás. ¿Por qué obramos así? ¿Hay razón para cambiar?

En nuestra cultura occidental, el saludo es rápido, formal, y hasta exento de un interés real en saber o en decir cuán bien o cuán mal está o se siente uno. En cuanto alguien sincero —y por demás anheloso de contar sus cuitas— responde al "¿Qué tal? ¿Cómo le va?" contando realmente cómo le va, solemos arrepentirnos de haberle preguntado. Con frecuencia estamos tan de prisa, y tan ocupados en lo nuestro, que tememos que los problemas de otros invadan nuestro limitado universo emocional robándonos ese precioso capital que vale oro: nuestro tiempo. Y si no, estamos tan sedientos de comprensión y de apoyo, que en cuanto aparece alguien más o menos dispuesto a escuchar, ocupamos su tiempo cuanto podemos —acaso hasta hacernos molestosos—. Y en ninguna de ambas circunstancias nos mostramos prudentes ni caritativos con el tiempo y la sensibilidad de los demás.

A modo de contraste, notemos cómo es "el saludo del desierto". En su artículo "El Sahara que yo he visto", César Pérez de Tudela dice: "Bagadi Mohamed saluda, casi recita una larga salutación en (lengua) hasanía. ¿Cómo estás? ¿Cómo está tu padre? ¿Y tu madre? ¿Y el padre de tu padre? ¿Y tus hijos? Los demás van contestándole y preguntándole a su vez por cada uno de los miembros de su familia. Es un saludo con ritmo, sin prisa. Allí, en el interior del desierto se vive en otra edad. Se anda al paso del hombre. Y el saludo es algo vivo, auténtico, algo que tiene una profunda raíz: el linaje".

"¡Linaje!"... acaso ahí está la clave de nuestra frialdad e indiferencia con los demás. Hemos perdido nuestro concepto de linaje. Cuando alguien de los nuestros sufre o goza, siempre nos hacemos tiempo para llorar o reír con él; pero cuando se trata de un extraño, olvidamos pronto que somos hermanos.

La Biblia asegura que Dios "de una sangre ha hecho todo el linaje de los hombres, para que habiten sobre toda la faz de la tierra" (Hechos 17:26), y no sólo eso, agrega que por medio de Jesucristo somos considerados "miembros de la familia de Dios" (Efesios 2:19). Si meditáramos en ello, seríamos más respetuosos con la sensibilidad y el tiempo ajenos, y más generosos al dar nuestro propio tiempo y corazón. Como ninguna otra cosa, la certeza de pertenecer al linaje divino nos volvería fraternales, y por añadidura, verdaderamente felices.

EL PERDÓN OLVIDADIZO

¿Qué Dios como tú, que perdona la maldad, y olvida el pecado del remanente de su heredad? No retuvo para siempre su enojo, porque se deleita en misericordia. Él volverá a tener misericordia de nosotros; sepultará nuestras iniquidades, y echará en lo profundo del mar todos nuestros pecados (Miqueas 7:18, 19).

Cuando accidentalmente su madre pisó uno de sus juguetes y lo aplastó, la niñita corrió hacia ella, recogió el juguete roto, y le dijo: "Mamá, te perdono por haberme aplastado el juguete; nunca más te hablaré de ello". Pedro Gillquist —autor del libro Amor ahora, y padre de esta chiquilla— consideró la respuesta de su hijita como uno de los mejores ejemplos de perdón. Y sin duda lo es. Pero, ¿cómo una criatura de sólo cuatro años pudo responder de ese modo?

El día anterior a este incidente, ella había sido advertida en cuanto a no saltar sobre la cama de sus padres. Pero desobedeció y , por ello, rompió accidentalmente la lámpara favorita de su mamá. Cuando ésta la reprendió, le dijo: "Te he castigado porque saltaste de nuevo en la cama cuando te había dicho que no lo hicieras. Pero en lo que respecta a la lámpara, mamá te ama, y te perdona, y nunca más te lo recordará". La lección había sido aprendida. Wendy sabía ahora que su mamá la amaba, y también sabía... que las personas valen muchísimo más que las cosas.

La falta de voluntad para perdonar a nuestros ofensores sin recriminarles después y el hecho de que solemos apreciar más los objetos que a la gente, nos vuelve desconfiados, murmuradores y amargados, y por lo tanto, infelices. El verdadero amor, en cambio —como lo describe la Biblia— produce gozo. Se deleita en dar la otra mejilla después que le han herido una; ama hasta a su enemigo, dice bien de aquel que lo maldice, hace bien a quien lo aborrece, y ora por el que lo ultraja y lo persigue.

El perdón genuino, que nace de ese amor, es olvidadizo. Como la niña de nuestro relato, dice al ofensor: "te perdono y nunca más te hablaré de ello". Esto puede parecernos el más puro idealismo y, sin embargo, es realidad: posible realidad. Porque la Biblia dice que Dios es amor, y también, que él derrama su amor en nuestros corazones. (Véase 1 Juan 4:8, Romanos 5:5). Si le encomendamos el gobierno de todo nuestro ser, el amor se manifestará en nosotros con la misma naturalidad con que germina y crece la semilla sembrada. Dios es el Jardinero, y es también la Semilla.

EL BUMERÁN DE LA CORTESÍA

Y como queréis que hagan los hombres con vosotros, así también haced vosotros con ellos (Lucas 6:31).

Decía Mantegazza que "la urbanidad es el perfume de la bondad, nos acerca a los hombres y nos allana el camino de la vida". ¿Es verdad esto? ¿En qué sentido "allana nuestro camino"? ¿Cómo afecta a aquel que la practica? ¿Y cuando uno no es amable con todos? ¿Cómo puede lograrlo?

La Bruyère opinaba que "se necesita muy poco para que se nos tenga por inciviles, inaguantables y orgullosos; y menos aún para que se nos tenga por todo lo contrario". Una sonrisa amable, un apretón de manos, un hueco en nuestro sobrecargado horario para atender a la gente con simpatía, y dar de nuestro tiempo sin sentir ni hacer sentir como que nos lo están robando; éstas y otras atenciones similares contribuyen a la felicidad de los demás y a la nuestra mucho más de lo que suponemos.

¿Notó usted que cada vez que hace un favor a alguien siente alegría y paz en su corazón? Es que la cortesía básicamente es benignidad, benevolencia que actúa a la manera de un bumerán. Toda vez que la practicamos, vuelve a nosotros con la misma fuerza con que la hemos lanzado. Si ésta ha sido la del amor genuino, la del aprecio sincero, y la del desinteresado deseo de hacer bien a los demás, nos dará el justo pago de una conciencia tranquila y un corazón gozoso.

Cierta vez, mientras el general Lee viajaba en tren con parte de su ejército, acertó a subir una anciana pobremente vestida. La viejecita recorrió los vagones sin hallar dónde sentarse, hasta que al pasar junto a Lee éste le cedió su asiento. De inmediato, varios oficiales y soldados ofrecieron los de ellos al general, pero él rehusó el ofrecimiento enfáticamente: "No, caballeros, si no hubo asiento para esta pobre y débil anciana, no puede haberlo tampoco para mí, que soy más fuerte que ella". La Biblia nos exhorta a ser amables con todos, y a no hacer acepción de personas. Jesús nos dio el mejor ejemplo de ello. "Al que a mí viene —dijo— no le echo fuera" (Juan 6:37).

Para cada persona tuvo su particular mensaje de consuelo, de consejo, y de poder para vencer el mal; y su toque de amor para sanar y bendecir. Y nosotros... deberíamos proceder como él. Pero esa disposición irrenunciablemente amable, esa constante benignidad, es únicamente resultado de tener el Espíritu de Dios; el cual podemos recibir pidiéndolo en oración, estudiando las Escrituras, y permitiendo que Jesús "habite por la fe en nuestros corazones" (Efesios 3:17) para hacer, de ese modo, audible y visible su presencia transformadora en nosotros.

¿VARITA MÁGICA? O ¿VARA DE CASTIGO?

Pagad a todos lo que debéis: al que tributo, tributo; al que impuesto,
impuesto; al que respeto, respeto; al que honra, honra. No debáis a
nadie nada, sino el amaros unos a otros (Romanos 13:7, 8).

La expresión "a crédito" es casi mágica. Por ella, uno consigue lo que quiere cuando quiere, aunque no tenga en ese momento dinero suficiente para pagar el costo de lo que compra. Pero esta "varita mágica" también puede volverse "vara de castigo". ¿Por qué? ¿Cómo? ¿Qué considerar al abrir o al mantener nuestras cuentas de crédito?

Cuando —por evitar caer en nuevas deudas— el secretario del Ateneo de Madrid se opuso al plan de reformas propuesto por el entonces presidente de la entidad, don Ramón del Valle Inclán, éste le dijo: "No sabe usted una palabra de lo que es Economía, ni de lo que es Hacienda. Si el Ateneo no debe a nadie perderá su crédito, y el crédito es indispensable a las sociedades, como a los individuos, para poder vivir".

Afortunadamente, y desafortunadamente, don Ramón estaba en lo cierto. El crédito, el sistema de compra y venta a plazos, se ha convertido en artículo común y hasta indispensable en nuestra época. A tal punto, que es mejor recibido quien más tarjetas de crédito ostenta; y se mira con cierto recelo a aquel que a nadie debe nada.

Es que, en el lenguaje de hoy, el crédito habla de la solvencia moral y material de quien lo posee. La fidelidad y exactitud en sus pagos permiten suponer que se extienden a toda otra área de su conducta. Engendran confianza. Si se sospecha de quien nada debe a nadie, es porque se supone que si no tiene créditos no es porque no quiera tenerlos, sino porque no se los han concedido; y esto implica la posibilidad de que esa persona carezca no sólo de respaldo económico sino hasta de solvencia moral.

Hoy, acaso más que nunca, se hace imperativo ser honrado, pero además... prudente. Nuestra sociedad de consumo ha creado miles de "necesidades imaginarias", y otras tantas reales y aparentes "facilidades" para poder suplirlas. Es relativamente fácil caer en la tentación de vivir por encima del propio presupuesto. Uno ni se da cuenta a veces; pero la codicia y la imprudencia llevan a las deudas, y éstas, a medida que aumentan, sumen en la depresión, obligan a esfuerzos redoblados para poder saldarlas y, en el peor de los casos, inducen al abandono, a la deshonestidad, y aun al mismo suicidio. De ahí el consejo: "Pagad a todos lo que debéis: al que tributo, tributo; al que impuesto, impuesto; al que respeto, respeto; alque honra, honra. No debáis a nadie nada, sino el amaros unos a otros" (Romanos 13:7, 8).

REDIMAMOS EL TIEMPO

En tu mano están mis tiempos... (Salmo 31:15).

Decimos con asombro: "¡Cómo se nos ha ido el tiempo!", y lo que en realidad nos asombra no es que el tiempo se ha ido, sino que no hicimos en él lo que deberíamos haber hecho. ¿Por qué no cumplimos? ¿Cómo pueden cambiarse hábitos arraigados de distracción, demora o abandono?

Cuando decimos, o creemos no tener tiempo, no siempre hacemos honor a la verdad. Todos tenemos veinticuatro horas cada día, sólo que a unos les rinden como si fueran dobles, y a otros, como si fueran la mitad. Más allá de las necesarias e innecesarias interrupciones que solemos hacer o recibir, las más frecuentes causas de nuestra pérdida de tiempo son la falta de interés en lo que hacemos, su consiguiente aburrimiento, y la falta de organización. Corrigiendo esto, no sólo aprovecharíamos mejor el tiempo, sino que lo disfrutaríamos más.

El salmista David decía: "En tu mano están mis tiempos" (Salmos 31:15). Porque él sabía quién daba la medida de sus días, sabía también quién tenía derecho a reclamarle por el uso de su tiempo. El tiempo pertenece a Dios, y esto es algo que la mayoría de nosotros olvida.

La Biblia explica que Dios nos ha concedido un tiempo determinado a fin de que le busquemos (Hechos 17:26-28), y cuando de veras lo hacemos, nuestra vida cambia absolutamente. Los recursos, las oportunidades, el trabajo, los estudios, la familia, las amistades; todo se ve afectado por el nuevo sistema. Surge un verdadero interés por la excelencia en cada tarea y relación, y uno aprende a atesorar cuanto momento puede a fin de prepararse para desempeñar mejor sus funciones.

Semejante renovación naturalmente exige un cambio de hábitos, que con el poder de Dios no es difícil de lograr. Al despertar el interés se desvanece la pereza, y surge en uno el serio deseo de organizarse. Sabiendo que el tiempo que administra pertenece a Dios, lo invierte con cuidado. Elige las tareas en su orden de importancia y completa una por vez, volcando en ellas una voluntad fortalecida, disciplinada y feliz en el servicio.

Diríamos, pues, que de la consagración nace el interés, y por éste, el esfuerzo y el orden que resultan en la administración exitosa. Y todo, gracias a Aquel que prometió: "Buscad primeramente el reino de Dios y su justicia, y todas estas cosas os serán añadidas" (Mateo 6:33).

NO HAY COSA TAN TRISTE

Enjugará Dios toda lágrima de los ojos de ellos; y ya no habrá muerte, ni habrá más llanto, ni clamor, ni dolor; porque las primeras cosas pasaron (Apocalipsis 21:4).

¡No hay cosa tan triste
y dolorosa
e inolvidable
en la vida íntima del hombre
como sepultar un gran ensueño!
¡Sí, es ardua tarea sepultar un ensueño
que habíamos largamente alentado
con suspiro amoroso
y corazón ardiente,
después de haberlo tejido en nuestras vigilias
y esperas,
en el telar maravilloso que nuestra alma conserva
oculto en lo recóndito de nuestro pecho!
¡Sí, es desgarrador verlo morir
con lentitud,
sentirlo agonizar en la misma alma
y verlo diluirse
después de haberlo creado con tanto cariño!
¡Sí, es desalentador verlo muerto e inerme,
ante nuestra angustia
a pesar de nuestros ruegos
y de nuestras reiteradas ansias
y de nuestra agonía desesperante!
Y, luego, tener que darle sepultura
y decirle adiós...
¡Cuánto lo quisiéramos reanimar,
hacerlo revivir,
resucitarlo,
con el desesperado calor
de nuestra esperanza!:
Esta loca quimera de nuestro espíritu
que se niega siempre a creer
en la realidad cruel
pues ella es la madre pródiga de muchos ensueños...
¿Dónde sepultar nuestros ensueños desechos?

Hay un Hades dentro de nosotros,
un cementerio invisible,
en las campiñas de nuestra alma.
Si es amargo tener ensueños
porque tenemos que sepultar a tantos,
¡mucho más triste y trágico
es vivir sin querer o poder soñar!
Es mejor sentir el dolor agudo
que la muerte clava en sus fibras sensibles
que tan sólo oír,
monótonamente,
el tic-tac del tiempo siempre igual;
contar las horas de nuestra existencia
hasta que ésta se agoste en el desierto de la noche...
¡Sí, en la vida hay algo aún más lúgubre
que sepultar una vida
que ha muerto por nunca haber tenido ensueños!
Lo mejor es seguir adelante
pues que, si más allá del valle de las sombras,
el de la muerte,
nuestro espíritu toma alas
para volar hacia el alba eterna,
es bien posible que con él resurjan
los sueños nobles y puros
que, por no hallar acogida en la tierra,
tuvieron que reposar en el seno que los había creado
¿Por ventura, no serán sólo los ensueños
que en esta vida fueron sepultados
aquellos que, en el más allá
tendrán la ventura de una resurrección?

—Santé Uberto Barbieri.

LOS DIEZ MANDAMIENTOS PARA NUESTRA LENGUA

Si alguno no ofende en palabra, éste es varón perfecto (Santiago 3:2).

Estos mandamientos para la lengua los encontramos en un viejo archivo de La Voz de la Esperanza. No se especifica autor; ¿acaso son de la pluma del Dr. Braulio Pérez Marcio?:

1. No esparcirás chismes (Proverbios 18:8). Antes de contar un chisme a otra persona, sometámoslo al mismo tratamiento que un ama de casa da a una fruta al preparar un dulce: primero la pela; luego la divide en partes; a continuación le saca el corazón o las partes que no va a utilizar, y finalmente endulza con generosidad las partes que va a usar.

2. No pronunciarás palabras ociosas (Proverbios 10:19). Tu lengua revela la calidad de tus pensamientos y de tu carácter. "El médico conoce la enfermedad del paciente al examinar su lengua —declaró Justino—, y los filósofos las enfermedades de la mente". Y Jesús nos amonesta: "Pero sea vuestro hablar: sí, sí, no, no; porque lo que es más de esto, de mal procede" (Mateo 5:37).

3. No te alabarás a ti mismo (Proverbios 27:2). Una persona sin valor se alaba constantemente para llamar la atención a sí misma. La persona verdaderamente grande trabaja quieta y silenciosamente, encendiendo el rayo de la luz que pueda conducir la embarcación al puerto seguro.

4. No dirás adulaciones (Proverbios 26:28). "La adulación —ha dicho alguien— es como la espuma del jabón: el noventa por ciento es aire". Esta afirmación es completamente correcta. Las palabras de los que adulan, según el salmista, cuya experiencia y sufrimientos fueron notables, son más suaves "que el aceite, mas ellas son espadas desnudas" (Salmos 55:21).

5. No murmurarás (Filipenses 2:14). La medicina para esta enfermedad es llenar nuestra vida de amor y generosidad; que entren éstos por nuestros poros, y nos harán más fuertes, más compasivos, más atrayentes, más constantes, más útiles, y completamente inmunes contra las murmuraciones destructivas y las preocupaciones, las cuales, a semejanza de las termitas que destruyen las casas, arruinan el alma.

6. No calumniarás (Salmos 64:3). La lengua que calumnia y difama es un azote que debilita las iglesias, arroja corrientes de murmuraciones que llevan a las cortes de divorcio, llenan las cárceles de gente miserable y arrojan a las almas al reino de Satanás.

7. No harás burla ni escarnio a persona alguna (Job 11:3). Aprendamos a simpatizar con los demás y a dar nuestra ayuda en lugar de burlarnos de los otros, no importa cuán raros o peculiares nos parezcan. Recuerda que los ángeles, bajo diferentes aspectos, visitan la tierra.

8. No dirás mentira (Éxodo 20:16). Un ventrílocuo pronunció la primera mentira en el jardín del Edén (Génesis 3:4). Desde ese momento en adelante la mentira se esparció como una plaga por toda la tierra. Todos aborrecen la lengua mentirosa. Los científicos han inventado una máquina para detectar la mentira, pero ésta sigue y seguirá floreciendo hasta el final.

9. No blasfemarás (Éxodo 20:7). La profanación es el lenguaje oficial del reino del mal. No participes de él porque te descalificará para entrar en el reino de los cielos.

10. No discutas con soberbia (Oseas 7:16). Cualquiera que sea la provocación, recuerda que "el silencio es oro", y que "la blanda respuesta quita la ira; mas la palabra áspera hace subir el furor" (Proverbios 15:1).

SEAMOS VERACES

Señor... ¿quién morará en tu monte santo? El que... habla verdad en su corazón (Salmo 15:1, 2).

Según estudios del psiquiatra Sandor S. Feldman, las personas que más insisten en afirmar que son veraces, por lo general son las que más libertades se toman para mentir, si así les conviene. Estudios psicológicos conducidos por investigadores de tres universidades norteamericanas, demostraron que "la falsedad y el fraude no sólo se usan con frecuencia sino que son necesarios y hasta mandatorios; y que en la conversación cotidiana, la honestidad y la veracidad, no son siempre la mejor póliza". ¿Qué ventajas ofrece la mentira y cuáles brinda la verdad?

Hace muchos años, Juan Kant, pastor y profesor de teología en la ciudad de Cracovia (Polonia), cruzaba un bosque, cuando fue asaltado por una banda de ladrones, armados con sables y cuchillos. Sorprendido, Kant bajó de su caballo y les dio el dinero que llevaba.

—¿Nos lo ha dado todo? —preguntó imperativo el jefe del grupo.

—Sí —contestó Kant. Y los hombres se marcharon. Sin embargo, más tarde se acordó que en otro de sus bolsillos portaba unas monedas de oro, así que, desandando el camino, fue tras los ladrones para decirles que les había mentido, que llevaba más dinero; y les dio las monedas de oro. Pero ninguno osó tomarlas. Mirándose unos a otros, asombrados y conmovidos, le devolvieron todo lo que le habían quitado, y sólo le pidieron su bendición.

En nuestros días —y probablemente en los de Kant— uno encuentra pocos casos de honestidad y veracidad semejantes.

Pero, amigo lector, la popularidad de la mentira no la convierte en verdad. Y tampoco la justifica a los ojos de Aquel que sólo permitirá en su Presencia al que "habla verdad en su corazón" (Salmo 15:2).

Dios tiene paciencia con nuestra confusión moral, y ha prometido que su Santo Espíritu guiará a los que no saben distinguir entre el bien y el mal, de modo que aprendan a hacerlo y adquieran amor por la verdad. Pero, nos apresuramos a añadir algo más: en los dos últimos capítulos de la Biblia se nos advierte que "todo el que ama y hace mentira" no podrá entrar en el reino eterno (Apocalipsis 22:15). ¡Amemos la verdad!

Febrero 12

LAS MENTIRITAS BLANCAS

No hablarás contra tu prójimo falso testimonio (Éxodo 20:16).

¿**P**uede alguien ser constantemente veraz? ¿Acaso la mejor parte de la prudencia no exige alguna mentirita blanca de vez en cuando? Todos hemos vivido esos momentos psicológicamente incómodos cuando un amigo o amiga pide nuestra opinión sobre el nuevo calzado, pantalón, camisa, vestido, etc., que ostenta con orgullo. Cuando se trata de algo que juzgamos se sale por mucho de los linderos del buen gusto, nos vemos en aprietos. ¿Qué hacer? ¿Se exige siempre la brutal honestidad? ¿Es eso "decir la verdad"?

Antes de intentar una respuesta, quizá convenga definir lo que significa "mentir". El noveno mandamiento de la ley de Dios es el mejor tutor sobre la mentira. Dice: "No hablarás contra tu prójimo falso testimonio". Mentir, entonces, es una alteración consciente de la verdad con intención de engañar. La intencionalidad es necesaria para que exista la mentira.

En el caso del amigo que pide nuestra opinión, recordemos el consejo de los sofistas griegos que afirmaban: "La belleza está en los ojos de quien la observa". En español decimos: "Sobre gustos no hay nada escrito". Conviene recordar, entonces, que el "gusto" ajeno es tan válido como el nuestro. Seamos lentos en emitir por la boca el juicio subjetivo de nuestros ojos.

Cuando Dios dice: "No hablarás contra tu prójimo falso testimonio", significa que no debemos mentir, ni siquiera con "mentiras blancas"; ni dar impresión falsa, ni aun por una inclinación de cabeza. El falso testimonio abarca toda clase de chismes, incluso el daño que le podemos hacer a la reputación de alguien con sólo permanecer en silencio cuando está siendo acusado, si sabemos que es inocente y no lo decimos. Podemos ser "testigos falsos" con sólo callar, cuando el buen nombre de alguien está en juego. Propongámonos ser honestos en nuestro trato con los demás.

DONDE HAY ENVIDIA

Porque donde hay envidia y contención, allí hay perturbación y toda obra perversa (Santiago 3:16).

Es poco frecuente que alguien confiese abiertamente sentir odio contra alguno. Sin embargo, el odio no es solamente el sentimiento extremo de repulsión y de fastidio que induce al deseo homicida; lo es también la simple aversión, el sentirse molesto en presencia de alguien a quien uno no puede, no sabe o no quiere tolerar. Y este odio no siempre nace porque esa persona sea mala con uno, o le haya hecho algún daño, sino, simplemente, porque representa un rival al que uno teme y a quien, mal que pese, uno admira.

Abel, el hijo bueno de Adán y Eva tuvo su envidioso. Nada menos que su hermano mayor Caín. Este último, envenenado por la envidia, cometió el primer crimen y fratricidio. José Camón Aznar, en el artículo que titulaba "Caín y la envidia", publicado en el *ABC de Madrid*, decía: "Quizá una de las claves para explicar las persecuciones gratuitas, los daños sin sentido, sea ese pequeño gran crimen que es la envidia, que convierte en acidez las relaciones humanas. Algo hay consubstancial con Abel, el de la mirada levantada, el de los brazos oferentes y abiertos. El que extrae de la naturaleza o de su espíritu dones que ofrecer, tiene siempre un trágico destino: el de ser sacrificado. El crimen, con pasos tácitos, camina siempre detrás de sus espaldas... Hay que tener en cuenta que la belleza también es una provocación para los caínes: hay que destruirla. Y justo es decir que lo están consiguiendo".

Cuando se trata de la envidia, no siempre ese mal sentimiento aflora en el menos capacitado o en el menos favorecido. A veces existe entre individuos de igual capacidad y de iguales ventajas (no hay que dudar de que ése fuera el caso de Caín y Abel). Pero sufren, cual Caín, ante la posibilidad de que las circunstancias impulsen a los otros y los posterguen a ellos.

¡Qué triste espectáculo da el envidioso! ¡Y cómo sufre! ¡Y cómo se angustia! Cervantes pone en boca de don Quijote, las siguientes palabras: "¡Oh, envidia, raíz de infinitos males y carcoma de las virtudes! Todos los vicios, Sancho, traen un no sé qué deleite consigo: el de la envidia no trae sino rencores y rabias". Amigo lector, tiene razón el hombre de La Mancha, aprendamos la verdad sobre la envidia y gocémonos con el progreso propio y con el ajeno.

EL MAL QUE CORROMPE LOS HUESOS

El corazón apacible es vida de la carne: mas la envidia, es carcoma de los huesos (Proverbios 14:30).

El sabio Salomón, que estudió la vida y conoció al hombre, afirmó estas palabras sin dejar lugar a dudas.

"Envidiar sólo por envidiar es lo más pequeño e indigno. Una ley de compensación exige que la envidia vaya acompañada del padecimiento", decía José Mar. Y no podría ser de otra forma. Tiene que ser necesariamente así. ¿Por qué sufrir debido a un sentimiento tan poco noble como la envidia? Agrega el escritor citado: "Es probable que las mujeres envidien más que los hombres. Suele mortificarles el lujo de los trajes de las amigas, el brillo de sus ojos, la seda de sus cabellos, la finura de sus manos, el modo de caminar, la juventud que resplandece, el oro de las joyas de las otras damas, la felicidad de su hogar, la apostura y el renombre del esposo, y la promesa venturosa de los hijos. Así han de sufrir aunque lo callen, y lo más corriente es que no lo callen". Por nuestra parte, no nos parece que las damas tengan ningún monopolio en la práctica de la infame envidia. Sólo que los hombres frecuentemente la acompañan de odios y violencias.

Martín Alonso atinó al decir que "la envidia, polilla del talento, lleva el sello diabólico en su origen". Recordemos que fue precisamente el diablo, entonces Lucifer, quien abrió su corazón a la envidia, enfermedad eruptiva de odios y de deseos homicidas. Cristo dijo refiriéndose al maligno: "Homicida ha sido desde el comienzo" (Juan 8:44). Ahora bien, el diablo no mató a nadie en el "comienzo", pero quiso hacerlo. Y ese es el punto. Dios no sólo juzga los hechos, sino las intenciones del corazón. Sobrepongámonos con la ayuda de Dios a este sentimiento que empequeñece y deforma. El secreto está en saber conformarse con lo que se es mientras se esfuerza uno noblemente por mejorar sin tratar de disminuir a los demás.

EL MAYOR PROBLEMA DEL CODICIOSO

...Y al codicioso lo consume la envidia (Job 5:2).

Hay quienes sugieren que Judas sentía envidia por Juan, el discípulo amado; y que también estaba resentido porque el Maestro no parecía mostrar interés en sus proyectos. Alfonso Paso sonreiría ante tales rodeos psicológicos. Para él, Judas vendió al Señor "porque le pusieron dinero entre las manos... El traidor es, principalmente, un ser que se vende al que le interesa". Puede ser. Pero fue mal negocio, y Judas, después de la entrega, tiró el dinero y se mató. La codicia y los celos se hicieron envidia; la envidia, odio; y el odio, destrucción. Bien dice la Biblia que "al codicioso lo consume la envidia" (Job 5:2).

Cuando el gran griego Pericles, que sin duda alguna conocía la naturaleza humana, se propuso construir el Partenón, expuso su plan y sus intenciones a los atenienses. Pero éstos rechazaron la proposición aludiendo que los gastos de la empresa alcanzarían una suma fabulosa. Fue entonces cuando Pericles, que los conocía muy bien, les dijo: "Comprendo que os opongáis al proyecto a causa de su costo, pero en este caso, permitidme que construya el Partenón como cosa exclusivamente mía. Esto quiere decir, que en el frente del templo en lugar del nombre de Atenas, figurará el nombre de Pericles". De ninguna manera podían los atenienses permitir eso, y la envidia pudo más que la avaricia. No podían permitir que creciera la gloria del nombre de Pericles y para impedirlo decidieron que el Partenón se construyera pagado por la ciudad de Atenas. Eso, por cierto, no impidió la gloria del gran Pericles; por el contrario, acrecentó la grandeza de su legendaria sabiduría.

La verdad es que nadie puede ser feliz ni aspirar a vivir mucho mientras consienta que la envidia lo consuma. Si padecemos de este mal, debemos vencerlo. Y podemos hacerlo, permitiendo que haya en nosotros el "sentir que hubo también en Cristo Jesús..."

EL VALOR DE UN BUEN NOMBRE

De más estima es el buen nombre que las muchas riquezas, y la buena fama más que la plata y el oro (Proverbios 22:1).

Durante la segunda mitad del siglo diecinueve, en Estados Unidos de Norteamérica, los americanos del Norte insistían en que la esclavitud fuese abolida, mientras que los del Sur querían mantenerla; de ello surgió la guerra civil llamada de secesión, que originó jornadas muy sangrientas. Después de la victoria final del Norte, un niñito nacido esclavo y llamado Booker partió con toda su familia en busca de su padrastro, que vivía un poco lejos. A los pocos días de su llegada, fue mandado a la escuela. En ella observó que todos los muchachos, al preguntarles cómo se llamaban, respondían dando nombre y apellido. Cuando le llegó el turno, para no ser menos, respondió: "Booker Washington", pues "Booker" solamente le parecía poco; y tan ilustre apellido, así improvisado, lo conservó... y lo respetó durante el resto de su vida.

Frecuentó la escuela poco tiempo, pues fue puesto a trabajar en una mina de carbón para ayudar a su familia con el salario. A pesar de ello, estudiaba de noche, e hizo tan rápidos progresos, que al fin obtuvo permiso de asistir a otra escuela. Se inscribió en el Instituto Hampton, en el Estado de Virginia. Para ganarse el sustento se colocó de portero en el mismo instituto y durante las vacaciones hacía de camarero. Tanto aprovechó en sus estudios que fue nombrado profesor de aquel centro de enseñanza, y cuando más tarde se abrió una escuela para negros, en la ciudad de Tuskegee, en Alabama, fue nombrado director de ella. Su valer como maestro y su carácter noble y recto hicieron de él uno de los hombres más conocidos y estimados de Norteamérica.

Amigo lector, Booker tomó el nombre de un héroe y prócer de su país: el de Jorge Wáshington. Y se esforzó por hacerle honor al nombre. Los cristianos llevamos el de Jesucristo, ¿lo tomaremos en vano? La Biblia dice que los redimidos llevarán "el nombre de él (Cristo) y el de su Padre escrito en la frente" (Apocalipsis 14:1), indicando así que éstos reflejan en sus vidas, el carácter de Jesús.

Febrero 17

¿POR QUÉ ESA CARA?

El corazón alegre hermosea el rostro... (Proverbios 15:13).

Dice la leyenda que a cierto monje amargado se le apareció un ángel con un espejo y le dijo: "Este espejo es como el mundo, que nos devuelve la imagen que le ofrecemos. Sonríe, y el mundo te sonreirá". El consejo era y es oportuno; pero ¿basta con sonreír? ¿Puede lograrse una alegría constante, estable, que permita siempre ver la vida con optimismo?

Javier Abad Gómez sugería "ante el mal genio habitual de nuestra gente, hacer derroche de buen humor, aunque cueste; para el ceño adusto y duro de tanto vecino triste, hacer de la sonrisa amable el estilo habitual del rostro nuestro; ante el pesimismo de tantos que arrastran una vida difícil, mostrarnos sinceramente optimistas al ayudarles a emprender la lucha cada día".

Abraham Lincoln entendía los beneficios de la risa como arma contra el desánimo. Bajo la presión agobiante de la guerra civil norteamericana, supo encontrar tiempo para reír y para ayudar a otros a hacerlo. El 22 de septiem-

50

bre de 1862, a pesar del asombro y la indignación de los miembros de su Gabinete, les leyó completo un artículo cómico. Cuando terminó, les dijo: "Caballeros, ¿por qué no se ríen? Dada la terrible tensión nerviosa a que estoy sometido día y noche, si no tuviera de qué reír me moriría. Y ustedes necesitan de esta medicina tanto como yo". Dicho esto, tomó su sombrero de copa que estaba sobre la mesa, y sacó de él un documento al que dio lectura. Era... la Proclama de Emancipación.

Muchos creen que para ser respetables y respetados deben andar siempre graves y serios. Hasta entre cristianos se ve con frecuencia gente de "cara larga", hombres y mujeres sombríos y taciturnos que piensan de ese modo agradar más a Dios. Sin embargo, las Escrituras exhortan a practicar el gozo y la alegría.

El buen humor alivia y aun elimina las tensiones, y con ello, facilita la digestión, suaviza los rasgos faciales, y aligera y da flexibilidad al cuerpo. De ahí que la Escritura explique que "el corazón alegre constituye un buen remedio" y aun "hermosea el rostro; mas por el dolor del corazón el espíritu se abate", y "el espíritu triste seca los huesos" (Proverbios 15:13; 17:22).

Por encima de la risa y la alegría de un momento, está la verdadera felicidad, la confiada serenidad de espíritu que sabe ver siempre el lado bueno de las cosas; y ésta, no depende de nuestros sentimientos ni de nuestras situaciones particulares. Es, simplemente, el resultado de creer que nada puede ocurrirnos que no podamos afrontar o resolver con la ayuda de Dios. Es, pues, vivir cada día con gratitud y alegría, aceptando la admonición divina: "No os entristezcáis, porque el gozo de Jehová es vuestra fortaleza" (Nehemías 8:10).

¿SIEMPRE GOZOSOS?

Estad siempre gozosos (1 Tesalonicenses 5:16).

Todos soñamos con ser felices. Cada día nos levantamos con la esperanza de vivir mejor que ayer. Pero al llegar la noche, a menudo sentimos que no hemos experimentado gozo. ¿Por qué? ¿Nos han turbado los malos incidentes, los problemas, el maltrato de otros? ¿Puede uno estar gozoso a pesar de las circunstancias adversas?

"Alegría y amor son las alas para las grandes empresas", decía Goethe, y tenía razón. Uno puede tener talento, inteligencia, fuerza, riquezas; pero si carece de amor y de gozo difícilmente logrará el éxito en lo que emprenda. Sin amor ni gozo, la vida es sombría; triste, como gente que se mueve nada más. Desafortunadamente, muchos viven de ese modo. Querrían liberarse pero sienten que no pueden. ¿Cómo estar contento, cuando se ha perdido a un ser amado? ¿O cuando uno es mal entendido o maltratado? ¿Y si está enfermo, o es inválido? ¿Y si sufre una crisis?

Selma Lagerlof decía que "la alegría es pena disimulada: sobre la tierra no hay más que dolores". Sin embargo, quien lee las Sagradas Escrituras queda sorprendido de la insistencia con que Dios recomienda y aun ordena estar "siempre gozosos" (1 Tesalonicenses 5:16).

El apóstol Santiago nos insta a "tener por sumo gozo" el pasar por dificultades, porque —explica él— "la prueba de vuestra fe produce paciencia" (Santiago 1:2, 3); y según San Pablo, "por la fe y la paciencia" se "heredan las promesas" (Hebreos 6:12). Por supuesto, el hecho de que Dios nos ordene regocijarnos implica que podemos hacerlo; pero como si lo razonable de la orden no fuera suficiente para convencernos, Dios añade a su mandato, una promesa. Con la voz de su experiencia el apóstol Pablo declaró: "He aprendido a contentarme, cualquiera que sea mi situación... En todo y por todo estoy enseñado, así para estar saciado como para tener hambre, así para tener abundancia como para padecer necesidad. Todo lo puedo en Cristo que me fortalece" (Filipenses 4:11-13).

Decía Khalil Gibrán: "¿Y qué si todo problema consistiera en una nueva ventana en la muralla del lado este de vuestra casa?" Podemos estar abrumados por nuestras particulares cargas y congojas, pero ¿por qué no abrir una ventana hacia el sol?, ¿por qué no hacer de nuestro obstáculo, un peldaño hacia el éxito?

Atacado por la parálisis al año de nacer, Rafael César Díaz era ahora un joven entusiasta y dinámico, dueño de un proyecto que parecía imposible de lograr: recorrer toda España... en su silla de ruedas. Pero lo hizo. Con sus manos fuertes y ágiles movió su carrito de inválido y echó a correr sus sueños, conquistando las rutas de tierra y de asfalto, y también los corazones humanos. La suya fue una aventura de fe que no fue defraudada.

Mucho deberíamos aprender de él. A veces, un proyecto frustrado, o el hecho de sabernos impotentes frente a alguno de los desafíos de la vida, da entrada al temible virus del desánimo, cuyo ataque puede aun paralizar el entusiasmo de vivir, creando una invalidez mucho peor que la física.

No hay razón para que nosotros vivamos lamentándonos por las cargas de la vida. Si como el apóstol San Pablo o el joven ciclista, permitimos que Dios nos enseñe y nos fortalezca, nada ni nadie podrá impedir nuestra alegría. Desde el corazón a los labios sonrientes brotará triunfante la fe, y diremos: ¡Todo lo puedo en Cristo que me fortalece!

LA CURA DE AGRADECIMIENTO

Dad gracias en todo, porque esta es la voluntad de Dios (1 Tesalonicenses 5:18).

Pocas alegrías son tan genuinas y tan limpias como las de un corazón agradecido. ¿Qué hacer para poseerlo? ¿Cómo dar gracias cuando uno no siente el deseo de hacerlo? ¿Y si no encuentra motivo para agradecer?

El médico y novelista inglés Archibald Cronin contaba que un colega suyo prescribía a sus pacientes deprimidos que no manifestaban síntomas de enfermedades físicas, una "cura de agradecimiento". Durante seis semanas debían dar gracias, y sonreír, a todos aquellos que les hicieran un favor, y no faltar a esta regla por pequeña que fuese la atención recibida. Cada tanto, algún paciente se quejaba: "Pero doctor, ¡si nadie me hace favores!" Entonces el galeno, bondadosa pero firmemente, le citaba las palabras de Jesús: "Buscad y hallaréis".

Su receta sigue siendo eficaz. Si buscamos en nuestro presente, y aun si volvemos los ojos a nuestro pasado, encontraremos muchísimos motivos para agradecer a Dios, y a la gente, por su intervención en nuestras vidas. En realidad, podríamos y deberíamos dar gracias hasta por el dolor y las pruebas que sufrimos. El minero tiene que herir la tierra para arrancar la gema; y lo mismo ocurre en las minas del alma. El dolor es sólo un instrumento, útil al proceso de descubrir y pulir la gema del carácter. Al respecto, Keith Miller, en su libro *Chacales en el corazón*, cuenta la historia de una niña que antes de los 13 años fue adoptada y abandonada siete veces. Ansiaba ardientemente tener un hogar y una familia, pero nunca pudo lograrlo. Con todo, ahora es una mujer feliz que reconoce en aquel pasado doloroso la mano de la Providencia. "Yo —afirma— necesité mi pasado. Vean ustedes: me llevó a Dios".

El apóstol Pablo dice: "Dad gracias en todo; porque esta es la voluntad de Dios para con vosotros en Cristo Jesús" (1 Tesalonicenses 5:18). Hay cosas por las cuales es fácil agradecer de inmediato. Otras, en cambio, nos resultan tan incomprensibles y contradictorias que nos parece una burla dar gracias por ellas. Pero Dios no hace diferencia. En su voluntad está que demos "gracias por todo". Él prometió no desampararnos ni dejarnos. Si alguna crisis permite en nuestra vida es porque sabe que de alguna manera redundará para nuestro bien.

Vivir agradecidos es el secreto de la felicidad. Y, bien podemos hacerlo. Hemos recibido el Don más grande de todos.

.

LA PEOR JAULA

Porque los celos son el furor del hombre... (Proverbios 6:34).

Según la Condesa de Brooks, "el celoso es un mártir que martiriza". En verdad, la persona celosa no puede ser feliz, ni puede contribuir a la felicidad de su cónyuge. ¿Qué hacer para ayudarla? ¿Pueden erradicarse los celos? ¿Qué, si realmente tienen fundamento?

Tiempo atrás, en el aviario de San Francisco de Asís, en Medellín, tuvo lugar un drama singular. Un copetón, atraído por el hermoso plumaje de una hembra colibrí, se dedicó a cortejarla. Pero el macho colibrí observaba desde lejos; y cuando el copetón se hubo ido, arremetió contra su compañera y la atacó de tal modo que la dejó moribunda. Debido a esto, los cuidadores del aviario decidieron alejar al copetón y encerrar al enfurecido colibrí en una jaula pequeña, dentro de otra más grande donde se desplazaba su hembra.

Entre los humanos no es muy distinto. Los celos, fundados o no, siempre acaban de la misma manera: encerrando a quien los padece, en la peor jaula. La persona celosa sospecha, duda, desconfía; teme que el ser a quien ama haya mudado o mude su cariño, dedicándolo a otro.

Algunos recordamos el caso de Betty Brown, la joven recién casada de treinta y tres años que disparó a boca de jarro contra su marido Charlie, de cuarenta y nueve años, al llegar a su casa tres horas después de contraer matrimonio. Los recién casados, según explicó la homicida a la policía, habían mantenido un pleito de celos amorosos desde la víspera de la ceremonia, porque el novio decidió hacer su despedida de soltero con otras muchachas que encontró en la calle. La novia se enojó tanto por la tardanza de Charlie en la noche previa a la boda, que la discusión continuó hasta la propia sala del juzgado donde tuvo lugar el casamiento.

Trágico e innecesario, porque si uno se siente seguro de sí, la competencia no lo apabulla ni lo encoleriza; más bien le sirve como estímulo para seguir superándose. Si cede a los celos es porque no se siente seguro de sus propios valores. De ahí que la clave para no caer presa de los celos es reconocer, estimar y desarrollar los factores positivos de la propia personalidad.

También debemos sentir como el apóstol, que "los que somos más fuertes debemos soportar las flaquezas de los débiles, y no agradarnos a nosotros mismos. Cada uno de nosotros agrade a su prójimo [en este caso, a su cónyuge] en lo que es bueno, para edificación" (Romanos 15:1, 2). Que así recibirá la mejor recompensa: conocerá la clave de la dicha conyugal.

TRASPLANTE DE VISIONES

El que cierra sus ojos para no ver cosa mala, éste habitará en las alturas... (Isaías 33:15, 16).

Años atrás, un periódico hispanoamericano ofrecía el siguiente titular: "Diez mil ojos azules inútiles en el hospital". Cierto médico los había comprado con la idea de trasplantarlos cuando fuera necesario. Pero, hasta entonces, no había usado ninguno. ¿Y los nuestros? ¿Cómo están? ¿De qué modo los usamos? ¿Necesitaremos acaso un trasplante de... "visiones"?

José Luis Martín Abril contaba: "Tengo un amigo ciego e intelectual, sabio y dominante, conocedor de rincones, de países y de ciencias diversas. En cierta ocasión me dijo que ellos, los ciegos, también saben ver los espectáculos. Pero de otra manera. Que ellos saben lo que es un barco, una mujer, un árbol. Y que ven lo mismo que ven los poetas: la vida presentida. Porque para ver, lo más importante es el corazón".

Sí, así también lo decía Saint-Exupéry: "Sólo se ve bien con el corazón. Lo esencial es invisible a los ojos". Por eso, quizá, el recuerdo que nos queda de lo que hemos visto, a menudo es más bello o más feo de lo que en realidad fue. La imagen "entró" por los ojos, pero se "filtró" en el corazón. Y allí quedó grabada con toda la intensidad que le imprimió la impresión óptica que nos causó. Por eso debemos ser cuidadosos con las imágenes que dejamos entrar en el alma.

Hay quienes, en base a su ambición, a sus deseos de notoriedad —aun por motivos inconfesables—, producen o participan en la ejecución de películas o de literatura francamente dañinas. Exponen el sexo y la violencia en una demoledora sucesión de odios, venganza, brutalidad, infidelidad matrimonial, indecencia, y cuanta pasión destructiva el hombre tiene.

La psicología de hoy reconoce un hecho que la Biblia enseña desde hace siglos: que por medio de la contemplación somos transformados (2 Corintios 3:18). La contemplación de escenas de violencia o de sexo, aunque se haga con la intención de mitigar tales impulsos, sólo logra acentuarlos y afirmarlos en el subconsciente.

Por eso, el consejo divino es totalmente diferente. Del que "cierra sus ojos para no ver cosa mala", dice: "éste habitará en las alturas" (Isaías 33:15, 16).

Y no olvidemos el mejor uso posible de los ojos; también lo aconseja Isaías: "Mirad a mí (dice Dios), y sed salvos" (45:22).

PARA QUE OIGA... COMO LOS SABIOS

Jehová el Señor... despertará mi oído para que oiga como los sabios
(Isaías 50:4).

Para la mayoría de nosotros poder oír es algo normal, natural. Pocas veces, y quizá ninguna, se nos ocurriría preguntarnos cómo se produce este milagro en nuestro cuerpo. ¿Cómo afecta la mente? ¿Cómo influye en el resto del organismo? ¿Qué importancia tiene, no sólo la intensidad del sonido, sino la de la intención que lo provoca?

Hace años que Octavio Jelambi —científico venezolano— realizaba investigaciones para determinar la intensidad del ruido de Caracas y comprobó que los empleados de las discotecas normalmente soportaban estridencias de hasta 110 decibeles, lo cual es considerado como muy alto. "El ruido es físicamente doloroso a los 120 decibeles, y se vuelve insoportable a los 140", afirmó. El sistema de nuestro organismo es como una red telefónica constantemente en uso. Percibe y transmite al cerebro todo cuanto acontece alrededor, y a su vez capta y comunica las órdenes que el cerebro da como respuesta a aquellos estímulos. Es tan compleja y completa esta red transmisora, está tan bien entretejida, que cuando una de sus partes se daña, las demás también lo sienten. Según Jelambi, los estudios demuestran que el ruido no sólo lesiona el centro auditivo del organismo, sino que ataca el sistema nervioso y causa disturbios en la digestión, en la respiración, y en el sistema circulatorio.

Hay también otros sonidos que, aunque no lleguen a ser estridentes, tienen sobre nosotros igual o peor efecto que el descrito. Nos referimos a los que produce la voz queda, solapada y murmuradora del que pasa de oído en oído el sonido extraño del chisme, la calumnia, la broma obscena, o el comentario malintencionado que hunde y destruye.

La Escritura declara específicamente que entrará en el reino de los cielos el que haya aprendido a controlar lo que oye. Dice que "habitará en las alturas... el que tapa sus oídos para no oír propuestas sanguinarias" (Isaías 33:15, 16). Y esto no sólo incluye el cerrarse a la insinuación al crimen, sino también el oponerse decididamente a aceptar cualquier comentario que de alguna manera lastime a un ser humano.

Consideremos, pues, cuál será nuestra actitud. Si aun nuestros oídos consagramos a Dios, él cuidará de ellos, porque lo que dijo el profeta vale también para cada uno de nosotros: "Jehová el Señor. . . despertará mi oído para que oiga como los sabios" (Isaías 50:4).

ALGUIEN NOS HA TOCADO

Alguien me ha tocado; porque yo he conocido que ha salido poder de mí (Lucas 8:46).

El tacto es una forma elemental de comunicación; es —al decir de alguien— "como un puente para salvar la separación física de que nadie está exento". Pero también responde a una necesidad mayor. ¿Cuál es esa necesidad? ¿En qué sentido puede suplirla el correcto uso del tacto?

El tacto es el primer lenguaje del hombre; es la primera herramienta que usa para investigar y descubrir el mundo que lo rodea y su propio ser. Pero por encima de la curiosidad, el tacto responde a una necesidad mayor. Alguien dijo que "tocar a otro ser humano satisface la profunda necesidad animal de no sentirnos solos".

El bebé que es mecido y acariciado amorosamente, la persona triste sobre cuyos hombros se posa una mano amiga, el joven a quien se palmea en señal de aprecio y de aprobación, la mujer que capta el mensaje del abrazo de su esposo, la niñita cuyas lágrimas seca una madre cariñosa y comprensiva, el hombre que recibe amistad y confianza en un apretón de manos, todos ellos satisfacen la necesidad de estar junto a alguien y la de sentir que viven para alguien. Al asociarnos con los demás usando algunas de las múltiples expresiones del tacto, sentimos que, de alguna manera, esas personas viven para nosotros y nosotros para ellas. Las tres necesidades básicas del ser humano son amor, aceptación y seguridad, y por medio del buen uso del tacto, podemos satisfacerlas mejor.

Estemos alertas, amigo lector. No permitamos que la multitud de compromisos y de tareas nos impida notar la mano tímida que se extiende hacia nosotros. No dejemos que vuelva vacía, sola y avergonzada de su impulso. Recordemos que cuando aquella otra mano —mano de fe de una mujer humilde y enferma— tocó escondidamente el borde del manto de Jesús, para él no pasó inadvertida. Y no sólo eso, sino que cuando ella ya se iba, la buscó y le hizo saber que su gesto, además de no haber pasado inadvertido, había sido aprobado y hasta apreciado. Aquel día, esa mujer recibió sanidad, pero también seguridad, aceptación y cariño. Su "contacto" había sido eficaz. De ello era evidencia su salud, su alegría y, especialmente, la afirmación de Jesús: "Hija, tu fe te ha salvado; vé en paz" (Lucas 8:48).

EL SALMO QUE TODOS PODEMOS REZAR

Jehová es mi pastor; nada me faltará... (Salmo 23).

Cualquiera puede decir que el Salmo 23 le pertenece. No necesitamos tomar un examen y pasarlo para poder decir que "el Señor es NUESTRO pastor". Alguien dirá: "Pero usted no me conoce; soy un pecador. No soy digno de entrar en la 'oficina' del Padre celestial. Mi lugar es afuera; soy un huérfano, no soy uno de los afortunados que han llegado a ser familiares de él. Soy un paria. No tengo derecho a llamar al Señor 'mi pastor' ".

Amiga, amigo que piensas así, necesitas conocer la verdad: el Padre celestial DIO a su Hijo para que fuera tu pastor. Por eso te invita a hacer de ese Salmo del Pastor tu propia oración, porque su obra es actuar como el buen Pastor que busca y salva las ovejas *perdidas*, ¡y eso es precisamente lo que tú dices que eres! Jesús dijo: "El Hijo del Hombre vino a buscar y a salvar lo que se había perdido" (Lucas 19:10). A lo menos esta vez, los enemigos de Jesús dijeron la verdad cuando lo criticaron así: "Este recibe a los pecadores, y come con ellos" (Lucas 15:2).

Precisamente al oírlos Jesús decir esto, contó el relato del hombre que tenía cien ovejas, una de las cuales se había perdido. Dejó las noventa y nueve y se fue en busca de la oveja perdida, por las montañas y cruzando ríos crecidos, en medio de una terrible tormenta, "hasta encontrarla" (vers. 4). Así pues, aunque tú seas la oveja más perdida de todas, en este mismo momento tu Buen Pastor te está buscando y te invita a confesar y afirmar con gran convicción: "El Señor es *mi* Pastor".

Esto significa que podrás afirmar sin temor a faltar a la verdad: "¡Nada me faltará!"

EL MÉDICO QUE CURA TODAS NUESTRAS DOLENCIAS

Bendice, alma mía, a Jehová... Él es quien perdona todas tus iniquidades, el que sana todas tus dolencias (Salmo 103:2, 3).

Si alguien nos preguntara si sabemos quién es nuestro médico, tal vez alguno de nosotros contestaría: "¡No tengo médico! ¡No me alcanza el dinero para pagar un médico!" Si ése es su caso, hoy le tengo buenas nuevas que le conviene saber. Lo que quiero asegurarle es que ¡usted sí tiene un médico! Todos debiéramos conocer el maravilloso Salmo 103;

allí dice con claridad que sí, en verdad, sin la menor duda, tenemos un médico: "¡Alaba, alma mía, al Señor, y no olvides ninguno de sus beneficios! Él perdona todos tus pecados, sana todas tus dolencias" (vers. 2, 3). ¿Cuántas dolencias sana? "Todas", nos dice. Quizás seamos demasiado pueriles para ver cómo sucede esto; pero a veces podemos obtener una vislumbre del proceso.

Por ejemplo, tengo un amigo que se quebró el cuello en un severo accidente automovilístico (fractura de la C-2 odontoide). Su cirujano ortopédico le dijo que el 95% de los que sufren esa fractura terminan ya sea muertos o paralizados. Después de haber pasado algunas semanas en el hospital, mi amigo tuvo la oportunidad de hablar con el paramédico que lo sacó del vehículo chocado, totalmente inconsciente. El rescatador le dijo a mi amigo: "Pensé que usted podía tener ese tipo de fractura; por eso tuve mucho cuidado de sostenerle la cabeza entre mis manos". ¿Quién impresionó al paramédico para que fuera tan cuidadoso? Jesús, el gran Médico de mi amigo. Él también es tu Médico. Y mi amigo, que se recobró del todo, con gratitud ha dedicado su vida y todo lo que tiene al servicio del Señor. Esto significa que no considera tal servicio como algo difícil u oneroso; es una entrega gozosa de sí mismo a la obra del Señor. Ahora, cada respiración, cada amanecer que admira, cada comida que disfruta, es un dividendo de la gracia de Dios. Su vida es un simple acto de dar gracias a su Benefactor.

UN REFUGIO PARA TODOS

Dios es nuestro amparo y fortaleza, nuestro pronto auxilio en las tribulaciones (Salmo 46:1).

A Dios le complace presentarse a todo individuo temeroso como un "refugio", porque en la Biblia leemos no menos de 37 veces que abre la puerta a cualquiera que en su angustia se dirige a él huyendo del peligro. A veces David, que escribió la mayoría de los salmos, dice que Dios es una torre o un castillo en el cual podemos refugiarnos en tiempo de guerra; y las puertas de esa fortaleza están abiertas día y noche. La idea es que él es el Señor del castillo, que deja que cualquiera venga a comer, como si fuera un huésped especial: ¿acaso no lo somos en Cristo?

¡Oh, sí! Es cierto que muchos entran, se alimentan hasta saciarse, y luego se van, llenos de odio contra el Rey. Pero Cristo murió por "todos" nosotros; y si bien es cierto que muchos rechazan su amor, gracias a Dios no todos lo hacen.

Hace mucho tiempo que el Señor procuró impresionar con esta verdad el corazón de su pueblo, que moraba en la tierra que él les había prometido. Lo hizo estableciendo seis ciudades esparcidas a intervalos convenientes por todo el país, las cuales fueron designadas como "ciudades de refugio". Por ejemplo, si alguien estaba cortando un árbol y se le resbalaba el hacha, hiriendo de muerte a otra persona, el pariente más cercano al muerto tenía derecho a quitarle la vida en venganza. Pero el "homicida" podía dejarlo todo y huir a la "ciudad de refugio" más cercana; allí estaría a salvo mientras la corte determinaba su inocencia. ¡Las puertas de esas ciudades nunca se cerraban ante los fugitivos! Busquemos auxilio en el Señor, que es nuestro Refugio. Si lo hacemos, podremos cantar por toda la eternidad el último versículo del Salmo 46: "Fortaleza mía, a ti cantaré, porque eres el Dios de mi refugio, mi amante Dios".

Febrero 27

RADIOGRAFÍA DEL SAGRADO CORAZÓN

Dios mío, Dios mío, ¿por qué me has desamparado? (Salmo 22).

Hay un salmo que ofrece una visión muy íntima de Jesús, más que la que podemos experimentar con cualquier otro ser humano. Nunca conoceremos a alguien, aunque sea el esposo o la esposa, tan ampliamente como podemos conocer a Jesús en el Salmo 22. La razón es que este salmo es una transcripción de su oración al Padre en su hora final de la crucifixión. Si un periodista hubiera estado en el Calvario con su máquina grabadora, no habría captado nada distinto. Jesús abrió su corazón de par en par, su alma se hizo absolutamente transparente.

Para Cristo, el proceso de abrir su corazón comenzó al mediodía del viernes en que fue crucificado. En su agonía exclamó: "Dios mío, Dios mío, ¿por qué me has desamparado?" (Esta expresión aparece en idéntica forma tanto en Mateo 27:46 como en el Salmo 22:1). Es el punto más bajo al que un ser humano pueda caer, sintiéndose absolutamente perdido, abandonado no sólo de los hombres sino también de Dios. Ahora, si Cristo no tenía pecado, ¿por qué tenía que sentirse así? Porque, "al que no tenía pecado, *Dios* lo hizo pecado por nosotros". En las profundidades de su alma, Cristo sintió que todos nuestros pecados eran suyos; todas las células de su ser ardían bajo la terrible condenación. "Dios mío, clamo de día y no respondes" (Salmo 22:2).

¿Has sentido tú, amigo lector, que el Padre no oye tu plegaria? ¿Has pensado alguna vez que otros reciben respuesta pero tú no? Las Sagradas Escrituras dicen: "En ti esperaron nuestros padres... confiaron en ti, y no quedaron confundidos" (vers. 4, 5). Y luego, Jesús dice: "Pero..." Sí, él sintió el dolor del abandono. Le dijo a su Padre: ¡Tú escuchaste a nuestros antepasados, pero te has ensordecido para mí! Veamos: "Pero yo soy gusano, y no hombre, oprobio de los hombres, despreciado por el pueblo" (vers. 6). Esta senda la debemos pisar con reverencia, porque el Hijo de Dios está probando los horrores del infierno...

RADIOGRAFÍA DEL SAGRADO CORAZÓN
—Segunda parte

Mas tú, Jehová, no te alejes; fortaleza mía, apresúrate a socorrerme (Salmo 22:19).

La mayor parte de la gente no tiene idea de que sus Biblias contengan, perdido entre sus páginas, el retrato íntimo de Jesús que hallamos en el Salmo 22. En el estudio anterior vimos que Jesús experimenta en la cruz los horrores del infierno. Sabemos que esto es precisamente lo que sucedió en la cruz del Calvario, porque dice en los versículos 7 y 8 del salmo citado: "Los que me ven, se burlan de mí, estiran los labios, menean la cabeza, y dicen: 'Se encomendó al Señor; líbrelo él'". No se daban cuenta de que se estaban burlando del Hijo de Dios, a plena vista del universo celestial. ¡Pero Jesús no se ha dado por vencido en su lucha por conquistarnos!

Ahora, cuando su desesperación ha llegado a su máxima profundidad, comienza a construir un puente de fe sobre el terrible y tenebroso abismo. Satanás está pisoteando su alma, pero nuestro Señor Jesucristo no va a morir en el fracaso. Comienza a recordar su propia historia: "Pero tú me sacaste del seno materno [de la Virgen María], me preservaste a los pechos de mi madre. A ti fui entregado desde mi nacimiento; desde que nací, tú eres mi Dios" (vers. 9, 10). Así también nosotros, en nuestras horas tenebrosas, debemos recordar nuestra propia historia, cómo el Señor nos ha salvado tantas veces de la ruina. Expresémosle agradecimiento.

Pero Jesús siente aún otras cosas: "Horadaron mis manos y mis pies. Puedo contar todos mis huesos... partieron mis vestidos entre sí..." (vers.

16-18). Pero ahora la música cambia, de tono menor a mayor. Cristo logra la victoria. En ese terrible momento final, cuando se siente como quien es arremetido por un búfalo salvaje, traspasa las nubes de oscuridad y surge al resplandor del sol, más allá de la niebla. Logra, por fin, percibir el amor y la aprobación del Padre. "Ya me has oído, clamando desde los cuernos de los uros" (vers. 21, VM). Cristo ha bebido hasta la última gota de la copa de nuestros sufrimientos. Ha experimentado la segunda muerte. Te invito a orar: ¡Gracias, Señor Jesús, por haber descendido al infierno para experimentar mi segunda muerte! Ahora quiero vivir contigo para siempre.

Marzo 1

EL SALMO DIFERENTE

Has alejado de mí al amigo y al compañero, y a mis conocidos has puesto en tinieblas (Salmo 88:18).

Del total de salmos, 149 de ellos terminan en una exclamación de gratitud por oraciones contestadas, por victorias, por el gozo que ha seguido al sufrimiento, por la luz del sol que brilla después de la destrucción. Son cánticos de alabanza en amaneceres que siguen a noches de lágrimas. ¡149 de un total de 150 es un porcentaje muy alto!

Pero hay un salmo que se destaca entre los demás, porque termina con una nota de desesperanza. ¡En sus palabras no se advierten buenas nuevas! No hay un cántico de alabanza que hable de liberación, de oraciones contestadas. No hay ni siquiera una tenue luz que alivie la oscuridad al fin del túnel en el Salmo 88. Concluye con el clamor más doloroso que pueda brotar de un corazón humano: "Has alejado de mí al amigo y al compañero, y mis conocidos están en las tinieblas" (vers. 18). *Termina* con la palabra "tinieblas", y con el dolor del amor rechazado. Con las palabras de su oración, el autor de este salmo ha expresado pensamientos que en muchos corazones bullen bajo la superficie: "Señor, ¡mi divorcio es culpa tuya! ¡Tú volviste a tal o cual persona en mi contra después que me había dicho que me amaba! ¡No hay en la vida amargura más difícil de sobrellevar que la que expresan las palabras, traducidas de una versión en inglés: "Me has quitado al ser amado... alejándolo de mí"! (NEB) Los psiquiatras y consejeros pueden trabajar largas horas tratando de sanar heridas, pero éstas todavía supuran, años y aun décadas más tarde. "Dios lo hizo, no yo. ¿Acaso me odia?"

Amigo lector, lee una vez más el Salmo 88. El salmista no está amargado, y tú tampoco necesitas estarlo. No pases por alto el gran consuelo que hay en él. David, cuyos sentimientos el autor de este salmo sin duda refleja, es un tipo de Cristo, quien tuvo que beber la copa más amarga que la que haya gustado ninguno de nosotros. Su dolor sana nuestras heridas.

Marzo 2

PADRE PERDONA A MIS ENEMIGOS

¡Padre, perdónalos, porque no saben lo que hacen! (Lucas 23:34).

Jesús predicó siete cortos sermones durante las horas que pasó en la cruz. El primero de ellos siempre ha causado profundo asombro en quienes lo han oído, por ser tan diferente de lo que dicen las personas que están siendo asesinadas. Es lo más sorprendente que se haya escuchado en toda la historia de la humanidad. ¡Jesús oró por los que lo estaban crucificando! Esa actitud representaba un trastorno completo de la naturaleza humana habitual. Fue la oración que hiciera en el momento mismo en que los soldados le atravesaban las manos y los pies, clavándolos al madero: "¡Padre, perdónalos, porque no saben lo que hacen!" (Lucas 23:34).

¿Por qué no sabían lo que estaban haciendo? ¿Estaba Jesús excusando a sus atormentadores diciendo que lo que hacían no tenía importancia? No; ellos estaban cometiendo un gran mal, y él no estaba diciéndoles: "Sigan adelante, está bien". Lo que quería era que *comprendieran* lo que estaban haciendo, porque ésa sería la única forma de que se arrepintieran y fueran salvos. Lo que no sabían era cuán *terriblemente* malo era lo que hacían. Pensaban con toda sinceridad que Jesús era algún pobre loco. Era inocente, bien lo sabían ellos, de cualquier crimen contra el gobierno romano, pero suponían que el mundo estaría mejor con un loco menos. Por lo tanto, ¿qué importa? Hagamos nuestro trabajo.

No sabían que estaban en el proceso de asesinar al Príncipe de la vida. Al orar Jesús, "Padre perdónalos", rogaba por que el Espíritu Santo les hablara llevando a sus corazones una profunda convicción, y que llegaran a darse cuenta de que necesitaban un Salvador que los pudiera limpiar de ese pecado. La palabra "perdonar" no significa mirar a otro lado y hacer como que uno no ha visto la falta; no es el acto de disfrazar un mal pintándolo de blanco para que parezca algo bueno. En el lenguaje original, la palabra "perdonar" significaba el acto de quitar un pecado del corazón humano. En otras palabras, Jesús dijo: "Padre, convéncelos de este pecado, de modo que no lo vuelvan a cometer nunca más".

ANTE EL JUICIO DE DIOS Y SIN MIEDO

Porque es necesario que todos nosotros comparezcamos ante el tribunal de Cristo, para que cada uno reciba según lo que haya hecho mientras estaba en el cuerpo, sea bueno o sea malo (2 Corintios 5:10).

En cierta ocasión, el filósofo Bías —uno de los siete sabios de Grecia— se vio obligado a condenar a muerte a un delincuente. Sin embargo, al hacerlo, no pudo contener las lágrimas.

—¿Por qué lloráis? —preguntó alguien—, ¿no corre a vuestro cargo el condenar o absolver a este hombre?

—No —respondió Bías—. Son la justicia y las leyes las que exigen que yo le condene; pero la naturaleza también exige que yo me duela de los males de los humanos.

Algo similar, amigo lector, ocurre en relación al juicio de Dios y la aplicación de su ley. Muchos viven hoy ajenos a esta realidad tantas veces repetida en las Escrituras: que "Dios ha establecido un día, en el cual ha de juzgar al mundo con justicia" (Hechos 17:31). Con frecuencia, el ser humano prefiere vivir ajeno a la imponente realidad de que hay un Dios en los cielos, y de que algún día tendrá que encontrarse con él para dar cuenta del don de la vida que le ha sido prestado. Algunos prefieren ocultar su insensatez o indiferencia bajo un manto de escepticismo. Se declaran ateos; y con esa sola frase creen haber saldado los compromisos que tienen con el Hacedor de todas las cosas. Pero el olvido o la negación de este acontecimiento no lo elimina. Y la conciencia delictiva de todo aquel que por no compartir los intereses de Dios no ve la sabiduría y el amor que encierran sus principios, y por lo mismo se rebela contra ellos, sumada a la seguridad que necesitan los que sí lo aceptan, hacen inevitable el juicio de Dios y la ejecución de su sentencia. Sin embargo, Dios no quiere la muerte del que muere, sino que éste se convierta y viva (Ezequiel 18:32). Y ante la imposibilidad natural de que esto suceda, hace más que condolerse por la humanidad caída.

Antes que llegue el día en que habrá de juzgarnos, nos ofrece mediante Jesucristo, el perdón que es poder restaurador que garantiza la rehabilitación total del penitente (1 Corintios 1:30). Sí, amable lector, la Escritura declara que Cristo "fue entregado por nuestras transgresiones, y resucitado para nuestra justificación"... "para que la justicia de la ley se cumpliese en nosotros que no andamos conforme a la carne, sino conforme al Espíritu" (Romanos 4:25; 8:4). En Cristo obtenemos la liberación no sólo de la culpa, sino del poder del pecado. Además, él es el Abogado infalible que ofrece sus méritos y su ayuda para defender nuestra causa: "Si alguno hubiere pecado, abogado tenemos ante el Padre, a Jesucristo el justo" (1 Juan 2:1). ¡Y ese abogado no perderá un solo caso!

¿CUÁNTO VALE TU FE?

¿Mas quieres saber, hombre vano, que la fe sin obras es muerta? (Santiago 2:20).

En su interesante obra titulada Living Faith (La fe viva), el ex presidente de los Estados Unidos de Norteamérica, Jimmy Carter, incluyó uno de esos cuentos chistosos que a todos parecen gustar, en los que se describen las vicisitudes de San Pedro en su imaginario papel de portero del cielo. Desde luego, hay mucho que decir en contra de la teología que ha hecho surgir esta clase de bromas en la mente popular, pero veamos lo que el trigésimo noveno presidente norteamericano consideró tan divertido y provechoso como para incluirlo en su libro.

Según dice el cuento, un hombre llega a la puerta donde monta guardia San Pedro, y dice que quiere entrar. San Pedro hace las preguntas de rigor según esta clase de historias:

—¿Cuáles son tus credenciales? ¿Por qué crees que mereces entrar aquí?

El hombre carraspea y con nerviosismo cambia varias veces de posición, demostrando así que no se le ocurre nada. Por fin se le ilumina el rostro:

—¡Ah, sí, ahora me acuerdo! Hace mucho tiempo, creo que era en los años de la Depresión, vi una familia en la calle, que estaba hambrienta y le di cincuenta centavos. —Sigue el hombre pensando otro rato, y de pronto dice—: ¡Espere! ¡Hay algo más, me parece! No hace mucho, se quemó la casa de un vecino mío, y le regalé una mesa vieja que me había costado cincuenta centavos.

El portero celestial le pregunta:

—¿Y eso es todo? —y el hombre admite que eso es todo lo que recuerda. San Pedro manda que un ángel revise los archivos, y después de un rato, vuelve el mensajero con la noticia de que, efectivamente, lo que dijo el hombre era cierto. Entonces el ángel pregunta:

—¿Qué debo hacer? —Y San Pedro se encoge de hombros y dice:

65

Pues, devuélvele su dólar, y que se vaya al infierno. —Y todos reímos la ocurrencia. Pero más allá del chiste, hay una moraleja. Dice el señor Carter: "¿De qué sirve nuestra fe... (¿acaso un dólar?) en toda una vida de elecciones egoístas?

ECHA TU PAN SOBRE LAS AGUAS

Echa tu pan sobre las aguas; porque después de muchos días lo hallarás (Eclesiastés 11:1).

Su nombre es Miguel y lo conocí en unas oficinas de alquiler de autos en Miami, Florida. Eran casi las dos de la mañana cuando llegué al mostrador tras un viaje sumamente agotador, en el que la conexión de mi vuelo había demorado cuatro horas y media en despegar, debido a un desperfecto mecánico. Falto de energías para los saludos de rigor, le entregué mi tarjeta de crédito, sin dirigirle una sola palabra. Advertí que no la procesaba, pero fijaba su vista en ella con el asombro de quien ha visto un fantasma.

—¿Algún problema, señor? —protesté delatando mi impaciencia.

—No, ninguno. Usted perdone, señor González, pero es que en su tarjeta dice "La Voz de la Esperanza". ¿No me diga que se trata del programa de radio?

—Me da usted la primera satisfacción de un día para olvidar —dije recuperando vigor—. ¿Dónde y cuándo escuchó usted el programa? —añadí.

—En Nueva York siendo muy joven. Le confieso que fueron los mejores años de mi vida. Tomé el curso **Tiempo Joven**. ¡Qué maravilloso! Era muy feliz.

De repente mudó su rostro. Bajando la cabeza y el ánimo, con mueca tristona lamentó:

—¡Cómo han cambiado las cosas! ¡Ahora vivo un infierno! —Y a continuación compartió algunos detalles de su vida que, por cierto, era una sarta de desdichas.

Miguel no estaba preparado para mi respuesta:

—Así que ¡tú eres el culpable!

—Pastor Frank, ¿por qué me dice eso? —repuso azorado.

—¡Sí, tú eres la causa de mi extraño día! ¡Todo porque Dios te ama! Mi querido Miguel, Dios ha arreglado las cosas para que sepas que él todavía tiene planes de vida para ti. ¡Él nunca ha dejado de amarte! Vi asomarse a sus ojos una lucecita de esperanza seguida por dos lagrimones. Con rostro iluminado confesó que años atrás debió haberse entregado a Jesús y ser bautizado. Me aseguró que esta vez sí lo haría.

Amigo, amiga, ¿no es maravilloso comprobar que el amor de Dios no cesa de buscar y hallar a las almas perdidas?

LA RADIO QUE SE ENCENDIÓ SOLA

Jesús le dijo: Hoy ha venido la salvación a esta casa... (Lucas 19:9).

Sucedió en Managua, Nicaragua. Una madre soltera vive su peor pesadilla. Su única hija, María Elena (el nombre es suplido), el objeto de sus luchas, cuidados y mimos por tantos años, se había dejado arrastrar por la resaca de desaforados engendros, que son las malas compañías. Por fin, su conducta libertina le acarrea el más infame trofeo: María Elena contrae el mortífero virus del SIDA. Desvirtuada, desahuciada, sin dinero ni amistades, decide regresar al único ser que la ama incondicionalmente: mamá. Desde que quedó sola, su mamá había resuelto armarse de valor. Se propuso ser fuerte y optó por entrar en el ejército. En la vida militar encontró la estructura, la educación y la fortaleza que buscaba para ella y su hijita. Pero ahora, ¿de qué valían sus estudios y disciplina militar? Por las noches escuchaba los gemidos de esa hija sumida en dolores insoportables: "¡Mamá, ya no soporto más, haz algo; no aguanto más!"

Un martes de mañana sucedió algo asombroso. La madre de nuestra historia lo relata así: "Esa mañana, después de pensarlo bien, había tomado la decisión de quitarle la vida a mi hija y después hacer lo mismo conmigo; su sufrimiento me resultaba insoportable... pero algo extraño pasó. Me encaminé a la cómoda para sacar el revólver, y cuando ya lo había tomado y me dirigía a la habitación de mi hija, la radio-reloj que estaba encima de la cómoda se encendió sola. Estaba difundiéndose *La Voz de la Esperanza*. Usted decía que en medio del sufrimiento y del dolor Jesús nos comprende y auxilia. Al terminar el programa una sensación de búsqueda llenó mi corazón... les escribo para que me digan qué debo hacer". El pastor David Murillo, director de La Voz en ese país, añade: "Les dimos estudios bíblicos a ambas por meses. Finalmente la hija falleció, pero con la esperanza de la resurrección. Su mamá fue bautizada con la seguridad de volverla a ver". Amigo lector Dios tiene el mismo interés en ti. ¡Créelo!

PROGRESO SIN DIOS = RETROCESO

Olvidaron al Dios de su salvación, que había hecho grandezas...
(Salmo 106:21).

Hay razón para vitorear los logros impresionantes y legítimos de la ciencia. Dios le ha concedido al hombre la habilidad de aumentar la ciencia y la tecnología; el teléfono, la radio, y el micrófono han fortalecido su voz y sus oídos; el auto y el avión han alargado sus piernas, y las medicinas han prolongado su vida. Amén por ello. Ciertamente todo este adelanto tecnológico moderno puede ser una bendición para el hombre que no olvida a Dios que lo concede. Pero muchos lo han usado para olvidarse de Dios y declarar al hombre amo y señor del universo. Como advierte la Biblia: "Olvidaron al Dios de su salvación..." (Salmo 106:21).

Irónicamente, los mismos estudios científicos especializados —que supuestamente han de rescatar al hombre—, le presentan un cuadro que lo reduce y lo rebaja. La genética lo describe como un accidente biológico; la antropología lo cree nada más que un mono evolucionado; la historia le dice que es decadente y la filosofía lo declara insignificante. Los instrumentos que ayer se admiraban con reverencia esperanzada, hoy se temen por su potencial de producir una muerte cósmica con sólo apretar un botón fatídico. Resulta que el hombre no sabe cómo salvarse a sí mismo; cómo vivir con este monstruoso "Frankenstein", que él mismo ha creado.

El general Omar Bradley lo ha expresado con estas palabras: "Nuestro conocimiento de la ciencia ha sobrepujado nuestra capacidad de controlarla. Tenemos muchos hombres de ciencia y pocos hombres de Dios. Hemos entendido el misterio del átomo y nos hemos desentendido del Sermón del Monte. El hombre de hoy juega con los secretos de la vida mientras anda a tientas en una oscuridad espiritual... El nuestro es un mundo de gigantes nucleares y enanos morales". Bien dijera el profeta: "Levantad en alto vuestros ojos, y mirad quién creó estas cosas... a todas llama por su nombre, ninguna faltará..." (Isaías 40:26).

UN MATRIMONIO ESCANDALOSO

Y bendijo Dios al día séptimo y lo santificó, porque en él reposó de toda la obra que había hecho en la creación (Génesis 2:3).

Algunos han querido casar a Dios con la evolución. Dicen que fue Dios el que supervisó el proceso evolutivo que duró millones y hasta miles de millones de años. La Alemania del siglo diecinueve fue cuna de la "alta crítica" bíblica. Por medio de este método de "alta crítica", los filósofos, teólogos, y científicos quisieron casar el cristianismo con la evolución. El hijo de esta unión fue el Nazismo.

Ningún otro factor contribuyó más a la arrogancia racial nazi que el principio de evolución que la "intelligentsia" alemana cristiana adoptó. Los nazis se sentían respaldados por la evolución en su concepto de la super raza. Ellos se consideraban el logro supremo de la evolución. Como tales, se arrogaron el derecho de hacer lo que fuera necesario para asegurar la supervivencia de los más aptos. Las demás razas se podían explotar y manipular en lo que fuera necesario para el beneficio de la super raza, la única con derecho a sobrevivir.

La Biblia declara que Dios hizo el séptimo día (sábado) por una razón mayor que la de proveer mero descanso físico. Si el descanso y la sociabilidad fueran los principales beneficios del sábado, entonces cualquier día hubiera servido para cumplir ese propósito. Dios escogió el día séptimo como día de reposo para que nos recuerde algo esencial; tan esencial que se constituye en una vitamina espiritual indispensable. Nos recuerda que fuimos creados por Dios en el sexto día de la creación. No somos dioses pequeños, somos criaturas. Por ende, no nos corresponde arrogarnos el lugar reservado por derecho exclusivo al Dios Creador. Si el mundo no hubiera perdido de vista al cuarto mandamiento, los males del nazismo, marxismo, materialismo y racismo nunca hubieran echado raíz.

SEAMOS FELICES

Mejor es un bocado seco, y en paz, que casa de contiendas llena de provisiones (Proverbios 17:1).

No hace mucho recibimos por correo electrónico un documento interesantísimo. Se trata de los resultados de la Encuesta sobre la Felicidad de las Naciones. Eruditos de la Escuela de Economía de Londres se propusieron investigar el vínculo que pueda haber entre el poder adquisitivo y la calidad de vida percibida.

Y, ahora, la sorpresa. ¿Sabe cuál es el país que quedó en primer lugar? ¿El más feliz del mundo? El estudio reveló que el pueblo de Bangladesh, uno de los países más pobres del orbe, deriva mucha más felicidad de sus escasos ingresos que, por ejemplo, Inglaterra, a pesar de que el inglés medio dispone de muchos más bienes y dinero. De paso, Inglaterra ocupa el puesto número treinta y dos en la lista de los países más felices.

De hecho, los habitantes de los países más ricos, tales como Austria, Suiza, Canadá, Japón y otros, son marcadamente menos felices que la gente de países como la República Dominicana, Armenia y la India, este último el quinto país entre los más felices del mundo. ¿Quién lo diría?

Los menos afortunados parecen ser los rusos y los demás habitantes de la ex Unión Soviética: Eslovenia, Eslovaquia, Rusia, Ucrania, Bielorrusia, Bulgaria y Moldavia ocupan la retaguardia de la lista.

¿Y los Estados Unidos de Norteamérica? La encuesta pinta un triste cuadro. Con todo su poder económico ese país ocupa el lugar cuarenta y seis. ¡Increíble! Esta encuesta prueba lo que siempre hemos sabido: que el dinero puede comprarlo todo, menos la felicidad. (Fuente: Reaz Shaheed, Technical Support Director, Computer Department, American International School/Dahka).

Decía Gustavo Droz: "A veces buscamos la felicidad como se buscan los lentes cuando se tienen sobre la nariz". Es posible que la felicidad esté en nosotros mismos, es decir, que dependa de nuestra actitud hacia nuestros problemas, o del curso que le permitamos seguir a nuestros pensamientos.

Se dice que cierto día Sócrates paseaba por el puerto de Pireo, donde habían muchos buques que descargaban gran cantidad de mercaderías que provenían de otros lugares del mundo. Acariciándose la barba, el sabio dijo a sus discípulos: "Cuántas cosas hay en el mundo que yo no necesito". He ahí una actitud correcta. Es la actitud positiva. Si la adoptamos, ¡seremos felices!

EN LAS COPAS DE LOS ARCES

El que ama el dinero, no se saciará de dinero; y el que ama el mucho
tener, no sacará fruto (Eclesiastés 5:10).

¿**P**or qué el ser humano teniendo más, tantas veces goza menos?
¿Cómo enriquecer la calidad de la vida?

Un aficionado a las plantas y a los huertos, reconocía que nunca
había sentido simpatía por los estorninos que con frecuencia invadían y
destruían sus sembrados, hasta que una tarde algo ocurrió que le hizo
cambiar de parecer. "A la hora de la cena —explicaba—, un hermoso
arco iris doble, con efectos sonoros producidos por truenos lejanos, se
dibujaba en el horizonte. Entonces pude contemplar algo asombroso. Al
llegar el arco iris al máximo de su brillo y definición, los estorninos salieron de su cobertizo favorito para posarse en las copas de los arces. Allí se
quedaron, mirando con atención el arco iris. Hasta el último estornino se
mantenía inmóvil, en muda contemplación. Momentos después se des-
vaneció el arco iris y los pájaros volvieron a su desorden acostumbrado en
el cobertizo. Nunca antes los había visto en las ramas superiores, que
ahora utilizaron como tribunas para gozar del grandioso espectáculo".

Nosotros, que no tenemos alas de estornino para subir a la copa de
un arce, tenemos otro tipo de alas: alas del pensamiento que nos permiten volar a las alturas de la inspiración, para bajar luego al terreno de la
realización. Con todo, no siempre las usamos como conviene. Las más de
las veces, sólo subimos al palco del asombro cuando ocurre algo que nos
parece espectacular y que por lo general no lo es. Acostumbrados como
estamos a lo artificial, a la propaganda, y a las ideas novedosas, tendemos
a buscar lo excepcional en ese nivel, aferrándonos más a lo que está "a
ras del suelo", que a lo que se contempla desde "las copas de los arces".
Preguntaba Gaínza Paz: "¿Ha perdido el hombre moderno, civilizado, la
facultad de estar solo consigo mismo, de mirar comprensivamente lo que
lo rodea, de frecuentar la naturaleza en las afueras y parques públicos, de
orar, o sencillamente, de hablar con sus semejantes e interesarse por
ellos?" Y nosotros también preguntamos: ¿Acaso ya no sube a "las copas
de los árboles"? ¿Acaso ha perdido sus alas?

Joven lector, si éste fuera nuestro caso, aceptemos el consejo divino:
"Levantad en alto vuestros ojos, y mirad quién creó estas cosas" (Isaías
40:26).

ASÍ ES EL REINO

Así es el reino de Dios, como cuando un hombre echa semilla en la tierra (Marcos 4:26).

Quizá porque han crecido tanto las selvas de cemento, buscan los hombres hoy volver a aquellas otras naturales. Por cada árbol talado en nombre del progreso, se levantan voces y palas, en protesta y anhelo de reforestación. ¿Qué busca el hombre en la naturaleza? ¿Por qué siente en el árbol, un hermano? ¿Qué mensaje le escribe la semilla... en la tierra?

Thomas Quinn, un norteamericano enamorado de Sudamérica, comenzó hace años, junto a algunos amigos y familiares, la plantación de un bosque en tierra colombiana. Y al describir los tiernos pinos que plantara, decía así: "No me parecían una matas inertes sino seres arborescentes con torsos afiebrados, que yo envolvía con cariño en la arcilla negra y refrescante. Removimos estos seres pequeños de su existencia alienada en un ambiente artificial... y los libramos, devolviéndoles la orientación natural de la tierra". "Exactamente —acotaba John, su hermano— es lo que queremos hacer con nosotros mismos".

En los últimos años parece haber recrudecido en el alma humana esta ansia de "trasplante" de lo artificial a lo natural. Hay más preocupación y ocupación en torno a la ecología, y nace —o se despierta de su letargo— una cierta suerte de sed verde, de respeto casi místico por el árbol.

La Biblia habla mucho del árbol, de la enredadera, de la espiga... Repetidamente usa unos y otros como símbolos de la vida humana y, más aún, como símbolos de lo que puede llegar a ser esa vida cuando en ella germina la semilla de la Palabra de Dios. Jesús dijo: "Así es el reino de Dios, como cuando un hombre echa semilla en la tierra; y duerme y se levanta, de noche y de día, y la semilla brota y crece sin que él sepa cómo. Porque de suyo fructifica la tierra, primero hierba, luego espiga,... y cuando el fruto está maduro, en seguida se mete la hoz, porque la siega ha llegado" (Marcos 4:26-29).

Sí, amigo lector, la semilla de la Palabra de Dios, sembrada y acogida en el terreno de la voluntad humana, crece y fructifica; va de etapa en etapa hasta llegar a formar un carácter, una vida, semejante al carácter y a la vida de Jesús. Porque ése en realidad, es el propósito de Dios, su glorioso don a los seres humanos: que ellos así "sean hechos conformes a la imagen de su Hijo" (Romanos 8:29), para que cuando él venga a buscarlos, estén como "frutos en sazón"; listos... para *su* cosecha.

LA MULTIFORME GRACIA DE DIOS

Cada uno según el don que ha recibido, minístrelo a los otros, como
buenos administradores de la multiforme gracia de Dios (1 Pedro 4:10).

Siendo presidente de la fundación Carnegie, Juan Gardner dijo que "la excelencia implica algo más que competencia. Significa luchar por los más altos niveles en cada fase de la vida". Pero, ¿cómo encarar esta lucha sin competir? ¿Qué, cuando son escasos los talentos propios?

Una antigua fábula cuenta que cierto rey fue un día a su jardín y lo encontró casi seco. Preguntando a un roble cercano cuál era el motivo de tanta desolación, descubrió que el propio roble estaba hastiado de la vida y aun dispuesto a morir, porque no era tan alto y hermoso como el pino. Se dirigió entonces hacia el pino, pero lo halló igualmente descorazonado por no poder producir uvas como la vid. La vid, a su vez, se sentía abatida porque no podía mantenerse erecta y dar frutos a la manera del melocotonero; y éste estaba triste porque no tenía flores como el geranio; el geranio también se mostraba deprimido porque no era tan fragante como la lila; y así todos los demás.

De pronto, una nota de color y de gracia llamó la atención del rey. "Linda violeta —dijo, mientras se arrodillaba junto a la plantita— me alegra encontrar entre tanto desaliento una florecita valiente. No pareces desanimada en lo más mínimo". "Es que yo no soy importante —explicó la violeta—, pero pensé que si hubieras querido tener en mi lugar un roble, un pino u otra planta, la habrías plantado. De mí esperabas que fuera lo que soy, de modo que me he propuesto poner todo de mi parte para darte lo mejor de mí misma".

Dios nos ha provisto de tantos talentos individuales como podamos usar, para que en vez de codiciar los de los demás y de rivalizar con ellos, demos lo mejor de nosotros para gloria de él y en beneficio de la humanidad: "No nos hagamos vanagloriosos, irritándonos unos a otros, envidiándonos unos a otros". "Cada uno según el don que ha recibido, minístrelo a los otros, como buenos administradores de la multiforme gracia de Dios", y hágalo, "conforme al poder que Dios da, para que en todo sea Dios glorificado" (Gálatas 5:26; 1 Pedro 4:10, 11). Tal es el consejo apostólico, y la clave para lograr la excelencia en la superación individual, sin dañar a nadie y beneficiando a todos.

EL HACHA A LA RAÍZ

Y ya también el hacha está puesta a la raíz de los árboles; por tanto, todo árbol que no da buen fruto es cortado y echado en el fuego (Mateo 3:10).

Molesto ya porque su reloj atrasaba o adelantaba, pero nunca estaba en hora, un hombre arrancó las dos manecillas y las llevó al relojero. Naturalmente, éste nada podía hacer con ellas. "Necesito todo el reloj — le dijo— pues la falla no está en las manecillas sino en el mecanismo, dentro del reloj".

Nosotros, que juzgaríamos simple al hombre aquel, nos parecemos a él más de lo que suponemos. Si estamos enfermos, aliviamos los dolores con un calmante, y pensamos que estamos curados. Y si lo que está enfermo es nuestro mundo, hacemos como con el reloj; arrancamos las manecillas de la situación social y económica, y pretendemos que los dirigentes las arreglen de una vez. Y pocas veces consideramos que el mal no está en el síntoma que lo anuncia.

El célebre escritor norteamericano Enrique David Thoreau decía que "por cada mil que machetean contra las ramas del mal, sólo hay uno que va buscando la raíz", es decir "uno en mil". Ese uno es Jesús. Él sabía poner el hacha "a la raíz de los árboles" (como dice Mateo 3:10), y reconocer exactamente dónde estaba el mal. De ahí sus palabras: "Lo que del hombre sale, eso contamina al hombre. Porque de dentro, del corazón de los hombres, salen los malos pensamientos, los adulterios, las fornicaciones, los homicidios, los hurtos, las avaricias, las maldades, el engaño, la lascivia, la envidia, la maledicencia, la soberbia, la insensatez. Todas estas maldades de dentro salen, y contaminan al hombre" (Marcos 7:20-23).

Y sin embargo, no por esto debemos desesperar. Junto con el diagnóstico de nuestro mal, Dios ofrece la eficaz cirugía que necesitamos. Eso sí: espera una aceptación consciente y activa de nuestra parte; por eso dice: "Dame, hijo mío, tu corazón..." (Proverbios 23:26).

EL MENSAJE DE LA FLOR

Y será la flor caduca de la hermosura de su gloria que está sobre la cabeza del valle fértil, como la fruta temprana, la primera del verano, la cual, apenas la ve el que la mira, se la traga tan luego como la tiene a mano (Isaías 28:4).

—Mamá —dijo la niña—, tenemos que llevar a la escuela algún alimento para repartir luego entre los pobres. ¿Podrías darme algo?

—¡Sí, claro! —contestó la madre—. ¿Qué tal si llevas esas latas de sardinas en salsa que compramos, y que no nos gustan?

—¡Mamá —protestó la niña—, la idea es que nosotros ayudemos a los pobres, no que ellos nos ayuden a nosotros! Y nosotros, ¿qué haríamos en circunstancias similares? ¿Qué revelaría nuestro proceder?

En una de sus "Parábolas del dolor", Edgardo Ubaldo Genta contaba el caso de un mendigo ciego a quien una niña regalara las rosas más bellas que tenía. Explicaba Genta: "El ciego palpaba con avidez buscando en vano el alimento que urgía, pero al convencerse de que todo eran rosas, las tomó calladamente y, pétalo a pétalo, se puso a comer... Recién se reveló a la niña la verdad tremenda. Entonces ésta corrió a su casa y apareció enseguida con su madre, trayendo la oportuna ración. Era un suculento trozo de pan blanco, recién horneado y aún tibio. Lo devoró el pobre, siempre callado, y no bien sació su hambre, empezó a buscar en sus harapos, entre sus pies... ¿Querría más pan? ¡No! Buscaba sus rosas. Y cuando pudo dar con una, quizá la más bella, la única intacta, la alzó con frenesí hasta su rostro marchito y, aspirándola hondamente, la pasó por sus ojos húmedos y en tinieblas, la retuvo en un largo beso que ocultaba un sollozo y al fin exclamó: '¡Ahora sí, es una rosa!'"

La parábola de Genta, revela más que un bello trozo literario; y más también, que la necesidad de pan recién horneado. Saciada su hambre, el pobre fue sensible al mensaje de la flor. Años atrás, el llamado evangelio social surgió como respuesta a la necesidad no satisfecha del pobre, y al hecho de que el mensaje que se pretendía enviar a su corazón tropezaba a menudo con su estómago vacío.

Mucho del "evangelio social" a que aludimos, está impregnado de intereses mezquinos o de propaganda en favor de quienes, como diría Jesús, cuando hacen limosna, gustan "tocar trompeta delante de ellos" (Mateo 6:3). Pero, quien sólo predica lo espiritual, desatendiendo las necesidades materiales de sus oyentes, no es menos egoísta ni menos vanaglorioso que los otros. San Juan preguntaba: "El que tiene bienes de este mundo y ve a su hermano tener necesidad, y cierra contra él su corazón, ¿cómo mora el amor de Dios en él?" (1 Juan 3:17). Nosotros podremos disentir en la respuesta, pero para Dios hay sólo una: "No amemos de palabra ni de lengua, sino de hecho y en verdad" (1 Juan 3:18).

CUANDO LA LIMOSNA ES PARA UN REY

Y respondiendo el Rey, les dirá: De cierto os digo que en cuanto lo hicisteis a uno de estos mis hermanos más pequeños, a mí lo hicisteis (Mateo 25:40).

Por temor o por indiferencia, a menudo somos, o al menos parecemos, insensibles a las necesidades de los demás. Nuestro concepto de la hospitalidad apenas se reduce a la atención de familiares y amigos. ¿Es bueno que sea así? ¿Y acaso, no es peligroso darse a los extraños? ¿De qué vale ser hospitalario y generoso?

En sus últimos años la reina Victoria de Inglaterra acostumbraba andar de incógnito por las calles de Londres. Cierta vez, amenazada por la lluvia, se acercó a una casa y pidió a la dueña que le prestara un paraguas. Ésta accedió, pero antes le dijo: "Tengo sólo dos paraguas, uno viejo y gastado, y otro nuevo, que uso únicamente los domingos. Le daré el gastado porque no espero que vuelva a mi poder". Al día siguiente, un mensajero real llegó a la casa de esta mujer para entregarle su paraguas y una suma de dinero. ¡Cuál no fue entonces su sorpresa! "¡Oh! —exclamó— ¡Mi reina! ¡Si lo hubiera sabido, le habría dado lo mejor que tenía!"

Los más de nosotros tampoco estamos dispuestos a ofrecer lo mejor a los extraños. A menudo ni damos, o damos lo que nos sobra, o lo que ya no nos sirve. Somos generosos y hospitalarios sólo con aquellos que seleccionamos y apreciamos como amigos.

Alguno se excusa diciendo que "la sociedad lo impone así". Otro reflexiona: "No podemos meter en nuestra casa a cualquiera. En los días que vivimos ser hospitalario es peligroso. A veces, hasta los amigos traicionan".

La Biblia también lo predecía: "...por haberse multiplicado la maldad, el amor de muchos se enfriará" (Mateo 24:12). Pero esto no anula los mandatos de Dios en cuanto a la generosidad y la hospitalidad. Jesús enseña que debemos atender a los pobres, a los desvalidos, a los enfermos, y a todo aquel que necesita de nosotros. Además, el apóstol nos advierte: "No os olvidéis de la hospitalidad, porque por ella algunos, sin saberlo, hospedaron ángeles" (Hebreos 13:2).

Sí, los tiempos han cambiado, pero no la naturaleza del cristianismo. Tal vez usted y yo nunca recibamos la visita de una reina, pero sí... la de un ángel; y más aún, pues invariablemente, en cada pobre y necesitado que hospedemos, recibiremos al Rey de reyes y Señor de señores; el mismo que un día nos dirá: "En cuanto lo hicisteis a uno de estos mis hermanos más pequeños, a mí lo hicisteis" (Mateo 25:40).

BIENVENIDO, AMIGO DOLOR

Bendito sea el Dios... de toda consolación, el cual nos consuela en todas nuestras tribulaciones para que podamos también nosotros consolar a los que están en cualquier tribulación, por medio de la consolación con que nosotros somos consolados de Dios (2 Corintios 1:3, 4).

Todos sabemos de alguien que está sufriendo. Es, acaso, un familiar o amigo nuestro, un conocido; tal vez... nosotros mismos. Y quizá, no hemos sabido cómo reaccionar. ¿Qué hacer? ¿Qué decir cuando el dolor afecta a un ser querido, o llama a nuestra puerta? ¿Cómo consolarnos?

El escritor italiano Nino Salvaneschi decía: "Si un día el dolor llama a tu puerta, no se la cierres ni se la atranques: ábresela de par en par, siéntalo en el sitial del huésped escogido, y, sobre todo, no grites ni te lamentes, porque tus gritos impedirían oír sus palabras, y el dolor, siempre tiene algo que decirnos..."

Oigamos qué es lo que nos dice, pues cuando habla es como un manantial fresco de consuelo, de cuyas aguas podemos no sólo beber, sino aun llenarnos como cántaros, para poder también saciar la sed de otros. Porque es Dios que nos habla a través de él. Y nos da esperanza de que nuestro dolor es útil; que está para que sirva.

En el caso de Luis Braille, perder la vista significó darla, compartirla con miles de ojos que tampoco veían. El asombroso método de lectura que creara, sus símbolos matemáticos y su código de notación musical para no videntes, fue para él —y para muchísimos más— una verdadera bendición. Cuando su patria, Francia, agradecida lo condecorara por sus méritos, Braille, humildemente dijo: "Me he permitido llorar tres veces en mi existencia: la primera vez, cuando perdí la vista; la segunda, cuando logré perfeccionar mi sistema de escritura; y por fin hoy, al saber que mi vida no ha sido un fracaso".

El novelista norteamericano Frank Crane decía: "El que se compadece a sí mismo, ya está vencido a medias".

Amable lector, si inevitablemente debemos sufrir alguna enfermedad o carencia: ¿por qué no asumir una actitud positiva? En vez de arrullarnos en tristes letanías o maldecir nuestra suerte, podríamos encontrar en ésta un medio de comprender y compensar el dolor de los demás, lo cual, automáticamente, mitigaría el propio. Creamos en el "Dios de toda consolación, el cual nos consuela en todas nuestras tribulaciones, para que podamos también nosotros consolar a los que están en cualquier tribulación, por medio de la consolación con que nosotros somos consolados por Dios" (2 Corintios 1:3, 4).

COMO LADRÓN EN LA NOCHE

Velad, pues, porque no sabéis a qué hora ha de venir vuestro Señor. Por tanto, también vosotros estad preparados; porque el Hijo del Hombre vendrá a la hora que no pensáis (Mateo 24:42, 44).

El 24 de agosto del año 79 amaneció como cualquier otro día en Pompeya, ciudad habitada entonces por los romanos ricos. Llegada la hora del almuerzo, los negociantes cerraron sus puertas. Un panadero metió 81 panes al horno. Un cliente dejó algunas monedas en el mostrador de la cantina. Nada de raro en todo eso, la rutina de rigor, y nada más. Nadie soñaba que el gigante que dormía a ocho kilómetros de la ciudad estaba por despertar malhumorado. De repente, un tremendo terremoto sacudió Pompeya despertando la furia del majestuoso volcán. ¿Quién diría? Del hermoso cielo azul bajó el infierno. La mayoría de los 20.000 residentes corrieron por sus vidas, hallando refugio. Pero unos 2.000 se demoraron en hacerlo.

Las ruinas de la ciudad nos cuentan la trágica historia. Algunos se demoraron enterrando objetos de valor. Otros perdieron preciosos minutos cargando carros con sus posesiones, para luego entregarlos, junto con sus vidas, al Vesubio. La figura de un hombre quedó en la calle apretando todavía un puñado de monedas de oro. Los que huyeron hacia los campos se amarraron almohadas en la cabeza para protegerse de las piedras que el volcán lanzaba por los aires como si fuera fuerte de mil cañones. La fulminante braveza del Vesubio provocó un río mortífero de fuego y azufre que devoró a los que no pudieron desprenderse de "sus cosas".

Hoy volvemos a pensar en Pompeya, y en lo que nos enseña esta tragedia. La Biblia habla de otro evento que ocurrirá pronto, y que será como un desastre repentino para muchos. Dice: "Porque vosotros sabéis bien, que el día del Señor vendrá *como ladrón en la noche*. Cuando digan '¡Paz y seguridad!', entonces vendrá sobre ellos repentina destrucción, como los dolores a la mujer encinta y no escaparán" (1 Tesalonicenses 5:2, 3). ¿Estamos listos para ver a Jesús venir en gloria?

DE VIDA O MUERTE

..Yo le resucitaré en el día postrero (Juan 6:40).

Desde tiempos inmemoriales el hombre se pregunta si realmente hay vida después de la muerte. ¿Es mortal o inmortal el alma humana? ¿Sigue el hombre viviendo cuando muere?

Los aborígenes de la isla de Borinquen (Puerto Rico), pensaban que los españoles eran inmortales. Para cerciorarse acordaron someter a prueba a don Diego Salcedo, quien a la sazón estaba por visitarlos. Llegado el español, los indígenas lo trataron magníficamente, pero al despedirlo, tomándole por sorpresa, lo sumergieron en el río Gurabo durante un buen rato. Luego lo sacaron, y le pidieron perdón, pero ya don Diego no podía contestarles.

Los años han pasado. Sin embargo, aunque no por cierto a la manera de aquellos nativos, la mortalidad o inmortalidad del hombre sigue siendo para muchos un misterio, un misterio que ellos también desearían desentrañar. ¿Qué pasa cuando una persona muere?

Hay un mar de opiniones divergentes y todas ellas pretenden darnos las respuestas. Los "canales" de la Nueva Era enseñan que los espíritus que les transmiten mensajes son muertos que han evolucionado a un estado superior. Los hindúes enseñan que la reencarnación produce una serie de vidas durante las cuales superamos nuestro mal "karma" y continuamos progresando hacia un grado mayor de perfección. Los budistas ponen su fe en el dios que creen hallar en el interior de cada uno, que, según ellos, los eleva a un estado superior. Los ateos niegan toda esperanza de una vida futura y declaran que la muerte es el fin de todo. Muchos cristianos creen que los muertos van inmediatamente al cielo, al infierno o al purgatorio. Pero no así Jesús. Vez tras vez el Señor declaró que los creyentes muertos serán resucitados por él en el día final: "Y esta es la voluntad del Padre: Que de todo lo que me diere, no pierda yo nada, sino que lo resucite en el día postrero. Y esta es la voluntad del que me ha enviado: Que todo aquel ve al Hijo, y cree en él, tenga vida eterna; y yo le resucitaré en el día postrero... Ninguno puede venir a mí, si el Padre que me envió no le trajere; y yo le resucitaré en el día postrero... El que come mi carne y bebe mi sangre, tiene vida eterna; y yo le resucitaré en el día postrero" (Juan 6:39, 40, 44, 54).

La respuesta de Dios, amigo lector, dice así: "La paga del pecado es muerte, mas la dádiva de Dios es vida eterna en Cristo Jesús Señor nuestro" (Romanos 6:23). Queda en usted y en mí aceptar o rehusar esta dádiva. Por esta aceptación o este rechazo nosotros mismos decidiremos si habremos de ser mortales o inmortales.

ÉL VIVE

Yo soy el primero y el último; y el que vivo, y estuve muerto; mas he aquí que vivo por los siglos de los siglos, amén. Y tengo las llaves de la muerte y del Hades (Apocalipsis 1:17, 18).

Algunos sienten tan agudamente la pérdida de un ser amado debido a la muerte, que procuran ponerse en contacto con él. Caen bajo la influencia de los médiums espiritistas o de los "canales" de la Nueva Era, que pretenden que pueden comunicarse con los muertos. Pero la Biblia nos advierte específicamente contra el intento de aliviar el dolor de la muerte, de esta manera: "Cuando os digan que consultéis a los médiums y espiritistas, que susurran y cuchichean, responded: '¿No consultará el pueblo a su Dios? ¿Por qué consultar a los muertos por los vivos?'" (Isaías 8:19, NRV 1990). La verdadera solución para la angustia causada por la pérdida de un ser amado es el consuelo que sólo Cristo da. Al tener comunión con Cristo, sus promesas llenas de esperanza van echando raíces en nuestra mente y corazón. Uno comprende que el ser querido está durmiendo y que la siguiente impresión consciente que experimentará será la del sonido de la segunda venida de Cristo, que le devolverá la vida mediante el milagro de la resurrección.

El doctor James Simpson, inventor de la anestesia, experimentó una pérdida terrible cuando su hijo mayor falleció. Sufrió profundamente, como es de esperar de todo buen padre bajo esas circunstancias. Pero al cruzar por ese "valle de sombra de muerte", encontró el camino de la esperanza. En la tumba de su amado hijo erigió un pequeño obelisco que se elevaba al cielo como una espira. Y en él esculpió estas palabras de Jesús: "He aquí que vivo". Eso, amigo lector, lo dice todo. A veces pareciera que las tragedias personales oscurecen el cielo; no obstante, ¡Jesús vive! Nuestros corazones pueden quebrantarse; no obstante, ¡Jesús vive! Y él nos promete: "Porque yo vivo, vosotros también viviréis" (Juan 14:19).

JUVENTUD, APRENDE

El que ama la instrucción ama la sabiduría; mas el que aborrece la reprensión es ignorante (Proverbios 12:1).

Cuando mires de otro la existencia
nunca imites de ellos la maldad,
mas procura aprender con diligencia
lo que tengan de altruismo y de bondad.

Busca en todas las cosas lo mejor,
sin tomar lo superfluo y lo falaz,
que quien busca lo bueno con ardor:
ése aprende en la vida mucho más.

Mira el ave y aprende de ella,
que es su anhelo por siempre subir:
sube tú por la escala más bella
procurando a todos servir.

Sé cual un manantial cristalino
que refleja en sus aguas el cielo;
que en tu vida, que es soplo divino,
se retraten la paz y el consuelo.

A los pies de Jesús con respeto
cual María aprendamos también:
sólo Cristo da gozo completo,
sólo él hace la vida un Edén.

Aun el pobre, el humilde, el enfermo,
aun la cosa pequeña y trivial:
nos enseñan muy sabios consejos:
aprender sea, pues, vuestro ideal.

—Rodolfo Robledo.

LA ENERGÍA CÓSMICA INDESTRUCTIBLE

En esto consiste el amor: no en que nosotros hayamos amado a Dios, sino en que él nos amó a nosotros, y envió a su Hijo en propiciación por nuestros pecados (1 Juan 4:10).

Dictábamos unas conferencias en la gran capital mexicana, cuando nos avisaron que un célebre científico y ex catedrático universitario pedía cita. Nos apresuramos a cumplir. Al llegar nos impresionó mucho su deterioro físico y emocional. No sin causas, la vida le había propinado duros golpes que lo tenían reducido a un saco de nervios y fobias. Anonadado y enclaustrado por su agorafobia, no había salido de su casa por años. Uno de sus pocos alicientes era escuchar todos los domingos La Voz de la Esperanza.

Respetuosamente, pero sin titubeos, dijo con cierto orgullo:

—Yo soy agnóstico.

No estaba él preparado para la respuesta que Dios puso en mis labios:

—Lo felicito por sus dudas —repuse.

—¿Cómo? —replicó un tanto sorprendido—. ¿A qué dudas se refiere?

—Usted ha dicho que es agnóstico —continuamos—. El agnóstico no cree que Dios exista, pero sostiene esa incredulidad con ciertas dudas. De otro modo usted se habría declarado *ateo*. El ateo está seguro que Dios no existe. Usted, sin embargo, duda de la existencia de Dios, pero también *duda de sus dudas.*

Una sonrisa asomó a su rostro, y admitió:

—Supongo que sí, en verdad no puedo probar la no existencia de Dios. —Entonces le hicimos un pedido que no esperaba:

—Dígame una cosa de la que usted no duda; una realidad que sea ley universal irrefutable.

—Bueno, puedo hablarle de la primera ley de termodinámica. ¿Sabía usted, doctor González, que la energía no puede ser ni creada, ni destruida?

—¡Qué interesante! —repuse—. Así que en el universo material hay algo como la energía que no puede ser creado ni destruido. Pues, mi querido profesor, ¡yo conozco otra cosa que el hombre no puede producir ni destruir! Es el amor que Dios tiene para usted en Cristo Jesús.

Hablamos mucho más. ¿El resultado? Esa noche asistió a las conferencias y entregó su vida a Jesús. ¡Alabado sea Dios por su magno amor!

Marzo 22

LAS MEJORES NOTICIAS HABIDAS Y POR HABER

De tal manera amó Dios al mundo, que ha dado a su único Hijo, para que todo aquel que en él cree no se pierda, mas tenga vida eterna (Juan 3:16).

Todos hemos recibido por correo algún aviso certificándonos como ganadores de alguna alta suma de dinero o algún regalo costosísimo. Y no cabe duda, claramente visible por la ventanilla del sobre alcanzamos a leer las increíbles buenas noticias escritas en letra gigante: "Usted ya ha ganado un auto", u otra cosa de valor. Pero cuando abrimos la carta y con la ayuda de una lupa leemos el resto del diminuto texto de ella, descubrimos que se trata de una astuta estrategia de venta. La realidad es que tenemos más probabilidades de que nos caiga un rayo, que ganarnos el mencionado premio.

Las palabras que siguen a "Usted ha ganado..." son: *si su número es seleccionado,* o algo por el estilo. En un santiamén pasamos de la excitación al chasco. Entonces recordamos el antiguo refrán que dice: "Cuando la limosna es grande, hasta el santo desconfía". Estas experiencias y otras nos han dado un sano escepticismo que, por lo general nos sirve bien, pero que ante verdaderas buenas noticias resulta contraproducente. Nos pasa como lo ilustrado por la fábula del niño travieso que gritaba "lobo", sin haberlo; y cuando el animal apareció de verdad, no hubo quien le creyera. Nosotros también hemos oído "¡Buenas noticias!, ¡buenas noticias!" (¡lobo, lobo!) y ya nos cuesta creer que las haya en verdad. Pero sí las hay. ¡Las mejores noticias habidas y por haber! ¿Cuáles son? Las leemos en Juan 3:16: "De tal manera amó Dios al mundo, que ha dado a su único Hijo, para que todo aquel que en él cree no se pierda, mas tenga vida eterna". Las increíbles buenas noticias de que Dios ha regalado su Hijo "al mundo" (nos incluye a todos) llegan sin recados en letra pequeña —deseche su lupa, aquí no hace falta—. Pero prepárese, porque cuesta creer que algo tan increíblemente bueno sea verdad.

POR GRACIA SOIS SALVOS

Porque por gracia sois salvos por medio de la fe; y esto no de vosotros, pues es don de Dios (Efesios 2:8).

¿Que cómo se salva el hombre? Hay una sola respuesta autorizada. La Biblia dice: "por gracia sois salvos". Ahora bien, ¿qué es la gracia?, ¿en qué consiste?

Hay una idea popular en cuanto a la salvación que milita en contra de la gracia de Jesucristo. El credo popular reza así: "Los buenos van al cielo, y los malos al infierno". Es de suponer entonces, que el que no piensa que es "malo", se cree "bueno", y con este autodiagnóstico de "bueno", ya se cree con derecho al cielo. Y, claro está, la gracia resulta ser una cura innecesaria para el "bueno".

Voy a mencionar algo que va a sorprender a algunos. ¡El credo tiene razón! El cielo *es* para los buenos. Me explico: el cielo es para los que *el cielo* considera buenos. Pero, ¿a cuántos considera el cielo como buenos? El apóstol San Pablo dice: "Como está escrito: No hay justo, ni aun uno... *No hay quien haga lo bueno, no hay ni siquiera uno*" (Romanos 3:10-12). Es decir, que en la estima del cielo, no hay buenos acá. ¡Ni siquiera uno!

Nadie mejor que Jesús conoce nuestra condición. En su más conocido sermón, el Sermón del Monte, Jesús aseveró: "¿Qué hombre hay de vosotros, que si su hijo le pide pan, le dará una piedra? ¿O si le pide un pescado, le dará una serpiente? Pues si vosotros, *siendo malos*, sabéis dar buenas dádivas a vuestros hijos, ¿cuánto más vuestro Padre que está en los cielos dará buenas cosas a los que le pidan?" (Mateo 7:9-11). Note que Jesús nos llama "malos". No se ofenda usted conmigo, amigo lector. Es Jesús el que hace este diagnóstico. Recuerde esto: el primer paso hacia una verdadera cura es hacer un diagnóstico acertado. Parte de la obra de salvación es señalar el pecado; este mundo necesita conocer su imperiosa necesidad de ser salvo por la gracia. Pero, ¿cómo funciona la gracia? En la próxima lectura mostraremos cómo la Biblia define esa gracia maravillosa.

Marzo 24

POR GRACIA SOIS SALVOS —Segunda parte

Siendo justificados gratuitamente por su gracia, mediante la redención que es en Cristo Jesús (Romanos 3:24).

Afortunada y desafortunadamente, la Biblia depara la gracia salvadora sólo para el pecador. "Afortunadamente", porque todos caemos bajo ese rubro de "pecadores". Veamos: "Por cuanto todos pecaron, y están destituídos de la gloria de Dios, siendo justificados gratuitamente por su gracia, mediante la redención que es en Cristo Jesús" (Romanos 3:23, 24). "Desafortunadamente", porque el "yo" de muchos se resiste a creer que no haya forma de "merecerse" la salvación. Piensan que sus "buenas obras" les consiguen la vida eterna. ¡Fatal error! Pero las Escrituras son claras. Declaran: "por gracia sois salvos". Ahora bien, ¿qué es la gracia? La gracia es un don gratuito, que se recibe sin merecerse y sin pagar nada.

Me explico. Si usted está empleado, usted puede no sólo anticipar su salario sino hasta exigirlo al completar su jornada de trabajo. De no recibir su salario, seguramente protestaría y ¡con razón! La salvación no es así. No es un pago por nuestro bien obrar. Se obtiene sólo cuando reconocemos nuestra condición de pecadores y arrepentidos creemos en Jesús y lo aceptamos como nuestro Salvador. De esa manera, somos justificados por la fe y recibimos el don de la vida eterna. Pero nos apresuramos a añadir algo más: el poder de esa vida eterna empieza a cambiar y transformar al pecador *aquí y ahora*. La gracia no es una licencia para seguir pecando. Todo lo contrario, es un poder transformador. El apóstol lo explica así: "¿Perseveraremos en el pecado para que la gracia abunde? En ninguna manera. Porque los que hemos muerto al pecado, ¿cómo viviremos aún en él?... Sabiendo esto, que nuestro viejo hombre fue crucificado juntamente con él, para que el cuerpo del pecado sea destruido, a fin de que no sirvamos más al pecado" (Romanos 6:1, 2, 6). ¡Aceptemos hoy este maravilloso don!

¡SUFRE Y ESPERA!

Ten misericordia de mí, oh Jehová, porque estoy en angustia; se han consumido de tristeza mis ojos, mi alma también y mi cuerpo... Mas yo en ti confío, oh Jehová; digo: Tú eres mi Dios... Esforzaos todos vosotros los que esperáis en Jehová, y tome aliento vuestro corazón
(Salmo 31:9, 14, 24).

Cuando Salmasio reprochó a Juan Milton diciéndole que su ceguera era una evidencia del desagrado divino, el noble poeta replicó: "Mi ceguera es sólo la sombra de las alas de Dios que me cubren y me protegen". El gran poeta inglés (1608-1674) que compuso su inmortal poema, "El Paraíso Perdido", después de haber quedado ciego a consecuencia de una enfermedad, muestra en este soneto la cristiana resignación y entereza con que supo sobrellevar su inmensa desgracia.

Cuando pienso en mi vista aniquilada,
que he de andar siempre en sombras por el mundo,
y que un talento vívido y fecundo
se halla en mí inútil, aunque prosternada
mi alma al Hacedor, gimo al hallarme
de hinojos ante él: "¡Mírame a ciegas!
¿Cumplo con mi deber y luz me niegas?"
Mas la Paciencia acude a contestarme:
De Dios el Santo Amor, jamás requiere
ni el trabajo del hombre ni sus dones;
a aquel que más le acata, a aquel prefiere.
Sus órdenes se cumplen soportando
con paciencia las grandes aflicciones;
Se le sirve sufriendo y esperando.

Marzo 26

LO QUE NO DICE SU HORÓSCOPO

Bienaventurado el hombre... en cuyo espíritu no hay superchería
(Salmo 32:2).

El hombre supersticioso esclaviza su inteligencia y sus esfuerzos atándolos a una pata de conejo, a un diente colorado, o a cualquier otro objeto que considere de buena suerte. Si éstos le faltan, o si ve algo que cree de mal agüero, se siente temeroso e inseguro.

Lo inesperado y persistente de la lluvia obligaba a los transeúntes a refugiarse en las galerías o en los pasillos frente a los negocios. Los automóviles y los omnibuses iban repletos. En el apuro propio de las circunstancias, dos mujeres subieron rápidamente al taxímetro. Al hacerlo, la más joven se golpeó en la cabeza. Era la segunda vez que le ocurría en ese día. Cuando el conductor del taxi lo supo, se asustó tremendamente.

—¡Oh, no! —le dijo, e hizo una señal con los dedos, como queriendo impedir con ello el posible mal que temía—: ¡Si usted tiene mala suerte, no me la traiga a mí! —Durante el resto del viaje, el tema de la conversación giró en torno a la superstición, la astrología y la religión. El hombre dijo que él leía velozmente, y que ya había leído 6.000 libros. Si fueron 6.000, 60 ó 6, el caso es que no fueron muy útiles para edificar su personalidad. Era un individuo nervioso y asustadizo, que vivía pendiente del horóscopo, el "mal de ojo", y cuantos signos de buena o mala suerte encontraba a su paso.

Paradójicamente, la palabra más repetida y defendida de nuestro siglo es: libertad. Sin embargo, y aquí lo inconcebible, la gente sigue atada a la superstición. Hasta personas cultas e inteligentes, no dejan de consultar sus horóscopos diarios. En cambio, la Biblia dice: "Bienaventurado el hombre... en cuyo espíritu no hay superchería" (Salmo 32:2). "Bendito el varón que se fía en Jehová, y cuya confianza es Jehová" (Jeremías 17:7). La persona que no da lugar a la superstición en ninguna de sus formas es feliz, porque es libre de verdad. Si usted aún no lo ha probado, comience desde hoy. Ponga toda su confianza en Dios.

LOS PASOS DEL DIABLO

*Someteos, pues, a Dios; resistid al diablo, y huirá de vosotros
(Santiago 4:7).*

José María Souvirón señala que "hablar directamente del demonio ha llegado a parecer algo tonto, acaso sucio y, de cualquier modo, superfluo. Se trata, a lo más, de una tendencia al mal, que no tiene explicación y que se acepta sin escándalo". Pero, ¿podríamos asegurar que el diablo no existe? Y si existe, ¿cuál es su papel? ¿Podemos resistirlo?

Baudelaire decía que "es más difícil para la gente de este siglo creer en el diablo, que amarlo". Cuando se habla del demonio, algunos sonríen. Les parece absurdo que "gente grande" todavía crea en lo que ellos piensan que es un cuento de niños. Otros, se atemorizan; no quieren oír hablar de él. Los más, aceptan la existencia del bien y del mal, pero no necesariamente identificados con Dios ni con el diablo. Hay de hecho quienes creen en él y le adoran, y también quienes reconocen su existencia y su obra, y lo evitan.

Mucha de la gente que no cree en el diablo, sigue, sin siquiera suponerlo, los pasos de él. Jesús dijo que el diablo "es mentiroso, y padre de mentira" (Juan 8:44). Los que niegan la existencia del diablo hacen a Cristo mentiroso; echan dudas sobre la Palabra de Dios, convirtiéndose así en secuaces del maligno, pues él, cuando sedujo a Eva, se valió de la duda. "¿Conque Dios os ha dicho: No comáis de todo árbol del huerto?", preguntó. Y cuando Eva explicó que sí podían comer de todos, pero no de aquel que estaba en medio del huerto, porque en caso de hacerlo morirían, Satanás, sutilmente, negó la sentencia divina. "No moriréis —dijo—; sino que sabe Dios que el día que comiereis de él serán abiertos vuestros ojos, y seréis como Dios, sabiendo el bien y el mal" (Génesis 3:1-5). Ésta ha sido y es la obra favorita del diablo; negar la Palabra de Dios, tergiversarla: hacerle decir cosas que no dice, o anular las que dice. Por eso la Biblia amonesta: "Someteos, pues, a Dios; resistid al diablo, y huirá de vosotros" (Santiago 4:7).

¡MI MADRE!

Porque tú formaste mis entrañas; tú me hiciste en el vientre de mi madre (Salmo 139:13).

Frente a Manila, en las Filipinas, la escuadra estaba apercibida para la batalla. Ya iba romper el fuego, cuando a un marinero que estaba de servicio en el buque-insignia se le cayó su chaqueta al mar.

Pidió permiso para sacarla, pero se lo negaron. Entonces se arrojó al agua. Todos creyeron que era un cobarde desertor. Sin embargo, a los pocos minutos estaba de nuevo sobre la cubierta. Creyendo que había intentado huir, las autoridades del barco lo arrestaron. Posteriormente un tribunal militar lo juzgó y condenó a varios años de cárcel.

El general que actuó de juez, Dewey, preguntó después al marinero cómo pudo hacer tamaña locura por una chaqueta de tan poco valor. Entonces el marinero sacó una fotografía y dijo: "¡Mi madre!" (En la chaqueta que se le había caído al mar estaba el retrato de su madre y quiso salvarlo a toda costa). Dewey, conmovido, abrazó al marinero y lo indultó (*Compendio Católico*, mayo 1946). Y nosotros también lo hubiéramos perdonado.

Sí, no hay cómo medir la influencia duradera para bien que una dedicada madre puede lograr en el tierno corazón de sus pequeños. ¿Habrá una obra más importante que ésa? Pensamos que no. De ella depende, en gran parte, el futuro de nuestra sociedad. El mismo Dios usa la figura materna para expresar su amor y cuidado de nosotros: "Así dice el Señor: Como aquel a quien consuela su madre, así os consolaré yo a vosotros" (Isaías 66:13).

Fue Amado Nervo quien dijo: "Si el amor de Dios se parece a algo en este mundo, es sin duda semejante al amor de las madres..." Amigo, amiga, si tu madre vive todavía, y la tienes cerca, exprésale tu gratitud y tu cariño con un fuerte abrazo. Y si está lejos, te sugerimos le des hoy una llamada telefónica y dirijas a Dios una oración en su favor.

LA VERDADERA LIBERTAD

Así que, si el Hijo os libertare, seréis verdaderamente libres (Juan 8:36).

Se observa en muchos intelectuales, y aun en quienes no lo son, una especie de temor de entregarse al amor. El laureado escritor español José María Souvirón explicaba que ese temor nace "de un miedo a estar a la merced de otro". "Del otro", enfatiza, refiriéndose a Dios. "Cuando uno cede al amor, y lo sigue, renuncia a sí mismo, y esto sí que es difícil para la soberbia intelectual (y para toda clase de soberbia).

La soberbia aplasta el amor abnegado y endiosa el libertinaje pretendiendo llamarlo libertad. Pero en aras de su filosofía, muchos deambulan por la vida no queriendo someterse en ninguna forma, a nada ni a nadie, para que nada ni nadie les impida hacer lo que quieren; y no perciben que se han vuelto esclavos estériles de sus propias ideas. Son ahora, como higueras con hojas y sin frutos.

La libertad absoluta no existe. En la práctica, libertad significa voluntad y poder de elección. Una vez que elegimos, de alguna manera nos comprometemos con lo elegido; y si elegimos bien, habrá valido la pena el compromiso. La Biblia dice: "¿No sabéis que si os sometéis a alguien como esclavos para obedecerle, sois esclavos de aquel a quien obedecéis, sea del pecado para muerte, o sea de la obediencia para justicia?" "Pero, gracias a Dios, que aunque erais esclavos del pecado, habéis obedecido de corazón a aquella forma de doctrina a la cual fuisteis entregados; y libertados del pecado, vinisteis a ser siervos de la justicia". "Ahora —exhortó el apóstol—, que habéis sido libertados del pecado y hechos siervos de Dios, tenéis por vuestro fruto la santificación, y como fin, la vida eterna" (Romanos 6:16-18, 22).

Creemos a veces, que sólo es posible vivir plenamente si se nos deja hacer lo que nos parece; pero la libertad que produce "vida" es compromiso. Implica elección y sometimiento. Si elegimos a Dios, y nos sometemos a él, habremos hallado *la verdadera libertad*.

ATANDO CABOS MORALES

Y por medio de él (Cristo) reconciliar consigo todas las cosas...
(Colosenses 1:20).

Según el conocido psiquiatra Alfredo Adler, independientemente de toda discusión sobre una posible vida futura, "valdría la pena para cualquier hombre o mujer vivir la vida de Cristo, sólo por la recompensa moral y mental que ella proporciona en el mundo presente". ¿Por qué específicamente la vida de Cristo?

El citado psiquiatra decía: "Las enseñanzas de Jesús aplicadas a nuestra civilización moderna —inteligentemente aplicadas y no meramente aceptadas en forma nominal— nos purificarían, levantarían, y revitalizarían de una manera tal que la raza humana se destacaría inmediatamente como un nuevo orden de seres poseyendo un poder mental superior y una fuerza moral incrementada". Es que la religión genuina "religa", vuelve a unir al hombre con Dios y con su prójimo.

En el caso particular del cristianismo, hay dos diferencias substanciales en relación con otras religiones. Una de ellas es que su fundador, Cristo Jesús, no está en la tumba. Resucitó de entre los muertos y está en los cielos, vivamente interesado y activo en el avance de su causa aquí en la tierra. La otra diferencia, aunque entre los propios cristianos muchos no la han entendido todavía, es que el cristianismo no requiere que el cielo se "gane" por méritos personales del creyente. En esto radica el porqué de su poder; si dependiera de fuerzas humanas, fracasaría. No fracasa porque depende de Dios. Dios envió al mundo a su propio Hijo, para que él se encargara personalmente de "re-ligar" o reconciliar a la humanidad con la Divinidad. Él pagó con su muerte el precio de nuestros pecados. Para el cristiano, pues, religión significa una efectiva y gozosa dependencia del Todopoderoso; por eso dice: "Todo lo puedo en Cristo que me fortalece" (Filipenses 4:13).

HOMBRÍA SIN MACHISMO

Velad, estad firmes en la fe; portaos varonilmente, y esforzaos
(1 Corintios 16:13).

El norteamericano James B. Canel, en un excelente artículo que escribiera para *Life* en español hace ya casi tres décadas, definió el machismo latinoamericano así: "Es una exageración de la hombría en la que predominan la vanidad ostentosa, la bravata, y un amor propio rayano en el narcisismo".

Mucho le ha llovido al machismo desde el artículo de Canel. La revolución femenina, en la que ha surgido una mujer menos dispuesta a someterse al lado feo del llamado machismo, ha ido ocupando un lugar importante en las relaciones humanas. Va emergiendo también un ideal del hombre que, sin perder genuina hombría, se anima a descartar los aspectos más exagerados del machismo desorbitado.

Felizmente, hoy se ve con malos ojos ese antiguo culto a la hombría exagerada, en el que se confunde la fertilidad con virilidad. El recuento orgulloso del número de amantes y de hijos, legítimos o no, ya no causa ninguna gracia. Hoy se le anima al hombre a ser responsable tanto con sus emociones como con su libido.

Curiosamente, la definición más acertada de la verdadera hombría la dio cien años atrás la prolífica escritora cristiana Elena Harmon de White. Para ella, el hombre de verdad es guiado por principios (no se vende ni se compra) y vive sin dobleces; posee un insobornable sentido de la justicia; es de carne y huesos, con emociones y sentimientos que sabe expresar a su debido momento sin dejarse dominar por ellos. Es firme y fuerte, pero cortés y amable. Sabe vencer la tentación y también perdonar sin rumiar recriminaciones (Véase su libro *La Educación*).

Por supuesto que este cuadro representa un ideal, un modelo a seguir; un modelo que se encarna en la persona del incomparable Hijo del Hombre: Jesús.

SIN DOBLECES

El amor sea sin fingimiento. Aborreced lo malo, seguid lo bueno
(Romanos 12:9).

Stanley Jones contaba que un hindú, conocido suyo, tenía en su casa un cuarto donde hacía todo lo que le venía en gana. Cuando entraba allí, se comportaba como cualquier hombre moderno, comía carne y bebía licores; pero al salir de allí y pasar a las demás habitaciones, practicaba escrupulosamente su ortodoxia hindú, y actuaba en todo conforme a su tradición.

Cuán diferente su actitud a la de Julio Druso, aquel tribuno romano cuya casa tenía tantas ventanas que casi todo el interior de ella podía verse desde afuera. Cuando alguien le ofreció, por cinco talentos, transformar su casa haciéndola menos expuesta a los curiosos, Druso contestó: "Yo te daré 10 talentos, si puedes lograr que los pocos cuartos que todavía no están a la vista, también sean expuestos. Así, toda la ciudad podrá ver de qué manera vivo".

La mayoría de nosotros no vamos al extremo del hindú ni del romano. Pero, examinados a conciencia, tal vez nos parezcamos más al primero. En público, bien vestidos y bien hablados; pero en casa, no en un cuarto sino en todos, paseamos nuestro yo de cómodo a desvencijado, y si se ofrece, huraño. Creemos que nuestros negocios exigen cierta pose de la que queremos desembarazarnos en casa. Pero a menudo, ni adentro ni afuera nos sentimos realmente satisfechos.

Si tendemos a aparentar, recordemos que a los de doble ánimo Dios ordena: "Purificad los corazones" (Santiago 4:8). Lo que es puro, no tiene mezcla. Y así debemos y podemos ser nosotros. Dios ha derramado su amor en nuestros corazones a fin de capacitarnos, para que podamos amarnos unos a otros "sin fingimiento" (Romanos 5:5; 12:9).

CUANDO LOS HOMBRES LLORAN

Bienaventurados los que lloran, porque ellos recibirán consolación
(Mateo 5:4).

Llorar, ¿es cobardía?, ¿escape?, ¿un signo de debilidad? ¿Por qué lloramos? ¿Hay llanto que sirva para algo?

"¿Quién dijo que sea cobardía llorar cuando hay motivo sobrado para ello?" La pregunta del escritor Fermín Mugueta aludía al llanto de un hombre, un vietnamita fugitivo que, con la mochila a las espaldas y los hombros vencidos, procuraba marchar hacia adelante aunque sentía que caminaba para atrás. No, llorar no es cobardía. Al menos, no lo es siempre. Hay lágrimas cuyos motivos son legítimos, y las hay también de las otras. Por fuera todas se parecen, pero por dentro no. A menudo, en nuestro egoísmo y en nuestro afán de vernos buenos, adjudicamos a nuestras lágrimas los motivos mejores, y reservamos los otros para las lágrimas ajenas.

Jesús dijo: "Bienaventurados los que lloran, porque ellos recibirán consolación" (Mateo 5:4). Pero ¿incluye su promesa a todos los que lloran? Según Carlos Allen, autor del libro *La psiquiatría de Dios*, Cristo, al decir esto, no tenía en mente "al pesimista que constantemente está esperando que suceda algo malo, ni al egoísta cuyas ambiciones se han frustrado, ni a la persona amargada y rebelde por haber perdido alguna cosa". Él se refería a aquellos que lloran porque reconocen que han ofendido a Dios o a una persona, y sufren por el daño que han causado. Nosotros, a veces confundimos este llanto. Creemos estar arrepentidos de haber procedido mal, pero lo que nos duele en realidad no es eso, sino el temor a las consecuencias que nos acarreará nuestra conducta. Tal fue la clase de arrepentimiento que condujo a Judas al suicidio. Produjo angustia y miedo, pero no esperanza ni liberación.

El arrepentimiento verdadero fue el que movió a Pedro a llorar después de haber negado a Cristo, sin negarlo después de haber llorado. Fue el suyo un dolor constructivo, esperanzado. Pedro, en vez de ahorcarse, decidió reparar su daño, entregarse a Jesús de todo corazón, y vivir para él el resto de su vida. Este es el tipo de arrepentimiento que produce paz y alegría. Sus lágrimas, como dijera Elena de White, son "las gotas de lluvia que preceden al brillo del sol de la santidad. Esta tristeza es precursora de un gozo que será una fuente viva en el alma" (*El Deseado de todas las gentes*, pág. 268).

No por nada Cervantes creía que "un buen arrepentimiento es la mejor medicina que tienen las enfermedades del alma". ¿Hemos probado esta "medicina"?

LA BENDITA SIERVA DEL SEÑOR Y LA MUJER DE HOY

He aquí la sierva del Señor; hágase conmigo conforme a tu palabra
(Lucas 1:38).

Según Madariaga, las mujeres "en tiempo normal son capaces de hacer frente a toda situación que pueda presentarse y salir airosas, con serenidad y competencia. En las crisis graves saben ser duras y aun heroicas". Pero, ¿y las que sienten que han perdido, o nunca han tenido, este temple? ¿Y los hombres que están en esta misma condición? ¿Cómo pueden obtener la fuerza y la visión que necesitan?

En la obra *La casa redonda*, de Adriana Henriquet Stalli, un niño pregunta a su madre: "Y yo, ¿cómo he nacido?" "Quisiera, piensa ella, encontrar el cuento más bello para su sed... Una belleza infinita y misteriosa quisiera que hubiese creado a mi hijo". Y no es de extrañar su deseo. Cada nacimiento es único. Entraña la llegada de un ser individual, parecido a otros pero esencialmente distinto. Si a esa unicidad se suma el proceso y las emociones que implica la maternidad, es comprensible que cada madre quiera y, más aún, que crea que "una belleza infinita y misteriosa" ha creado a su hijo. Pero si hubo alguien que con intensidad y verdad no superadas pudo sentir tal cosa, fue sin duda la Virgen María, aquella joven hebrea que tuvo el privilegio de albergar en su seno al que en sí mismo era el Dador de la vida. En su maternidad intervino, ciertamente, una infinita y misteriosa belleza creadora.

Con todo, ¿cómo pudo María aceptar y afrontar tan tremenda responsabilidad? Del relato de los Evangelios se desprende que su secreto consistía en que confiaba en Dios, dependía de él, y estaba dispuesta a hacer cualquier cosa que él le pidiera. Cuando el ángel le anunció que concebiría un hijo, pero que ese Hijo no sería de hombre alguno sino de Dios, María comprendió todo lo que ello implicaría. La gente murmuraría, dudaría de su pureza; y mientras tanto ella tendría en sus manos la responsabilidad más grande jamás encomendada a ser humano alguno: la de criar, cuidar y educar... al Hijo de Dios. María se sabía joven e inexperta, con una misión extraordinaria y muy por encima de sus fuerzas. Pero también sabía que Dios nunca se equivoca, y que a nadie pide algo sin darle primero la capacidad para cumplirlo. Por eso contestó: "He aquí la sierva del Señor; hágase conmigo conforme a tu palabra" (Lucas 1:38).

Hoy, Dios todavía busca hombres y mujeres de ese temple. Gente que confíe en él, que dependa de él, y que esté dispuesta a obedecerle incondicionalmente. No importa si tenemos o no otros talentos; se necesitan éstos. Y si le ofrecemos éstos, tal como ayer los tres magos le ofrecieron los suyos, no volveremos vacíos. En las noches del alma resplandecerá, como una estrella, la promesa de Dios: "Básate mi gracia, porque mi poder se perfecciona en la debilidad" (2 Corintios 12:9).

LA OTRA MARÍA

Y a ella [a María Magdalena] le dijo: Tus pecados te son perdonados (Lucas 7:48).

Las vidas de aquellos que deambulan sin rumbo ni propósito carecen de la fuerza motivadora e impulsora que podría darles significado y utilidad. ¿Cuál es esa fuerza? ¿Dónde y cómo obtenerla?

Con aguda percepción psicológica y espiritual, Khalil Gibrán vierte en una de sus obras un diálogo imaginario entre María Magdalena y Jesucristo. Ella bebe las palabras de Cristo como bebería el desierto el rocío del cielo, y recuerda: "Cuando él me las decía, la vida hablaba a la muerte. Porque habréis de saber, amigos míos, que yo estaba muerta. Era una mujer que se había divorciado de su alma. Yo pertenecía a todos los hombres y a ninguno. Me llamaban ramera, mujer poseída por los siete demonios. Estaba maldita y era envidiada. Pero cuando sus ojos de aurora miraron dentro de mis ojos, todas las estrellas de mi noche se esfumaron, y me convertí en Miriam, solamente Miriam, una mujer perdida para el mundo que había conocido, y encontrándose consigo misma en nuevos lugares".

Aunque esta escena es imaginaria, no lo es en su esencia. Porque es cierto; cuando aquella mujer se encontró con Jesucristo, de veras se perdió para el mundo y la vida que hasta allí había conocido, y de veras se encontró con Dios y consigo misma. Todo, porque el perdón, la sanidad y la pureza le fueron ofrecidos por uno que la amó genuinamente, es decir: sin interés, sin egoísmo, con el sólo propósito de ayudarla, de reconstruirla, de hacerle bien y hacerla buena.

María Magdalena llegó a ser, por ello, acaso la más fiel, la más agradecida, y la más devota de las mujeres piadosas que seguían a Jesús. Sentada a sus pies, escuchó anhelante su palabra; postrada ante él, le ungió con nardo delicado y con lágrimas de gratitud; estuvo con él junto a su cruz, y fue la primera en ir a su tumba en la mañana de la resurrección. Fue también la primera en ser comisionada por él mismo para dar las Buenas Nuevas de la resurrección a los demás discípulos. Imaginen ustedes, María —antes llamada "la pecadora", la que fue "poseída por los siete demonios"— ahora convertida en apóstol para los apóstoles. Y todo lo hizo impulsada por el poder del amor perdonador de Cristo. ¿Y tú, amigo lector? Jesús también te ha dicho: "Tus pecados te son perdonados". ¿Serás un apóstol a otros de su amor?

MÁS QUE UN ROSTRO

Entraré a ver al rey, aunque no sea conforme a la ley; y si perezco, que perezca (Ester 4:16).

Hoy, quizá más que ayer, la mujer enfrenta situaciones que exigen objetividad, realismo y determinación. Pero, para muchas —como tal vez para muchos hombres— éstas no son características propias de su personalidad. ¿Deben por ello abandonarse a su suerte? ¿Qué posibilidades tienen de cambiar? ¿Cómo se adquieren estas cualidades?

Cuando Farah Diba estaba por casarse con el Sha de Persia, él le preguntó: "¿Vas a ser simplemente un rostro, una decoración, un maniquí, una emperatriz para los libros de cuentos? ¿Vas a pasar a la historia como otra esposa de un Sha y la madre de un príncipe, o te atreverás a descubrir de lo que eres capaz, y crear la imagen de una nueva mujer en Irán?"

Traduciendo en hechos su respuesta, Farah Diba aceptó pertenecer al Congreso Nacional de Planificación; dirigir, promover e inspeccionar las artes; encargarse de los menús y recepciones de tres palacios; supervisar personalmente la educación de sus hijos; acompañar al Sha en público, y estar al frente de varias organizaciones. Farah Diba es recordada, no como un personaje de leyenda, sino como una mujer real, y realista.

En la misma Persia, 25 siglos atrás, la costumbre imponía que las esposas de los reyes fueran juguetes de placer para ellos y sus cortes, y que sólo aparecieran en escena cuando los reyes lo ordenaran; nunca de otro modo, porque podía costarles la vida. Y Ester, la joven judía que había llegado al trono persa conquistando al rey con su belleza, sabía esto. Pero también acababa de enterarse de que el capitán favorito de su marido estaba tramando la destrucción total de los judíos que vivían bajo el dominio persa.

¿Qué hacer? Consciente de que Dios quita y pone reyes, Ester comprendió que quizá para esa hora había llegado al reino. Pidió, pues, a su primo que reuniera a todos los judíos del lugar para que ayunasen por ella durante tres días, que ella haría lo mismo con sus doncellas. "Y entonces —explicó— entraré a ver al rey, aunque no sea conforme a la ley; y si perezco, que perezca" (Ester 4:16).

Como resultado, amigo lector, el pueblo hebreo fue liberado, y Ester pasó al registro de la Historia Sagrada no como un personaje de leyenda, sino como una mujer real. Real como mujer y como reina, pero aún más: como mujer y reina realmente consciente del propósito de Dios para su vida, de la realeza de su misión y de la realidad de su pueblo. Asida del poder y el valor que Dios le dio, y que nos da si lo queremos recibir, Ester respondió con altura y entereza en la hora de crisis de su pueblo.

EL DERECHO DE NACER, Y ¡DE VIVIR!

He aquí, herencia de Jehová son los hijos; cosa de estima el fruto del vientre (Salmo 127:3).

Con ardor y verdad, Enrique Caballero describía la odisea del niño "que la sociedad tendría que defender de sus padres, y el Estado de la sociedad". "Ese niño —decía— no es el pecado de una pareja inconsciente; es el pecado de una civilización irresponsable. Llega a un hogar que no lo espera ni lo quiere, e inocentemente agrava una situación económica insostenible. Desde entonces, se constituye en el pararrayos de la histeria materna y de la brutalidad paterna".

Caballero cita casos de niños "castigados con quemaduras, con cortaduras, con bárbaros golpes... muertes por inmersión y por asfixia". Se dan éstos en Nueva York y en Londres, como en el barrio más pobre y escondido de cualquier país; pero el problema no se limita a un estrato social. Donde reina la riqueza y la cultura, el drama no es menos intenso. El dinero y la instrucción no logran suplantar al amor, ni al hogar, ni a la fidelidad de la familia. En uno y otro caso, el niño se siente despreciado, rechazado y hasta odiado por uno o ambos padres. ¿Puede extrañarnos que luego se refugie en las drogas, o en la promiscuidad sexual, o se aboque a la violencia?

No pretendemos defender ni justificar estas muestras de hostilidad y rebelión juveniles, pero creemos que son parte de su desesperada búsqueda de respuestas. Aquí, pues, es donde usted y yo tenemos el privilegio y el deber de intervenir. Como esposos y padres, como educadores y consejeros, como amigos... Como sea, con tal de dar una mano de ayuda a nuestros niños y jóvenes.

No basta con permitirles el derecho de nacer. Merecen el derecho de vivir decentemente, de tener un hogar, padres que los amen y los respeten, y una sociedad que los acepte y los apoye. Es hora de que tomemos conciencia, y demos a nuestra familia más de nosotros mismos que de nuestro dinero o nuestras cosas. Antes de pensar en el divorcio, en la infidelidad matrimonial, o en conseguir más dinero para mantener nuestra posición, pensemos en nuestros hijos.

La Palabra de Dios dice: "He aquí, herencia de Jehová son los hijos; cosa de estima el fruto del vientre" (Salmos 127:3). De esa herencia Dios nos pedirá cuenta un día. ¿Cuál será nuestra respuesta?

¿QUÉ SUCEDIÓ EN LA CRUZ?

Así, como por el delito de uno vino la condenación a todos los hombres, así también por la justicia de uno solo, vino a todos los hombres la justificación que da vida (Romanos 5:18 NRV).

¡Nunca desde el comienzo de la historia, se había producido tal crisis! El cielo y la tierra contuvieron el aliento. Los ángeles velaron sus rostros, contemplando horrorizados cómo el divino Hijo de Dios clamaba en su agonía: "¡Padre! ¿Por qué me has desamparado?" Mientras Jesús sufría en la cruz, el destino del mundo y del universo entero pendía en la balanza.

Cuando Jesús murió en la cruz, ¿cuál fue su logro? La respuesta es: "¡Todo!" Antes de su muerte, el Salvador declaró: "He acabado la obra que me encargaste" (Juan 17:4 NRV). Ése fue el momento cumbre del tiempo y la eternidad, porque había un enemigo en guerra contra Dios. El pecado amenazaba con causar la ruina de todo lo que Dios había creado. Sólo por el sacrificio de sí mismo podría el Hijo de Dios hacer que el universo volviera a ser un lugar seguro. Y con su sacrificio nuestra salvación eterna también fue asegurada.

En la cruz, ¿*logró* Cristo algo real, tangible, en favor de todos los seres humanos, o simplemente *trató* de hacerlo? La Biblia enseña que mirar a la cruz nos trae la salvación. Y no es asunto de magia o superstición, sino que allí es donde vemos el amor de Dios revelado a nosotros.

Con toda certeza, Cristo logró algo en favor de toda alma humana, más allá de proveer una mera posibilidad de salvarnos. La Biblia nos asegura que el Salvador "es la víctima por nuestros pecados. Y no sólo por los nuestros, sino también por los de *todo el mundo*" (1 Juan 2:2). Así como "todos pecaron", también todos "son justificados gratuitamente por su gracia" (Romanos 3:24). "Por la justicia de uno solo, vino *a todos los hombres* la justificación que da vida" (Romanos 5:18). ¡Preciosa expresión! ¿A todos los hombres? ¡Sí, a todos!

¿QUÉ SUCEDIÓ EN LA CRUZ? —Segunda parte

Porque ciertamente Dios estaba en Cristo reconciliando el mundo a sí, no imputándole sus pecados, y puso en nosotros la palabra de la reconciliación (2 Corintios 5:19).

Una idea común es que el sacrificio de Cristo no hace nada por nadie si primero la persona no hace algo y "acepta a Cristo". Según este concepto popular, Jesús se mantiene lejos, con sus divinos brazos cruzados, y espera que el pecador se decida a "aceptar" su oferta. En otras palabras, la gente que cree esto se imagina el proceso como una máquina lavadora en una lavandería pública. El negocio ha hecho provisión de máquinas, pero su uso es condicional. Si no se ponen las monedas, uno se puede quedar esperando todo el día, sin que pase nada. ¿Será ésta una ilustración apropiada para describir el sacrificio de Cristo en la cruz? A muchos les parece razonable, por cuanto explica superficialmente que algunos se perderán en el día final supuestamente porque "no pagaron el precio".

En primer lugar, Cristo no limitó su sacrificio para beneficiar únicamente a cierto grupo de personas. Al gustar la muerte "por todos" (Hebreos 2:9), padeció el castigo por el pecado que le corresponde a cada uno.

En segundo lugar, así como "todos" han pecado, también "todos" "son justificados gratuitamente por su gracia" (Romanos 3:24). Esto es lo que sucedió en la cruz. Cuando Dios abrazó a su Hijo, abrazó al mundo entero. ¡Jesús llegó a ser uno con nosotros!

En tercer lugar, debido al sacrificio de Cristo, Dios no les estaba "atribuyendo a los hombres sus pecados". En vez de eso, se los atribuyó a Cristo.

¿Significa esto que todos serán salvos? No. Es cierto que Dios anhela que todos se salven, pero no todos elegirán ser salvos. La razón de esto es más profunda que una mera falta de conocimiento o de prontitud en aprovechar la oferta. Los que se pierden *habrán resistido activamente y rechazado reiteradas veces* la salvación que Cristo les concediera libremente. Dios ha tomado la iniciativa en el empeño de salvar a "todos los hombres"; pero los seres humanos tienen el poder, la libertad de estorbar y vetar lo que Cristo ya ha hecho por ellos, y de tirar como inservible aquello que ya se les había colocado en sus manos. Dios nos ha concedido la facultad de escoger. No salvará a nadie contra su voluntad.

¡Cristo ya es *el Salvador del mundo*! ¡Te ruego que no escojas la incredulidad, que no te permitas vetar lo que Cristo ya es! Deja que te tome de la mano y te guíe al fin de la jornada.

ANTE LA TENTACIÓN SEXUAL

¿Cómo, pues, haría yo este grande mal, y pecaría contra Dios?
(Génesis 39:9).

Hoy analizaremos una pregunta fascinante que salió de los labios de un joven soltero. No era más que un adolescente lleno de entusiasmo por la vida, como muchos jóvenes de hoy. Y su pregunta es una que toda persona joven debe hacerse. Una mujer joven, bella y tentadora le había pedido que se acostara con ella. Pero el joven, con gran vehemencia y convicción exclamó: "¿Cómo, pues, haría yo este gran mal, y pecaría contra Dios?" (Génesis 39:9).

La Biblia revela que José, hijo de Jacob, "era de hermoso semblante y bella presencia". Es decir, era un joven de apariencia muy atractiva, que llamaba naturalmente la atención de las mujeres. Por lo general los jóvenes bien parecidos sufren muchas tentaciones, y a veces caen presa de cualquier mujer que los quiera enredar. El problema se presenta de igual modo en el caso de las muchachas atractivas.

Para José, la tentación que le sobrevino tiene que haber sido muy grande. Se sentía solo, lejos de su hogar, necesitado de afecto, en medio de una gran ciudad sin escrúpulos morales. Por su parte, la esposa de Potifar era joven, atractiva y se había enamorado de José. Día tras día lo perseguía de mil maneras sin que él le diera la menor razón para hacerlo. Por fin, la Biblia dice que "puso sus ojos en José, y le dijo: 'Acuéstate conmigo'" (vers. 7). La distancia que mantenía José la había llenado de pasión. Mientras más difícil se le hacía la conquista, más se empeñaba en atraparlo. José trató de razonar con ella: "No quiso, y dijo a la esposa de su amo: 'Mi señor no me pide cuenta de nada de lo que hay en la casa. Me ha confiado todo lo que tiene. No hay otro mayor que yo en esta casa, y ninguna cosa me ha reservado sino a ti, por cuanto tú eres su esposa" (vers. 8, 9).

Jóvenes, señoritas, resistan con la ayuda de Dios la tentación difícil. Hay ayuda disponible para todo aquel que, como José, dice: ¿Cómo pués, haría yo este grande mal, y pecaría contra Dios?"

ANTE LA TENTACIÓN SEXUAL —Segunda parte

Y ella lo asió por su ropa, diciendo: Duerme conmigo (Génesis 39:12).

Todo era propicio para que José saciara sus apetitos: estaban solos en la casa; la mujer era atractiva; el joven tenía las reacciones normales que cualquier otro muchacho experimentaría en una situación similar; nadie sabría lo sucedido, pues no había manera de que la familia de José, tan lejana, se enterara. No había riesgo de pasar una vergüenza, pues su amo Potifar no lo sabría, ya que su esposa tendría sumo interés en ocultarle todo. El asunto nunca iba a ser publicado en los periódicos escandalosos de Egipto. No hay razón para creer que José fuera frío, o que fuera quizás "raro", indiferente a las mujeres. El relato bíblico establece claramente un cuadro de fuerte tentación. José era un hombre de carne y hueso. Nadie se ha sentido más tentado que él por el perfume sensual y las ropas escasas. Las hormonas del joven hervían en sus venas. Pero había algo que no le permitió a José ceder ante la tentación, y no fue el temor del fuego del infierno, ni del SIDA, ni de alguna enfermedad venérea.

Cuando José se halló solo en casa con la atractiva esposa de Potifar, no se vio asaltado por el temor. Pensó en Dios, no en el castigo que Dios podría enviarle. Pensó en el honor de Dios. Estos fueron los pensamientos que pasaron por la mente de José al enfrentar la poderosa tentación: "¡Dios no me ha dado la esposa de Potifar! ¡No debo tomar para mí a la esposa de mi prójimo! La forma de respetarla es negarme a ceder, y huir de sus manos". Pero José fue aún más allá en sus razonamientos: "Si caigo en esta tentación, traeré desgracia al Salvador del mundo; estaré poniendo mi lealtad en manos del enemigo de Dios, participando así en la gran guerra contra Dios. ¿Cómo podría hacer eso? Por último, pensemos todavía en otro punto que pasó por la mente de José. Doblegarse ante esta tentación sería enemistad contra Dios. "¿Cómo pues, haría yo este gran mal, *y pecaría contra Dios?*" ¿Y tú, joven lector? ¿Qué harás ante la tentación? ¿Te dejarás arrastrar por el impulso del momento, o seguirás el ejemplo de José?

QUESO EN LA TRAMPA

Hay camino que al hombre le parece derecho; pero su fin es camino de muerte (Proverbios 14:12).

Una mirada honesta y desprejuiciada al mundo de las drogas, ¿qué revelaría? ¿Dan los estupefacientes una solución, siquiera parcial, a los conflictos humanos? ¿Por qué se las consume? ¿Hay algo mejor, más eficaz, para responder a las necesidades que inducen a la toxicomanía?

Entrevistas concertadas con adictos y ex adictos a las drogas revelaron que las causas más frecuentes que inducen a la toxicomanía son tres. Una, la curiosidad, el deseo de experimentar sensaciones nuevas, diferentes y excitantes. Otra, la angustia, el agudo sentimiento de soledad, la impresión de que a nadie le importa realmente qué ocurre con sus vidas. La tercera, el esnobismo, el pensar que, al probar la marihuana, la cocaína o cualquier otra droga, se "está en la onda", se es moderno, intelectual, bohemio, y liberado de una sociedad cada vez más asfixiante e hipócrita. Pero en los tres casos, como en cualquier otro en que intervienen, las drogas no parecen ser más que una versión nueva del trozo de queso en la trampa de cazar ratones.

Porque, ¿qué viene después de la curiosidad satisfecha? ¿Y el que se sentía solo y sin propósito? ¿Qué amor, qué compañía real, qué meta edificante logra por medio de las drogas? ¿Qué liberación consigue el que queda física y psíquicamente dependiente de ellas? ¿Qué intelectualidad aumenta aquel que por efecto de los narcóticos disminuye su poder de concentración y su capacidad retentiva? Por otro lado, si como se pretende, la droga representa la protesta contra una sociedad deshumanizada y cosificante que anula al individuo, ¿no es el símbolo elegido totalmente contrario a su proclama? Notemos que los alucinógenos aíslan al sujeto de la realidad circundante y por lo mismo impiden su participación responsable contra los males de ella, separándolo así de los demás seres humanos, lo cual no hace sino deshumanizarlo más.

Hay un camino mejor: que de causa a efecto es eficaz. Y es el evangelio de Jesucristo, porque en vez de evadir la realidad, da fuerzas y sabiduría para participar en ella en forma constructiva, y en vez de esclavizar al individuo, lo humaniza, y lo eleva por encima de su condición, pues registra "preciosas y grandísimas promesas" para que por ellas, quienes las aceptemos, lleguemos a ser "participante, de la naturaleza divina" (2 Pedro 1:4).

¿POR QUIÉNES MURIÓ JESÚS?

Y él es la propiciación por nuestros pecados; y no solamente por los nuestros, sino también por los de todo el mundo (1 Juan 2:2).

En la historia del cristianismo han surgido dos escuelas de pensamiento que hoy dominan la teología cristiana. Una de ellas propone que la muerte de Jesús se aplica sólo a "los elegidos". Según este sistema teológico, Dios ha hecho una "doble predestinación" desde antes de la fundación del mundo. Es decir, a unos eligió para salvación y a los demás los reservó para perdición. Conforme a la lógica de este razonamiento, cuando Cristo muere en la cruz, lo hace para salvar a sus elegidos de entre los hombres. A este concepto se le ha dado el nombre técnico de "expiación limitada"; "limitada" porque Cristo muere sólo por los elegidos.

La otra escuela modifica brillantemente la primera, mostrando por qué no hay arbitrariedad en la elección divina. Introduce el elemento de la *presciencia* de Dios. Sencillamente, Dios pudo hacer esta doble predestinación porque sabía de antemano cómo reaccionaría cada persona ante el mensaje de la salvación en Cristo. Hay que admitir que esta idea parece genial. Y es claro lo que implica: Cristo muere por los pecados de los creyentes, de los que dicen "sí", y no por los pecados del mundo entero. Pero, ¿qué dice la Escritura? Vamos a limitarnos a citar algunos textos bíblicos, tan claros, que no dejan lugar a dudas. En 1 Juan 2:2 el apóstol, dirigiéndose a los creyentes, decía: "Y él (Cristo) es la propiciación por nuestros pecados (los de los creyentes); *y no solamente por los nuestros, sino también POR LOS DE TODO EL MUNDO*". El apóstol Pablo repetidas veces recalcó la misma verdad: "Dios estaba en Cristo *reconciliando consigo al mundo*, no tomándoles en cuenta a los hombres sus pecados..." (2 Corintios 5:19). ¿Significa esto que todos se salvan? Tristemente, no. Sí, Dios se ha reconciliado con todos los hombres, pero le toca a cada uno aceptar o rechazar esta realidad. Pero, ¿para qué rechazarla? Digámosle "sí", y aceptemos el asombroso regalo divino.

LA ESPADA DE MARÍA

Y una espada traspasará tu misma alma (Lucas 2:35).

María, la Virgen madre de Jesús, despierta interés en todo el mundo. Y lo que la Biblia dice de ella es también sumamente interesante. A María le tocó en suerte ser testigo presencial de la muerte de su Hijo en la cruz. Ahora bien, meditemos en la escena de la cruz. Veamos a la madre de Jesús, contemplar cómo los crueles y rudos soldados le arrancan todas las vestiduras a su Hijo, lo arrojan sobre la cruz tendida en el suelo, se arman de un martillo y tomando rudamente sus muñecas y sus tobillos, le atraviesan su carne temblorosa con los terribles clavos. Luego, levantan la cruz y la dejan caer pesadamente en el hoyo que habían abierto para ella. ¡María, no sabemos cómo sentir lo que sufriste! Te identificaste con él.

Pero hubo un dolor todavía mayor que el sufrimiento personal que experimentó María. Mientras ella contemplaba cómo agonizaba su Hijo, se preguntaba qué le sucedería a este pobre mundo, si su Salvador moría para siempre. La Virgen recordaba las palabras del ángel Gabriel que al referirse al bebé Jesús había dicho: "Reinará sobre la casa de Jacob para siempre, y su reino no tendrá fin" (Lucas 1:33). Ahora pudo haberse preguntado, ¿cómo puede él ser el Mesías, si le están dando muerte con tanta saña y crueldad? ¿Habré estado engañada todo este tiempo? Mientras cavilaba, seguramente recordó las palabras del anciano Simeón: "He aquí este está puesto por caída y levantamiento de muchos en Israel, y para señal que será contradicha (y una espada traspasará tu corazón)..." (Lucas 2:34, 35). Entonces, María escogió no dudar. "Bienaventurada (o feliz) la que creyó", le había dicho el ángel. Ahora ella, eligió creer. Y, más tarde, en cuanto la Virgen oyó la noticia que traía María Magdalena, de que Cristo había resucitado de los muertos, en seguida creyó. ¡Qué lección para nosotros! ¡Escojamos también creer en el Cristo crucificado y resucitado, y seremos... *¡bienaventurados!*

DE NUESTRA ESPECIE

Por lo cual debía ser en todo semejante a sus hermanos, para venir a ser misericordioso y fiel sumo sacerdote en lo que a Dios se refiere, para expiar los pecados del pueblo (Hebreos 2:17).

En su obra *La historia del señor Polly*, H. G. Wells decía así de uno de sus personajes: "Él no era tanto un ser humano, sino más bien una guerra civil". Y su descripción bien podría calzarnos a cualquiera de nosotros. ¿Por qué luchamos en nuestro corazón? ¿Qué motiva nuestros conflictos? ¿Podemos eliminarlos?

Alguien que intentaba alimentar a unos pájaros que merodeaban en su jardín, notó que ni bien él se acercaba, ellos se iban. Y pensó: "Sólo podría convencerlos de que quiero ayudarlos, si fuera como ellos". Siendo humanos, también nosotros confiamos "en los de nuestra especie". Necesitamos la comprensión, el apoyo, el estímulo y el ejemplo de otro humano. Buscamos ser amados y aceptados por los nuestros, y sentirnos seguros entre ellos.

Por lo común, ya desde niño el ser humano carece de estos factores total o parcialmente, y si no logra recuperarlos durante el resto de su vida, procura protegerse de la posible hostilidad de otros usando ciertos mecanismos de defensa: un tipo de conducta que le permite justificar y disimular sus verdaderos sentimientos e intereses, pero que no puede suplir su latente necesidad de amor, de aceptación y de seguridad. Así engendra un conflicto que, aunado a sus propios sentimientos de culpabilidad por aquello que sabe que hizo mal, le impide tener paz.

Con todo, es interesante el modo como Dios ha provisto la solución para este caso. Atento a nuestra necesidad humana, envió a su Hijo al mundo "como humano", y lo hizo portador no sólo de su perdón, sino también de su amor y de su poder, a fin de que en él satisfagamos ampliamente nuestra carencia de amor y seguridad. En Cristo, Dios "suple todo lo que nos falta" (Filipenses 4:19) y por eso mismo produce la paz.

El profeta Isaías afirma que Dios "guardará en completa paz" a todo aquel que mantenga su mente confiada a la dirección divina (Isaías 26:3). Si por fe aceptamos el ofrecimiento de Dios, cesarán todos nuestros conflictos interiores y tendremos paz. Tal es la condición y tal es la promesa; corroborada por la experiencia de San Pablo, quien dijo: "No les aprovechó el oír la palabra, por no ir acompañada de fe en los que la oyeron. Pero los que hemos creído entramos en su reposo" (Hebreos 4:2, 3).

PEDÍ... A DIOS

Yo, la sabiduría, habito con la cordura, y hallo la ciencia de los consejos (Proverbios 8: 12).

*Pedí fuerza a Dios para mandar;
me dio humildad para obedecer.*

*Pedí ser eterno para hacer cosas grandes;
me hizo ser mortal para que pensara en cosas grandes.*

*Pedí riquezas para ser feliz;
me dio pobreza para hacerme sabio.*

*Pedí ser grande para gozar de las alabanzas de los hombres;
me hizo pequeño para que pudiera oír la voz de Dios.*

*Pedí cosas para gozar de la vida;
me dio vida para gozar de las cosas.*

*Las oraciones que no supe pronunciar
fueron todas contestadas.*

Soy el más bienaventurado de los hombres.

Palabras encontradas en el diario de un soldado anónimo de la guerra civil Norteamericana.

TÚ PUEDES SER UN ÁNGEL

Epafrodito... vuestro mensajero, y ministrador de mis necesidades (Filipenses 2:25).

No hace mucho me hallaba de visita en Toronto, Canadá, en compañía de mi esposa. Estábamos en un restaurante a la hora del almuerzo. Dos mesas distante, una anciana procuraba, sin éxito, abrir una botella de jugo de naranja. Nada le daba resultado. Ella no sabía que yo la estaba observando. Dirigió la vista a su alrededor, quizás pensando llamar la atención de la mesera. En ese momento, creí oportuno ofrecerle mis servicios. La anciana extendió su brazo para pasarme la botella. Fue entonces cuando algo me llamó la atención. Tenía tatuado en el antebrazo un número de serie desdibujado. Comprendí que la dama había sobrevivido los horrores del nazismo.

A veces los seres humanos podemos ser muy crueles, muy violentos con nuestros semejantes. Pero también podemos elegir ser bondadosos. Podemos elegir ser mensajeros del amor y la bondad divinos, y esa palabra "mensajeros", es la misma que se traduce generalmente como "ángeles" en la Palabra de Dios. Por ejemplo, en Lucas 7:24 se habla de los "mensajeros de Juan", y la palabra en el original dice "ángeles", pero es claro que se refiere a seres humanos. Sí, usted puede ser un "ángel" para su prójimo en apuros.

Un canal de televisión de Los Ángeles presentó el caso del "ángel de la playa". Es el relato fascinante de un jubilado que armado con un detector de metales ha logrado recuperar muchos objetos valiosos que pierden los bañistas. Algunos anillos de matrimonio que ha recobrado han sido gemas de gran precio, pero la mayor parte de las cosas recuperadas tienen valor sentimental. Este ángel costero, se esmera por reunir los objetos recuperados con sus dueños; de no ser posible, dona el botín de sus labores a los pobres. Nunca ha aceptado otra cosa fuera de una palabra de gratitud por sus buenos oficios junto al mar. ¿Que nunca pensó usted en ser un ángel? Pues, ya sabe que no necesita alas, basta el amor de Dios en el corazón.

RESCATE DE LA PORNOGRAFÍA

Bienaventurados los de limpio corazón, porque ellos verán a Dios (Mateo 5:8).

Muchos no saben lo que es caer en un banco de arena movediza. Al caminar por lo que, a todas luces parece un terreno seguro, de repente se pisa una porción que tiene una especie de imán en su interior. Cada grano de arena, al parecer, quiere arrastrarlo hacia el fondo. El atrapado agita los brazos y sacude las piernas sin otro resultado que el de hundirse más y más. Está condenado, a menos que alguien aparezca, y lo saque.

Hay una arena movediza espiritual mucho peor, en la cual está cayendo la gente: es la pornografía. Se ha desarrollado en los últimos años como una atracción sumamente seductora, que ha atrapado a 75 millones de adultos y a 25 millones de jóvenes, sólo en los Estados Unidos. De inmediato surge la pregunta: ¿Es la pornografía una actividad inocua que proporciona a sus adictos un placer inocente, o es algo malo, un verdadero pecado, una especie de arena movediza moral? Sus defensores

dicen que se trata de "sexo seguro"; que a diferencia del alcohol o la drogadicción que avergüenza en público, nadie necesita saber que usted es
un adicto. Por lo tanto, gente sumamente respetable, incluso un 20% de
los pastores y dirigentes religiosos, está sucumbiendo a su atracción.
Durante los últimos años ha crecido tanto, que en la actualidad hay más
de un millón de sitios pornográficos en la afamada *Internet*, tan atractivos
que sus víctimas se confiesan "incontrolablemente absorbidos" por ellos.
Y lo extraño es que los que quedan atrapados por la pornografía cada vez
tienen menos momentos de intimidad con sus respectivos cónyuges. Esta
adicción es una especie de cáncer que se devora a sí mismo; un preludio
de un suicidio moral y emocional.

Amigo lector, la pornografía consiste en contemplar ansiosamente a
la mujer del prójimo, que comprende toda mujer fuera de la propia.
Salomón nos dice: "No codicies su hermosura en tu corazón, ni ella te
prenda con sus ojos" (Proverbios 6:25). Pero, recuerda, más allá de la
prohibición, está la promesa divina: "Bienaventurados, los de limpio corazón, porque ellos verán a Dios" (Mateo 5:8).

Abril 18

EL REGALO DEL NIÑO TAMBOR

Saldrá ESTRELLA de Jacob, y se levantará cetro de Israel
(Números 24:17).

Un anciano contó en cierta ocasión la historia de cómo llegó a vivir en
Belén: "Nací hace mucho tiempo, en una tierra situada muy lejos al
oriente del mar. Allí vivía con un tío que era astrónomo. Era un sabio, y
conocía todo lo que se puede saber acerca de las estrellas: sus nombres y
los nombres de todos los planetas y constelaciones; cuándo aparecían y
cuándo se ponían, y qué posición ocupaban en el cielo en todas las estaciones. Pasé muchas noches acompañándolo en la azotea hasta altas
horas de la madrugada. Allí, mi tío y sus colegas me enseñaron las leyendas de los luceros celestiales.

"La casa de mi tío estaba en alto, sobre una colina hacia el oeste de la
ciudad, en un sector donde no vivía casi nadie más. Un día, al atardecer,
estaba yo en la terraza practicando suavemente con mi tambor, parapapam-
pam, parapapapam-pam. Mi tío comenzó a instruirme, apuntando a dos
brillantes astros que se destacaban en el cielo crepuscular. Dijo que eran
Júpiter y Saturno. 'Muchacho —me dijo— este año, estos dos astros vaga-
bundos se encontrarán por tres veces, y parecerán como una sola estrella,

muy brillante. Cada vez que se junten, los hallaremos en la constelación Piscis, la constelación de los judíos que viven en las colinas de Israel, cerca de Jerusalén, subiendo del mar occidental'. Yo sabía de Júpiter, Saturno y Piscis, pero no había oído nunca hablar de un pueblo llamado judío. 'Júpiter tiene dignidad real y trae buena fortuna —dijo mi tío—. Y Saturno augura sabiduría. Creo que la unión de ambos anuncia el nacimiento de un sabio Rey en Israel. Los viajeros de Jerusalén me dicen que estos astros se han unido antes en Piscis, pareciendo una sola estrella. Esto sucedió antes del nacimiento de otro gran líder judío, un profeta llamado Moisés. He estudiado las Escrituras judías para ver si mencionan una estrella como la que veremos dentro de poco, y en efecto, la predicen'.

"Mi sabio tío sacó entonces un pergamino de su funda de lino, y leyó de él las siguientes palabras: 'Lo veré, más no ahora; lo miraré, mas no de cerca: Saldrá ESTRELLA de Jacob, y se levantará cetro de Israel'. El tranquilo silencio de la noche envolvió la terraza mientras mi tío volvía a enrollar el pergamino, y lo devolvía a su estuche. Júpiter y Saturno seguían lentamente su camino cruzando el negro terciopelo del firmamento.

"Después de una larga pausa, se oyó un suave rumor de ropajes que se agitaban. Mi tío y sus compañeros se incorporaron de sus asientos. 'Ven con nosotros —me dijeron— y verás a un Rey recién nacido. Le llevaremos nuestros regalos más preciados: oro, incienso y mirra. Los pondremos a sus pies cuando estemos en su presencia'. Acompañando a mi tío y sus colegas seguí la estrella, y llegamos a Belén. Así fue como viajé desde el oriente hasta esta comarca. Encontramos al Rey de los judíos en una casa pequeña y de aspecto común, en compañía de su madre, María, y su padre, un carpintero llamado José. Se nos dijo que el nombre del niño era Jesús. Mis compañeros de viaje se arrodillaron en el cuarto en que jugaba. Yo nunca había visto que mi tío hiciera algo así, de modo que me arrodillé también con ellos.

Luego, mis compañeros rebuscaron entre el equipaje hasta encontrar los tres regalos, y se los dieron a María y José para el niño. A continuación, nos dirigimos a la salida. Después de andar unos pasos, me detuve un momento, luego me volví y le dije: 'Niño, yo también soy pobre, y no tengo nada digno de un Rey. ¿Quieres que toque mi tambor para ti?' María asintió, y comencé a tocar suavemente, pa-ra-pa-pam-pam. Toqué el tambor para él, parapapam-pam, parapapam, pam. Toqué lo mejor para él, parapapam-pam, rapa-pam pam, rapa-pam-pam. Me sonrió el Niño, y también a mi tambor". ¿Y nosotros, amigo lector? ¿Le daremos lo mejor a Jesús?

DIOS Y LOS SOLOS

El Dios que hace habitar en familia los solos (Salmo 68:6).

"Yo tengo una misión que cumplir en la Tierra. Tú tienes otra. Ni podré vivir como tú esperas que yo viva, ni yo debo querer que vivas como yo quisiera. Yo soy yo, y tú eres tú. Si por casualidad nos encontramos, será muy hermoso". Esta es la filosofía de la generación de los solos; pero,... ¿desean realmente jugar ese papel? ¿Es elegida o es forzada su soledad?

"Caminante, no hay camino; se hace camino al andar". Así decía el poeta; y su filosofía pasó a ser favorita entre los jóvenes. Con su mochila de sueños, se lanzan a andar, evitando cuidadosamente los hitos que marcaron sus mayores. La generación nueva prefiere por sí sola descubrir el camino. Siente una especie de desconfianza en cuanto a esos mapas y señales de los que pasaron antes. Aun cuando algunas vallas de las que se interponían entre padres e hijos ya se han derribado, y hay por eso más libertad de expresión en las relaciones familiares, la juventud de hoy anda sola, se siente sola, y a veces, hasta parece que quiere estar sola.

Según Francisco De Saralegui, ésta es "la primera generación de la que puede decirse con verdad, en la historia de los hombres, que ha heredado la tierra entera". Él la llama "la generación de la opulencia" por "el alto nivel de vida en que ha aprendido a vivir". Sin embargo, esta nueva generación, rica en un sentido, se siente en otro pobre, insegura e insatisfecha.

La generación de hoy es, en cierto modo, la generación de los solos. Pero en el fondo, no quiere serlo. Y en verdad, no necesita serlo. Si lo ha probado todo: la opulencia y la miseria, las drogas, el alcohol, la política y aun la religión; queda todavía algo, Alguien por probar. Su nombre es Jesucristo; y no el de la imagen demacrada y triste, sino el de la realidad poderosa y positiva. Él es el que nos reconcilia con Dios y con la gente, y es, como dijera el salmista, "el... que hace habitar en familia los solos" (Salmo 68:6). "Ahora —decía San Pablo—... vosotros que en otro tiempo estabais lejos, habéis sido hechos cercanos por la sangre de Cristo" (Efesios 2:13).

Sí, Cristo es el único que puede lograr la convivencia feliz de las generaciones, o, mejor aún: de los individuos. Esto que quizá le suena a milagro, de veras es posible con Jesús. Porque él no es mito ni leyenda, sino realidad viva y eficaz.

DE CARA A LA VIOLENCIA

Y estaba la tierra llena de violencia (Génesis 6:11). El reino de los cielos
sufre violencia (Mateo 11:12).

Por cuestiones políticas, por reyertas familiares, o por las vías comunes del robo y el crimen; como víctimas o como testigos, y aun como protagonistas, nuestros niños y nuestros jóvenes viven hoy cara a cara a la violencia. ¿Qué hacer para contrarrestar su efecto sobre ellos? ¿Cómo evitarles el pan del odio y el miedo?

Todos parecían gozar de los festejos. Todos, excepto aquella niñita de escasos tres años, que aferrada al cuello del abuelo lloraba con desesperación. El ruido y las luces, y la lluvia de fuegos artificiales que tanto deleitaban a los adultos, eran para ella un espectáculo aterrador. Alzaba su manecita como queriendo protegerse, y a la par miraba desconcertada los rostros alegres de los demás. No podía entender por qué ellos permanecían tan tranquilos y hasta contentos en circunstancias como ésas. Para ella, éste era su primer encuentro con la violencia.

Otras veces, nuestros hijos deben vérselas, no con la ficción de una película policial ni con la aparentemente peligrosa expresión del regocijo popular, sino con la otra violencia, la premeditada, la auténtica. Y uno, como padre o como madre, quisiera protegerlos, evitarles la entrada al camino del odio o del miedo; pero... ¿qué hacer para lograrlo?

Por lo pronto, es esencial que seamos veraces. Si un niño ha visto una escena violenta real, y está naturalmente impresionado por ello, es absurdo y hasta nocivo decirle que no fue nada y pedirle que se olvide. Por supuesto, no se espera que uno entre en detalles morbosos para explicar al niño tal o cual hecho delictivo, pero sí es menester informarle con honestidad acerca de lo sucedido, adaptando nuestro lenguaje a su edad y sensibilidad particular.

Por otra parte, el hecho de saber que, pase lo que pasare, Dios está junto a nosotros vigilando nuestras pruebas, impidiendo que nos sobrevenga algo que no podamos soportar, o dándonos fuerzas para sobrellevar o resistir según sea necesario, proporciona tanto a los padres como a los hijos, el valor y la serenidad que demandan nuestros días. Sí, aunque la violencia pende sobre nuestras cabezas como la espada de Damocles, podemos vivir confiadamente, y transmitir esa confianza a nuestros hijos. Mientras sigamos en las huellas de Jesucristo obtendremos la clave de la paz en medio de la crisis.

NUESTRO MARAVILLOSO CUERPO

¿O ignoráis que vuestro cuerpo es templo del Espíritu Santo, el cual está en vosotros, el cual tenéis de Dios, y que no sois vuestros? Porque habéis sido comprados por precio; glorificad, pues, a Dios en vuestro cuerpo y en vuestro espíritu, los cuales son de Dios (1 Corintios 6:19, 20).

Hay padres que prefieren no hablar con sus hijos acerca de las diferentes partes y funciones del cuerpo y de cómo cuidarlas. Pero, si no a ellos, ¿a quién incumbe esta enseñanza? ¿Qué ventajas proporciona el hecho de que los padres la impartan?

En la calle, alguien se refirió groseramente a ciertas partes del cuerpo, y el niño, en casa, ha repetido esas palabras con el consiguiente asombro de la doméstica, que le advierte que esos términos son sucios. Pero la madre interviene. Con calma y con ternura, explica que "las partes de nuestro cuerpo son sucias solamente cuando no nos bañamos, cuando se lavan bien son muy limpias. Y puesto que cada parte de nuestro ser, aun la más pequeña, tiene una gran función que cumplir y Dios nos la ha dado precisamente para que nos preste este gran servicio, nosotros la debemos respetar. Más aún, hay partes de nuestro cuerpo de las que debemos tener un cuidado sumo, porque son delicadísimas". El interés del chiquillo aumenta, y de pronto, con gozoso arrebato, pregunta: "Mamá, ¿por qué no me cuentas todo lo de nuestro cuerpo?"

El diálogo pertenece a la obra *La casa redonda*, de Adriana Henriquet Stalli. Pero en la vida real, ya sea por falta de tiempo de preparación, ya por prejuicios, no suelen ser los padres precisamente quienes contestan las naturales inquietudes de sus hijos respecto de sus cuerpos. Sin embargo, si lo hicieran, no sólo contribuiría a mantener la salud, sino que fomentaría la amistad entre ellos, facilitando a los hijos el confiarles sus problemas. Recordemos que muchos de los complejos, el nerviosismo y la melancolía juveniles tienen su raíz en preocupaciones a veces fundadas, a veces no, en torno a la salud, los cambios que se operan en el organismo, y el control de los impulsos.

Elena Harmon de White explicaba: "Todo lo que promueva la salud física, promueve el desarrollo de una mente fuerte y un carácter equilibrado... El conocimiento de la fisiología y la higiene debería ser la base de todo esfuerzo educativo... Esta obra la debería empezar la madre en el hogar, y la debería continuar fielmente la escuela" (*La educación*, págs. 195, 196). Por nuestro bien y el de los nuestros, deberíamos promover el estudio de las diferentes partes y funciones del organismo, y de cómo cuidarlas. Al fin y al cabo, mantener la salud es deber de todos, tanto en beneficio propio como en beneficio ajeno; y es también nuestra responsabilidad ante el Creador. La Biblia dice que no somos nuestros (1 Corintios 6:19); hemos sido creados, formados, y hechos para gloria de Dios (Isaías 43:7).

¿CONVIENE LA REPRESIÓN?

Porque todo el que quiera salvar su vida, la perderá; y todo el que pier-
da su vida por causa de mí y del evangelio, la salvará (Marcos 8:35).

"**A** mí no me causa lágrima lo de escribir que en muchas ocasiones hay que reprimir y que hay que reprimirse", decía Pasquau. Para otros, sin embargo, represión y disciplina casi son sinónimos de encierro o de mutilación de la personalidad, motivo por el cual reaccionan contra ellas. ¿Quién está en lo cierto? ¿En qué consiste una disciplina normal? ¿Conviene la represión? ¿Cuándo? ¿En qué sentido?

Pasquau decía que "la renuncia (de cualquier especie) fue siempre una virtud". Pero también veía (y reaccionaba contra ello) que "como ha cambiado 'el signo de los tiempos', resulta ahora que quien se somete a una disciplina, no pasa jamás de ser un 'reprimido'". Fraseos despectivos, a veces mezclados con algo de compasión, van y vienen en la idea de que quien es disciplinado y exigente consigo mismo no pasa de ser un pobre reprimido que necesita liberarse para aprender de veras a vivir.

Por supuesto, hay, en el exceso de disciplina, más de un intento de auto-castigo de origen patológico, enfermizo, cuyo resultado es negativo. De ahí la advertencia de Salomón: "No seas demasiado justo... ¿por qué habrás de des-truirte? (Eclesiastés 7:16). Sin embargo, el extremo opuesto no es, necesaria-mente, evidencia de "liberación", y mucho menos de "superación". Quien sis-temáticamente se resiste a toda disciplina, sólo logra ser un inadaptado, cuya conducta no favorece a la sociedad, pero tampoco a sí mismo. En la acepta-ción de la realidad, y en la consecuente adaptación, que por cierto exige sacri-ficio y renuncia, hay junto con la entrega, recepción; hay junto con el des-prendimiento, enriquecimiento. La disciplina que nos corta y nos pule, a la vez nos prepara para la vida. Negarse a ella, es negarse a la vida.

A menudo resistimos la disciplina sólo porque sentimos que mutila nues-tra personalidad. Sin embargo, Mauco acierta al afirmar que "aquello que no sabemos dar nos posee". Como dice Gide, "no existe floración sin ofrenda, y lo que pretendemos proteger dentro de nosotros nos atrofia". Así las cosas, lo que sabemos entregar nos libera. De ahí la profunda aseveración de Jesucristo: "Porque todo el que quiera salvar su vida, la perderá; y todo el que pierda su vida por causa de mí y del evangelio, la salvará" (Marcos 8:35).

Aunque de veras "libertadora", la entrega a Dios y a la gente hace imprescindible la poda y el injerto; es decir, la disposición real al sacrificio, a la renuncia, y también a la adaptación, todo cual es, en esencia, disposición a la disciplina. Pero, amigo lector, es la única respuesta que vale la pena.

DE PENITA EN PENA

He aprendido a contentarme, cualquiera sea mi situación. Sé vivir humildemente, y sé tener abundancia; en todo y por todo estoy enseñado, así para estar saciado como para tener hambre, así para tener abundancia como para padecer necesidad. Todo lo puedo en Cristo que me fortalece (Filipenses 4:11-13).

El escritor George Bernard Shaw decía que hay que ser "una fuerza de la naturaleza, en vez de un montoncito agitado y egoísta de achaques físicos y de motivos de queja". La recordada copla de Manuel Machado le añade a la verdad, poesía: "Yo voy de penita en pena como el agua por el monte saltando de peña en peña". Sí, tarde o temprano, el dolor golpea la puerta de todo corazón humano. ¿Qué hacer cuando nos visita? Decía Maeterlinck: "Se sufre menos del dolor mismo que de la manera como se lo acepta". Pero, ¿cómo aceptarlo?

El buen estudiante de la "Universidad de los golpes", ha de aprender que rebelarse y protestar contra los agravios y las injusticias de la vida sólo consiguen agravar las cosas. La psicología moderna hoy le da respaldo científico a lo que siempre enseñó la experiencia: rumiar el dolor no lo aminora, sino lo agrava, produciendo trastornos físicos que originan o aumentan las enfermedades. En cambio, el que mantiene una actitud serena, controlada, y hasta optimista, se ve libre no sólo de los trastornos a que nos referimos, sino de una esclavitud peor: la de la ambición desmedida y la amargura que impiden disfrutar de lo que todavía se tiene.

Fray Luis de León (1528-1591), fraile agustino, fue profesor de la Universidad de Salamanca y gran poeta religioso. Se cuenta que después de salir de la cárcel, donde estuvo cinco años preso por la Inquisición, volvió a sus discípulos y comenzó su clase con estas palabras: "Como decíamos ayer..." Ninguna palabra de queja, nada de rumiar agravios e injusticias.

Una vez más, el gran filósofo, matemático y físico francés, Renato Descartes, fue objeto de las ofensas de uno de sus más encarnizados enemigos. El filósofo no se dio por enterado frente a aquellos injustos ataques. Un amigo, sorprendido de que Descartes no se sintiera ofendido ni tratara de vengarse, le dijo:

—Pero, ¿acaso no vas a hacer nada? ¿No le vas a dar su merecido?

—Amigo mío —contestó Descartes—, cuando alguien trata de ofenderme, procuro elevarme con mi ánimo tan alto, que las ofensas no me alcanzan, y en esa forma son para mí como si no hubieran sido lanzadas.

Ésa es la actitud correcta. Al decir de José Martí, hay que aprender a "cultivar la rosa blanca". ¿Recordamos sus versos?

Cultivo una rosa blanca
en julio como en enero,
para el amigo sincero
que me da su mano franca.
Y para el cruel que me arranca
el corazón con que vivo,
cardos ni ortigas cultivo,
cultivo una rosa blanca.

EL VUELO MÁS DULCE

Bástate mi gracia; porque mi poder se perfecciona en la debilidad
(2 Corintios 12:9).

La suma de los obstáculos externos más el reconocimiento de nuestras limitaciones, suele dar por resultado la frustración, la depresión, el desánimo; incluso el sentimiento de que si todo está perdido o por perderse, ya no vale la pena ir contra la corriente. ¿Para qué esforzarse? Más aún: ¿De dónde sacar fuerzas? ¿Cómo vencer los obstáculos? ¿Cómo romper las ataduras de nuestra propia limitación?

Bernard Shaw observaba que, "según las leyes de la física comprobadas por los experimentos en el túnel aerodinámico, la abeja no debería volar, ya que el tamaño, el peso y la configuración de su cuerpo no guardan la debida proporción con la envergadura de sus alas. Pero la abeja, que ignora estas verdades científicas, se lanza a volar, y no tan sólo vuela, sino que fabrica su poco de miel todos los días".

En el plano de nuestras realidades cotidianas, también ocurre que las dimensiones de los obstáculos externos y las de nuestras propias limitaciones, no guardan la debida proporción con la envergadura de nuestros ideales. Por eso, cuando pensamos detenidamente en ello, fácilmente desistimos de hacer realidad nuestros sueños. Pero, cuando como la abeja, ignoramos estos asertos o, lo que es mejor, deliberadamente los dejamos de lado y empezamos con fuerzas a "batir las alas" de nuestros ideales, inevitablemente ocurre que damos vuelo a la empresa soñada. Y es entonces tal nuestra alegría, que hasta podemos empezar, también nosotros, a fabricar "algo de miel" todos los días.

Cuando estalló la Segunda Guerra Mundial, Emmanuel Maury —inventor y técnico francés, especialista en motores de aviación— creyó en el futuro de la tierra que otros en esas horas destruían; y prefirió, antes que dedicarse a la industria bélica ayudar a sembrar y a encender luces. En su taller, en la Argentina, Maury diseñó y construyó piezas para máquinas agrícolas y para usinas, y suplió con ellas la escasez de repuestos que el país sufría a causa de la conflagración. Fue así, a su modo, abeja que voló, y que hizo miel.

Aunque la realidad no guarde proporción con la envergadura de nuestros ideales, podemos aspirar y aun llegar a ellos; porque el mismo que puso la fuerza motriz que impele a la abeja a volar y a hacer miel, es también el que pone la sonrisa confiada en nuestros labios y el que derrama su amor en nuestros corazones. Ciertamente podemos vencer los obstáculos que determinan nuestras limitaciones. Podemos elevarnos por medio del poder que Dios tiene y da. Porque él dijo: "Bástate mi gracia; porque mi poder se perfecciona en la debilidad" (2 Corintios 12:9).

Abril 25

SIN BISTURÍ

Miré todas las obras que se hacen debajo del sol; y he aquí, todo ello es vanidad y aflicción de espíritu. Lo torcido no se puede enderezar, y lo incompleto no puede contarse (Eclesiastés 1:14, 15).

Las estadísticas en torno a las intervenciones quirúrgicas inútiles son alarmantes. Sin embargo, más que las cifras mismas, lo que asombra a los facultativos responsables es la facilidad con que los propios pacientes no sólo aceptan sino que piden la intervención quirúrgica, persuadidos de que dará resultados radicales. ¿Por qué este convencimiento? ¿Qué induce a la gente a recurrir a la cirugía cuando no la necesita?

Una escalofriante encuesta realizada en los Estados Unidos, señala que 3.000.000 de norteamericanos son operados cada año sin necesidad, y 10.000 de ellos mueren. J. Lyon, autor de un interesante artículo que el *ABC de Madrid* publicó bajo el título de "El escándalo de las operaciones inútiles", cree que "esta carrera hacia el bisturí es a veces señal de una turbación mental. Algunas personas buscan inconscientemente un remedio para su angustia".

Y es que la angustia, como cualquier otro tipo de emociones negativas, a menudo ataca "a dos puntas". Por un lado, produciendo enfermedades; por el otro, acentuando el sentimiento de culpabilidad, que busca entonces la expiación en la enfermedad misma, y si no, en la cirugía, pues el corte y la extirpación de órganos que ésta implica representa para el paciente el corte y la extirpación del problema que lo perturba. Sin embargo, quienes van al quirófano por esta causa, al salir de él siguen con los mismos —y hasta peores— conflictos y tensiones.

Para eliminar la angustia y la causa que la produce, y gozar de la existencia, se necesita otro tipo de "intervención". Por eso, joven lector, Dios interviene. La Escritura afirma que si confesamos nuestros pecados a él, "él es fiel y justo para perdonar nuestros pecados, y limpiarnos de toda maldad" (Juan 1:9); y también dice que "al que cree, todo le es posible" (Marcos 9:23). Cuando uno acepta el perdón, el poder transformador, y la ayuda cotidiana que le ofrece Jesucristo, resuelve positivamente sus problemas, y ve que se disuelven su angustia y la causa de ella. Semejante "operación" es comparada en las Escrituras con un "nuevo nacimiento". Y en esencia, lo es. Es también el cumplimiento de un viejo anhelo del hombre: poder morir a los errores y fracasos, a los pecados y frustraciones de su vida anterior, y nacer a la conquista de una nueva experiencia; esta vez con la ventaja de saber, desde el principio, qué hacer, y cómo, para eliminar la angustia y los factores que la producen, y así obtener el máximo provecho de la vida. Sólo por esto, amigo mío, el ofrecimiento divino podría ya bastar. Pero hay más. Dios no sólo nos da vida abundante y deseable aquí y ahora: nos la da por la eternidad.

ESPERANZA DEL CIELO PARA MAMÁ

Dejad a los niños venir a mí, y no se lo impidáis; porque de los tales es el reino de Dios (Lucas 18:16).

A menudo la madre se extenúa en su afán de atender a la familia. Limpiar, lavar, planchar, cocinar, arbitrar, disciplinar, curar, etc., etc. son tareas que la tienen en pie hasta altas horas de la noche. Así cae exhausta en la cama. Por encima del cansancio que proporciona la faena cotidiana, está la ansiedad que siente por lo que hacen sus hijos. Muchas veces teme que se vuelvan desobedientes y egoístas. Animará a las madres recordar que hay un Dios en el cielo que está cerca de ellas. En cierta ocasión algunas madres llevaron y presentaron a sus niños a Jesús "para que pusiese las manos sobre ellos, y orase" (Mateo 19:13). En realidad, el ruego de cada madre era: ¡Por piedad, Jesús, bendice a mi niño!

Él conocía de antemano las cargas que recaían sobre esas madres. Deseaba que sus niños vinieran a él. Pero, algunas personas erradas, aunque bien intencionadas, se cruzaron en el camino. "Los discípulos las reprendieron diciéndoles: ¡Retírense! Jesús es un Hombre muy importante y demasiado ocupado para que vengan a molestarlo!" Estos buenos hombres, sin darse cuenta, ¡estaban repitiendo precisamente lo que Satanás desea que las madres piensen! San Marcos dice que Jesús "se indignó" con sus discípulos. ¡No sólo se disgustó, sino se *indignó*! San Lucas aclara que

Jesús llamó a los discípulos y ¡los reprendió prohibiéndoles que lo volvieran a hacer! Una escritora sabia y comprensiva ha comentado lo que esto significa para las madres: "El que dijo 'dejad los niños venir a mí, y no los impidáis', sigue invitando a las madres a conducir a sus pequeñuelos para que sean bendecidos por él. Aun el lactante en los brazos de su madre, puede morar bajo la sombra del Todopoderoso por la fe de su madre que ora. Si queremos vivir en comunión con Dios, podremos también esperar que (él) amoldará a nuestros pequeñuelos, aun desde los primeros momentos" (*El Deseado de todas las gentes*, pág. 473).

Abril 27

ESPERANZA DEL CIELO PARA PAPÁ

Pero si puedes hacer algo, ten misericordia de nosotros, y ayúdanos (Marcos 9:22).

Resulta claro —aun al más incauto observador— que, biológicamente hablando, los padres humanos no tienen ningún banco genético de ADN que los habilite naturalmente para afrontar los retos espirituales que la paternidad implica. En el reino animal, "el padre", por lo general, cumple su parte en la procreación y luego se va. ¿Podría pasar lo mismo con los seres humanos, que en vez de superar la vida animal van descendiendo hacia ella?

El evangelio nos habla de un padre desesperado que trajo a su hijo enfermo a Jesús. "Pero si puedes hacer algo, ten misericordia de nosotros, y ayúdanos", suplicó (Marcos 9:22). ¡Ese padre hizo justamente lo correcto! Diariamente, de mañana y tarde, arrodíllense y oren los padres por sus hijos. No teman ni se avergüencen de hacerlo. Jesús no rechazó a este padre atribulado, ¡ni tampoco lo hará con ningún otro! Los padres necesitan saber que sus oraciones llegan al trono de Dios. Aun cuando los padres cierren sus ojos en el sueño de la muerte, esas oraciones grabadas ante el trono permanecerán válidas.

Sin embargo, el pobre padre del hijo sin esperanza no sabía cómo orar. Jesús, en su respuesta, devolvió el "si" condicional de la oración del padre: "Si puedes creer, al que cree todo le es posible" (vers. 23). Cuando el padre ora por sus niños debería recordar dos cosas muy importantes: "El que viene a Dios debe creer que él existe, y que es el galardonador de los que diligentemente le buscan" (Hebreos 11:6). El Padre celestial ama a nuestros niños más que nosotros; por consiguiente podemos orar con la confianza de que él nos oirá y bendecirá. El padre de nuestra historia se quebrantó en

118

lágrimas y clamó: "Creo; ayuda mi incredulidad" (Marcos 9:24). Amable lector, creamos también nosotros que Dios nos habilitará para que seamos por medio de Cristo, fieles reflejos del Padre celestial.

TAMBIÉN ELLOS FUERON CREADOS

El justo cuida de la vida de su bestia; mas el corazón de los impíos es cruel (Proverbios 12:10).

Muchos se mantienen al margen del interés manifestado por los ecólogos en cuanto a la preservación de las especies en vías de extinción, y al mantenimiento y cuidado de las que todavía no corren peligro. Creen no tener nada que ver con ello. Pero, ¿qué si no fuera así? ¿Podría determinarse la extensión misma de su vida, por la forma como el individuo trata a los animales? ¿Hay relación entre este trato y su propia felicidad?

Cierta vez, el Duque de Wellington encontró a un niño que lloraba desconsoladamente. Cuando le preguntó por qué, el niño comenzó a contarle. El día siguiente iría a la escuela por primera vez, y... El duque no lo dejó proseguir. Reprochándole severamente, le dijo que su actitud era cobarde e indigna de un caballero. Pero el niño insistió. Su problema no era el día de clases, sino un sapo al que él cuidaba y quería, y de cuya suerte no habría de saber mientras estuviera en la escuela, porque nadie más tenía interés en él. El duque, que era justo, pidió disculpas al chiquillo, y le prometió que él mismo se encargaría de darle noticias del batracio. Y lo hizo. Llegado el momento, el niño recibió una notita que decía: "El mariscal de campo Duque de Wellington saluda atentamente al señorito... y tiene el placer de comunicarle que su sapo está bien". Simpático el gesto del noble; y noble, el del simpático muchachito.

No a todos se les da por cuidar de los animales. Hay quienes no quieren saber nada con ellos, y quienes, aunque tienen algunos, los oprimen y los castigan brutalmente. Hay quienes incluso los matan por placer. Pero Dios desaprueba esta conducta, y juzga diferente a aquel que es bondadoso con los animales y a aquel que no lo es. "El justo —dice— cuida de la vida de su bestia; mas el corazón de los impíos es cruel" (Proverbios 12:10). Amigo lector, nuestro amor a Dios debe incluir el amor por la hermosa tierra hecha por él, y de todas sus criaturas.

ENTRE PADRES E HIJOS

He aquí, yo y los hijos que me dio Jehová (Isaías 8:18).

A menudo no nos damos cuenta del porqué de las actitudes hostiles, de la inseguridad, o de la rebeldía de nuestros hijos. Sin embargo, ¿hemos analizado nuestro proceder hacia ellos? ¿De qué manera los disciplinamos? ¿Podríamos evitar, y aun eliminar los conflictos emocionales en los niños?

—¡Qué suerte tienes tú muchacho! —explicaba el padre al niño que intentaba hachar un tronco viejo—. Cuando yo tenía tu edad, tenía que tumbar diez árboles todas las mañanas, convertirlos en leña, y llevarla hasta la casa; y para llegar a ella, tenía que pasar por tres montañas.

Después del sermonete, el hombre se fue. Y el niño, hacha en mano, entre incrédulo y aburrido pensó en voz alta: "Me figuro que todas las leyendas empezaron en esas conversaciones entre padre e hijo".

La escena corresponde a una de las historias de "Olafo, el vikingo", de Dick Browne. Con todo, describe muy acertadamente nuestras propias actitudes como padres. A menudo, a la sombra protectora del recuerdo idealizado, pensamos y pretendemos hacer creer a nuestros hijos, que nosotros a su edad éramos mejores que ellos. Y no nos damos cuenta, o no queremos reconocer, que el comportamiento de ellos depende en mayor grado de nuestra integridad y de nuestro modo de entender y aplicar la disciplina.

Confiar en el niño, e inspirarle confianza a la vez, es factor clave para el éxito. Sin ella, el niño se sentirá inseguro, ya sea de su propia capacidad, o bien de la validez de nuestras razones. Para que confíe en sí mismo, bastará con encomendarle algunas tareas domésticas adecuadas a su edad; y que cuando se equivoque y aun cuando se porte mal, nuestra crítica o reprimenda no sea excesivamente severa; pues la advertencia y el castigo deben ser proporcionales a la falta cometida por el niño, y no al enojo que nos provoca.

El inspirarles confianza dependerá de nuestra propia integridad. Si nuestros hijos ven que somos fieles a la verdad aun cuando las circunstancias y las personas nos presionan y se hace fácil mentir, ellos recibirán junto con el ejemplo, la gozosa certeza de que pueden confiar en sus padres. Y nosotros sentiremos la mayor de las satisfacciones: la de no haber vivido en vano. Cuando al fin, Cristo venga, le diremos como el profeta: "He aquí, yo y los hijos que me dio Jehová" (Isaías 8:18); y recibiremos de él la amorosa respuesta: "Bien, buen siervo y fiel; sobre poco has sido fiel, sobre mucho te pondré, entra en el gozo de tu Señor" (Mateo 25:21).

LAS DOS CARAS DEL ALMA

El hombre de doble ánimo es inconstante en todos sus caminos
(Santiago 1:8).

A menudo, la indecisión o las decisiones erróneas, no son sino producto de una voluntad perpleja y dividida que no acierta a definir sus propios objetivos, y que por ello llega a ser causa de pesares, de conflictos, y aun de enfermedades y muertes. ¿Qué hacer para evitarlo? ¿Cómo orientar la voluntad? ¿Es posible la recuperación de aquellos que han abusado de su debilidad?

Joseph Bennett, un niño de Nueva Jersey, es quizá el único en el mundo que posee una tortuga con dos cabezas. Hace unos años, la encontró en un pantano cerca de su casa, y desde entonces cuida de ella. Para el niño, el animalito es una curiosidad. Le enorgullece poseerlo, y le divierte ver cómo le cuesta decidir su camino. La pequeña tortuga no sabe a cuál cabeza seguir. De a ratos se aturde, se balancea indecisa de un lado a otro, y al fin sigue el dictado de la que parece ser su cabeza dominante. Los expertos señalan que casos como éste, ocurren una vez en un millón. Lo califican como "un aborto de la naturaleza".

Pero en ese otro pantano que suele ser el mundo, el fenómeno se da todos los días. Cientos de personas bicéfalas de alma deambulan de un lado a otro confundidas, indecisas, presas de conflictos emocionales más o menos intensos que destruyen paulatina, pero seguramente, su salud física y mental. Y eso no enorgullece ni divierte a nadie. Es una lástima que personas dotadas de inteligencia y voluntad se hundan en la desesperación y en el caos pudiendo haberlo evitado.

De hecho, la voluntad humana no es omnipotente. Pero tampoco es nula; es lo que nos permite escoger por nosotros mismos lo que queremos hacer. Es la facultad de decidir inteligentemente. Si la desaprovechamos, quedará impotente a merced de las circunstancias; pero si la unimos a la del Todopoderoso, se volverá invencible.

Naturalmente, la unión a que aludimos exige previamente una separación, una "cirugía"; implica, pues, corte y dolor. Pero es un corte necesario, y un dolor ínfimo comparado con la recuperación resultante.

San Pablo explica: "Los que viven según la carne, no pueden agradar a Dios... Si vivís conforme a la carne, moriréis; mas si por el Espíritu hacéis morir las obras de la carne, viviréis" (Romanos 8:8, 13).

Así es, joven amigo, no podemos seguir a dos cabezas. Si vamos en pos de la naturaleza carnal el resultado será la enfermedad y la muerte; pero, si usando de nuestra voluntad, elegimos seguir las indicaciones del Espíritu de Dios, el fruto será vida: vida aquí y ahora, y vida eterna.

HAMBRE Y SED DE JUSTICIA

Bienaventurados los que tienen hambre y sed de justicia, porque ellos serán saciados (Mateo 5:6).

Informando para el ABC de Madrid, Alfonso Barra describía así un acto terrorista: "Sin ningún aviso se precipitó la tragedia. El terrorismo volvía a dar palos ciegos... La mayoría de las víctimas pasaron, en cuestión de segundos, de bailar una pieza de música trepidante a la camilla de los enfermeros y al sillón de ruedas con carácter vitalicio... Los mutilados son, en cierto modo, las comparsas del baile del terrorismo moderno. No saben todavía por qué han sido condenadas al sillón de ruedas para siempre. Se diría que los agresores son los únicos capaces de descifrar el enigma y la clave de la violencia moderna, estéril, ciega, y sin compasión".

En los últimos años ha recrudecido el número de los que pretenden hacer justicia por su cuenta. Defienden una causa, un hombre o una idea, y no les importa qué o a quién aplastan. Miles de niños quedan huérfanos de uno o ambos padres. Caen inocentes por culpables, y en nombre de la justicia se cometen las más aberrantes injusticias. Lo extraño y paradójico, es que el terrorista ciego y la víctima del caso, el político de carrera, y el espectador, tienen en común una misma hambre y una misma sed: hambre y sed de justicia. Lo que no siempre saben es que la justicia debe empezar por casa, por el propio corazón de cada uno; y debe considerar el bienestar y la seguridad de todos. No es justo matar a los demás por el sólo delito de pensar de modo distinto de nosotros.

Si de luchar se trata, hagámoslo con las armas del estudio y del trabajo honrado. Así saciaremos nuestra sed con agua limpia, y comeremos nuestro pan sin manchas de sangre. Y entenderemos también el porqué de la sentencia de Jesús: "Bienaventurados [felices] los que tienen hambre y sed de justicia, porque ellos serán saciados" (Mateo 5:6).

¿DÓNDE ESTÁS TÚ?

Más Jehová Dios llamó al hombre, y le dijo: ¿Dónde estás tú? (Génesis 3:9).

La mayor parte de la gente imagina que Dios se mantiene escondido en un jardín celestial, y que es tarea nuestra andar en busca de él, preguntando: "Señor, ¿dónde estás?" Todas las religiones paganas se fundan en esta idea. Hay muchos cristianos que piensan también como los paganos, que Dios está muy lejos, esperando que lo hallemos.

Pero es un gran alivio descubrir en la Biblia la verdad acerca de Dios. *Él es quien nos anda buscando a nosotros.* Cada uno de nosotros es un Adán escondido en algún rincón, detrás de un arbusto. Jesús dijo: "El Hijo del Hombre vino a buscar y a salvar lo que se había perdido" (Lucas 19:10). Jesús es el Buen Pastor que dejó las 99 ovejas y pasó toda la noche buscando la perdida, en medio de truenos, relámpagos y lluvia, "hasta encontrarla" (Lucas 15:3, 4).

Tal como Adán y Eva tuvieron que confesar la verdad de lo que habían hecho, nosotros también debemos llegar al punto en que veamos y comprendamos que somos esa oveja perdida. En los versos de Enrique J. Molina:

¿Dónde estás tú? —Jehová preguntó un día
al hombre que, evitando su presencia,
perdió por fatal concupiscencia,
y al escuchar su voz confuso huía.

¿Dónde estás tú? —le dijo, aunque sabía
adónde le llevó la consecuencia
de la pronta y mortal desobediencia
con que su gran amor pagado había.

Sabe Dios, pecador, dónde has caído,
cómo se halla tu pecho empedernido,
pero te llama a decidir tu suerte.

Su espíritu de amor, que regenera,
quiere llevarte al Salvador que espera.
¿Dónde estás tú? ¿Preferirás perderte?

CUANDO NOS PONEN A PLEITO

Y al que quiera ponerte a pleito y quitarte la túnica, déjale también la capa; y a cualquiera que te obligue a llevar carga por una milla, vé con él dos (Mateo 5:40, 41).

Un ex clérigo y ex médico que ahora se dedicaba a la abogacía, explicaba: "La gente paga más por ganar un caso y salirse con la suya, que por cuidar de sus cuerpos y sus almas". ¿Acaso no es cierto? ¿Cómo reaccionamos ante los agravios? ¿Qué hacer cuando se pisotean nuestros derechos?

Cierto hombre cuyos sembrados habían sido destruidos por el caballo de un vecino, fue a visitar a éste y le preguntó:

—¿Qué cree usted que debería hacerse en caso de que mi caballo rompa su cerca, se introduzca en sus sembrados y los destruya?

—Muy sencillo —contestó el interrogado—; tendría que pagarme la cerca y, calculando el monto de los otros daños, pagármelos también.

—Lo veo justo —dijo el hombre—. Pero debo decirle que es su caballo el que ha destruido mi cerca y mis sembrados.

—¡Ah! —replicó entonces el vecino—, en ese caso... se trata de otro caballo.

Más acá del chiste y la sonrisa, ¿resultaría igual de gracioso si fuéramos nosotros los dueños de la finca dañada? Jesús dijo: "Al que quiera ponerte a pleito y quitarte la túnica, déjale también la capa; y a cualquiera que te obligue a llevar carga por una milla, vé con él dos" *(Ibíd.)*. Difícil admonición. ¿Vale la pena acatarla?

En su libro *Ninguna enfermedad*, el doctor S. I. McMillen comenta el caso de dos viejecitos que fueron a consultarlo. Por años habían gozado de buena salud. Pero un día, alguien quiso comprarles huevos de su granja porque —según dijo— prefería la clase de gallinas de ellos y no las del agricultor vecino. Éste, al enterarse de lo ocurrido, se enojó con los viejecitos; y a partir de entonces, éstos padecieron de dolores de estómago, palpitaciones e insomnio. Ya frente al médico, los ancianitos comprendieron que aquel incidente podía ser la causa de sus males, y decidieron acabar con el pleito no vendiendo más huevos. Después de todo, sus ganancias no compensaban los gastos médicos que estaban teniendo. ¿Qué más daba probar?

Y el caso es, que obrando de ese modo, sanaron de sus enfermedades, recuperaron su paz y buen dormir, y mejoraron sus finanzas; comprobando por experiencia que la enseñanza de Jesús era realmente práctica, y sobre todo... más que eficaz.

LA HINCHAZÓN DEL YO

Pero ahora os jactáis en vuestras soberbias. Toda jactancia semejante es mala (Santiago 4:16).

Decía Quevedo que "más fácil es escribir contra el orgullo que vencerlo". Con todo, pensemos: "¿Cuál sería el primer paso para erradicarlo? ¿Cómo se manifiesta el orgullo? ¿Qué diferencia hay entre él, la soberbia, la arrogancia, y otras palabras que revelan sentimientos semejantes? ¿Valen de algo?

Para Salvador de Madariaga "la soberbia es una forma de la hinchazón del yo que, como tal, produce protuberancias y excrecencias varias que el lenguaje decora con nombres también varios, tales como 'orgullo', 'arrogancia', 'altivez', 'vanidad'". Términos, en realidad tan llenos de "sustancia personal" que "no permiten confusión entre ellos".

La soberbia, por ejemplo, aun en su propio nombre "revela su estirpe y abolengo, pues acusa parentesco con todo lo que está 'sobre', encima, 'super'". Naturalmente, para poder sentirse superior, necesita de otros con quienes compararse; de ahí, explica Madariaga, "la diferencia maestra entre la soberbia y el orgullo. El soberbio lo es por sentirse superior a los demás; el orgulloso es él, y eso le basta". Por su parte, "la arrogancia es la forma colectiva de la soberbia". El arrogante se ensoberbece no de lo que es o de lo que tiene como individuo, sino de lo que es o de lo que tiene como nación, como raza, o como grupo de privilegio. En cuanto a la altivez y la altanería, la diferencia estriba en que "el altivo manifiesta su altivez en formas pasivas", mientras que el altanero muestra "su altanería en formas agresivas".

A ojos de un observador común estos términos analizados por Madariaga podrían parecer distintos nombres para un mismo sentir. Pero las Escrituras ya se referían a ellos insinuando sus peculiares diferencias. Por boca del profeta Jeremías, dicen: "Hemos oído la soberbia de Moab, que es muy soberbio, arrogante, orgulloso, altivo y altanero de corazón. Yo conozco, dice Jehová, su cólera, pero no tendrá efecto; sus jactancias no le aprovecharán" (Jeremías 48:29, 30).

Hoy por hoy también nosotros podemos enorgullecernos de lo que tenemos o de lo que somos; compararnos con otros y sentirnos soberbios. Podemos ser arrogantes, respaldándonos en nuestro abolengo, nación, raza, y aun en nuestra asociación profesional, política o religiosa. Desde cualquiera de nuestras posiciones podemos ser altivos o altaneros. Las pasiones de los antiguos moabitas permanecen muy actuales y muy nuestras; pero también sigue vigente la sentencia divina: "Toda jactancia semejante es mala" (Santiago 4:16). No nos aprovechará.

LO QUE NO SE VENDE

Así, pues, cualquiera de vosotros que no renuncia a todo lo que posee,
no puede ser mi discípulo (Lucas 14:33).

Hoy, cuando todo y todos parecen tener precio, sorprende saber de alguien que antepone sus principios, sus ideales y sus convicciones, a la ganancia material y aun a su misma vida. ¿Por qué lo hace? ¿Qué fuerza le impulsa? ¿Qué implica su entrega? ¿Qué reporta?

"El hombre cree que domina la tierra porque la pisa con sus plantas; sin embargo, es la tierra que no pisa (la distancia entre los pasos) la que lo hace llegar lejos". Con esta cita de Laotsé, Marta Portal introducía sus reflexiones en torno a lo que no se vende. Había querido comprar a un vendedor de granos de Katmandú, uno de los cacharros de bronce que le servían de medida; pero el hombre se había negado a vendérselo. En su lugar, le había recomendado un sitio donde podría comprarlos nuevos; mas éstos no tenían historia, no encerraban anécdotas, y ella no los quería. Quedó, pues, sin vasija. Después... pensó. Y supo... "que existe también lo que no se compra. Lo que no se entiende. Lo no inventariable. La distancia entre dos pasos".

Sí. Y es justamente esta distancia, este cuenco invendible, lo que mide nuestra verdadera dimensión y pesa nuestro verdadero valor.

Cuando el emperador Vespasiano pidió a Helvidio Prisco que no apareciera en el Senado a menos que estuviera dispuesto a callar su opinión. Prisco declaró que no podía dejar de ir, ni dejar de decir lo que creía justo.

—Si lo decís, os haré morir —advirtió Vespasiano—. Y Prisco contestó:

—Los dos haremos lo que está en nuestra conciencia: Yo diré la verdad y el pueblo os despreciará; vos me haréis morir y yo sufriré la muerte sin quejarme. ¿Acaso os he dicho que soy inmortal?

Ni el soborno ni el temor a la muerte pudieron poner precio a su conciencia; sencillamente, porque no estaba en venta.

Pero hay también otro heroísmo, que pocas veces se reconoce como tal. Es el heroísmo de dejar el yo a un lado para entregar el alma a Jesucristo, y permitir con ello que ya no mande la voluntad individual, sino Dios mismo. Unos le llaman cobardía; otros, escapismo, y aun fanatismo. Pero no. Es simplemente... que no se vende. Nada vale para él lo que la promesa de Dios: "Gozaos y alegraos, porque vuestro galardón es grande en los cielos" (Mateo 5:12).

SOBRE TODA FUERZA

Así dijo Jehová: No aprendáis el camino de las naciones, ni de las señales del cielo tengáis temor, aunque las naciones las teman (Jeremías 10:2).

Muchísima gente recurre a curanderos, gitanas, brujos, médiums, o astrólogos, buscando desesperadamente una mano de ayuda. ¿Podrán ellos dársela?

¿Estamos de veras sujetos a un destino predeterminado? ¿Influyen los astros en nuestro ánimo, en nuestras reacciones, y en los hechos que nos acontecen? De ser así, ¿puede uno oponerse a una fuerza tan tremenda y devastadora?

El 24 de febrero de 1968, las agencias noticiosas informaban un suceso poco común. La policía de Bangkok había recurrido a la astrología para esclarecer un crimen. La Asociación de Astrólogos de Bangkok debía elaborar las "tablas de nacimiento" de dos presuntos asesinos, para determinar cuál de ellos era el homicida. ¿Habrán acertado con el verdadero culpable? Y aun así, si ya estaba "determinado" que el tal fuera un asesino, ¿podía realmente hacérselo responsable de su crimen?

Si la astrología tiene razón, hay seres que están irremediablemente condenados al fracaso. Si la influencia de los astros es tal que fija las actitudes, las reacciones, las características temperamentales y hasta los hechos que nos acontecen cada día; entonces, en cierta medida, somos títeres.

Hay quienes creen que sabiendo de antemano lo que les va a suceder, podrán luchar mejor contra su destino, si es que el mismo es adverso. Pero la impresión que las predicciones negativas ejercen sobre ellos es tan fuerte, que los llena de temor y pesimismo. Deseosos de llegar al fin de su sufrimiento, buscan inconscientemente cumplir de una vez por todas su "destino" (como le llaman); y se lanzan así a lo que tanto temían, y que habrían podido evitar.

Amigo lector, nadie está sujeto a un destino irreversible. Jesucristo aseguró: "...si el Hijo os libertare, seréis verdaderamente libres" (Juan 8:36). Dios lo dice en su Palabra:... "de las señales del cielo no tengáis temor, aunque las gentes las temen" (Jeremías 10:2).

El Dios que nos ha creado libres, nos ofrece su ayuda para que podamos disfrutar de la existencia plenamente; para que vivamos libres de todo temor. Antes que ser esclavos de la superstición, tenemos el privilegio de vivir impulsados por la fe en el Todopoderoso. Investigue la Sagrada Escritura y comprenderá el maravilloso plan que Dios tiene para usted.

HAY DIOS

Pero hay un Dios en los cielos... (Daniel 2:28).

Cuando el pintor Diego de Rivera terminó la decoración de los murales de un hotel en la ciudad de México, escribió en la parte superior, la frase: "No hay Dios". Esto, despertó una controversia. Hubo hasta quienes borraron la palabra "no", para que se leyera "hay Dios". Pero ¿cuán razonable es creer que hay Dios?, ¿dónde están las evidencias?

Era de la Tierra. Pero estaba parado... en el suelo mismo de la Luna. Con emoción repetía estas palabras: "Cuando veo tus cielos, obra de tus dedos, la luna y las estrellas que tú formaste, digo: ¿qué es el hombre, para que tengas de él memoria, y el hijo del hombre, para que lo visites?" (Salmo 8:3, 4).

A algunos les pareció un poco infantil la actitud de este astronauta. Acaso consideraron más "científicas" las palabras que años atrás pronunciara Yuri Gagarin. Él, que también había surcado el espacio, irónicamente había declarado: "No he visto a Dios".

Y era cierto. Tampoco los otros astronautas lo habían visto. Si nos basáramos en eso, todos seríamos ateos.

Pero hay hechos cuya precisión sería arbitrario adjudicar a la nada o a la casualidad. En su obra: *El hombre no está solo*, A. Cressy Morrison señala que si la tierra estuviera más cerca del sol, éste —con su temperatura de 6.650 grados centígrados— nos abrasaría. Si estuviese más lejos, nos congelaríamos. Si la luna estuviera más cerca, sufriríamos tales mareas que todos los continentes quedarían sumergidos dos veces al día; y las montañas, desaparecerían a causa de la erosión. Si la capa atmosférica fuera más delgada, no habría vida por falta de oxígeno; y si la profundidad de los océanos fuera mayor serían absorbidos el oxígeno y el óxido de carbono, eliminando toda posibilidad de vegetación.

Ciertamente ante un escrito de autor anónimo, a nadie se le ocurre que surgió de una explosión en una imprenta, o de la nada. Puede uno no saber quién ni cuándo creó esa obra literaria, pero es evidente que alguien, alguna vez lo hizo.

Así es con el universo. La Escritura señala que la "eterna potencia y divinidad [de Dios], se echan de ver desde la creación del mundo, siendo entendidas por las cosas que son hechas" (Romanos 1:20). También dice, que "a Dios nadie le vio jamás: [pero] el unigénito Hijo, que está en el seno del Padre, él le declaró" (Juan 1:18). Cristo Jesús, "el Verbo hecho carne", es la mejor prueba de la existencia de Dios. Él es quien declara y encarna la respuesta para todo aquel que necesita afirmar su fe. ¿No le parece?

LAS HORMIGAS Y LA EVOLUCIÓN

Vé a la hormiga, oh perezoso, mira sus caminos, y sé sabio
(Proverbios 6:6).

Tarde o temprano cada ser humano pregunta: ¿Quién soy?, ¿de dónde vengo?, ¿hacia dónde voy? ¿Es posible encontrar la respuesta satisfactoria a éstas incógnitas? ¿Están en lo cierto los que enseñan que el ser humano es fruto del azar y que nuestro mundo y todo el universo sobrevino sin la intervención de una mente inteligente? ¿Cómo se puede explicar la armonía que reina en la naturaleza?

El asombroso mundo de las hormigas ofrece un interesantísimo tema de estudio; particularmente, si lo relacionamos con la teoría de la evolución, uno de cuyos postulados es el de la "selección natural" mediante la "lucha por la supervivencia". Según esa teoría, cada organismo debe primordialmente propagarse y servirse a sí mismo. Sin embargo, existen varias especies de hormigas que contradicen ese principio. Las Tetramoria, por ejemplo, sacrifican deliberadamente sus vidas para que sobrevivan otras hormigas inferiores a ellas. Más aún, la hormiga carpintera defiende a las larvas del escarabajo Atemeles antes que a las suyas propias, lo cual resulta bien extraño, pues el Atemeles se alimenta de larvas de hormigas. En cuanto a las hormigas del Amazonas, son completamente inútiles sin el concurso de sus hormigas esclavas. Solas, no pueden alimentarse ellas mismas, ni fabricar sus "nidos", ni ocuparse de cuidar a su descendencia.

El estudio detenido y comparado de las 3.500 especies conocidas de estos insectos, así como el de las demás criaturas y fenómenos de la naturaleza, revela que en verdad, nada, ni nadie, vive ni muere para sí. Hay un orden y una correlación extraordinarios entre todos los seres y las cosas creados. Claro que, el orden es una combinación de detalles que supone un plan preconcebido, una mente superior. En el caso de la naturaleza, exige la existencia y la presencia de un Creador.

Por eso, lejos de suponer que el mundo existe por casualidad, acertadamente, la Biblia declara que Dios "es el que formó la tierra, el que la hizo y la compuso; no la crió en vano, para que fuese habitada la crió" (Isaías 45:18). Y en cuanto al hombre, no lo remonta a ningún antepasado animal; asegura, que fue hecho "a imagen y semejanza" de Dios, y que aun cuando esa imagen se haya desdibujado, volverá a plasmarse. "Haré —promete— más precioso que el oro fino al varón, y más que el oro de Ofir al hombre" (Isaías 13:12).

PORQUE ASÍ LO QUISO

El día en que crió Dios al hombre, a la semejanza de Dios lo hizo
(Génesis 5:1).

¿**H**abía pensado usted que el mundo podría haber sido mundo, aunque no hubieran existido los colores? Podrían también haber sido iguales todos los árboles: la misma forma en los troncos y en las hojas. ¿Por qué pues, tanta variedad, belleza y armonía? ¿Por qué, además, el hombre es un ser inteligente que distingue estas diferencias y las disfruta?

Hace algunos años, en rueda de prensa, el Dr. Whitney —entonces Presidente de la Sociedad Americana de Química— declaró que si tuviera que dar una razón por la que los electrones se juntan alrededor de un centro atómico o por la que los planetas viajan en el espacio; tendría que confesar su total ignorancia. "Los hombres de ciencia —dijo— establecemos principios y declaramos leyes: de la gravedad, la de la atracción universal, etc. Pero eso no es sino un modo de disimular nuestro desconocimiento de los misterios del Universo. Si en cambio decimos que todo ello sucede porque hay un Dios que así lo quiere, podría parecer pueril nuestra explicación; pero la verdad, es que carecemos de otra mejor".

Los científicos no aciertan a explicarse el porqué de esa matemática precisión con que está ordenada la naturaleza. Más aún les asombra el raciocinio del hombre. Pascal decía: "El hombre no es más que un junco, el más débil de la naturaleza, pero es un junco que piensa. No es necesario que el universo entero se arme para aplastarlo. Un vapor, una gota de agua, bastan para hacerlo perecer. Pero, aun cuando el universo lo aplaste, el hombre es más noble que lo que le mata, porque él sabe que muere. Toda nuestra dignidad consiste pues en el pensamiento".

Pero, ¿por qué tiene el hombre la facultad de pensar? La ciencia no puede explicarlo, pero la Biblia da la razón. Declara: "El día en que creó Dios al hombre, a semejanza de Dios lo hizo. Varón y hembra los creó; y los bendijo". "Y díjoles Dios: Fructificad y multiplicaos; llenad la tierra, y sojuzgadla, y señoread en los peces del mar, en las aves de los cielos, y en todas las bestias que se mueven sobre la tierra" (Génesis 5:1, 2; 1:28).

El orden, la belleza, la armonía de todo lo que existe, y esa supremacía del hombre sobre todos los demás seres de la naturaleza; son evidencia harto contundente de que Dios lo hizo todo, *porque así lo quiso.*

PARA TI, MAMÁ

Como aquel a quien consuela su madre, así os consolaré yo a vosotros
(Isaías 66:13).

Decir "madre" es evocar los sentimientos más tiernos y nobles que puede albergar el corazón humano. Así ocurrió con un jovencito de quince años que al meditar en su querida madre la emoción le arrebató estos versos:

> *Madre del alma, madre querida,*
> *Son tus natales, quiero cantar;*
> *Porque mi alma, de amor henchida,*
> *aunque muy joven, nunca se olvida*
> *de la vida que me hubo de dar.*

> *Pasan los años, vuelan las horas*
> *que yo a tu lado no siento ir,*
> *por tus caricias arrobadoras*
> *y las miradas tan seductoras*
> *que hacen mi pecho fuerte latir.*
> *A Dios yo pido constantemente*
> *para mis padres vida inmortal;*
> *porque es muy grato, sobre la frente*
> *sentir el roce de un beso ardiente*
> *que de otra boca nunca es igual.*

El joven así inspirado, fue nada menos que José Martí, el gran poeta y libertador cubano. El mundo admira su genio literario y la nobleza de una vida dedicada a la lucha por los derechos humanos, empresa que selló con sangre de mártir. Estos versos nos abren una ventana que permite ver el fundamento moral y afectivo de esa vida: el cariño de una buena madre. ¡Cuánto le debe el mundo a las madres! Sin buenas madres no hay grandes hombres.

La maternidad hace de la madre una socia con Dios. ¡Cuánta fuerza, cuánta pureza, cuánto dominio propio, cuánto amor, cuánta sabiduría pertenecerán a aquella que ayuda a Dios a formar un alma! Una madre y escritora cristiana nos dejó esta definición del noble desafío que comprende la maternidad: "La madre no tiene, a semejanza del artista, alguna hermosa figura que pintar en un lienzo, ni como el escultor, que cincelarla en mármol. Tampoco tiene, como el escritor, algún pensamiento noble que expresar en poderosas palabras, ni que manifestar, como el músico, algún hermoso sentimiento en melodías. Su tarea es desarrollar con la ayuda de Dios la imagen divina en un alma humana" (Elena Gould Harmon de White).

ORACIÓN DE UNA MADRE

Tu pleito yo lo defenderé, y yo salvaré a tus hijos (Isaías 49:25).

La poetisa Delia Camargo consagra en versos ese sublime deseo que anida en el corazón de cada madre cristiana:

Yo soy una madre que ansía que sus hijos
Satán nunca pueda sus almas dañar;
Ven, Cristo, en su auxilio, y enseña prolijo
la senda que deben sus plantas hollar.

Diles que este suelo, falaz, engañoso,
No podrá ofrecerles sino perdición;
Y que en tu regazo, tranquilo, amoroso,
Estarán a salvo de la tentación.

Ven pronto, no tardes, que el mundo, ese abismo
que atrae ofreciendo delicias sin par,
podrá presentarles brillante espejismo,
Y en esa vil sima sus almas ahogar.

Ausente está un hijo que tu nombre lleva;
Por quien siempre ruego le guardes del mal;
Y si sus miradas a ti nunca eleva,
Haz que tu llamada él pueda escuchar.

Yo sé que mis ruegos tú no desatiendes;
Yo sé que tu amparo no les negarás,
Y los fuertes lazos que el mundo les tiende,
tu dulce mandato romperlos podrá.

Porque del camino tú eres la guía;
Porque eres fuente de toda verdad;
Y en ti está la viva savia de la vida:
Sé tú de mis hijos su seguridad.

MALDITO POR DIOS

Porque maldito por Dios es el colgado... (Deuteronomio 21:23).

La Biblia menciona dos clases de muerte. Lo que nosotros llamamos muerte, la Biblia lo llama "sueño". Pero desde la creación del mundo, ningún ser humano ha tenido jamás que sufrir una muerte en la cual sintiera la absoluta agonía que los perdidos tendrán que sufrir cuando afronten la "segunda muerte", aquella en la cual la persona se despide para siempre de la vida; la muerte del dolor sin barreras ni posibilidad de alivio.

Moisés lo explicó al pueblo en Deuteronomio 21:22, 23, y posteriormente el apóstol Pablo repitió esta verdad en el Nuevo Testamento, en Gálatas 3:13. La idea es simple, pero terrible. Moisés dijo: "Si alguno comete algún pecado digno de muerte", un pecado capital, y el juez lo condena a ser "muerto colgado de un madero... un hombre colgado es maldición de Dios". El ajusticiado no podía orar. Dios no lo oiría, porque estaba bajo "la maldición de Dios". Pero si el juez decía: "Debes morir apedreado, o decapitado", etc., el pobre condenado podía sentirse feliz y agradecido, porque podría orar; Dios lo perdonaría y él moriría en paz.

Recordemos la muerte de Absalón, el hijo del rey David que se rebeló contra su padre. En la batalla decisiva huyó por entre el bosque cabalgando en una mula. Pero se le enredó la cabeza en una encina, y la mula siguió su camino dejándolo allí colgado. Joab, el general del ejército del rey, lo vio allí y supo al instante que era una señal de que Dios había maldito a Absalón. Por eso consideró que era su deber ejecutarlo sin pérdida de tiempo. Ahora bien, Pablo nos hace ver la asombrosa verdad de que la muerte que Jesús sufrió en la cruz era la que implicaba la maldición divina: "Cristo nos redimió de la maldición de la Ley, al hacerse maldición por nosotros, porque escrito está: 'Maldito todo el que es colgado de un madero'" (Gálatas 3:13). Jesús se hizo "maldición por nosotros". ¿Apreciaremos su sacrificio?

LA FIESTA MÁS ESPLÉNDIDA

Id, pues, a las salidas de los caminos, y llamad a las bodas a cuantos halléis (Mateo 22:9).

En su libro Living Faith (La fe viva) el ex presidente estadounidense Jimmy Carter relata una anécdota que le oyó contar al evangelista Tony Campolo. Tony había viajado a Hawai, y esa primera noche se sintió especialmente afectado por el cambio de hora. Como no podía dormir, entró a un restaurante que abría toda la noche. Se acomodó para ordenar algo de comer, y mientras le servían, se dio cuenta de que en una mesa cercana había un grupito de prostitutas, mujeres cuya vida, evidentemente, no tenía nada de fácil ni agradable. Una de ellas estaba diciendo que al día siguiente sería su cumpleaños. "¿De veras?" le preguntaron sus compañeras, y luego bromearon un rato. "¿Y cuántos años vas a cumplir?" inquirió una de ellas. La que cumplía años contestó: "Treinta y nueve". Y luego, esa prostituta, dejando entrever su profunda soledad interior, y su necesidad de verdadero afecto, comentó: "Nunca en mi vida he tenido una fiesta de cumpleaños..."

Tony Campolo no olvidó lo que había escuchado. Más tarde, cuando las mujeres ya se habían ido, conversó con el encargado del restaurante, y juntos planearon una fiesta para esa pobre mujer, solitaria y maltratada por la vida. La noche siguiente, cuando el mismo grupito se reunió en el restaurante a la hora acostumbrada, se encontraron con la gran sorpresa: pastel, cintas, regalos, flores, en fin, había de todo y en abundancia. ¡Qué sorpresa se llevó la cumpleañera y todas ellas! ¡Qué gesto tan espléndido! Más tarde, una vez terminada la fiesta, mientras el encargado del lugar limpiaba y ordenaba, le preguntó al señor Campolo: "Oiga, amigo, ¿a qué clase de iglesia pertenece usted?" Campolo lo miró serenamente, y le dijo: "Pertenezco a la iglesia que celebra fiestas de cumpleaños para prostitutas, a las tres de la mañana". Añade Jimmy Carter: "Ésta es la clase de iglesia que refleja el carácter de Jesús".

Mayo 14

¿HAY ALGO DIFÍCIL PARA DIOS?

¿Hay algo difícil para Dios?... Al tiempo señalado volveré a ti
(Génesis 18:14).

Según todas las apariencias humanas, parecía que Dios se había dejado poner en un callejón sin salida. Había prometido que Abrahán tendría un hijo en la forma debida, sin adopciones ni contratos con segundas esposas. Ahora el patriarca tenía 99 años y su esposa 89, una edad demasiado avanzada para quedar embarazada.

A pesar de todo, Dios se apareció a Abrahán en su tienda, y con toda calma le dijo: "De cierto volveré a ti, según el tiempo de vida, y Sara tendrá un hijo" (Génesis 18:10). Sara, que acertó a escuchar la conversación, no pudo contener su sensación interior de resentimiento e incredulidad. "Así, Sara se rió para sí, y se dijo: 'Después de haber envejecido, ¿tendré deleite, siendo también mi señor anciano?'" En otras palabras, pensó, "ésta debe ser una broma".

Cosa extraña, Dios no se enojó con ella. La comprendió y simpatizó con la pesada carga de dudas e incredulidad que tenía que soportar. Desde el punto de todas las apariencias humanas, parecía en efecto que Sara tenía razón. Y en lugar de regañarla y hacerla sentirse mal, Dios le hizo esa pregunta tan sencilla y razonable que estamos considerando: "¿Hay algo difícil para Dios?... Al tiempo señalado volveré a ti... y Sara tendrá un hijo" (versículos 13 y 14). ¡Sí, así de esta edad tan avanzada, haré que todos sus sueños se vuelvan realidad! El libro de Hebreos explica el milagro que debió suceder antes que Sara pudiera quedar embarazada. Su corazón orgulloso y lleno de amargura tuvo que ser ablandado.

"Por la fe, la misma Sara, aun fuera de la edad, recibió vigor para ser madre, porque creyó que era fiel el que lo había prometido" (Hebreos 11:11). Sara eligió creer en lo que Dios decía, cuando todo parecía oscuro. La promesa que Dios le había hecho no podía cumplirse si ella no decidía creer. Era como el acto de encender las luces. La electricidad llega a la casa desde la central eléctrica, pero no alumbra la casa si nadie acciona el interruptor. Todas las promesas de Dios son poderosas; pero se necesita nuestra fe para completar el circuito. Amable joven, el único "problema difícil" que Dios debe afrontar es nuestra incredulidad. ¿Elegiremos creer, aun en medio de la oscuridad?

¿QUIÉN ES MI PRÓJIMO?

Pero él, queriendo justificarse a sí mismo, dijo a Jesús: ¿Y quién es mi prójimo? (Lucas 10:29).

En Australia, el boletín de cierta congregación contribuyó con el siguiente material para un simpático libro titulado *More Holy Humor* (Más humor sagrado), compilado por Cal y Rose Samra. El capítulo se titula "El foso", y contiene lecciones relativas a la parábola del Buen Samaritano. "Un hombre cayó a un foso, y no podía salir", es la premisa de este dilema en particular. Y comienzan a desfilar los personajes que podrían solucionar el problema del caído:

Un individuo *subjetivo* se asomó al borde, miró hacia abajo y le dijo a la víctima: "Siento mucha simpatía por tu condición". Una persona *objetiva* pasó junto al foso y dijo: "Era lógico que alguien se cayera a este agujero". Un *moralista* declaró: "Únicamente la gente mala se cae en fosos". Pasó un *matemático*, y calculó cómo el hombre había caído al foso. Un *periodista* quería el derecho exclusivo al relato de la caída. Un *agente de Impuestos Internos* quiso saber si había pagado impuesto por el foso. Uno que se tenía *lástima* dijo: "Mereces tu foso". Un *psicólogo* aseveró: "Tus padres tienen la culpa de tu caída". Un *terapeuta de superación personal* proclamó: "Cree en ti mismo, y podrás salir de ese foso". Un *optimista* dijo: "Podría haberte pasado algo peor". Un *pesimista* sentenció: "Algo peor te va a pasar". Y por fin, la última frase era: "Jesús, viendo al hombre, lo tomó de la mano y lo ayudó a salir".

A través de los últimos 20 años, poco más o menos, el mundo ha vivido bajo la nube tenebrosa del SIDA. Y cada vez que las noticias anuncian que alguna celebridad lo ha contraído, surge inmediatamente la pregunta: "¿Cómo lo contrajo? ¿Qué hizo?" Viene entonces la discusión, y el orden descendente de aceptabilidad, comenzando con un niño inocente que lo recibió de su madre o el caso de alguien que lo obtuvo a causa de una transfusión de sangre. En el siguiente nivel está la persona que fue contagiada por un cónyuge infiel. Luego el drogadicto que lo contrajo por usar agujas contaminadas. Por debajo de eso está el individuo promiscuo, pero sólo en el sentido heterosexual. Y por último, y ciertamente en el nivel menos digno de simpatía, colocamos al que se contagió de SIDA debido a su actividad homosexual descontrolada. Pero vemos aquí a Jesús que, dejando de lado toda discusión acerca de quién era peor que quién, simplemente saca del foso al pobre sufriente. Y nosotros, ¿qué haríamos?

Mayo 16

MAHATMA GANDHI, UN ALMA GRANDE

No seas vencido de lo malo, sino vence con el bien el mal (Romanos 12:21).

La mansedumbre es una cualidad que según nos convenga, apreciamos y valoramos en otros, pero que pocas veces nos interesa tener. ¿Por qué? ¿Qué ventajas ofrece al que la practica?

Calva la cabeza, ancha la frente, oscuro el rostro. Los ojos vivos tras los vidrios redondos de los anteojos, el bigote escaso, la sonrisa generosa, el alma grande. Así recuerda el mundo a aquel hombre noble, abnegado y sabio, al *Padre del pueblo hindú*, a Mohandas Karamchand Gandhi, a quien sus connacionales llamaban *Mahatma*, es decir "grande alma", por sus relevantes virtudes, por su amor al pueblo, por su permanente sed de justicia y por su tenaz oposición a todo lo que significara imposición, fuerza, violencia.

Gandhi amaba la lectura. Entre sus escritores favoritos ocupaba el primer lugar el ruso León Tolstoi, cuyas ideas fundamentales quedaron grabadas en su corazón, como acontece con aquellas que coinciden profundamente con los sentimientos personales, con las propias ideas de toda una vida. Y es que el autor ruso sustenta, como fondo filosófico de sus obras, la idea fundamental de la no resistencia al mal, del amor incondicional.

Para Tolstoi, como para Gandhi después, el mal sólo puede ser combatido con el bien, pues oponer el mal al mal es aumentar la cantidad de mal que ya hay en el mundo. Solamente aumentando la cantidad de bien, hasta que éste sea dominante, se asfixiará al mal, que desaparecerá del alma del hombre. La violencia es un mal y, por lo tanto, la injusticia no debe ser combatida con la violencia. La verdad triunfará por sí misma, en idéntica forma, por la desaparición progresiva de la mentira que ensombrece al mundo.

Todas estas ideas tienen su origen en los Evangelios; así Gandhi, a través de Tolstoi y del conocimiento directo de las Sagradas Escrituras, toma del cristianismo ideas fundamentales: "No paguéis a nadie mal por mal; procurad lo bueno delante de todos los hombres. Si es posible, en cuanto dependa de vosotros, estad en paz con todos los hombres. No os venguéis vosotros mismos... Así que si tu enemigo tuviere hambre, dale de comer; si tuviere sed, dale de beber... No seas vencido de lo malo, sino vence con el bien el mal" (Romanos 12:17-21).

TRIUNFO SIN BARRERAS

En lo que requiere diligencia, no perezosos (Romanos 12:11).

Asombra mucho y anima aún más, descubrir el origen humilde de innumerables hombres que hoy celebramos como luminarias de la sociedad, hombres que, sin otro estímulo que su deseo de triunfar, legaron su nombre ilustre a sus semejantes y a la posteridad, y se convirtieron en ejemplo vivo e imperecedero de la juventud. ¿Qué entendieron ellos que debiéramos saber nosotros? ¿Cuál es el factor más importante del triunfo y de la superación personal? Si la pobreza y la cuna humilde no constituyen desventajas insuperables, ni impiden el triunfo, ¿cuáles son los verdaderos "matasueños" y "matatriunfos"?

Se dice que el joven Félix Perelli, hijo de un pastor anónimo, era tan pobre cuando llegó a Roma para abrirse camino, que toda su fortuna le alcanzó apenas para comprarse un par de zapatos. Trabajó como mozo de cuadra, estudió, y fue, poco a poco, escalando posiciones y con los años llegó a convertirse, por su vocación y esfuerzo, en el papa Sixto V, y se enorgullecía recordando sus humildes comienzos. Tomás A. Edison, físico e inventor estadounidense, fue vendedor de diarios. Los caudillos mexicanos Pancho Villa y Emiliano Zapata fueron peón de campo y labrador, respectivamente; Antonio Maceo, libertador cubano, fue caballerizo; Francisco Pizarro, conquistador del Perú, fue porquerizo, y Domingo F. Sarmiento, presidente de Argentina, mozo de tienda y peón de minas.

Los padres de Benjamín Franklin tenían una jabonería en Boston, donde el famoso sabio trabajó siendo niño; luego fue cajista y tipógrafo y adquirió celebridad por sus condiciones de insigne estudioso y trabajador constante. Franklin fue uno de los libertadores y constructores de Estados Unidos de América.

Y, ¿qué diríamos de Cervantes y Shakespeare, Colón, e innumerables otros grandes de humilde cuna, de los cuales hoy la humanidad se enorgullece? Todos estos hombres extraordinarios entendieron que el trabajo es el centinela de la virtud y el factor más importante del triunfo, y que el ocio y la pereza tronchan las más caras esperanzas e ilusiones de los hombres, y terminan por cansar más que la labor y la creación verdaderas.

Mayo 18

EL GRAN VIOLINISTA

En paz me acostaré, y asimismo dormiré; porque sólo tú, Jehová, me haces vivir confiado (Salmos 4:8).

De la magnífica obra *El tesoro de la juventud*, tomamos este relato conmovedor:

"El gran violinista saludó dando las gracias al auditorio entusiasmado; luego bajó corriendo la escalera del escenario. La puerta se cerró tras él, pero continuaron oyéndose tan prolongados aplausos, que casi le obligaban a responder. 'No'; dijo sacudiendo la cabeza: 'estoy muy cansado, no puedo tocar otra nota'. Al subir al automóvil se le acercó un niño: 'Dispénseme usted, caballero —le dijo con timidez—, ¿no podría usted disponer de algunos minutos para tocar algo a mi hermanito?'

"El violinista pareció asombrado. 'Está muy malito —prosiguió el niño—. Ni siquiera nos reconoce; pero está tan afligido por no haber asistido al concierto que no puede apartar esta idea de su cerebro. En su delirio habla de ello continuamente, y nos echa en cara que le hayamos privado de este placer. El médico dice que si no duerme se muere; y yo he pensado que, si podía convencer a usted a que le tocara algo, los acentos de su violín le calmarían. ¡Oh, está enamorado de ese violín...! Mi madre decía que usted no querría venir'. '¿Y tú has tenido fe en mí? —preguntó el violinista—. ¿Dónde vives?' El niño le dio las señas de su casa y a los pocos minutos los dos se dirigían a ella. En una ventana brillaba una luz. '¡Ese es el cuarto!' exclamó el niño. El violinista no contestó y el niño se alejó. De repente una dulce melodía rompió el silencio de la noche. Las notas, que se escapaban unas tras otras y llenaban el aire de armonías, penetraron en el cuarto del enfermito, llevándole alegría y paz. Cesó la agitación, y los párpados del niño se fueron cerrando lánguidamente bajo la acción de un profundo sueño. El artista que esperaba con los ojos clavados en la ventana, vio una mano que con suavidad corría las cortinas. Al desvanecerse la luz, volvió a colocar el violín en su estuche y se alejó".

ROCA DE LA ETERNIDAD

...Puso mis pies sobre peña, y enderezó mis pasos (Salmo 40:2).

Muchos que acaso se escandalizarían ante la sola idea de llegar a ser drogadictos, son, sin saberlo, adictos a otro tipo de "estupefacientes". Valiéndose del trabajo excesivo, o de la afición obsesiva a los entretenimientos o a las cosas, buscan también ellos eludir una realidad que les resulta enajenante. Por eso, cuando llega el momento de la inactividad, o del desprendimiento de aquello o de aquellos que llenaban sus días, sienten ansiedad, angustia, sed que creen sólo saciable con eso que perdieron; sienten el "corte" como herida, y a veces, hasta como herida mortal. Y lo que pasa es que están pendiendo de un gancho endeble; buscan apoyo en arenas movedizas, en lodo cenagoso que los traga.

El ser humano, aun cuando grite su libertad y la defienda, nació dependiendo y necesita depender de Alguien. Y ese Alguien es Dios. Quien se resiste a reconocerlo, no logra ni aun así su independencia. Inconscientemente va aferrándose, y de alguna manera dependiendo de cosas, de gente, de actividades; todas endebles, porque son todas temporales. Cuando ellas acaban, quien se aferra a ellas, si no logra suplirlas, se acaba con ellas. De ahí su inquietud, su nerviosismo, su tedio; su incapacidad de ser feliz sin aquello que perdió.

Cuando uno toma conciencia de esta subordinación absurda a lo temporal, comprende que ahí no está la respuesta. Tan cierto como que necesita apoyo, es que el apoyo que necesitaba debe ser firme y duradero. Quien cambia de posición, quien se afirma en Jesús, nota no sólo la indestructible consistencia de su nuevo punto de apoyo, sino la perspectiva diferente que se obtiene de él. Puede ver seguridad, paz, amor, productividad, confianza, serenidad, alegría. No es que desaparecen como por encanto sus problemas, pero sí, su importancia frente a ellos. De ahí su conversión al optimismo, y por ende, la pérdida de su tendencia al aburrimiento y la frustración.

Respecto de cómo lograr este tremendo cambio, el salmista David —que lo experimentó personalmente— explica: "Pacientemente esperé a Jehová, y se inclinó a mí, y oyó mi clamor. Y me hizo sacar del pozo de la desesperación, del lodo cenagoso; puso mis pies sobre peña, y enderezó mis pasos. Puso luego en mi boca cántico nuevo, alabanza a nuestro Dios" (Salmo 40:1-3). Sí, amigo lector, David tiene razón. Aquí cualquiera puede "ver para creer"; comprobar por sí mismo que apoyarse en lo perecedero es pisar sobre arenas movedizas, es caer en el fango de la inestabilidad y finalmente hundirse en el vacío interior. Apoyarse en la Roca, afirmarse en lo eterno, es la solución. Y la *Roca Eterna* es Jesús.

Mayo 20

EL *ÁGAPE* DIVINO

Nosotros le amamos a él [con ágape] *porque él nos amó* [con ágape] *primero* (1 Juan 4:19).

Dos amigos viajaban en bicicleta por un camino en Uganda. Samsoni Kalette, que era cristiano, iba a la iglesia ese sábado de mañana, con una Biblia atada a su portaequipajes. El amigo le preguntó:

—¿Todavía crees en ese Libro?

—¡Claro que sí! —respondió Samsoni.

—Hace tiempo que nosotros, los Baganda, dejamos de creer en ese Libro —dijo el ciclista no cristiano.

—¿Por qué? —preguntó el cristiano.

—Porque ese Libro enseña que hay que amar a los enemigos, y en nuestra tribu nadie puede hacer eso.

¡Cuán cierto es! Ninguno de nosotros puede amar a quienes nos odian, a menos que aprendamos en ese mismo libro, la Biblia, cómo hacerlo. Para expresar ese amor diferente, único, los apóstoles se valieron de una vieja palabra griega que la gente había relegado al sótano de sus mentes; le sacudieron el polvo y la inyectaron de nuevo significado: la palabra es *ágape*. ¿Qué es el *ágape*?

Admeto era un apuesto joven de la antigua Grecia, a quien todos decían "amar". Pero se enfermó con una extraña dolencia. El sacerdote pagano dijo que tendría que morir a menos que hubiera alguien que estuviera dispuesto a hacerlo en su lugar. Nadie se ofreció. Aun sus padres dijeron: "¡Oh, sí, amamos a nuestro hijo Admeto; pero lo sentimos mucho; no podemos morir en su lugar". Por fin, su novia Alcestes —otra versión dice que se trataba de su esposa— dijo: "¡Yo moriré por Admeto, porque es un hombre tan bueno! El mundo lo necesita". Los griegos paganos alzaron sus manos al cielo y dijeron: "¡Esto sí es amor! ¡Esta es la más alta cumbre del amor! ¡Alcestes está dispuesta a morir por un hombre bueno!" Pero entonces viene el apóstol Pablo y nos dice, en Romanos 5, que ése no es el verdadero amor: "En verdad, apenas hay quien muera por un justo. Con todo, puede ser que alguno osara morir por el bueno" (vers. 7). "Pero Dios demuestra su amor [*ágape*] hacia nosotros, en que siendo aún pecadores [enemigos, vers. 10], Cristo murió por nosotros". Amigo lector, esa clase de amor captura y convierte el corazón.

EL ARTE DE LA FELICIDAD

*Luz está sembrada para el justo, y alegría para los de recto corazón
(Salmo 97:11).*

*Tú no puedes perseguir la felicidad y atraparla.
La felicidad llega a ti sin que la notes,
mientras estés ayudando a los demás.*

*La felicidad es como el perfume:
no puedes regarlo sobre otros,
sin que te toque algo a ti.*

*La felicidad no depende de un bolsillo lleno,
sino de lo que pasa dentro de ti;
es la medida por el espíritu con que
afrontas los problemas de la vida.*

*La felicidad no viene de hacer lo que nos gusta,
sino de que nos guste lo que tenemos que hacer.*

*La felicidad crece de las relaciones
armoniosas con los demás;
basadas en actitudes de buena voluntad,
comprensión y amor.*

*La felicidad se encuentra en las pequeñas cosas:
en la sonrisa de un niño, en la carta de un amigo,
en el canto del pájaro o en la luz de las estrellas.*

*Felicidad, felicidad que brotas del sueño
sutil de un pensamiento.*

—Anónimo.

PAN ENTERO

Jesús les dijo: Yo soy el pan de vida; el que a mí viene, nunca tendrá hambre... (Juan 6:35).

Es propio de todo ser humano procurar seguridad: seguridad en lo económico, seguridad en el seno familiar, en su relación afectiva, en su ocupación laboral, y en todo cuanto emprende. Paradójicamente, para muchos hoy lo más seguro es su inseguridad. ¿Cómo pueden evitarla? ¿Cómo lograr una personalidad equilibrada, firme, estable? ¿Cómo obtener confianza? ¿Cómo alcanzar completa y verdadera seguridad?

Después de la Segunda Guerra Mundial, las potencias aliadas refugiaron a cientos de niños sin hogar a quienes alimentaron y cuidaron. Pero durante un tiempo los chiquillos estuvieron inquietos, ansiosos, y no lograban dormir. Entonces, un psicólogo sugirió que luego de la cena se diera a cada niño una rebanada de pan extra que pudiera llevar consigo al acostarse. Y resultó. La rodaja de pan fue como una garantía de que al día siguiente tendrían qué comer; eliminando así la preocupación morbosa de los chicos, prodigándoles el descanso que necesitaban. Cuando el adulto siente amenazada su seguridad, también se preocupa, y aun llega a la ansiedad y el insomnio. Y a menudo, como a los niños de quienes hablábamos, le basta "una rodaja de pan extra" para sentirse reconfortado. En este caso, la "rebanada" puede llamarse elogio sincero, expresión de cariño, recuperación después de una enfermedad o de algún otro tipo de crisis, éxito en determinado trabajo, o aumento de sueldo; y puede significar semblante despejado, mente fresca y buen descanso; en suma: sensación de confianza y de estabilidad.

Sin embargo, hay una manera de lograr no una "rebanada", sino "el pan entero bajo el brazo", y como consecuencia, seguridad total y verdadera. Jesús dijo de sí mismo: "Yo soy el pan de vida; el que a mí viene, nunca tendrá hambre; y el que en mí cree, no tendrá sed jamás" (Juan 6:35). Hay quienes se resisten a creer que esta promesa puede significar bendición material además de bendición espiritual. ¿Cómo —se dicen— con ir a Jesús, puede uno satisfacer su hambre y sed?

Y Jesús lo explica: "Las palabras que yo os he hablado son espíritu y son vida" (Juan 6:36). La Palabra de Dios contiene miles de promesas, y consejos definidos y prácticos referentes a todo aspecto de la vida. Quien los acepta con fe y los pone por obra, bebe de una fuente de seguridad inagotable. Desde el corazón de quien la acepta, una confianza total, feliz y agradecida pide como los discípulos de ayer: "Señor, danos siempre este pan"... danos... "esta agua" (Juan 6:34; 4:15).

SED DE ENTENDER

Instruye al niño en su camino, y aun cuando fuere viejo no se apartará de él (Proverbios 22:6).

Carlos Castro Saavedra hablaba de la "sed de entender lo que la gente dice cuando no dice nada. Cuando calla y se hunde en su silencio". Pero no todos tienen esta sed. A muchos ni siquiera les importa lo que la gente dice cuando habla. ¿Por qué esta indiferencia? ¿Adónde conduce? ¿Qué depara? ¿Cómo puede evitarse?

Un niñito trataba en vano de llamar la atención de su padre a una pequeña herida que se había hecho y que su mamá ya había curado. Pero en esos momentos, el padre estaba leyendo el periódico y no quería ser interrumpido. Por fin, ante la insistencia del chiquillo, el hombre le gritó: "¿Y qué quieres que haga con eso?" El niño, asustado, no atinó a contestar; pero el hermanito menor arguyó: "Bueno,... al menos, podrías decir '¡Oh!'"

No se esperaba más. Sólo... dos letras —una simple exclamación— habrían bastado para sentar el lenguaje de la comprensión entre padre e hijo. Qué lastima que el hombre no pudo decirlas porque estaba ocupado tratando de enterarse de los problemas del mundo. Esta es la triste paradoja de muchos. Se abren a los problemas del mundo, pero se cierran a los de sus familiares o allegados. Pueden conocer al detalle cómo van las cosas en Bagdad, en Wáshington o en Moscú, pero no saben cómo marchan en su propio hogar y con su propia familia.

Herbert Hendin —doctor en psiquiatría y pionero en la aplicación del psicoanálisis al estudio de la sociedad contemporánea—, señala que aun los atentados por razones políticas podrían ser sólo síntomas de problemas más profundos de nuestra sociedad. "En realidad —explica Hendin— la actitud prevaleciente es hacer cualquier cosa con tal que llame la atención". Y este "hacer cualquier cosa" incluye el asesinato y el secuestro. Pero lo notable de este problema es que una de sus causas fundamentales es justamente la falta de atención sufrida en el hogar.

Muchos que no gozan de los beneficios de familias tradicionales, tratan de atarse a grupos sustitutivos tales como las pandillas. "Estos grupos —añade Hendin— les proveen de una nueva familia, y les permiten, a la vez, expresar simbólicamente su ira contra su familia real, viviendo un estilo de vida tal que ellos saben que emocionalmente mortifica a su familia".

He ahí, nuestra tremenda responsabilidad para con el mundo y para con nuestra propia familia. Seamos comprensivos y cariñosos, e interesémonos sincera y profundamente en su bienestar. Que si lo hacemos así, la promesa divina es segura. La Escritura lo dice: "Instruye al niño en su camino, y aun cuando fuere viejo no se apartará de él" (Proverbios 22:6).

UNIVERSO DE SOLEDADES

Y cuando llegó la noche, estaba allí solo (Mateo 14:23).

El fenómeno se da más en la ciudad que en el campo o en la aldea; y es paradójico: cuanto más gente hay, más solos viven, más desconectados, más aislados los unos de los otros aunque vivan pared a pared, a los lados y al frente rodeados de otros seres igualmente solos. ¿A qué responderá esta soledad? ¿Es buscada u obligada? Y si ésta, ¿puede remediarse?

Una es la soledad del contemplativo, la del místico, la del hombre de ciencia; otra, la del egoísta que por ella se libera cuanto más puede de sus prójimos para no dar cuenta a nadie de sus hechos o de lo que dejó de hacer. Y una más la del tímido, el acomplejado e inseguro que no se anima a darse a los demás por temor al rechazo. Y también la del suspicaz que ni probó pero igual teme la traición o la agresión de los demás. Y la de los sin familia, la de los extranjeros, y quién sabe cuántas soledades más. Pero todas —diríamos— convergen en dos. Una creativa. Otra destructiva. Una, que en realidad se siente acompañada por todos los que persiguen como ella una meta, un ideal; soledad ésta que es puente hacia la solidaridad humana; puente construido con libros, con pinceles, con tubos de ensayo, con meditación y con acción. Otra, soledad que está "sola de veras". No persigue causas ni ideales que la hayan motivado. Existe, simplemente, porque nadie llegó a llenar su vacío. Es la soledad no saciada, insatisfecha. Es —como diría De Obieta— "la soledad del individuo que desearía integrarse en una sociedad apropiada a su genio".

A menudo, creyendo buscar soledad, lo que en realidad se busca es compañía; compañía que no se encuentra fácil porque se busca tan plena, tan total como la que la sed de uno exige. Compañía... que comprenda, que acepte, que aprecie, que valore, y que también se goce en compañía de uno. Amigo lector, la única manera de lograrla es permitiendo que Dios llene nuestras vidas de su Presencia, y que también revele esa Presencia a otros por medio de nuestras vidas; todo, a fin de que saciemos nuestra propia sed y aun satisfagamos la de otros, convirtiéndonos justamente en la compañía que comprende, que acepta, que aprecia, que valora, y que sinceramente goza en compañía de los demás. Entonces, ocurrirá el milagro: los demás nos darán lo mismo que les damos. Porque es regla infalible, y es también promesa... promesa de Dios: "Dad, y se os dará; medida buena, apretada, remecida y rebosando darán en vuestro regazo; porque con la misma medida que medís, os volverán a medir" (Lucas 6:38).

LA GLORIA DE DIOS

Te ruego que me muestres tu gloria (Éxodo 33:18).

¿Qué palabras e imágenes vienen a la mente del lector cuando escucha la frase "la gloria de Dios"? Para el que escribe, pensar en la gloria de Dios es elevar el pensamiento al cielo, a "las alturas". ¿Acaso no dijo el ángel de la Natividad, "gloria a Dios en las alturas"? Y, claro está, si Dios es excelso, y mora allá arriba, en el cielo.

Es también anticipar el futuro. Pues a todo el que crea en Jesús le está aparejada morada allí, en la gloria. Bien lo expresa un conocido himno con estas palabras:

> *Cuando mi lucha toque a su final,*
> *y me halle salvo en la playa eternal,*
> *junto al que adoro, mi Rey celestial,*
> *eterna gloria será para mí.*
> *Gloria sin fin, eso será,*
> *gloria sin fin, eso será.*
> *Cuando por gracia su faz vea allí,*
> *eterna gloria será para mí.*

Sí, la gloria de Dios evoca en el hombre los aspectos luminosos, esplenderosos, de la presencia de Dios. Sin embargo, es muy evidente que Dios, al pensar en su gloria, sus pensamientos toman un rumbo marcadamente diferente. Cuando Moisés le hizo a Dios el extraño pedido: "muéstrame tu gloria", seguramente no estaba preparado para la respuesta divina: "Yo haré pasar todo mi bien delante de tu rostro, y proclamaré el nombre de Jehová delante de ti; y tendré misericordia del que tendré misericordia, y seré clemente para con el que seré clemente..." Y el relato bíblico añade: "Y Jehová descendió en la nube, y estuvo allí con él, proclamando el nombre de Jehová..." En otras palabras, Dios le estaba diciendo a Moisés —y a nosotros— que su gloria yace en su carácter; en quién es él. Y no se conoce a Dios separado de su maravilloso amor. Bien lo afirmó el apóstol: "El que no ama, no ha conocido a Dios; porque Dios es amor" (1 Juan 4:8). ¡Estas son muy buenas noticias! Quiere decir que no hay que ser residente celestial para gustar de la gloria de Dios. La podemos, la debiéramos de experimentar aquí y ahora. Ese milagro es dable sólo cuando dejamos que el carácter de Jesús sea formado en el nuestro, y esto es consecuencia directa de creer y obedecer las enseñanzas de Cristo con el poder del Espíritu Santo. De ahí la promesa: "Cuando el carácter de Jesús sea perfectamente revelado en su pueblo, Él vendrá a reclamarlos como suyos" (Elena H. de White).

EL LIBRO SIEMPRE ACTUAL

Toda Escritura es inspirada divinamente y útil para enseñar, para redargüir, para corregir, para instituir en justicia, para que el hombre de Dios sea perfecto, enteramente instruido para toda buena obra (2 Timoteo 3:16, 17).

Cualquier libro de ciencia debe ser renovado más o menos cada ocho años; el progreso y los nuevos descubrimientos así lo exigen. Pero en el terreno espiritual, aun cuando surgen continuamente teorías nuevas, la Sagrada Biblia no pierde su vigencia. ¿Por qué? Honestamente, ¿puede un libro tan antiguo, responder a necesidades reales y presentes?

La Biblia es un libro extraordinario por su palpitante actualidad. La mayoría de sus profecías, escritas centenares de años antes de su cumplimiento, son hoy hechos históricos comprobados. Además, los mensajes de los escritores bíblicos anunciados antiguamente desde las calles de Damasco, de Babilonia, de Nínive, o de Jerusalén, siguen siendo oportunos en cualquiera de nuestras ciudades modernas.

Cuando Noruega fue invadida por los alemanes durante la Segunda Guerra Mundial, Elvine Begrav —entonces, presidente de la Sociedad Bíblica de Noruega— fue encarcelado por predicar los conceptos bíblicos que proclaman la libertad. En una de sus cartas a su esposa, citó la profecía de Isaías concerniente al ministerio de Jesús en la tierra, que dice: "Me ha enviado... para pregonar a los cautivos libertad... para poner en libertad a los oprimidos". El jefe de la prisión, censuró la carta, y no le dio curso. Inmediatamente, ordenó que la esposa del ministro se presentara a su despacho y explicara el porqué de esa comprometedora expresión.

—Señor —respondió ella— esas palabras sobre el pregón de la libertad a los cautivos son copia textual de la Biblia, y fueron escritas hace muchos siglos.

—Si es así —dijo el jefe policial—, dígale a su esposo que se abstenga de usar pasajes de la Biblia en su correspondencia. Es un libro demasiado actual.

Es que, a través de la Biblia, Dios se comunica con los hombres de todos los tiempos. Como él es eterno, su Palabra también lo es. De ahí su actualidad. Además, Dios es sabio y verdadero; por lo tanto, su Palabra es sabiduría y verdad. Puede resolver todos los conflictos humanos. Por eso dijo el apóstol: "No me avergüenzo del Evangelio, porque es potencia de Dios" (Romanos 1:16). Y agregó: "Toda Escritura es inspirada divinamente y útil para enseñar, para redargüir, para corregir, para instituir en justicia, para que el hombre de Dios sea perfecto, enteramente instruido para toda buena obra" (2 Timoteo 3:16, 17). No cabe la más mínima duda; vale la pena seguir el consejo de Jesús: "Escudriñad las Escrituras..." (Juan 5:39).

¿HAY LUGAR PARA MÍ?

¿Tenemos acaso parte o heredad en la casa de nuestro padre?
(Génesis 31:14).

No hay dolor tan difícil de soportar como el que siente quien se ve desvinculado de todos, sin nadie a quien "pertenecer" en una entrega inquebrantable de amor y fidelidad. La libertad aparente de quien no tiene raíces en ninguna parte es un doloroso engaño.

Hubo dos muchachas cuyo padre era frío y distante, y las hacía sentirse huérfanas. Era muy buen proveedor para la familia: buena casa, dinero en abundancia, pero al igual que muchos casos de hoy, escasez de amor. Las hijas no se sentían vinculadas a su padre por lazos afectivos, y sufrieron severas privaciones emocionales, aún después de haberse casado.

Estas dos hermanas se llamaban Raquel y Lea, y el nombre del padre era Labán. Su triste historia está registrada en la Biblia, en el capítulo 31 de Génesis. El padre tenía el corazón tan duro que estaba dispuesto a dejarlas ir del hogar sin darles parte en la herencia, a pesar de ser lo que hoy llamaríamos un millonario. Las dos pensaban qué podrían hacer. La pregunta que se hacían era: "¿Tenemos ya parte o herencia en la casa de nuestro padre?"

Ellas pensaban en "la casa" de *su* propio padre. Pero nosotros nos referimos aquí a la casa de un Padre mucho mayor. En el Padrenuestro, la oración modelo, Jesús nos invita a todos a considerar a Dios como *nuestro* Padre que está en el cielo. La Palabra de Dios enseña que todos llevamos en nuestro corazón esa profunda convicción que nos ha sido impartida por el ministerio del Espíritu Santo. El diablo puede esforzarse por hacernos olvidar que tenemos un Padre rico en el cielo, y que allí está nuestra herencia; esta convicción permanecerá arraigada en nuestro corazón, a menos que resolvamos deliberadamente expulsarla de allí. Por lo tanto, si Dios es tu Padre —y ten por cierto que así es— entonces es un hecho que tienes lugar en su casa. "En la casa de mi Padre hay muchas moradas", dijo Jesús en Juan 14:2. Sí, *hay lugar para ti.*

¿QUIÉN ES JESÚS?

¿Quién dicen los hombres que es el Hijo del Hombre?... Y vosotros, ¿quién decís que soy yo? (Mateo 16:13, 15).

Todos parecen tener su propia opinión del Rabí de Nazaret. Dice Tyler Roberts, teólogo, conferenciante y director del Departamento de Religión de la Universidad de Harvard: "Le pregunté a mi clase: '¿Quién es Jesús?' La mayoría declaró que lo consideraban un personaje religioso. Algunos dijeron que era un filósofo, y lo compararon con Sócrates. También dijeron que Jesús había sido un dirigente político; uno de los alumnos lo comparó con Mao y Stalin" (*"Who was Jesus?"* [¿Quién fue Jesús?] Life, diciembre de 1994, pág. 76).

Dice la introducción del artículo citado: "Para algunos, Jesús es el Hijo de Dios... el Ungido. Para otros, es simplemente un hombre que inspiró, a través de sus enseñanzas y su vida ejemplar, varias creencias ahora incorporadas al cristianismo. Y para otros, todavía es un mito, un invento novelístico de San Pablo y de los autores de los evangelios, que requerían un ancla carismática para sus nacientes iglesias" (*Id.,* pág. 67). Uno de los entrevistados, Seyed Hossein Nasr, que es mahometano, dijo: "El Islam no acepta que [Cristo] haya sido crucificado y haya muerto, para luego resucitar. El Islam cree que fue llevado al cielo, sin morir, sin sufrir el dolor de la muerte" (*Id.,* pág. 80). Otro autor, James F. Hind, define a Jesús desde un punto poco común: "En sólo tres años, [Cristo] definió una misión y formó estrategias para llevarla a cabo. Con un equipo de doce hombres poco apropiados, organizó el cristianismo, que hoy tiene sucursales en todos los países del mundo y abarca un 32,4 % de la población mundial, el doble de su rival más cercano. Los dirigentes modernos desean que los individuos se desarrollen hasta que alcancen su máximo potencial, tomando gente ordinaria y transformándola en extraordinaria. Esto es lo que Cristo hizo con sus discípulos. Jesús fue el ejecutivo más eficaz de la historia. No hay nada que se iguale a los resultados que logró" (*Id.,* pág. 79).

Por su parte, Susan Haskings, autora de la obra *María Magdalena: Mito y Metáfora*, afirma refiriéndose a Jesús: "Era un feminista. Curaba a las mujeres enfermas, permitiéndoles convertirse en gente que relataba sus verdades. Perdonó a una prostituta arrepentida, y le permitió que lo tocase. Muchas mujeres donaban su dinero para ayudarle. María Magdalena fue la primera en testificar de la resurrección, ¿y qué hay más importante que eso en el cristianismo? Ella fue apóstol a los apóstoles, al cumplir el pedido de Cristo para anunciarles que él había resucitado. Hoy

¿QUIÉN ES JESÚS? —Tercera parte

Este es el profeta Jesús, de Nazaret de Galilea (Mateo 21:11).

La fisonomía de Jesús, dulcísima y severísima, resplandeciente de blancura y de fuerza, se impone aun sobre aquellos pensadores que le niegan o disputan la fe en su divinidad, y haciéndolos reconocer el lugar que ocupa la inigualable personalidad de Cristo entre todas las otras personalidades de la historia, y su obra entre todas las obras de los seres humanos, desconcierta su incredulidad, la hace contradecirse consigo misma y le arrebata por instantes confesiones inauditas.

KANT reconoce su "ideal perfección".

HEGEL ve en él "la unión de lo humano con lo divino".

ESPINOSA le llama "el símbolo supremo de la sabiduría celestial".

VOLTAIRE mismo se sentía pasmado "por su hermosura y grandeza".

STUART MILL hablaba de Cristo como de "un hombre encargado por Dios de una misión especial, expresa y única, para conducir a los hombres hacia la verdad y la virtud".

GOETHE, dolorosamente ciego ante el fulgor cristiano, proclamaba no obstante "perfectamente auténticos los cuatro Evangelios, porque en ellos se siente el reflejo de la sublimidad que irradia de la persona de Cristo: sublimidad tan sobrehumana, que sólo puede aparecer en un Dios que venga a la tierra" (Eckerman, *Coloquios con Goethe*, 11 de marzo 1832).

SAINTE-BEUVE, crítico perspicaz e impenitente escéptico, decía que en los más grandes modernos anticristianos, Federico II, Goethe, "en cualquiera que haya desconocido completamente a Jesucristo, si se mira bien, se advierte que algo le falta en el entendimiento o en el corazón" (*Port-Royal*, tomo III).

ROUSSEAU llegó a exclamar a pulmón pleno que "si la vida y la muerte de Sócrates son de un sabio, la vida y la muerte de Jesús son de un Dios" (*Émile*, libro cuarto).

STRAUSS, el frío y parsimonioso alemán que dirigió toda su obra contra la divinidad de Jesús, reconoce que "es el más alto objeto que la religión pueda proponer, el ser sin cuya presencia es imposible para el alma la perfecta piedad"; y, aun más, proclamaba: "Jamás, en ningún tiempo, será posible a nadie elevarse sobre Cristo, ni se concibe siquiera que haya quien pueda igualarlo" (*Du passager et du permanent dans le christianisme*).

RENAN, por fin, que prohijó en mucho a Strauss ornándolo con gracia del estilo, prorrumpe en la misma confesión tácita, pero evidente, de la divinidad de Jesús: "Jamás será sobrepujado Jesucristo", y declara que "el Cristo del Evangelio es la más bella encarnación de Dios", y concluye exclamando: "Mil veces más vivo, mil veces más amado después de tu muerte que durante los días de tu paso por la tierra, a tal punto vendrás a ser la piedra angular de la humanidad, que arrancar tu nombre de este mundo sería conmoverlo hasta sus fundamentos" (Alfonso Junco, *Vie de Jésus*).

¿QUIÉN ES JESÚS? —Cuarta parte

Yo Soy el pan de vida (Juan 6:48).

Para el arquitecto, es la principal Piedra de esquina.
Para el panadero, es el Pan vivo.
Para el banquero, es el Tesoro escondido.
Para el albañil, es el seguro Fundamento.
Para el médico, es el gran Médico.
Para el educador, es el gran Maestro.
Para el agricultor, es el Sembrador y el Señor de la mies.
Para el floricultor, es el Lirio de los Valles y la Rosa de Sarón.
Para el juez, es el Juez justo.
Para el jurisconsulto, es el Consejero, el Legislador, el Abogado.
Para el periodista, constituye las Buenas Nuevas de gran gozo.
Para el filántropo, es la Dádiva inefable.
Para el predicador, es la Palabra de Dios.
Para el hombre solitario, es el Amigo en quien hay más conjunto que en hermano.
Para el criado, es el Buen Señor.
Para el cansado, es el Consolador.
Para el enlutado, es la Resurrección y la Vida.
Para el pecador, es el Cordero de Dios que quita el pecado del mundo.
Para el cristiano, es el Hijo del Dios viviente, el Salvador, el Redentor y el Señor... ¿Quién es Jesucristo para ti?

LA ESPADA DE CRISTO

Y de su boca salía una espada aguda de dos filos... (Apocalipsis 1:16).

La vida es lucha, batalla, combate. Su lid nos presenta adversarios muy reales y formidables. Necesitamos para ella una espada más poderosa que la que usó Alejandro en sus conquistas; más efectiva que el "Excalibur" del rey Arturo de Inglaterra, o la legendaria espada de El Zorro, que muchos pretendimos poseer cuando niños, cuando con palo fino en mano y un poco de imaginación quijotesca vencíamos con caballeresco honor a todo contrincante imaginable.

Hay una espada que sí puede salir airosa del más terrible conflicto. ¿Cuál es esa espada? Es la espada de Cristo. ¿La espada de Cristo? Sí.

El último libro de la Biblia, en lenguaje simbólico presenta la persona de Cristo de esta forma: "Tenía en su diestra siete estrellas, y de su boca salía una espada aguda de dos filos. Y su rostro era como el sol cuando resplandece en su fuerza" (Apocalipsis 1:16).

La espada de Cristo está en su boca, no en su mano. La espada en mano de un poderoso sirve como apropiado símbolo de las conquistas humanas. Jesús en el jardín del Getsemaní reprendió a Pedro por valerse de una espada tal para defenderse. Esa espada depende a su vez de la habilidad, destreza y el poder del brazo que la esgrime. No así con la espada de Cristo.

Pero, ¿cuál es su espada? Jesús se refirió a este poder cuando declaró: "Las palabras que yo os he hablado son espíritu y son vida" (Juan 6:63). Y la Epístola a los Hebreos declara: "Porque la palabra de Dios es viva y eficaz, y más penetrante que toda espada de dos filos; que alcanza hasta partir el alma, y aun el espíritu, y las coyunturas y tuétanos, y discierne los pensamientos y las intenciones del corazón". La espada de Cristo es su palabra y esta palabra se encuentra a nuestro alcance; es la Palabra de Dios, su Santa Biblia. El salmista declara: "Por la palabra de Dios fueron hechos los cielos... por el espíritu de su boca... porque él dijo, y fue hecho; el mandó, y existió" (Salmos 33:6, 9). Y el apóstol Santiago nos exhorta con estas palabras: "Él, de su voluntad nos ha engendrado por la palabra de verdad" (Santiago 1:18). El mismo Jesús oró al Padre por ti y por mí: "Santifícalos en tu verdad, tu palabra es verdad" (Juan 17:17).

Esa palabra que trajo orden al universo entero, es la misma que puede traer propósito y orden al caos y al vacío de nuestro universo interior. ¿No te parece?

¿EXISTE LA PAZ?

Bienaventurados los pacificadores, porque ellos serán llamados hijos de Dios (Mateo 5:9).

Para José Luis Castillo-Puche, "la paloma de la paz está vacante". Es tal el estado de nuestro mundo que "el símbolo de la paz debería ser el buitre, sobre-volador de la carroña". Desilusionado, este autor se pregunta si siquiera existe la paz. ¿Podemos acaso, hablar de ella como de algo real? ¿Es factible obtenerla? ¿Puede compartirse?

La ventana estaba dividida en cuadros que parecían barrotes de reja. Desde ella, el paisaje no ofrecía muchos cambios: cielo azul o gris según el día, y tejados y torres bañados de tiempo. Pero esa vez, acertó a pasar una paloma; y el fotógrafo captó la escena con alma de artista. Cuando José Luis Castillo-Puche escribió acerca de esa imagen, y todos los recuerdos y sueños y símbolos que llegaron a su mente, comentó: "Ésta no es la paloma de la paz. ¿Cómo podría serlo si en cada esquina de alero le espera la guerra, el acecho, la ley del más fuerte? No es la paloma de la paz ni puede serlo. Pero, ¿es que hay una paloma de la paz? ¿Es que existe siquiera la paz?

El rey que en vez de encarnizarse contra sus adversarios, prefería hacerles bien, explicaba: "¿Acaso no destruyo a mi enemigo, cuando hago de él un amigo? Ésa, era su manera de hacer paz. Pero hay otra aún mejor: lograr que los demás vivan en paz no sólo con nosotros, sino también con Dios, con ellos mismos, y con toda la gente. De hecho, la entrega a semejante empresa, requerirá primero que nos examinemos a nosotros mismos. Preguntaría Gibrán: "¿Tenéis paz, el quieto impulso que revela vuestro poder?" Si nuestra respuesta humana es "No", la divina es "Podéis tenerla". El apóstol Pablo, refiriéndose a Jesús dice que "él es nuestra paz" (Efesios 2:14). Al recurrir a Cristo, él nos libra de nuestros pecados y sentimientos de culpa, dejando el alma en paz con Dios y consigo misma. Además, derrama amor en nuestros corazones, capacitándonos para amar así como él amó: amar, pues, antes de ser amados, a pesar de no ser amados, y aunque aquellos a quienes amamos no merezcan amor.

La paz existe. Usted y yo podemos obtenerla; y aun podemos, por medio del amor, ser agentes de paz en bien de otros. Si así no fuera, vana habría sido la sentencia de Jesús: "Bienaventurados los pacificadores: porque ellos serán llamados hijos de Dios" (Mateo 5:9).

Todos podemos ser esa "paloma de la paz". En su poema *La Paloma de la Voz*, la poetisa puertorriqueña Rosalina Gardano ve a *La Voz de la Esperanza* en esos términos:

Vuela por todo el mundo La Voz de la Esperanza,
paloma mensajera con nuevas del amor;
desafiando los mares, tempestades, bonanza,
lleva a cada familia la voz del Salvador.
Sus años se renuevan, su fuerza no decae,
su constancia perdura, lo mismo su tesón;
con ansia en la semana se espera a ver qué trae,
llega cada domingo cumpliendo su misión.
¿Quién gobierna su rumbo, quién dirige su vuelo?
¿Quién sostiene sus alas, que difunden la luz?
El que formó la tierra, las estrellas del cielo,
el Autor de la Vida, y su nombre es JESÚS.

EL TESTIMONIO DE JESÚS

Vosotros escudriñáis las Escrituras, pues en ella pensáis que tenéis vida eterna, mas ellas son las que dan testimonio de mí (Juan 5:39).

Decía Karl Barth que leer la Biblia es como asomarse a la ventana y ver que toda la gente mira hacia el cielo, y contempla algo que nosotros no podemos ver desde el interior. Todos señalan hacia arriba, pronuncian palabras extrañas y se muestran excitadísimos: algo que está más allá de nuestro campo visual ha captado su atención e intenta llevarlos "de un lugar a otro, siguiendo un plan extraño, intenso, incierto y, a pesar de ello, misteriosamente bien trazado". Leer la Biblia equivale a tratar de leer lo que expresan esos rostros. Escuchar las palabras bíblicas es procurar aprender la extraña, peligrosa y obligante palabra que ellos parecen escuchar.

Abrahán y Sara, por cuyas ancianas mejillas corren lágrimas de alegría incrédula cuando Dios les dice que cumplirá su promesa y les dará el hijo que siempre han anhelado; el rey David que, en su alegría, danza semi-desnudo delante del arca; Pablo, herido por un rayo en el camino de Damasco; Jesús, crucificado entre dos pillos, con el rostro escupido por la soldadesca romana: todos ellos miran hacia arriba, y escuchan.

¿Cómo puede el hombre del siglo XXI, con todas sus inhibiciones, tratar de ver lo que ellos ven y de oír lo que oyen? Alguien ha recomendado al lector de la Biblia que no se lance en busca de las respuestas que da, antes de dedicar tiempo para escuchar las preguntas que formula. Todos nosotros tenemos dudas y preguntas que hacer a propósito de cosas que hoy interesan mucho, pero que mañana ya se habrán olvidado: los dónde, cómo y por qué surgidos día tras día en casa y en el trabajo. En cambio tendemos a olvidar dudas y preguntas que siempre importan: vitales interrogantes acerca del significado, el propósito y el valor de la existencia.

Así pues, quizá la razón más importante de que convenga leer la Biblia es que tal vez en alguna de sus páginas aguarde al lector la pregunta que, aunque haya fingido no escucharla, constituye el eje de su existencia. Por ejemplo:

¿De qué le sirve al hombre ganar todo el mundo, si pierde su alma? (Mateo 16:26).

¿Qué es la verdad? (Juan 18:38).

¿Qué debo yo hacer para conseguir la vida eterna? (Lucas 10:25).

Las respuestas a éstas y otras preguntas nos llevarán indefectiblemente a Jesús. Él declara: "Vosotros escudriñáis las Escrituras, pues en ellas pensáis que tenéis vida eterna, mas ellas son las que dan testimonio de mí" (Juan 5:39).

Junio 4

AUTODISCIPLINA DEL ÁNIMO

Siendo manifiesto que sois carta de Cristo expedida por nosotros, escrita no con tinta, sino con el Espíritu del Dios vivo; no en tablas de piedra, sino en tablas de carne del corazón (2 Corintios 3:3).

Desde el ABC de Madrid, Gonzalo Fernández De La Mora afirmaba que "las consecuencias más graves y espectaculares" del "vacío moral" son "el desorden de las costumbres y el incremento de la angustia vital". Pero, también dudaba de la eficacia de la imposición de reglas y dogmas. ¿Cómo, entonces, resolver este conflicto? ¿Podrá lograrse que la moral libre resulte en vidas ordenadas, productivas, y por ende, gozosas?

—Mamá, ¿esta artista de cine, tiene niños?

—Di, mamá, ¿esta actriz que sale en esta revista, tiene niños?

La pregunta —a la que alude Natalia Figueroa en su artículo: "Vergüenza ajena"— refleja en su insistencia la inquietud creciente de un niño de once años que hojea una revista, en cuyas páginas descubre fotografías de actrices en poses y ropas provocativas. Por tercera vez insite:

—Oye, mamá, esta señora ¿tiene algún hijo? —La madre, que antes ha contestado distraídamente, siente ahora curiosidad:

—¿Por qué te interesa tanto saber si las artistas tienen o no tienen hijos? —El niño calla—. ¿Por qué me preguntas siempre lo mismo? ¿Por qué te importa que las artistas tengan hijos? —Al fin, el chiquilín contesta.

156

—¡Qué vergüenza debe pasarse en el colegio siendo el niño de esas señoras!

El niño ajeno a aquellas madres sufre por los hijos de ellas. Pero su sufrimiento y el de los otros niños no surten efecto. Porque el que su actitud afecte a otros rara vez promueve cambio alguno en quienes, justamente por no pensar más que en ellos mismos, hacen sólo lo que les da la gana, porque les da la gana. Lo paradójico, sin embargo, es que tampoco ellos son felices.

Según Fernández De La Mora, el vacío moral de nuestra sociedad requiere "no unos mandamientos dictados, sino íntimamente redescubiertos. No unos vetos externos, sino una autodisciplina del ánimo". Y esto es y fue siempre necesario. De ahí que el propósito de Dios sea: "Porque pondré dentro de vosotros mi Espíritu, y haré que... guardéis mis preceptos" (Ezequiel 36:27). La moral, joven lector, sólo tiene sentido y eficacia cuando no es por pose ni imposición; cuando —por la aceptación voluntaria de Jesucristo como Salvador y Guía de nuestras vidas— la ley de Dios nos es escrita "no con tinta, sino con el Espíritu del Dios vivo, no en tablas de piedra, sino en tablas de carne del corazón" (2 Corintios 3:3).

VITRINA DE SU AMOR

El que me ha visto a mí, ha visto al Padre (Juan 14:9).

Abrí la Biblia para leerle un versículo, y entonces sucedió: fue como si hubiera disparado un misil. Se lanzó de su asiento y cuando aterrizó, vino a parar tan cerca de mi cara que me sentí como domador de leones, con la cabeza dentro del animal —salvo que, en mi caso, este 'león' no tenía aspecto de estar muy 'domado'—. Salieron en estrepitoso 'rugido' las siguientes palabras: "¡Cierra ese libro! ¡No abras ese libro!"

Ese hombre, que por su pelo rojizo y genio candente le llaman "El Colorao", más tarde, ese día, me confesaría: "No sé lo que es amar". Este cuadro no es más que un retrato de nuestro mundo actual; hostil a las cosas de Dios, pero sintiendo en el alma el vacío resultante de ese enajenamiento.

Para un mundo tal, Dios tiene un "de tal", es decir, "de tal manera amó Dios al mundo..." (Juan 3:16). Las buenas nuevas del evangelio, el urgente y perentorio mensaje del cielo para todos y cada uno de los habitantes de este mundo: que Dios nos ama con un amor incomparable, con un amor de otro mundo.

Y todo ese amor está recogido y contenido en un solo envase cósmico, es a saber, en la persona de Jesús. El amor de Dios hecho carne y huesos. "Porque de tal manera amó Dios al mundo **que ha dado a su Hijo unigénito...**" El amor de Dios nos llega 'en Jesús'. Él es la vitrina donde ese amor de Dios fue mostrado y demostrado. Jesús afirmó: "El que me ha visto a mí, ha visto al Padre" (Juan 14:9).

Nuestro futuro yace en ese amor: "según nos eligió en él [Cristo], para que fuésemos santos y sin mancha... en amor"; "para que todo aquel que en él cree no se pierda mas tenga vida eterna" (Efesios 1:4; Juan 3:16).

La Biblia enfatiza que "por una justicia vino la gracia a todos los hombres" (Romanos 5:18). Todos estamos incluidos. "El Colorao" de nuestra historia abrió su corazón a ese amor de Dios en Jesús. Un día me pidió que me llevara todas sus botellas de whisky y ron (que eran muchas). Salí de su casa un tanto preocupado por el extraño cargamento que llevaba. ¡Qué dirían los que me vieran! Esa tarde se "emborrachó" la tubería de mi casa. ¡Qué habrá pensado el basurero, al ver tantas botellas de licor vacías en la casa de un predicador! Pero, ¡cuánto gozo en el cielo! ¡Cuánto amor en Jesús!

Junio 6

LOS DE ARRIBA

Difícilmente entrará un rico en el reino de los cielos (Mateo 19:23).

Mucha gente piensa que los ricos pueden obtenerlo todo, o casi todo. Por eso, los desprecia, los envidia, o los busca interesadamente. Pero pocos notan el drama que suelen ocultar los billetes. ¿Es realmente feliz el hombre rico? ¿Cuáles son sus verdaderas ambiciones? ¿Y sus necesidades? ¿Qué ocurre cuando el dinero ya no puede satisfacerlos?

"Los millonarios se defienden solos. A los humildes hay que ayudarlos sin cesar". Así decía el abogado y periodista Eduardo Santos. Sin embargo, los ricos no siempre pueden defenderse solos. Ellos, como todos, no pueden impedir el peso de los años, ni de las circunstancias adversas; y hasta sufren más intensamente el drama de la soledad. El príncipe Carlos de Gran Bretaña, en una entrevista que concedió para un diario londinense, declaró: "A medida que pasan los años, más solo me encuentro". Dijo además, que quienes buscan su amistad, a menudo lo hacen por un motivo determinado. Y Paul Getty, en su tiempo el hombre más rico del mundo, interrogado cierta vez acerca de lo que puede desear un hombre tan poderoso, contestó: "Tener diez años menos". El dinero de los Kennedy tampoco pudo impedir la muerte y la enfermedad de varios miembros de esa familia. Ciertamente, hay cosas contra las cuales los ricos —tal como los pobres— no pueden defenderse solos.

San Pablo dijo que "raíz de todos los males es el amor al dinero" (1 Timoteo 6:10), y explicó: "Los que quieren enriquecerse caen en tentación y lazo, y en muchas codicias necias y dañosas, que hunden a los hombres en destrucción y perdición" (vers. 9). Ya Jesús lo había advertido: "Difícilmente entrará un rico en el reino de los cielos" (Mateo 19:23).

El dinero es útil; es necesario. Las declaraciones que hemos citado no implican que todos los ricos son malos, ni más pecadores que los pobres. Abraham, aquel a quien la Biblia se refiere como "amigo de Dios", era un hombre rico. Job, también lo fue. Y Salomón. El caso no es ser o no ser una persona rica. Lo importante es que las riquezas ocupen su verdadero sitio en nuestras vidas; y que por encima de los materiales, procuremos los valores eternos.

Cuando Jesús señaló cuán difícil es para un hombre rico entrar en el reino de los cielos, agregó: "Para los hombres esto es imposible; mas para Dios todo es posible" (Mateo 19:26).

El amor, la paz interior, y la inmortalidad son bienes demasiado caros para poder ser comprados con dinero. Pero Dios los regala a todo aquel que cree en Jesucristo. Ricos y pobres, los de abajo y los de arriba, podemos confiar.

FRANQUEANDO LA BRECHA GENERACIONAL

Examíname, oh Dios, y conoce mis pensamientos... (Salmo 139:23).

Muchos padres se quejan de sus hijos, porque éstos les contestan mal y son irrespetuosos y rebeldes. A su vez, los jóvenes consideran que sus padres no los comprenden; que no confían en ellos, ni respetan su individualidad. ¿Quiénes están en lo cierto? ¿Cómo cubrir este abismo entre padres e hijos? ¿Qué implicaría una actitud conciliadora?

Tiene 13 años. De día es estudiante de una escuela de comercio. De noche: blanco de cuchillo de su padre... porque ambos trabajan en un circo; ella, amarrada a una tabla giratoria y él, lanzándole hachas y puñales alrededor de su cuerpo. Cualquiera de los 40 lanzamientos a que se somete podría fallar y ensartarla; pero Nancy Lyescozki no se amedrenta. "Hay tantas cosas que temer en esta vida —dice con aplomo—, que no vale la pena tenerles miedo a los cuchillos". Hasta le agrada ser "blanco de puñales".

En otro sentido, sin embargo, a los adolescentes y a los jóvenes no les gusta sentirse apuñalados. Los hiere de veras ese dedo índice con el que los adultos apuntan a sus faltas y el tono absolutista de sus reprimendas y consejos. Viven un período difícil, cambiante. Momentos de conflicto que sus mayores no siempre saben captar ni aceptar. Al decir del Dr. Enrique Brantmay, "en cierta medida cada adolescente es realmente incomprendido. Se lo ha conocido como niño. Pero ha cambiado: ya no se lo conoce más. Se le impone en forma abusiva la imagen que se desea que él tenga. Se cree tan firmemente que logrará acomodarse a ese plan, que se dice: '¡Lo conozco!' Pero eso es un error. Todo hombre se forma a nuestras espaldas".

Hay otros factores que inciden en la llamada brecha generacional; pero el enfrentamiento entre conceptos y voluntades diferentes y aun opuestas, es el más común, y a la vez el más difícil de resolver. Sin embargo, hay solución. Requiere, por cierto, un análisis sereno de nuestra personalidad y de la de nuestros hijos; pues cada uno es distinto y necesita y merece ser tratado como tal. Debemos también reconocer que no somos infalibles. Quizá nuestra oración debiera ser como la del salmista: "Examíname, oh Dios, y conoce mis pensamientos; y ve si hay en mí camino de perversidad, y guíame en el camino eterno" (Salmo 139:23, 24). Sólo así podremos disponer de la comprensión, humildad, y honestidad necesarias para el diálogo con el hijo... con la hija... con papá y mamá... con nosotros mismos... y con nuestro Padre celestial.

Junio 8

LO QUE NO SE DICE DE LOS DIEZ MANDAMIENTOS

Y habló Dios todas estas palabras, diciendo: Yo soy Jehová tu Dios, que te saqué de la tierra de Egipto, de casa de servidumbre (Éxodo 20:1, 2).

Es probable que hayamos estado citando incorrectamente los Diez Mandamientos. Los que nos los enseñaron cuando éramos niños, por lo general, dejaron de lado el versículo que Dios colocó al comienzo de la lista. Si lo eliminamos, el Decálogo se convierte verdaderamente en malas noticias; pasa a ser una lista de prohibiciones, un yugo de esclavitud. La gente, y hasta los sacerdotes y maestros, no han logrado comprender cuán importante es no omitir ese pasaje. Aun algunos que pretenden ser especialistas en predicar la ley de Dios, no lo han considerado así. Aquí está el versículo que debe hallarse al comienzo de toda versión correcta de los Diez Mandamientos: "Y habló Dios todas estas palabras, diciendo: Yo soy Jehová tu Dios, que te saqué de la tierra de Egipto, de casa de servidumbre" (Éxodo 20:1, 2).

¡En otras palabras, Dios comienza dándonos Buenas Nuevas! Aquí hay cuatro verdades con el poder de la dinamita, que pueden conmover al mundo:

Primera: Dios nos revela su verdadero Nombre: "El SEÑOR". En hebreo es Yavé (algunos lo han modificado y dicen: Jehová), un nombre muy especial que incluye algo bueno que necesitamos comprender. El nombre de Jesús en hebreo significa "Jehová salva". Dios se identifica como "el Salvador del mundo" (Juan 4:42). Nos dice: "Yo soy tu Salvador, tu Amigo. Estoy de tu parte. Aquí te traigo algo bueno".

Segunda: Este versículo ignorado nos dice que él es Dios de todo ser creado: "Yo Soy el Señor *tu* Dios". Ese "tu" se refiere a ti, quienquiera que seas. Quizás digas, "lo siento pero yo nunca lo he adorado, ni servido". Pero a pesar de ello, Dios te dice: "Yo Soy... *tu* Dios. Te pertenezco". Ya vemos que antes que Dios pronunciara el primero de sus mandamientos, predicó el Evangelio en esas palabras preliminares.

Tercera: En su preámbulo, Dios nos dice que el Egipto espiritual no tiene por qué ser nuestra tierra. Esto es cierto aun cuando todos hayamos nacido allí. La tierra de oscuridad no es nuestro verdadero hogar. Por eso Dios habla en tiempo pasado. Dice: "Yo... *te saqué* de Egipto, de casa de servidumbre". Ya te ha librado; pero estás como un preso confinado en su celda, sin darse cuenta de que las puertas de su prisión están abiertas. El precioso mensaje de esta introducción a los Mandamientos debe llevarnos a exclamar: "Oh Jehová, ciertamente yo soy tu siervo, siervo tuyo soy, hijo de tu sierva; tú has roto mis prisiones" (Salmos 116:16).

Cuarta: Dios ya nos ha sacado de la "casa de servidumbre". Así como escogió a Israel para que fuera su "hijo", del mismo modo nos ha escogido a nosotros en Cristo. Israel nunca fue verdaderamente "esclavo" en Egipto. Los egipcios los hicieron pensar que eran esclavos; por eso fueron, equivocadamente, esclavos. Pero, en realidad, eran un pueblo libre que sólo esperaba que Moisés les dijera la verdad: "¡Levántense y vayan a su propia tierra!" Cuando Jesús fue bautizado en el río Jordán, se oyó una voz que decía: "Éste es mi Hijo amado, en quien tengo contentamiento". ¡Esa voz te abrazó a ti al mismo tiempo! ¡Todo esto va incluido en el maravilloso preámbulo de los Diez Mandamientos!

EL MILAGRO DESMITIFICADO

Dadles vosotros de comer... (Marcos 6:37).

Decía Edison que sus inventos eran "10% inspiración y 90% traspiración". Con esa ingeniosa frase o "invención" —que así también se refiere la retórica a las ideas del discurso oratorio— Edison, que no ostentaba su inventiva, pretendía desmitificar lo que para otros parecía nada menos que milagroso: invenciones tan nuevas que cada una abría ventana a un nuevo mundo. Pero, al decir de Cicerón, "ninguna invención es perfecta al nacer". Eso era harto sabido por el famoso inventor. Sus contemporáneos vitoreaban a Edison por sus exitosos inventos, pero él se felicitaba por construir cada uno sobre miles de intentos fallidos. La perseverancia tenaz fue la virtud que sacó de su genio los inventos, y era su principal legado al mundo, más que sus inventos.

Decía Edison: "Un descubrimiento es un rascar de uñas; no hay que darle importancia. Pero la invención es otra cosa; no se debe al acaso, sino a la tenacidad, a la voluntad de obtenerla. Un trabajo tenaz, para desarrollar una idea tenaz; he ahí el secreto del inventor".

Preguntamos: ¿No pasará algo parecido con ese fenómeno que llamamos "milagros"? ¿Podrían éstos beneficiarse —o más bien nosotros— de otro desmitificar? ¿No será que los milagros son también "10% inspiración y 90% traspiración"? ¿Cabe decir del milagro lo que dijo Edison del invento? "El [milagro] no se debe al acaso, sino a la tenacidad, a la voluntad de obtenerlo. Un trabajo tenaz, para desarrollar una idea tenaz; he ahí el secreto...". De ser así, ¿cuál es "el trabajo tenaz" o la "voluntad" que anteceden al milagro? Jesús dijo: "Esta es la obra de Dios, que creáis en el que él ha enviado" (Juan 6:29). Si sufrimos limitaciones en nuestra conducta cristiana, son impuestas por la incredulidad personal y no por sentencia divina. Jesús nos dice: "Vé, y como creíste, te sea hecho" (Mateo 8:13). La fe nuestra, o la falta de ella, determina nuestro universo de posibilidades. No le echemos la culpa a Dios, de lo que sólo nosotros somos culpables; ni revistamos con manto de piedad lo que no es otra cosa que pura incredulidad.

"Las obras que yo hago —dice Jesús— él [el creyente] las hará también". No hay diminución en el teatro de operaciones aquí. Pero tiene que haber, al decir de Edison, "trabajo tenaz". Hay que arriesgarlo todo, comprometerlo todo (hasta el pellejo), temer nada (ni el fracaso), volcarnos alma, cuerpo y espíritu a la misión y visión que Dios pone en la mente y el corazón. La fe obra las obras de Dios y Dios se especializa en lo imposible. Él dice: "nada os será imposible" (Mateo 17:20).

Tomemos un famoso milagro de los Evangelios para ilustrar estos principios. En la lectura que sigue veremos el suceso extraordinario de la alimentación de los cinco mil.

EL MILAGRO DESMITIFICADO —Segunda parte

*El que en mí cree, las obras que yo hago, él las hará también; y aun
mayores hará (Juan 14:12).*

El milagro, como todo milagro genuino, comienza en el corazón de
Jesús: "Y saliendo Jesús, vio una gran multitud, y tuvo compasión de
ellos" (Marcos 6:34). Para obrar los milagros de Dios hay que tener la
óptica de su Hijo. Ver el mundo como él lo ve; sentir lo que él siente; unir
nuestro corazón con el suyo. Los milagros son siervos e instrumentos del
amor. Pero el milagro, como dijimos anteriormente, exige fe: creer lo
que dice Jesús. ¿Qué dijo Jesús en este caso?: "Dadles vosotros de comer"
(Marcos 6:37). ¡Vaya orden ésa! ¿Qué hacer?, ¿cómo ejecutarla?

Lo primero que les vino a la mente era que necesitaban adquirir los
medios que permitirían obedecer el mandato: "Ellos le dijeron: ¿Que
vayamos y compremos pan por doscientos denarios, y les demos de
comer?" (6:37). Es típico, lógico y razonable pensar así. Cuando se yer-
gue ante nosotros el descollante desafío que ya abrazamos como nuestro, vemos a todas luces que carecemos de los recursos necesarios para
realizarlo. Nuestras energías se desgastan en lo que alguien ha llamado
"la parálisis del análisis". Andamos nerviosamente de aquí para allá, nos
rascamos la cabeza y sacamos números y más números y toda la matemática suma cero.

Jesús interroga a los discípulos no acerca de lo que no tienen, sino de
lo que sí disponen. A la pregunta de Jesús, "¿cuántos panes tenéis?",
ellos —después de un minucioso inventario— replicaron: "Cinco panes y
dos peces". ¿De qué sirven cinco panes y dos peces cuando hay un ejército de gente que alimentar? Pero, Jesús les enseñaría la lección que es
cuna de todo milagro: lo que hay basta y sobra cuando se tiene a Jehová
de Pastor. David lo había dicho mucho antes: "Jehová es mi pastor, nada
me faltará". ¿Lo sabemos nosotros? ¿de verdad, lo creemos?

¿Cuáles fueron los resultados del milagro que nos ocupa? La Biblia
dice: "Y comieron todos, y se saciaron. Y recogieron de los pedazos doce
cestas llenas, y de lo que sobró de los peces" (Marcos 6:42, 43).

LA RELIGIÓN PURA Y SIN MÁCULA...

La religión pura y sin mácula delante de Dios el Padre es ésta: Visitar a los huérfanos y a las viudas en sus tribulaciones, y guardarse sin mancha del mundo" (Santiago 1:27).

Viuda y huérfano son palabras que tememos por el tremendo dolor que conllevan. Sin embargo, son inevitables. Hay que hacerles frente. Pero la pregunta es "cómo". ¿Cómo no dejar llevarse por la rebeldía y la desesperanza? ¿Cómo no caer en la angustia y la autocompasión? ¿Cómo aprender a ser fuerte, y volver a la alegría?

"Es difícil golpear ciertas puertas, sí. Pero vale la pena golpearlas más de una vez. Porque detrás suele haber un ejemplo que nos sirve a todos". Así comentaba la revista *Gente*, el porqué de su entrevista a la señora María Susana de San Martín Larrabure, por entonces reciente viuda del coronel Argentino del Valle Larrabure, quien después de un año de secuestro y martirio había sido asesinado en agosto de 1975.

Queremos de aquella nota extraer sólo unas líneas: palabras que fueron de la señora Larrabure, pero que también son o pueden ser las de otras muchas mujeres que en una u otra manera han perdido a sus esposos, y están solas.

Decía la señora Larrabure: "Es duro seguir viviendo. Es duro seguir llevando este hogar... seguir adelante sola con una familia, con una casa". Pero también decía: "Yo sufrí más durante el cautiverio que cuando me enteré de su muerte. No sé si podrá entenderme. Pero cuando me enteré de su muerte... sentí algo parecido al alivio. Sentí que él no sufría más... Su misión había terminado. Ahora, comenzaba la mía. La misión de aprender a vivir sin él, de vivir más para mis hijos, mañana para mis nietos; quizá la misión de muchas mujeres en distintos puntos del mundo, sólo que... es bastante difícil seguir de pie cuando le toca a uno".

Verdad: es difícil cuando el dolor le toca a uno. Uno se siente débil, impotente, triste, desesperado, y a veces hasta rebelde: rebelde contra el destino, contra la vida; y algunos, contra Dios mismo.

Sin embargo, Dios comprende. Toma el caso como suyo y promete: "Tu pleito yo lo defenderé, y yo salvaré a tus hijos" (Isaías 49:25). Como dice el salmista, Dios se constituye en "Padre de huérfanos y defensor de viudas" (Salmo 68:5). La Escritura registra decenas de promesas y de mandamientos específicos para las viudas y los huérfanos, y para quienes se relacionan con ellos. Hasta llegar a decir que "la religión pura y sin mácula delante de Dios el Padre es ésta: Visitar a los huérfanos y a las viudas en sus tribulaciones, y guardarse sin mancha del mundo" (Santiago 1:27).

Dios conoce a fondo el tremendo dolor de la viuda y del huérfano. Conoce su desolación y su desesperanza. Pero no los ha dejado sin fuerte auxilio.

LUZ AMARILLA

Así también vosotros, cuando veáis que suceden estas cosas, sabed que está cerca el reino de Dios (Lucas 21:31).

En muchos aspectos, la vida es más grata en nuestra época. Hay más posibilidades educacionales; más comodidades y bienestar. Pero también, más inmoralidad y violencia. ¿Qué significa este contrasentido? ¿Adónde nos conduce? ¿Podremos detener su marcha?

Raúl Oscar Abdala comentaba en un interesante y simpático artículo, "aquello que la gente ha dejado de ver como malo". Subrayaba al respecto los pro y contra de esta nueva manera de mirar. "La vida —decía— ... es ahora menos rígida, convencional y aparatosa... con menos vallas incomunicantes y mucho menor carga de ceremonial".

Coincidimos: esta liberación de prejuicios es positiva. Pero —y volvemos a Abdala— "lleva en ancas su propio defecto". "Enfermas de un daltonismo ético y estético que confunde en un solo color lo bueno y lo malo, lo feo y lo bello, las masas no distinguen nada reprensible —es decir: están a un paso de aprobarlo con entusiasmo— en la violencia y la perversidad que se enseñorean de las calles; en la brutalidad, la necedad y el cinismo; en la orfandad de recato y finura en las relaciones eróticas; en el cruel desapego de padres e hijos, de esposos y hermanos."

Abdala ve en nuestra época: "luz verde para todo". Pero la Biblia indica: "Esto también sepas, que en los postreros días vendrán tiempos peligrosos: que habrá hombres... avaros, vanagloriosos, soberbios, detractores, desobedientes a los padres, ingratos, sin santidad, sin afecto, desleales, calumniadores, destemplados, crueles, aborrecedores de lo bueno, traidores, arrebatados, hinchados, amadores de los deleites más que de Dios; teniendo apariencia de piedad, mas habiendo negado la eficacia de ella" (2 Timoteo 3:1-5).

La profecía se está cumpliendo. Aunque malos, los tiempos peligrosos que vivimos, conllevan un punto positivo: nos advierten acerca de lo que vendrá. Jesús dijo: "Cuando viereis hacerse estas cosas, entended que está cerca el reino de Dios" (Lucas 21:31). La luz no es verde, es amarilla: ¡precaución! Pronto será roja. Y todos tendremos que detenernos para dar paso al cortejo más impresionante de la historia: el Señor Jesucristo, quien vendrá con sus ángeles. Y dará entonces luz verde a la eternidad a todos lo que habrán creído en su nombre y se habrán atrevido a ser hombres buenos en tiempos malos. Amiga, amigo mío, ese hombre, esa mujer puedes ser tú: ¿lo crees? ¡Arriba juventud!

LA FUERZA DE LOS MANSOS

Bienaventurados los mansos, porque ellos recibirán la tierra por heredad (Mateo 5:5).

La mansedumbre es una cualidad que según nos convenga, apreciamos y valoramos en los otros, pero que pocas veces nos interesa tener. ¿Por qué? ¿Qué ventajas ofrece al que la practica?

Escribe Miguel Juste Iribarren: "En las afueras de El Aaiún hay un arco blanco que da entrada al acuartelamiento del Tercio Juan de Austria. Al pie, como una flecha clavada en la arena del desierto, un legionario inmóvil hace centinela. Mira al desierto, frontera sur de España, que todavía se alarga casi 2.000 kilómetros hacia abajo. Larga, inmensa, solitaria frontera; dunas y dunas, árida tierra idéntica a sí misma, apta sólo para morir... para morir quién sabe por qué". Y agrega: "De una cosa, sólo de una, estoy seguro: aquel legionario inmóvil de la frontera ignorada... sólo se moverá de allí, vivo, si se lo ordena un superior... Él no entiende de sutilezas ni necesita entenderlas. Obedece. Es su tremenda gloria".

Mientras leíamos estas líneas de Juste Iribarren, no podíamos menos que pensar en la también tremenda mansedumbre del legionario aquel. En días como los nuestros, la obediencia absoluta, la disciplina ciega, la sumisión total, no es artículo común. A veces, hasta se la asocia con la debilidad, la cobardía y el servilismo. Mal se tiene por manso al que se calla porque no se atreve a hablar, al que se las aguanta porque no se anima a oponerse por temor a que le venga algo peor. Pero ésta no es la cara, sino la careta de la mansedumbre. La mansedumbre genuina requiere valor, humildad y dominio propio. Es en esencia, docilidad, disposición a ser enseñado. Y es —referida a los animales— la característica que los hace aptos para servir como guías de otros. Podríamos, pues, por extensión, decir que no sólo conviene al soldado o al subalterno, sino también al jefe, al líder, al dirigente de toda empresa o asociación.

No en vano, Jesús dijo: "Bienaventurados los mansos porque ellos recibirán la tierra por heredad" (Mateo 5:5). Él no se refería a una tierra árida en la que se muere sin saber por qué. Hablaba con seguridad. Sabía qué cosa prometía, a quiénes, y por qué. Hablaba de la tierra prometida, del reino que él instaurará cuando vuelva. Y también se refería al hecho de que los mansos, porque saben guiar a su rebaño, siempre llegan a la meta. Son el ejército del Supremo manso que dijo: "Llevad mi yugo sobre vosotros, y aprended de mí, que soy manso y humilde de corazón; y hallaréis descanso para vuestras almas" (Mateo 11:29).

LA ELUSIVA PAZ

La paz os dejo, mi paz os doy; yo no os la doy como el mundo la da.
No se turbe vuestro corazón, ni tenga miedo (Juan 14:27).

Carlos Hembree decía que "cuando se escriba la historia de este siglo, se dirá que hemos buscado más paz, y hallado menos que en todos los siglos anteriores". Pero, ¿qué entendemos cuando hablamos de paz? ¿Qué es lo que la altera en nosotros?

La vida de muchos —y acaso de la mayoría— más se parece a un mar borrascoso que a un lago sereno. Con todo, hay a cierta profundidad del mar una calma absoluta que las turbulencias de la superficie no logran afectar. Y ésta podría ser un símbolo adecuado de la clase de paz que usted y yo podemos alcanzar.

Hablamos de una "clase de paz", pero en realidad creemos que la paz es "una", sólo que es tan diferente de lo que vulgarmente entendemos por ella, que se hace necesario identificarla. Es como si pusiéramos una persona, llamémosla... Juan Pérez, y alrededor, otros hombres parecidos a él y vestidos como él. Aparentemente, sin conocer bien a nuestro personaje, podríamos creer que Juan Pérez es el tercero de la fila cuando en realidad es el séptimo. Lo mismo ocurre con la paz. La confundimos. Creemos que está en cosas, personas, o circunstancias externas. Si éstas nos chasquean, nos replegamos en nuestro propio corazón, pero allí también descubrimos sentimientos y motivos confusos. La paz no está afuera, ni está adentro. ¿Dónde, entonces?

Jesús dijo: "La paz os dejo, mi paz os doy; yo no os al doy como el mundo la da. No se turbe vuestro corazón, ni tenga miedo" (Juan 14:27). Y nosotros solemos no aceptar su ofrecimiento, justamente porque tenemos miedo. Miedo, por el compromiso que pueda implicar el tener que entregar nuestras vidas a Dios para que él gobierne sobre ellas. Sin embargo, sólo de este modo hay paz real.

Cuando Jesús nos "conquista", nos "libra" de nuestros sentimientos de culpabilidad y del poder del mal que antes nos esclavizaba. Él nos ama y nos acepta tales como somos, y nos ofrece para siempre su todopoderosa ayuda. Por eso es que en sus manos, experimentamos el alivio de una carga pesada que es quitada, y sentimos por primera vez, paz verdadera. Ya no tenemos miedo. Su amor nos ha ganado. Ahora, amarle y obedecerle por encima de todo, y amar y ayudar a nuestros prójimos, no nos turba el corazón. Más bien, nos da alegría. Es la respuesta del alma agradecida, hacia Aquel que es la Fuente única de paz.

GUERRAS DE RELIGIÓN

Mejor es la sabiduría que las armas de guerra (Eclesiastés 9:18).

Decía Mariano Grondona que "uno de los escándalos de nuestro siglo, que se cree moderno y racional, es la subsistencia de las guerras de religión". ¿Por qué subsisten? ¿Cómo se explican? ¿Qué de aquella otra que se libra entre la conciencia de uno y los prejuicios de los demás, aun cuando no haya guerra declarada?

Comparando las guerras seculares con las de carácter religioso, Mariano Grondona consideraba que estas últimas son más crueles. "Es que en otras guerras —decía—, cuando se pretenden territorios o ventajas económicas, hay un margen para negociar. ¿Cómo negociar, empero, los principios? Se puede negociar una provincia. No se puede negociar la fe. Los combatientes de las guerras religiosas van a la batalla de la mano con sus respectivas convicciones: una compañía que ni ante la muerte pueden dejar".

Es cierto; sólo así se explican las guerras de religión en Palestina, en Irlanda del Norte, en Chipre o en el Líbano; las guerras de religión en nuestro siglo, y en todos los siglos. Pero no sólo ésas. Más acá de la guerra religiosa visible, conocida y abierta, se libra la otra; la que no todos ven, la que muchos no conocen, la que se sufre o se pelea a puerta cerrada. Guerra que se vuelve más terrible y más cruel que las otras, porque en aquéllas todos sienten que luchan por lo mismo; y hay en esa comunión de ideas y de sentimientos una cierta fuerza y un cierto consuelo, y aun un cierto sentir de fraternidad. Pero en esta otra guerra a la que nos referimos, hay a menudo una desgarradora sensación de soledad. Cada individuo que seriamente intenta vivir la fe que profesa, debe luchar solo contra sus propios conflictos interiores y contra la incomprensión de los que lo rodean. Y su angustia es mayor porque quienes lo afrentan son sus hermanos de raza, de nacionalidad, y a veces, hasta sus propios familiares y amigos. Aun los mismos que comparten su fe no siempre lo comprenden, ni comparten sus motivos para obrar como lo hace. De ahí lo absoluto de su soledad.

Pero, es justamente esa desgarradora soledad la que hace sentir sed de compañía perfecta. Sed de alguien que comprenda, que acepte y que apruebe semejante entrega y sacrificio.

Por eso, la persona que más sufre a causa de la fe, es la que más anhela y la que más disfruta la compañía de Dios. Ella, literalmente "saborea" la respuesta divina: "Si sois vituperados por el nombre de Cristo, sois bienaventurados, porque el glorioso Espíritu de Dios reposa sobre vosotros" (1 Pedro 4:14). Éstos reconocen que "no tenemos lucha contra sangre y carne, sino contra principados, contra potestades, contra los gobernadores de las tinieblas de este siglo, contra huestes espirituales de maldad en las regiones celestes" (Efesios 6:12).

NÁUFRAGOS... QUE ELIGEN PUERTO

Bienaventurados los pobres en espíritu : porque de ellos es el reino de los cielos (Mateo 5:3).

Para la protagonista de la obra La casa redonda —de Adriana Henriquet Stalli—, la pobreza y la miseria eran como hermanas bondadosas y alegres. Pero, ¿sucede así en la realidad? ¿Qué tiene de bueno y de alegre la pobreza?

Para Jacinto Benavente sólo "en las novelas y en los cuentos se puede poetizar con la pobreza; en la realidad, no. Sin la seguridad de lo necesario para la vida —decía él— nadie puede responder ni de su misma vida, ni de su honradez, ni de sus afectos íntimos. Los náufragos —agrega— no eligen puerto".

Felizmente, los hechos demuestran lo contrario. Hay todavía gente que no está dispuesta a pagar cualquier precio por un puñado de pasto; son seres que prefieren morir antes que vender sus principios. A pesar de su pobreza, y aun gracias a ella, han adquirido una filosofía de la vida que hasta los ricos envidian.

Cuando preguntaron a Temístocles: "¿A quién daríais más gustoso vuestra hija en matrimonio: a un hombre honrado sin riquezas, o a un rico sin honradez?"; el célebre vencedor de Salamina contestó: "Prefiero hombre sin riquezas, antes que dinero sin hombre". Por supuesto, sabemos que hay quienes llegan a ser pobres por su propia indolencia. También reconocemos que la pobreza en sí no es una virtud. Lo importante es ser virtuoso a pesar de ser pobre, y, a pesar de ser rico.

Hay, con todo, una clase de pobreza que sí es virtud. Jesús dijo de sus poseedores: "Bienaventurados los pobres en espíritu: porque de ellos es el reino de los cielos" (Mateo 5:3). Esto, tal vez se nos ocurra incongruente. ¿No debería ser más bienaventurado —más feliz— el más rico en espíritu? Jesús explicó por qué no. "A unos que confiaban de sí como justos, y menospreciaban a los otros", contó la historia de dos hombres: uno, que se creía rico en espíritu, y daba gracias a Dios porque no era como los demás; y otro, que "no quería ni aun alzar los ojos al cielo" de tan indigno que se sentía. "Dios —clamaba—, sé propicio a mí, pecador". Jesús afirmó que "éste descendió a su casa justificado antes que el otro; porque cualquiera que se ensalza, será humillado; y el que se humilla, será ensalzado" (Lucas 18:9-14). Pobre de espíritu es aquel que se despoja de sí mismo; que se desprende de las hojas de higuera de su orgullo, para reconocer con humildad la desnudez de su alma. A éste se asegura la primera de todas las bienaventuranzas, y una de las dos únicas cuyo verbo está en presente. De los pobres en espíritu es el reino de los cielos. Viven ya con Dios porque han recibido la mejor recompensa: "Yo —prometió Dios— habito... con el quebrantado y humilde de espíritu" (Isaías 57:15).

Junio 17

¿VIVIR Y DEJAR VIVIR?

Mejor es el vecino cerca que el hermano lejano (Proverbios 27:10).

"**V**ivir y dejar vivir", ésa es la ética social de muchos hoy. Y, no es el peor comportamiento. A nadie le agrada el vecino intruso y metiche. Sí, desentendernos de los asuntos ajenos puede ser sabio y amable. Pero, no siempre. También puede ser un rasgo de indiferencia y de crueldad. ¿Cómo acertar con la actitud correcta? ¿Hasta dónde hemos de ser guardas de nuestro prójimo? ¿Por qué?

Años atrás, en Nueva York, 38 personas presenciaron desde las ventanas de sus apartamentos, el asesinato de una de sus vecinas. Nadie llamó a la policía. Nadie quiso comprometerse a declarar. Hay otras escenas no tan manifiestamente dramáticas, pero también angustiosas. ¿Nos damos cuenta de ello? ¿Cuál es nuestra actitud? ¿Qué clase de vecinos somos?

Mientras un semanario francés sugería y explicaba cómo alimentar a los pájaros en invierno y construirles nidos artificiales para el tiempo de las crías, en el *ABC de Madrid*, Lorenzo López Sancho, comentaba: "Nadie aquí, entre nosotros, desciende a ocuparse de tales bagatelas. La vida es demasiado dura, diremos para justificarnos. La hacemos nosotros más dura todavía puesto que desterramos toda ternura, y renunciamos a compartir unas migajas de nuestro pan con esos pajarillos que ya hace mucho tiempo —¿desde cuándo?—, han desistido de llamar a nuestra ventana".

Ambos artículos nos evocaron otra realidad. Nuestros vecinos son, "un poco, así como los pájaros". Llegados de lejos o de cerca, permanecerán un tiempo junto a nosotros para volver después a tomar vuelo. ¿Cuál es nuestra actitud hacia ellos? Algunos actúan como que nadie está ni existe a su alrededor. Otros, aparentan una disposición confiable y amistosa, pero es sólo para averiguar los conflictos y problemas de quienes se los cuentan, y luego desparramarlos en todas las lenguas y los oídos chismosos. Pero pocos, muy pocos, saben ser amigos verdaderos.

¿VIVIR Y DEJAR VIVIR? —Segunda parte

Todos los que habían creído estaban juntos, y tenían en común todas las cosas (Hechos 2:44).

Decía con acierto John Donne: "Ningún hombre es una isla, un todo en sí mismo; cada hombre es un pedazo del continente, una parte de la tierra; si las aguas del mar se llevaran un terrón de la costa, Europa quedaría disminuida lo mismo que si se tratara de un promontorio, lo mismo que si se llevase la casa solariega de tus amigos o la tuya propia. Con la muerte de un hombre cualquiera, yo he perdido algo; porque estoy incluido en la humanidad".

Pero no todos piensan como él. Por lo general, casi nos es fácil decir que amamos a la humanidad entera; sin embargo, a menudo la realidad evidencia que nos importa bien poco lo que le pasa a nuestro vecino inmediato, a nuestro circunstancial compañero de viaje, o aun a nuestros amigos y familiares. Acaso por este creciente "mover el mundo con botones", aun las relaciones humanas son hechas a presión. Nos informamos mutuamente sólo de cuanto concierne a tal o cual negocio o proyecto en el cual estamos trabajando; y contestamos mecánicamente a un saludo también mecanizado. Al consabido "¿Cómo está?", respondemos casi siempre con un "¡Bien, gracias!" gastado y con frecuencia mentido. Vemos a los demás así como los ve el escritor Carlos Allen: "Hombres de ataúd. Sólo tienen lugar para ellos, y no hay para nadie más". Pero el problema es que muchas veces, también nosotros somos "hombres de ataúd". Sumergidos en la idea de que a los demás no les importa quiénes somos o qué es lo que nos pasa, descuidamos interesarnos en qué es lo que les pasa. Si en vez de esperar ser comprendidos y ayudados, comenzáramos a comprender y a ayudar a los demás, pronto descubriríamos que estábamos padeciendo el mismo mal: una injustificada timidez para ser y sentirnos hermanos. Cuando Jesús enseñó su oración modelo, estableció en ella el hecho de que Dios es nuestro Padre que está en los cielos. Todos los humanos somos hermanos. Sólo al comprender lo real y vivo de esta relación, puede uno captar la importancia de interesarnos en el bienestar ajeno.

Si bien es verdad que no se puede ser amigo de todos los vecinos, eso no quita que lo intentemos. Decía acertadamente un escritor, que "hemos de buscar la felicidad ajena como un deber en beneficio propio, y la felicidad propia como un deber en beneficio ajeno". Es bueno que preparemos el corazón como si fuera un nido. Porque una sonrisa, un saludo, un apretón de manos, puede ser para nuestros vecinos precisamente el alimento apropiado para combatir el hambre de compañía y la sed de comprensión que sufren. Nuestra actitud puede significarles el estímulo que necesitan para agitar las alas con entusiasmo, sintiendo que la vida no es tan dura, ni pesa tanto. Un sano interés en su bienestar puede hacerles sentir que en verdad, la Biblia tiene razón; había dado hace tiempo la máxima: "Mejor es el vecino cerca que el hermano lejano" (Proverbios 27:10).

TODAS LAS PATRIAS

Y yo Juan vi la santa ciudad, la nueva Jerusalén, descender del cielo, de Dios, dispuesta como una esposa ataviada para su marido (Apocalipsis 21:2).

*Todas las Patrias tienen
bellos paisajes, tierras singulares.*

*Todas las Patrias tienen
sabios gloriosos, poetas inmortales.*

*Todas las Patrias tienen
bellas mujeres, que aman con ternura.*

*Todas las Patrias tienen
niños y ancianos con blancos de luna.*

*Todas las Patrias tienen
el amor al trabajo y a la vida.*

*Todas las Patrias tienen
ansias de paz después de tanta guerra.*

*Todas las Patrias tienen
amor por cosas de lejanas tierras.*

*Por eso, Patria mía,
yo puedo amarte sin odiar las otras.*

*¡Pues todo lo que tienes,
también lo tienen otras!*

—López de Molina.

LA VERDADERA CARIDAD

Vé, y haz tú lo mismo (Lucas 10:37).

En nuestro deseo de ayudar a la gente, solemos dar dinero a ciertas instituciones, confiando en que éste será bien invertido para ofrecer sostén espiritual o material a quienes lo necesitan y están fuera de nuestro alcance. Pero, ¿son ésos nuestros únicos y auténticos motivos? ¿O estamos engañándonos?

Refiriéndose a cierto dinero invertido en instituciones caritativas, Juan Maragall —aquel gran poeta lírico y periodista catalán— decía en boca de uno de sus personajes: "No de nuestra piedad son obras éstas, sino de nuestro egoísmo"... Y añadía: "La verdadera caridad está en que yo atienda a mis viejos, a mi antigua sirvienta en mi casa, si no puedo crearle una suya; la caridad está en que yo me interese por la educación del huérfano que dejó mi vecino, el pobre, y le busque oficio y trabajo; en que yo visite al enfermo en su casa, y si no le puedo dar otra cosa le dé mi compañía y consuelo. Ésta —agrega el escritor— es la verdadera piedad; y si cada cual la practicara, no más que en la justa medida de sus fuerzas, con los viejos, y con los niños y con los enfermos desvalidos que más le tocan y cumpliese con todo lo suyo en su casa, yo pregunto: ¿Qué falta harían tantos asilos y hospitales y conventos?"

La pregunta de Maragall es más que significativa. Cuando Jesús enseñó a orar el Padrenuestro, al mismo comienzo de la oración nos hermanó a todos. Uno es el Padre, y es Padre "nuestro". Si alguien sufre, no podemos —no debemos— quedar indiferentes, ni conformarnos con pensar que otros se ocuparán de él. En su conocida parábola "El buen samaritano", Jesús contó que un sacerdote y otro funcionario religioso pasaron de largo frente a un conciudadano de ellos que había sido asaltado y estaba herido; pero un samaritano —a la sazón discriminado por los judíos— "fue movido a misericordia" y "usó de ella" (Lucas 10:33, 37), apeándose de su cabalgadura y atendiendo al accidentado.

¿Notamos algo? El sentir compasión —el "ser movido a misericordia"— no basta. Es necesario "hacer uso de ella"; apearnos de nuestras inquietudes egoístas y de nuestros prejuicios y atender al pobre, al necesitado, al herido y al vicioso; y hacerlo, no sólo en esterilizadas limosnas enviadas por correo o lanzadas desde el aire a la mano que la pide; sino en un interés personal, genuino, cariñoso y fraternal para ése que cayó y que es nuestro hermano. Debemos ser nosotros como el buen samaritano, porque él fue el verdadero prójimo de aquel que cayó en manos de ladrones, y ejemplificó por ello la verdadera caridad; la que no es sorda al mandato que dice: "Vé, y haz tú lo mismo" (Lucas 10:37).

LO PEQUEÑO Y LO GRANDE

Todo lo que te viniere a la mano para hacer, hazlo según tus fuerzas (Eclesiastés 9:10).

Hay personas que no han llegado alto en su vida simplemente porque rehuyen el esfuerzo. Otros, estudiaron y trabajaron con ahínco, y hoy son verdaderos triunfadores. Y también hay quienes cumplen sus deberes, pero en lo íntimo están descontentos. ¿Cómo pueden cambiar de actitud? ¿Es posible sentirse satisfecho cuando nuestra tarea no responde exactamente a nuestra vocación?

La tarea de quien trabaja en un elevador se presta a la monotonía. Encerrado entre cuatro paredes que suben y bajan todo el día, no diría uno que es la suya una tarea apasionante. Sin embargo, conocimos un ascensorista cuyo aplomo, conocimiento y simpatía, llamaban la atención. Él estaba

173

convencido de la importancia de la empresa a la que servía; se sentía orgulloso de ser parte de ella y consideraba su trabajo como una verdadera misión.

¡Cuánto mejor marcharía el mundo si hubiera más de este espíritu! Arar la
tierra, o lavar la ropa, estar en la oficina, o en el ascensor, conducir un ómnibus
o una orquesta nacional, o presidir un país... cada función es importante.

Toda tarea que merece ser hecha, merece ser bien hecha. Y esto exige un
precio: la mente, la mano y el corazón. Cuando nuestro pensamiento, nuestra acción y nuestro sentimiento trabajan juntos y con gusto, son más llevaderos la disciplina y el esfuerzo.

Edison, el gran inventor, trabajaba a un ritmo de dieciséis horas diarias.
Fracasó en 30.000 experimentos, pero nunca se desanimó. Con optimismo,
comentaba: "He encontrado 30.000 cosas que no sirven para nada".

Algunos estamos felices con nuestras tareas, y otros, no. Lo ideal es que
nuestro trabajo sea —de alguna manera—, nuestra vocación en desarrollo.
Estudiémonos a nosotros mismos para saber cuáles son nuestras aptitudes y de
qué manera podemos servir mejor a los demás; pues esto, es lo que realmente nos dará satisfacción. Hagamos con entusiasmo y con amor nuestra tarea
aun cuando nos parezca insignificante; pues tan necesario es el polvo de la tierra que pisamos como la luz del sol que nos alumbra. Lo pequeño y lo grande tienen su lugar y su función. Cumplamos la nuestra, procurando rendir el
máximo de nuestra capacidad.

Pidamos a Dios fuerza y sabiduría y él fertilizará nuestros esfuerzos.
Recordemos que San Pablo decía: "Todo lo puedo en Cristo que me fortalece"
(Filipenses 4:13). Usted y yo, también podemos dar con nuestros labios y
desde el corazón, esa misma confesión esperanzada.

Junio 22

UN MUNDO NUEVO

*Vi un cielo nuevo y una tierra nueva; porque el primer cielo y la primera
tierra pasaron... Y yo Juan vi la santa ciudad, la nueva Jerusalén descender del cielo... (Apocalipsis 21:1, 2).*

Un mundo nuevo. Un mundo donde haya perfecta paz y comunión
entre los hombres. Un mundo sin armas de guerra; "armado" sólo de
amor y comprensión perfectos. ¿Utopía? ¿Esperanza fatua y quimérica?
¿Vale la pena luchar por ella?

Hace poco, encontré en los archivos de La Voz de la Esperanza —que
contienen "reliquias" valiosísimas en artículos y anécdotas— un artículo
de casi medio siglo, escrito por el académico español Don José María

Pemán, quien a la sazón gozaba de gran prestigio. El artículo, con delicado humorismo, sugiere la creación de un mundo nuevo, en el que otra pareja volviera a ser objeto de la tentación satánica. Ofrece, sin embargo, una diferencia. El tentado esta vez sería Adán, y no Eva. La tentación no consistiría en sugerirle que comiera una fruta, sino en la promesa de que comprendería la teoría de la relatividad de Einstein, la filosofía de Kant, y que tendría la capacidad de prever las cotizaciones de la bolsa y los números que resultarían premiados en los juegos del azar.

A pesar del tono ligeramente alegre con que el autor trata este asunto, no deja de haber en el fondo una señalada inquietud. Está allí presente el hecho de que el hombre anhela otro mundo, un mundo mejor, un mundo que no tenga las complicaciones en que ha caído el nuestro, un mundo donde haya verdadera paz. Porque no ha sido Don José María Pemán el único que ha dado voz a este anhelo. La mar de escritores, filósofos, psicólogos, estadistas, religiosos, ecónomos, políticos, y también... don fulano y doña mengana; porque soñar así es patrimonio universal. Es que, por mucho que sea el optimismo de que deseemos hacer gala, por muy luminoso que sea el cristal a través del cual deseamos ver el actual estado de cosas, no nos queda más remedio que reconocer que, en lo que toca a esta humanidad, parece que hemos llegado al fin de nuestro camino. Y no hay en nuestras palabras ni exaltación, ni fanatismo, ni desánimo. Encaramos esta situación desde el punto de vista de la tremenda necesidad que hoy vivimos y, sobre todo, desde el punto de vista sustentado en las páginas de la Sagrada Escritura. En ellas se nos habla de un mundo nuevo. El profeta Isaías por inspiración divina recoge cuadros admirables de lo que será este mundo nuevo:

Entonces los ojos de los ciegos serán abiertos, y los oídos de los sordos se abrirán. Entonces el cojo saltará como un ciervo, y cantará la lengua del mudo; porque aguas serán cavadas en el desierto, y torrentes en la soledad. El lugar seco será tornado en estanque, y el secadal en manaderos de aguas; en la habitación de chacales, en su cama, será lugar de cañas y de juncos. Y habrá allí calzada y camino, y será llamado Camino de Santidad; no pasará por él el inmundo; y habrá para ellos en él quien los acompañe, de tal manera que los insensatos no yerren. No habrá allí león, ni bestia fiera subirá por él, ni allí se hallará, para que caminen los redimidos. Y los redimidos de Jehová, volverán, y vendrán a Sión con alegría; y gozo perpetuo será sobre sus cabezas: y retendrán el gozo y la alegría, y huirán la tristeza y el gemido (Isaías 35:5-10).

UN MUNDO NUEVO —Segunda parte

Pero nosotros esperamos, según sus promesas, cielos nuevos y tierra
nueva, en los cuales mora la justicia (2 Pedro 3:13).

¿No es admirable el pasaje de Isaías 35:5-10 que vimos ayer, amigo
lector? Cuán diferente será todo eso de esta triste realidad que hoy
vivimos. Allá no habrá cárceles, no tendrá que haberla; el mal, el delito,
habrán desaparecido para siempre jamás. No habrá hambre, no habrá
miseria, no habrá hospitales, no habrá ciegos, no habrá cojos, no habrá
defecto de ninguna clase. La historia de la guerra habrá desaparecido,
para siempre. No más campos de combate, no más ametralladoras, no
más explosiones de granadas, no más bombarderos, no más bomba atómica, no más terrorismo al acecho, no más miedo a la tumba y a la muerte. Bendito sea Dios que pone ante nosotros semejante esperanza.
Luchemos por ella. Vivamos por ella y para ella digamos con el recordado Dr. Braulio Pérez Marcio:

¡Un mundo, un mundo nuevo sin pesar ni dolor,
un mundo diferente, donde no haya egoísmo,
donde el hombre no encumbre
*   lo primero a sí mismo,*
un mundo sin pecado... eso quiero, Señor!

¡Un mundo sin reflejos de siniestro fulgor,
donde tras la palabra no se esconda el engaño,
donde no haya cohecho, ni perjurio, ni daño,
un mundo sin pecado... eso quiero, Señor!

¡Un mundo donde encuentre
*   la paz el corazón,*
un mundo donde reine para siempre el amor;
donde, por fin, se alcance toda noble ilusión!

¡Un mundo donde more Jesús el Redentor
y sea de la dicha sempiterna mansión;
un mundo sin pecado... eso quiero, Señor!

LA CONQUISTA QUE AGRADA

El hombre que tiene amigos ha de mostrarse amigo (Proverbios 18:24).

Según Osvaldo Loudet, "en vez de encontrarse en el cielo, a distancias
siderales, con maravillosa exactitud, sería mejor que los hombres se
encontrasen en la tierra para concertar sabiamente la paz y a menos precio". ¿En qué consiste esa "sabiduría" para concertar la paz? ¿Cuál es el
secreto para llevarse bien con los demás?

En trece años de reinado sobre los macedonios, el general macedo-
nio Alejandro Magno sometió a Grecia, venció a los persas, se apoderó

de Tiro y Sidón, conquistó Egipto, fundó Alejandría, tomó Babilonia y Susa, quemó Persépolis, y llegó hasta el Indo, donde venció a Poro, quien, subyugado por la generosidad del conquistador, se convirtió en aliado suyo. Interrogado acerca del porqué de su éxito, Alejandro explicó: "He tratado tan bien a mis enemigos que los he convertido en amigos; y me he comportado con mis amigos en forma tan delicada que han continuado siendo amigos de un modo inalterable".

Conquistar, someter, vencer, y a la vez no ser odiado, parece un objetivo inalcanzable; pero Alejandro lo logró gracias a su invariable cortesía. La Biblia dice que "el hombre que tiene amigos ha de mostrase amigo" (Proverbios 18:24). ¿Qué implica esto? En parte, ya lo dijimos: cortesía, comprensión, un respeto amable por las ideas ajenas. Pero acaso la clave misma de la amistad sea otra. Confucio decía que "si... se critica mucho al amigo, bien pronto se experimentará su indiferencia".

Joven lector, el éxito en nuestro trato con los demás reside en aceptarlos tales como son; más aún: en aceptarlos tales como desearían ser.

En algún rincón del alma todos acariciamos el anhelo, y a veces hasta el convencimiento, de ser mejores de lo que somos. Y nos agrada que los demás lo crean. "Así que —diría Jesús—, todas las cosas que quisierais que los hombres hiciesen con vosotros, así también haced vosotros con ellos" (Mateo 7:12). Ésa es la clave del éxito en nuestra relación con los demás, ¿no le parece?

MEJOR QUE LA VENGANZA

Amad a vuestros enemigos, bendecid a los que os maldicen, haced bien a los que os aborrecen, y orad por los que os ultrajan y os persiguen (Mateo 5:44).

Solemos ser afectuosos y amables con aquellos que a su vez lo son. Pero si alguien nos niega el saludo, nos disgusta o nos hiere, tendemos a ser hostiles y aun estamos dispuestos a vengarnos. ¿Sabemos, sin embargo, cuál es su precio? ¿Cómo afectan los sentimientos a la salud física y mental? ¿Hay solución mejor que la venganza para tratar a nuestros ofensores?

En junio de 1974, en Altrincham, Inglaterra, a los 76 años de edad, murió Eddie Horley, un comerciante en carbón. El hecho habría pasado inadvertido para la prensa internacional a no ser por la originalidad del señor Horley al hacer su testamento. En la novena cláusula de éste, señalaba que dejaba

177

medio limón a su inspector y otro medio limón a su recaudador de impuestos, con el siguiente mensaje: "Y ahora, estruja esto".

No sabe uno si se trataba de una nota de humor del testador, o del agrio resentimiento que guardó hasta más allá de la muerte hacia estas dos personas no gratas para él. Pero el caso es que —aun sin su originalidad— hay muchos que como el señor Horley, "parten limones" en represalia; y si no pueden exprimir su rencor en forma inmediata, maquinan afanosamente la venganza que habrán de cobrarse en el futuro. Lo que no saben, es que más bien pagarán ellos mismos el precio de su desquite. En algunos casos, será la extirpación del colon a causa de una colitis ulcerativa; en otros, un bocio tóxico, un ataque de apoplejía, o un ataque cardíaco mortal. Pero, peores aún, serán la angustia, la turbación y la amargura que se posesionarán de su ánimo.

El Dr. McMillen, en su libro *Ninguna Enfermedad*, hace una vívida descripción de lo que siente aquel que está dominado por su odio. Dice: "La persona que odio puede hallarse a muchos kilómetros de mi alcoba; pero más cruel que cualquier capataz de esclavos, azota mis pensamientos con tanta furia que mi colchón de muelles se convierte en un caballete de tortura. El más vil de los esclavos puede dormir, pero yo no. Debo realmente reconocer el hecho de que soy un esclavo de toda persona sobre la cual derrame los vasos de mi ira".

Muchos se burlan de los consejos de Jesús en cuanto a perdonar a quienes nos ofenden, aun si 70 veces 7 fuera necesario. Creen que es una utopía aquello de: "Amad a vuestros enemigos, bendecid a los que os aborrecen, y orad por los que os ultrajan y os persiguen" (Mateo 5:44). Y sin embargo, está científicamente comprobado que ése es el mejor camino hacia la paz mental, la salud, y la alegría de vivir.

Junio 26

LA SEGUNDA OCUPACIÓN

¿Soy yo guarda de mi hermano? (Génesis 4:9).

Cuando, algunos años antes de fallecer, el Dr. Alberto Schweitzer visitó los Estados Unidos de Norteamérica, Fulton Oursler publicó un artículo que contenía algunas manifestaciones del célebre médico de Lambarené. Se refería Schweitzer a nuestras obligaciones y deberes hacia los demás. Deploraba la filosofía de la vida sumamente egoísta que practicamos.

En la ocasión mencionada, decía el Dr. Schweitzer: "La gente suele decir: 'me gustaría llevar a cabo algunas de las obras buenas, pero la familia y mis ocupaciones no me dejan ni un minuto libre. Embargado

178

por mis propios afanes minúsculos, nunca hallaré ocasión de hacer de mi vida algo que valga la pena'".

Tenía razón el médico humanitario que supo dar su vida por los demás. Es una tremenda equivocación dejarnos absorber por nuestros propios problemas y ocupaciones hasta el punto de quedar tan ciegos que no veamos las oportunidades que tenemos de ser una ayuda para aquellos que nos rodean y que con frecuencia la necesitan imperiosamente. Esto es lo que el Dr. Schweitzer llama "nuestra segunda responsabilidad". La primera es atender las cosas que nos conciernen, pero la segunda, tan importante y tan ineludible como la anterior, es nuestro deber hacia aquellos que nos rodean. Por eso agrega Schweitzer: "Por atareado que se le suponga, el hombre dispondrá siempre de tiempo para reafirmar su responsabilidad, aprovechando toda ocasión de actividad espiritual. ¿Cómo así? Mediante nuestra segunda ocupación: aplicándose, siquiera en pequeñísima escala, a ejecutar personalmente algún acto que redunde en bien del prójimo... El mayor de nuestros errores consiste en la ceguera con que vamos por la vida sin reparar en las ocasiones que nos salen al paso. Nos bastará abrir los ojos y mirar para que veamos al instante las muchas personas que hay faltas de la ayuda que nosotros podemos prestarles, y no en cosas de gran importancia, sino en pequeñas". Cuenta en seguida un caso del que fue testigo.

Dice que viajaba en un tren en Alemania y en su asiento iba un joven lleno de vida que parecía ir al encuentro de algo muy importante para él. Frente al joven iba un anciano que en su actitud revelaba un profundo desasosiego como si lo atormentara una tremenda preocupación. Cuando el joven mencionó que sería de noche cuando llegaran a la próxima estación, el anciano murmuró: "No sé cómo voy a arreglarme. Tengo a mi único hijo en el hospital. Me telegrafiaron que está muy grave y hago este viaje con la esperanza de encontrarlo todavía con vida. Pero como soy del campo y no conozco la ciudad, temo extraviarme y no llegar a tiempo". El joven dijo: "Yo conozco muy bien esa ciudad. Voy más lejos, pero voy a bajar allí con usted. Lo acompañaré hasta dejarlo con su hijo y luego seguiré en otro tren". Al llegar a la próxima estación —decía el Dr. Schweitzer—, "bajaron ambos como dos hermanos, o como padre e hijo". Amigo lector, ¿quién puede medir el alcance de una acción pequeña como ésta? Recordemos lo que dice la regla de oro en boca de Jesús: "Así que, todas las cosas que quisierais que los hombres hiciesen con vosotros, así también haced vosotros con ellos; porque esta es la ley y los profetas" (Mateo 7:12).

LEJOS DE HUNZA

...Él es quien da a todos vida y aliento y todas las cosas (Hechos 17:25).

Refiriéndose a la contaminación ambiental, Luis Borobio explicaba que "el tratar de eludir el problema renegando del progreso que lo produce... es una actitud ineficaz porque el caminar de la humanidad es irreversible". Mientras prosiguen las investigaciones al respecto, ¿qué haremos nosotros?, ¿cómo preservaremos la salud?

En los montes del Himalaya, lindando con Afganistán, China y Pakistán, está Hunza, la tierra cuya gente vive entre 100 y 140 años, y muere no a causa de alguna enfermedad sino de vejez. Hunza, que no sabe de cárceles ni de policías, ni de bares, ni de puestos de cigarrillos, tampoco tiene hospitales, ni manicomios, ni farmacias, por la simple razón de que no los necesita. Por lo demás, como carece de factorías y de automóviles (exceptuando los tres jeeps que posee el rey), Hunza desconoce los problemas de contaminación ambiental. Su atmósfera, completamente limpia, es uno de los factores determinantes de la salud y longevidad de su pueblo.

Nosotros, que en todo sentido estamos bien lejos de Hunza, no podemos en nombre de la pureza del ambiente, anular la industria, cerrar las fábricas y eliminar el progreso con todo lo positivo y negativo que implica. Pero sí podríamos y deberíamos, tomar algunas medidas prácticas y accesibles que nos ayuden a gozar de más años de salud.

Los experimentos realizados revelan que en locales cerrados ocupados con gente y/o animales, el aire viciado no es tan peligroso por la falta de oxígeno y el aumento de anhídrido carbónico, como por el aumento de la temperatura y de la humedad, pues éste impide al organismo desprenderse en forma normal de su exceso de calor a través de la piel. Siendo así, a pesar de que el aire que respiramos no es idealmente limpio, conviene que lo aprovechemos al máximo, ya en actividades al aire libre, ya en ambientes convenientemente ventilados.

Dios desea que tengamos salud (3 Juan 2), y para eso "da a todos vida, y respiración, y todas las cosas" (Hechos 17:25). No hay razón, pues, para que no aprovechemos más y mejor el agua, el sol, el aire puro, y los alimentos tal como nos los ofrece en la naturaleza. En ese sentido, un reajuste general de nuestros hábitos favorecería nuestra salud física y mental, y por ello redundaría en claridad de pensamiento y decisiones acertadas. Vale la pena probar. ¿No le parece, estimado joven lector?

EL DOBLE MILAGRO

Buscad primeramente el reino de Dios y su justicia, y todas estas cosas os serán añadidas (Mateo 6:33).

Un comediante célebre norteamericano decía: "Los evangélicos se pasan la vida hablando de la necesidad de 'buscar a Jesús'... ¿Buscar a Jesús?... Yo no sabía que Jesús estaba perdido". El chiste provoca fuertes risas en el público, y a nosotros nos pone a pensar... Porque, más acá del chiste y de la broma, la observación del humorista invita a la reflexión. La idea popular de la gente es que Dios juega al escondite, y que "hallarlo" es toda una odisea espiritual reservada para los super-santos, los únicos capaces de emprender la sacrificada gesta heroica que exige esa "búsqueda". Pero, ¿es cierto eso?

Cierta vez, Dante Allighieri —víctima de una profunda depresión— cruzó las montañas de Lunigiana, en Italia, para llegar a un monasterio. Cuando llegó, el monje que lo atendió le preguntó: "¿Qué buscas aquí? Y el poeta, desesperado, contestó: "Busco a Dios".

Para algunos, esta búsqueda se vuelve agotadora. Vez tras vez entran en los que parecen ser caminos, para al fin darse cuenta de que están atrapados en intrincados laberintos. Confundidos y cansados, sin haber hallado la salida, quedan albergando sentimientos de frustración, de angustia y de rechazo, que instintivamente marcan todas sus actitudes posteriores, creándoles personalidades sombrías, taciturnas y rebeldes.

Amigo lector, tiene razón el comediante que citamos al comienzo: Ni Dios ni Jesús están perdidos. Los perdidos éramos nosotros. Pero hay buenas noticias. Jesús dijo: "Porque el Hijo del Hombre vino a buscar y a salvar lo que se había perdido" (Lucas 19:10). Cristo nos buscó, nos halló, y nos salvó. ¡Ése es precisamente el mensaje de la cruz! Dice el apóstol Pablo que "Dios estaba en Cristo reconciliando consigo al **mundo**, no tomándoles en cuenta a los hombres sus pecados, y nos encargó a nosotros la palabra de la reconciliación" (2 Corintios 5:19). ¿No son maravillosas noticias? Si buscamos en el corazón de Dios, nos veremos allí reconciliados y amados por él. Entonces "la búsqueda" acaba satisfactoriamente; el resultado es afirmación, seguridad, paz y alegría. Dios asegura: "Me buscaréis y me hallaréis, porque me buscaréis de todo vuestro corazón" (Jeremías 29:13). ¿Por qué, entonces, hay quienes lo buscan y no lo encuentran? Sucede... que no buscan a Dios realmente. Buscan resolver conflictos, solucionar sus problemas; recurren a

Dios como a una "máquina arréglalo-todo", pero no como a un Ser Personal que los ama y al que pueden amar confiadamente aun en medio de la crisis.

Lo interesante es que cuando vamos a él con sed de conocerle, de amarle, de confiar en él más allá y más acá de los altibajos que vivimos, indefectiblemente se da el milagro —el doble milagro—: encontramos a Dios, y también la solución y la salida que no buscábamos ahora, pero que sí necesitábamos. Así lo asegura la promesa de Jesús: "Buscad primeramente el reino de Dios y su justicia, y todas estas cosas os serán añadidas" (Mateo 6:33). ¿Lo ha probado usted?

Junio 29

BAJO EL SIGNO MÁS

Así también vosotros, cuando hubiereis hecho todo lo que os he mandado, decid: Siervos inútiles somos, porque lo que debíamos hacer, hicimos" (Lucas 17:10).

Muchos de nosotros "vivimos a medias"; apenas con energía suficiente para seguir con la rutina diaria. Pero, ¿es esto, realmente, todo lo que perseguimos? ¿Cómo se combate la mediocridad? ¿Cuál es el secreto del rendimiento? ¿Podemos alcanzar la excelencia?

Quien haya leído el relato *Juan Salvador Gaviota*, de Ricardo Bach, difícilmente podrá olvidarlo. Uno llega a admirar y a amar a ese pájaro sustancialmente distinto, que lucha solo contra la mediocridad, y "cuyo único pesar —al decir del autor—, no era su soledad, sino que las otras gaviotas se negasen a creer en la gloria que les esperaba al volar; que se negasen a abrir sus ojos y a ver". "Para la mayoría de las gaviotas, no es volar lo que importa, sino comer. Para esta gaviota, sin embargo, no era comer lo que le importaba, sino volar. Más que nada en el mundo, Juan Salvador Gaviota amaba volar".

Los seres humanos nos asemejamos a las gaviotas del relato. En nuestros estudios, trabajo o aspiraciones revelamos pertenecer a uno de dos grupos: el de los que se someten a sus limitaciones, o el de los que las traspasan y las vencen. Podemos también, pasar de un grupo a otro. El primero, incluye a los de la "bandada", los del montón, los "hombres-masa" que creen que cumplen con la vida y con la gente porque hacen lo que tienen que hacer. "Cumple", en todo. Al segundo grupo, pertenecen los otros, los pocos, los iluminados, que no son necesariamente filósofos ni excéntricos, sino gente que hace más, porque ama más. Don Gold, en *Cartas a mi hija adolescente*, recuerda haber tenido varios profesores de este tipo. Hombres —dice— que "abrazan el mundo, a la vez que buscan cambiarlo". De esta clase de personas, Jesucristo fue —sin duda— el exponente máximo. Rebelde a la conformidad y a las limitaciones, vivió y exigió vivir "bajo el signo más". Amar más. Trabajar más. Dar más: hasta la vida. "Así también vosotros —enseñó Jesús—, cuando hubiereis hecho todo lo que os he mandado, decid: Siervos inútiles somos, porque lo que debíamos hacer, hicimos" (Lucas 17:10).

No basta haber concretado una vocación y estar trabajando en ella. Ni basta hacer lo que se debe ser hecho. Lo que importa, es volar "más" alto, "subir y comprender —como diría Richard Bach— el significado de la bondad y el amor". Sólo así, valdrá la pena haber estudiado, y haber trabajado, y haber vivido. Leer, pues, el Evangelio, encontrar a Cristo y seguirlo, dispuestos a vivir irrenunciablemente "bajo el signo más", es lo que cuenta.

Junio 30

EL ESCAPE EFICAZ

Venid a mí todos los que estáis trabajados y cargados, que yo os haré descansar (Mateo 11:28).

Las vacaciones, y aun el fin de semana o el día feriado, son el tiempo para uno: podemos dedicarnos a éste o aquel proyecto acariciado, o simplemente escapar de la rutina. Sin embargo, a veces volvemos de nuestras vacaciones, más cansados, nerviosos, y aburridos, que antes de salir. ¿Por qué? ¿Qué podemos hacer para que nuestros días libres nos rindan? ¿Sabemos descansar?

Se llaman vacaciones, días feriados, o fines de semana, pero son ese tiempo anhelado y esperado que todos vinculamos con la "libertad", el necesario "escape" al diario trajín. De hecho, no siempre sabemos usarlo ni aprovecharlo; a veces en vez de invertir este tiempo, simplemente lo gastamos en evasiones que no son reales salidas ni descanso.

Quienes viven en la ciudad, pasan el día encerrados en la oficina o en la fábrica, y en su tiempo libre, muchas veces se encierran en el cinematógrafo. Están toda la semana en tensión a causa de sus obligaciones y problemas financieros, y el domingo van a la cancha de fútbol o al hipódromo y en el juego de apuestas —con doble tensión— pierden junto con el dinero, la poca salud que les quedaba. ¿No es esto lo común? ¿Lo que vemos hacer, o lo que hacemos?

Emilio Niveiro contaba las reflexiones de un amigo suyo que opinaba así: "Una cosa es escapar, evadirse del mundo circundante que te asfixia —y este tipo de evasiones estériles se logra por mil vías; por el fútbol, por la baraja, por el alcohol, por el sueño... y otra muy distinta escapar para reconstruirte, para nacer diferente y volver a empezar la vida, otra vida".

Esta es la clase de "escape" que necesitamos: el descanso, la recreación, la revitalización de la que hablaba ese hombre; pero debemos planearla con sabiduría. Si nuestra ocupación es sedentaria, tratemos de pasar nuestro tiempo libre, practicando algún deporte, tomando aire y sol, u ocupándonos en alguna actividad que entrañe ejercicio físico. Si, por el contrario, nuestro trabajo es manual, y agota nuestras fuerzas, procuremos la influencia de la buena música, la lectura sana, y los ejercicios de relajación. Sobre todo —y esto sea cual fuere nuestra actividad— eliminemos las competencias, el orgullo y las tensiones. Recordemos la sencilla respuesta de Jesús: "Venid a mí todos los que estáis trabajados y cargados, que yo os haré descansar. Llevad mi yugo sobre vosotros, y aprended de mí, que soy manso y humilde de corazón; y hallaréis descanso para vuestras almas. Porque mi yugo es fácil, y ligera mi carga" (Mateo 11:28-30).

Julio 1

COMO LADRÓN EN LA NOCHE

Pero el día del Señor vendrá como ladrón en la noche; en el cual los cielos pasarán con grande estruendo, y los elementos ardiendo serán deshechos, y la tierra y las obras que en ella hay serán quemadas (2 Pedro 3:10).

"**Q**uizá se estuviera preparando para casarse el próximo mes; quizá iba a conseguir un aumento de sueldo la próxima semana; o estaba a punto de contemplar un gran descubrimiento científico; o estaba dando forma a grandes reformas sociales y políticas. Pero ahora en el momento menos esperado... puede venir Cristo de nuevo".

Así escribió C. S. Lewis. ¿Sería posible que ocurriera? ¿Qué pasaría entonces? ¿Estaríamos preparados para ese encuentro? ¿Sabríamos reconocer a Cristo?

El 23 de junio de 1975, tres jóvenes asaltantes entraron en un chalet en las cercanías de La Coruña. Aprovechando que los dueños estaban de viaje, no sólo se apropiaron de las joyas, sino que decidieron pasar unos días en la casa. Pero a la tercera noche, mientras los ladrones dormían, los esposos Carballo regresaron de sus vacaciones, y los sorprendieron. Ingeniosamente, el esposo controló a los maleantes apuntándoles con una pistola de juguete, mientras la señora llamaba a la policía. Así, los tres jóvenes fueron apresados, y entregados luego al juzgado correspondiente.

En este caso, quedaron más sorprendidos los ladrones que la familia a cuya casa habían entrado. Pero normalmente, no es de ese modo. Y un día, habrá muchas familias sorprendidas.

184

La Biblia dice que "el día del Señor vendrá como ladrón en la noche". La gente estará ocupada en las tareas comunes de la vida; cada uno procurando el pan a su manera. Habrá algunos casándose, y otros de paseo, y otros enfermos, y otros llorando junto a las tumbas de sus seres queridos... Y de pronto, Jesús vendrá.

Comúnmente, ni siquiera pensamos en ello, y si lo hacemos, damos por sentado que falta mucho para que ocurra. Sin embargo, Jesús dijo que del día y la hora nadie sabe, y también advirtió que habrá quienes pretenderán engañarnos imitando su venida, o confundiéndonos con doctrinas extrañas. Por eso es necesario estar preparados siempre, y conocer qué dice la Escritura al respecto.

A lo largo de la Biblia, el regreso del Señor está anunciado incontables veces. Jesucristo vendrá: vendrá sobre nubes y con trompetas. No será la suya una venida silenciosa; será con un despliegue de luces en los cielos, y temblor en la tierra, y tumbas que se abren, y muertos que alaban al Dador de la vida. Se oirá canto de gozo y voz de regocijo, y también llantos y gritos de los que no creían que esto pudiera suceder.

Cristo vendrá, "y todo ojo le verá" (Apocalipsis 1:7). Sólo queda la pregunta... ¿Estaremos listos para contemplar la mirada de Jesús?

Julio 2

USEMOS LA SOMBRA

El impío es enredado en la prevaricación de sus labios; mas el justo saldrá de la tribulación (Proverbios 12:13).

Cuando el sufrimiento nos sale al encuentro —y decimos cuando pues las ocasiones sobran—, ¿vale la pena malgastarlo en quejas y lamentos? ¿Conviene desparramarlo, exhibiéndolo ante propios y ajenos? ¿Hay un proceder mejor?

Hace ya muchos siglos, Sófocles escribió: "La pena ruidosa se gasta en ruido". ¿Tenía razón el filósofo? El médico-poeta Baldomero Fernández Moreno aconsejaba así a un amigo que hundido en el dolor daba rienda suelta a sus quejas: "Tira la pluma y déjalo. Haz un esfuerzo. Vive, y espera que tu dolor se haga melancolía... Esta noche se llora y no se escribe..."

De paso, esto de "noche", de las palabras del médico citado, nos trae a la mente las del doctor Arthur H. Secord: "La sombra, al aumentar, hace visibles las estrellas". No podemos ver la belleza del mundo sideral cuando el cielo está inundado de luz. Pero cuando el sol se oculta y nos cubren las sombras, va apareciendo la hermosura de un cielo que se tachona de más estrellas a medida que la oscuridad se hace más densa. Cuando nos visitan las tinieblas y los problemas nos ensombrecen, cuando todo parece estar contra nosotros, en medio de nuestra oscuridad van apareciendo bellezas que de otra forma no hubiéramos llegado a conocer nunca. Al aumentar nuestros dolores crecen nuestras fuerzas para resistirlos. Se desarrollan virtudes del carácter que de otra forma hubieran permanecido atrofiadas. Se fortalece la personalidad y llegamos a comprender mejor nuestra propia existencia y nos pone en mejores condiciones de ser una ayuda para aquellos que nos rodean.

Relataba Vera Johnston, que en cierta ocasión en que se hacía examinar la vista, el oculista le pidió que mirara hacia arriba, al nivel de una sombra proyectada por un tabique. Como en broma, la paciente preguntó al oculista si había construido ese tabique para que sirviera para ese propósito. La respuesta fue: no, pero uso la sombra.

Pensamos y preguntamos: ¿no es esa una magnífica filosofía de la vida? Ya que tenemos que afrontar problemas y dificultades, saquemos de ellos el mayor provecho posible. Usemos la sombra. Si no podemos evitarla —¿y quién puede?— aprovechémosla.

Amado Nervo decía: "Yo no te digo que no haya más dolores que alegrías; lo que te digo es que los dolores nos hacen crecer de tal manera, nos dan un concepto tan alto del universo, que después de sufridos, no los cambiaríamos por todas las alegrías de la tierra". Y, el sabio Salomón lo expresa con su peculiar sencillez al decir: "El impío es enredado en la prevaricación de sus labios; mas el justo saldrá de la tribulación" (Proverbios 12:13). Y podríamos agregar que saldrá de ella más fuerte que nunca.

Julio 3

¡OYE, JOVEN, DIOS NO ES UN CUENTO!

En tu mano encomiendo mi espíritu; Tú me has redimido, oh Jehová, Dios de verdad (Salmo 31:5).

Abrahán Lincoln dijo en cierta ocasión que se puede engañar a ciertas personas siempre, y que de vez en cuando se puede engañar a toda la gente, pero no se puede engañar a toda la gente todo el tiempo.

Por otra parte, una vez que la juventud abre los ojos a la realidad, no se puede engañar a ninguno de ellos ni siquiera ocasionalmente. Parecieran desarrollar cierta clase de sexto sentido que les permite evaluar a los políticos de una sola ojeada; y si un maestro o un sacerdote o pastor es falso, lo catalogan inmediatamente como tal. Los adolescentes desean ver en los demás honradez, verdad y realismo. No toleran la hipocresía.

Tienen la convicción innata de que la verdad es el requisito básico para la supervivencia de cualquier clase de civilización que valga la pena. Destrúyase la verdad, y lo que queda es peor que la anarquía. Es el infierno en la tierra.

Es por esta razón que es tan importante descubrir la verdad acerca de Dios. Nuestros jóvenes merecen conocerla. Deben saber que Dios no es cuento... es real.

Si conocieran a Dios tal cual es, les encantaría... porque en él no hay hipocresías ni artificio alguno. Nuestro Padre Celestial es honesto y genuino en cada uno de los infinitos aspectos de su existencia y conducta. David lo llama: "Señor, Dios de verdad" (Salmos 31:5). Pero el resto de ese pasaje tan iluminador nos dice algo aún más importante: "Tú me has redimido, Señor, Dios de verdad". ¡Sí, el Ser Infinito que puede contener los océanos en la palma de su mano, el que ha extendido los cielos como el lienzo de un artista, el que ha contado todas las estrellas de la Vía Láctea y las llama por sus nombres, el Poderoso cuyo nombre es Eterno, es el Padre Celestial tuyo y mío! Su Hijo nos ha dicho que él ve cuando una avecilla cae al suelo; ¡con cuánta mayor razón ve todo lo que te sucede a ti!

Y ahora, esa verdad nos ayuda a comprender el significado del resto de este pasaje del Salmo 31:5, que dice: "En tu mano encomiendo mi espíritu". En cuanto permitimos que nuestro pobre corazón reseco y endurecido por el egoísmo comience a comprender la gigantesca verdad relativa a la verdadera identidad de nuestro Padre Celestial, ya no podemos hacer otra cosa que entregarnos por completo, todo lo que somos y todo lo que poseemos, así como nuestro futuro, en sus manos poderosas. El apóstol Pablo expresó bien la idea correcta al decir: "Porque el amor de Cristo nos impele, al pensar que si uno murió por todos, luego todos han muerto. Y por todos murió, para que los que viven, ya no vivan para sí, sino para Aquel que murió, y resucitó por ellos" (2 Corintios 5:14, 15). ¡Ahora somos reales!

UNA VIRTUD DIFÍCIL

No se lo prohibáis; porque ninguno hay que haga milagro en mi nombre, que luego pueda decir mal de mí (Marcos 9:39).

Lemaitre decía que "la tolerancia es una virtud difícil; nuestro primer impulso y aun el segundo, es odiar a todos los que no piensan como nosotros". ¿Qué hacer para evitarlo? ¿Cómo aprender a ser tolerantes? ¿Vale la pena intentarlo?

En uno de sus interesantes artículos, Elena de White comenta que "diferimos tanto en disposición, hábitos y educación, que nuestro modo de considerar las cosas es muy diferente. Nuestro juicio lo es también... Los deberes que a uno le parecen fáciles, son para otro en extremo difíciles y le dejan perplejo". En un sentido, pues, es lógico que no estemos todos de acuerdo. Más aún, es bueno que así sea. En el cuerpo humano ni todo es mano ni todo es pie. Cada órgano tiene su función definida y su particular utilidad que redundan para el bien del conjunto. Y lo mismo ocurre en el cuerpo de las relaciones humanas.

Por supuesto, es más fácil hablar de la tolerancia que practicarla. Sobre todo, si estamos terriblemente convencidos de que tenemos razón, ¿no es cierto? Aun los discípulo de Jesús tuvieron esta misma dificultad que nosotros. Cierta vez, por el simple hecho de que no andaba con ellos, prohibieron a un hombre hacer milagros en el nombre del Señor. Pero el Maestro les reprochó esta actitud. "No se lo prohibáis —les dijo—; porque ninguno hay que haga milagro en mi nombre que luego pueda decir mal de mí" (Marcos 9:39). Tiempo después, mientras iban hacia Jerusalén, decidieron pasar primero por una ciudad de los samaritanos; pero éstos, debido a su prejuicio contra los judíos, no los recibieron. Entonces, los discípulos dijeron a Jesús: "Señor, ¿quieres que mandemos que descienda fuego del cielo, y los consuma, como hizo Elías?"; a lo cual Jesús respondió: "Vosotros no sabéis de qué espíritu sois; porque el Hijo del hombre no ha venido para perder las almas de los hombres, sino para salvarlas" (Lucas 9:54-56).

Joven amigo, sintamos celos por alguna gran causa; pero no admitamos que nos induzca a destruir a otros. Recordemos que siguiendo el ejemplo de Jesús, podemos permitir que los demás hablen u obren de un modo diferente al nuestro, e incluso que nos rechacen, sin odiarlos por eso. Piensa cuán distinto fuera nuestro mundo si se adoptara "la virtud difícil".

Julio 5

EL TENOR DE LA VOZ

He aquí dará su voz, poderosa voz (Salmo 68:33).

"**D**ios transfórmame en santuario puro y santo para ti..." Son las sentidas palabras de un canto religioso que vibra con transparente honestidad e impresionante belleza vocal en la boca del tenor titular de La Voz de la Esperanza, Junior Kelley Marchena. Su vibrante voz de expansiva tesitura y su personalidad afable y acogedora, lo han hecho el cantante favorito de multitud de amantes de la buena música cristiana. Con él hemos tenido el privilegio de viajar por muchas latitudes y comprobar vez tras vez el efecto positivo de sus cantos, su trato respetuoso y su conducta intachable. Le tenemos mucho aprecio y admiración. Por tanto, nos da mucha satisfacción compartir con el lector el impresionante testimonio de milagrosa intervención divina que prodigó al mundo el don de esta maravillosa voz. Dejemos que Junior lo cuente en sus propias palabras:

"Tuve el privilegio de nacer en un hogar cristiano. Soy el primero de seis hijos de padres que también nacieron en la fe de Jesús. A la edad de cuatro años mi madre me enseñó lo que fuera el primer corito que canté como parte especial en mi iglesia. Desde entonces pensé que cantar sería algo maravilloso que podía ofrendar a Jesús. Pocos años después, en una tarde de otoño, al cruzar una calle de Santo Domingo, República Dominicana (mi país natal) fui atropellado por un vehículo que corría a más o menos 100 kilómetros por hora. En el impacto mi cabeza fue la que recibió todo el golpe, puesto que el espejo lateral izquierdo se quebró rompiéndose desde su base de hierro por los tornillos.

"Me llevaron al hospital, pero yo seguía inconsciente. Allí los médicos se maravillaron de que estuviera vivo y se propusieron hacer todo lo posible para mantenerme con vida. Fue necesario someterme a dos operaciones en la cabeza. Los médicos advirtieron que las probabilidades eran muy altas de salir de la operación con trastornos mentales, o aun de perder la vida. Por lo que mis padres optaron por cifrar sus esperanzas en la intervención del gran Médico divino. Dios intervino con un poderosísimo milagro y diecisiete días más tarde, salí del hospital completamente restaurado. Lo relatado aconteció en el año 1977 cuando contábamos con sólo 7 años de edad. Hoy por hoy soy un hombre sano sin ningún trastorno. Mi mayor gozo es alabar al Señor Jesús, y convencer a los que pueda alcanzar de que hay un Dios en los cielos que es real y contesta las oraciones que sus hijos elevan con fe. Es por ello que me deleito en servirle y alabarle. Y a ti, joven o señorita que lees estas líneas, quiero exhortarte a que deposites toda tu fe en Cristo, nuestro maravilloso y glorioso Salvador".

TU HERMANO EL HAMBRIENTO

¿No es que partas tu pan con el hambriento, y a los pobres errantes albergues en casa; que cuando veas al desnudo, lo cubras, y no te escondas de tu hermano? (Isaías 58:7).

Ayudar a nuestros familiares y amigos, y aun al ocasional desconocido que nos detiene en la calle o toca a nuestra puerta, es algo que normalmente todos hacemos de buen grado. De la misma manera, cuando vemos personalmente o en alguna fotografía, a un niño de ojos grandes y vientre hinchado, con los pies descalzos y las costillas prominentes, sentimos el impacto de su miseria. Pero, ¿bastan el sentimiento y la ayuda ocasional?

El 66% de la población mundial pasa hambre cada día. El 50% muere sin haber conocido nunca qué es tener el estómago lleno. Como dijera Boyce Ronsberg: "...La crisis mundial de alimentos pasó de lo que alguna vez parecieron exageradas predicciones acerca del Día del Juicio, a una realidad que roe ya el estómago de cientos de miles de personas y amenaza costarles la vida a millones".

Las predicciones no eran exageradas. Eran profecías de Jesucristo que hoy se ven dramáticamente confirmadas. Él dijo que en el tiempo del fin, antes de su segunda venida: "...habrá grandes terremotos, y en varios lugares, hambre y pestilencias" (Lucas 21:11). Con todo, conocer esta profecía no implica que nos crucemos de brazos. La Escritura también dice: Parte "tu pan con el hambriento" (Isaías 58:7). Y señala, que Dios "de una sangre ha hecho a todo el linaje de los hombres" (Hechos 17:26).

Esté en Asia, o en África, en Europa o en América; hable como hablare, le entendamos o no, el hambriento es nuestro hermano. Deberíamos planificar nuestro presupuesto, incluyéndolo como a un familiar. ¿Acaso no colaboramos todos cuando en algún país hermano ocurre un terremoto o una inundación? ¿Por qué no hacer lo mismo con los que sufren hambre? Si cada uno se responsabilizara sistemáticamente, siquiera por un necesitado, nadie estaría tan recargado y todos podrían ser ayudados. Recibiría cada uno su pan cotidiano; y con él, este mensaje: que hay hermandad y también esperanza. Recordemos, el hambre también es una señal de que Cristo vuelve pronto.

Julio 7

DIOS Y LOS ADOLESCENTES

Y he aquí, un hombre de la multitud clamó diciendo: Maestro, te ruego que veas a mi hijo... Respondiendo Jesús, dijo:... Trae acá a tu hijo (Lucas 9:38, 41).

Los adolescentes forman hoy el más perplejo y temeroso estrato de nuestra sociedad. Lo que Dios se proponía, sin embargo, es que ellos se desarrollaran en el seno de una cultura que los comprendiera, que los amara, que los animara a portarse bien, y que les permitiera experimentar por ellos mismos la vida feliz y sin preocupaciones, que proveyera para ellos una niñez y juventud sin contaminación de amargura. La felicidad que experimentan los niños les permite desarrollar una profunda sensación de bienestar, y los capacita para afrontar los desafíos del desarrollo con la flexibilidad necesaria.

En vez de esto, los adolescentes de hoy sienten frustración, sospechan que se los ha privado de lo que les pertenecía legítimamente, se sienten oprimidos por exigencias que no saben cómo satisfacer, se preocupan ante el futuro que los adultos les están dejando, con sus temores de guerra nuclear y terrorismo. Nuestra juventud siente que están siendo arrojados rudamente a un mundo que se ha vuelto loco (¡y tienen razón!). Para muchos adolescentes, la vida parece una pesadilla.

No hace mucho, los niños crecían en un hogar en el cual se respetaba a mamá y a papá. En el seno de la familia abundaba el amor. Cuando los hijos crecían y se independizaban, llevaban consigo una fortaleza interior que los hacía sabios y les proveía los recursos espirituales necesarios para triunfar.

Desgraciadamente, hay demasiados casos en nuestra cultura del Tercer Milenio en los que se deja a los niños que crezcan solos, sin conducción sólida y amorosa. Y ésta es la razón de que hoy abunden los psiquiatras y consejeros que se especializan en ayudar a que los padres resuelvan los problemas que surgen entre ellos y sus hijos adolescentes.

Si en el caso de usted, padre, madre, los "expertos" profesionales no han sido de ayuda, permítame hacerle llegar buenas noticias: Hay cada vez más padres que están descubriendo en la Biblia información valiosísima acerca de los problemas de los adolescentes, y de cómo los padres pueden ayudarles. Y esta información representa el conocimiento mejor y más al día de todos. Padre, madre que lees, ten valor. Tienes un Padre celestial que ama a tus hijos más que tú. Jesús, su Hijo, te asegura que "tu Padre que ve en secreto, te recompensará en público".

FURIA Y MANSEDUMBRE

Morará el lobo con el cordero, y el leopardo con el cabrito se acostará; el becerro y el león y la bestia doméstica andarán juntos, y un niño los pastoreará (Isaías 11:6).

Es una mañana de sol. Madre e hija van de compras. Conversan animadamente, hasta que de pronto una de ellas es alcanzada por una bala perdida. No es un caso hipotético. Ha ocurrido ya. Y cada vez más gente inocente "paga" por los estallidos de violencia de quienes se especializan en matar.

¿Qué hacer? ¿Podrá detenerse alguna vez esta loca carrera del crimen?

Ocurrió en un zoológico. Durante el día, jugaban juntos y se arañaban amistosamente. Durante la noche, los dos cachorros de león se acurrucaban y la oveja se acostaba al lado de ellos para abrigarlos con su cuerpo. Alguien llamó la escena, "El balido y la furia". Uno hubiera preferido detener el tiempo en aquel instante, y en aquel cuadro. No pensar que acaso en unos días, o en un par de meses, la fuerza del instinto sería más poderosa que la inocencia de entonces.

Uno quisiera, también, pensar que nuestro mundo alguna vez aplastará el instinto y dejará gobernar a la razón. Sin embargo, no hay indicios de semejante cambio. Hace años, un comentarista sudamericano, refiriéndose al incontrolable avance de la criminalidad en su país, llegó a hablar de la "tecnificación del hampa". "Ya no se trata —decía— del empirismo criminal. Los delincuentes, que tienen en sus manos el dominio de una ciudad atemorizada y pasiva, son ahora verdaderos expertos, casi auténticos científicos en la planificación y el desarrollo del delito".

Hoy, si la situación ha cambiado, es sólo para quitar el "casi" de la frase original. Los delincuentes ya son científicos en la planificación y el desarrollo del delito. ¿Qué hacer? ¿Seguiremos teniendo la mirada apacible de la oveja? ¿Dejaremos que siga la obra de la furia? Por lo demás, ¿cómo combatirla?, ¿con qué eliminarla?, ¿con furia a nuestra vez? Furia y mansedumbre ya se han probado, y en muchos casos los resultados han sido parciales. Con todo, la batalla no está perdida. Cuando el apóstol Pablo describió la condición del mundo tal como sería en los días previos a la segunda venida de Jesús, parecía estar revelando una radiografía de nuestra época. "Tiempos peligrosos", los llamó. Pero aseguró que "no prevalecerán" (2 Timoteo 3:1, 9). Vendrá Cristo, el Cordero de Dios, y eliminará la furia de las gentes. Entonces, no volverá "más a hacer violencia el hombre de la tierra" (Salmo 10:18). "El becerro y el león y la bestia doméstica andarán juntos", y "no harán mal ni dañarán" más (Isaías 11:6, 9). Esta es la promesa divina que Dios pronto convertirá en hechos.

EL LEÓN , EL ÁGUILA Y LA PAZ

La paz os dejo, mi paz os doy: no como el mundo la da, yo os la doy.
No se turbe vuestro corazón, ni tenga miedo (Juan 14:27).

Cuenta Víctor Hugo que "cerca de un manantial tenía su guarida un león y en él iba a beber también un águila. Un día dos reyes llegaron a aquel manantial, atraídos, como todos los viajeros curiosos, por las dos palmas que lo sombreaban. Se reconocieron los dos reyes, se batieron allí y cayeron al suelo ambos heridos. El águila, cuando estaban agonizando, se cernió sobre ellos y les dijo socarronamente: 'Vosotros que encontráis el mundo demasiado pequeño para satisfacer vuestra ambición, sois ahora una sombra. Príncipes, vuestros huesos, ayer fuertes y jóvenes, mañana no serán más que guijarros que se confundirán con las otras piedras del camino y nadie los reconocerá. Insensatos, ¿por qué os habéis batido en sangriento duelo? Yo soy águila, vivo apaciblemente en esta soledad con mi compañero el león. Los dos bebemos de la misma fuente, los dos somos reyes de estos mismos territorios. Él impera en la selva, en las montañas y en las llanuras y yo impero en el espacio".

Hay en esta alegoría una profunda verdad que ojalá aprendieran los hombres de una vez por todas. El problema del hombre está en su propio corazón, sobra en él la ambición y le falta la paz. El hombre busca esto último por el camino de la fuerza y la violencia. Pero a la paz no se llega por ese camino.

Cuando la paz que da el Señor Jesucristo llega a nuestro corazón, el miedo desaparece. El temor y la incertidumbre se disipan como la niebla y la vida se llena de amor de comprensión y de simpatía hacia todos los que sufren.

Joven lector, que el Señor Jesucristo sea una realidad en tu vida, que él llene toda tu existencia y ponga en ti su verdadera paz y te ayude a ser la voz que los desdichados esperan. Al decir del poeta: "Hace falta una voz, que arranque de los hombres la simiente del odio. Una voz que estrangule la ambición y el orgullo; una voz que musite quedamente al oído. Una sola palabra, "¡Hermano!" (*Hace falta una voz*, de Miguel D. Elías).

Y LA TIERRA AYUDÓ A LA MUJER

Y la tierra ayudó a la mujer... (Apocalipsis 12:16).

La profecía lo anunciaba, ahora los tiempos lo exigían; el futuro mismo de la libertad estaba en juego y con ella, la verdad de Dios. ¿Encontraría ésta amparo? ¿Podría ella escapar el ataque feroz del oscurantismo intolerante, demonio santurrón que se empeña religiosamente por hacerla desaparecer?

Surge entonces, oportunamente, una tierra virgen, fecunda, generosa, inocente, que la recoge en su regazo. Nacen para la dama libertad, en la tierra del norte, una cuna, y un faro cuya luz es visible sólo a los que en Dios confían y a su Palabra aman; los que dicen: déjame vivir libre o dame muerte; los que están dispuestos a morir por el derecho y pensar ajenos; los que insisten en ser honestos, decir lo que piensan, y vivir sin genuflexiones a tiranos piadosos.

Vienen de todas partes, pero señalan que puede haber unidad en la diversidad. Y, efectivamente, de la diversidad sale la nación más libre.

Insisten que "todos los hombres son creados iguales", y dicen que están "dotados por su Creador con derechos inalienables que son: la vida, la libertad, y la búsqueda de la felicidad".

Son autores de un nuevo experimento social: confiesan la inconfesionalidad del Estado. Proponen la separación completa de la Iglesia y el Estado. Pero su divisa es: "En Dios está nuestra confianza".

Su dama, la de la antorcha en alto iluminando al mundo, clama a los cuatro vientos su generosa invitación: "Dame tus pobres, tus despojos, tus cansadas multitudes que ansían libertad".

Millones han respondido de todos los rincones de la tierra. Y hoy, en un mes cuando celebran su independencia diversos países, los saludamos como los más libres y soberanos del mundo; tierras misioneras, desde donde la verdad de Dios se ha hecho presente por todo el orbe, y sus habitantes prosiguen su indefectible y triunfante marcha, de gloria en gloria.

Sí, sabemos que el tiempo ha de mudar el rostro de los países libres, lo advierte la profecía, pero por ahora alegrémonos por la libertad de conciencia que todavía sonríe a los que aman la libertad. ¡Dios los bendiga!

Julio 11

LA ORACIÓN DE UN PADRE

Os he escrito a vosotros, mancebos, porque sois fuertes, y la Palabra de Dios mora en vosotros, y habéis vencido al maligno (1 Juan 2:14).

Tan pronto aceptamos el reto de escribir este devocionario, supimos que habríamos de citar ciertas joyas de la literatura mundial. Ninguna más significativa y sentida que "La Oración de un Padre", que escribiera el famoso general Douglas MacArthur. En ella, ruega a Dios por su hijo y dice:

"Dame, oh Señor, un hijo que sea lo bastante fuerte para saber cuándo es débil, y lo bastante valeroso para enfrentarse consigo mismo cuando sienta miedo; un hijo que sea inflexible en la derrota honrada, y humilde y magnánimo en la victoria.

"Dame un hijo que nunca doble la espalda cuando debe erguir el pecho;

194

un hijo que sepa conocerte a ti... y conocerse a sí mismo, que es la piedra fundamental de todo conocimiento.

"Condúcelo, te lo ruego, no por el camino cómodo y fácil, sino por el camino áspero, aguijoneado por las dificultades. Haz que allí aprenda a sostenerse firme en la tempestad y a sentir compasión por los que fallan. Dame un hijo cuyo corazón sea limpio, cuyos ideales sean altos; un hijo que se domine a sí mismo antes que pretender dominar a los demás; un hijo que aprenda a reír, pero que también sepa llorar; un hijo que avance hacia el futuro, pero que nunca olvide el pasado.

"Y después que le hayas dado todo eso, agrégale, te suplico, suficiente sentido del buen humor, de modo que pueda ser siempre serio, pero que no se tome a sí mismo demasiado en serio. Dale humildad para que pueda recordar siempre la sencillez de la verdadera grandeza, la imparcialidad de la verdadera sabiduría, la mansedumbre de la verdadera fuerza.

"Entonces yo, su padre, me atreveré a murmurar: no he vivido en vano".

¡Qué interpretación tan fiel de los sentimientos de todo verdadero padre y de toda verdadera madre! ¿No le parece?

Joven amigo, tus padres tienen confianza en ti, y todo lo esperan de ti. También el Todopoderoso tiene confianza en lo que tú puedes hacer y en lo que puedes ser en tu vida. Frente a las dificultades que puedan oponerse, frente a las tentaciones que puedas encontrar, el Señor traza en su Sagrado Libro el camino por el cual debes seguir para llegar al éxito en tu vida. Dice a los jóvenes con las palabras que se registran en la primera epístola de San Juan: "Os he escrito a vosotros, mancebos, porque sois fuertes, y la Palabra de Dios mora en vosotros, y habéis vencido al maligno" (1 Juan 2:14).

¿QUÉ ES LA JUVENTUD?

Tienes tú el rocío de tu juventud (Salmo 110:3).

Ante la pregunta que sirve como título para nuestra lectura de hoy, recordamos lo que decía Francisco Crane: "La juventud no es una época de la vida: es un estado de ánimo. No es cuestión de mejillas rosadas, labios encarnados y articulaciones flexibles; es un temperamento de la voluntad, una cualidad de la imaginación, un vigor de las emociones. Es la frescura de la primavera profunda de la vida.

"Juventud significa el predominio del valor sobre la timidez en el carácter, del amor a la aventura sobre el amor al ocio. Esto a menudo existe más en un hombre de 50 años que en uno de 20. Nadie envejece por haber vivido un número determinado de años. Sólo se envejece cuando se abandonan los ideales.

"Los años arrugan la piel, pero sólo el abandono del entusiasmo arruga el alma.

"Uno es tan joven como su fe, tan viejo como su duda; tan joven como la confianza en sí mismo, tan viejo como su temor; tan joven como su esperanza, tan viejo como su desesperación.

"En el sitio central del corazón hay un árbol siempre floreciente; se llama amor. Mientras este árbol tenga flores, el corazón es joven; si muere, se torna viejo.

"En el sitio central del corazón hay una estación radiográfica. Mientras en ella se reciben mensajes de belleza, de esperanza, de alegría, grandeza y valor... cualquiera es joven. Pero cuando esta estación deja de funcionar, y el sitio central del corazón se cubre con las nieves del egoísmo y el hielo del pesimismo, entonces uno es viejo aunque tenga 20 años. En este caso, Dios tenga piedad de esa alma".

¡Cuánta verdad y cuánta belleza hay en estas palabras! Pero hay belleza infinita en las siguientes del Salmista: "Tienes tú el rocío de tu juventud" (Salmo 110:3). ¡El joven tiene el rocío de la juventud! La juventud es como esas gotas que en las mañanas frescas del otoño o de la primavera cubren las plantas y las flores. Son perlas de transparente cristal, frescas y puras que todo lo vivifican, que todo lo refrescan y todo lo hermosean, desde la rosa hasta el cardo, desde el pétalo hasta la espina.

Volvamos a nuestra pregunta: ¿Qué es la juventud? Es abandonar la rutina y los caminos fáciles y la modorra y el dejarse estar, y arremeter valiente y entusiastamente contra los obstáculos, contra la maldad, contra todo lo que se identifique con el espíritu de rebaño. Ser joven es sentir dentro del corazón la angustiosa llamada de la necesidad ajena. Es sentir como propia la desventura del prójimo. Es identificarse con todos los dolores, con todas las angustias, y vivir la fiebre de aliviarlos. Es sentirse libre de la cizaña del egoísmo que todo lo sofoca y todo lo mata. Ser joven es ser sensible a todas las armonías y bellezas de la vida pura y elevada. Ser joven es sentir el corazón lleno de la poesía del yunque, del martillo, del arado. Es lanzarse a la acción intensa, pero sin caer en el materialismo que todo lo vulgariza. Ser joven es mantener las alas abiertas en actitud de vuelo para elevarse sobre todas las miserias y mezquindades, y para llegar a Dios. Dichoso el joven que puede decir con las palabras del Salmista: "Porque tú, oh Señor Jehová, eres mi esperanza: seguridad mía desde mi juventud" (Salmo 71:5).

Braulio Pérez Marcio (adaptado)

196

INTEGRIDAD

Ahora pues, temed a Jehová, y servidle con integridad y en verdad (Josué 24:14).

¿Qué es la integridad? Según el diccionario, es sinónimo de desinterés, de rectitud, de probidad, es decir: es una honradez a toda prueba. Una honradez en la cual no hay ni una sola grieta. Es una sola pieza entera, completa, uniforme. Es una línea recta de perfecta verticalidad. La integridad no se vende ni se compra. Y, cuando está en un individuo, es éste el que no se vende ni se compra. Por eso, la pluma inspirada dice:

"La mayor necesidad del mundo es la de hombres que no se vendan ni se compren; hombres que sean sinceros y honrados en lo más íntimo de sus almas; hombres que no teman dar al pecado el nombre que le corresponde; hombres cuya conciencia sea tan leal al deber como la brújula al polo; hombres que se mantengan de parte de la justicia, aunque se desplomen los cielos" (*La educación*, pág. 54).

Sí, lector mío, la integridad es una inquebrantable probidad, es una nobleza que no se desdice en ningún momento ni bajo ninguna circunstancia. Se dice que cuando Carlos V, rey de España y emperador de Alemania, sitiaba la fortaleza llamada La Goleta, que estaba en África, cerca del puerto de Túnez, la cual era defendida por el corsario Barba Roja, se presentó ante él —ante Carlos V— el panadero que servía a Barba Roja y le propuso envenenar al jefe sitiado. ¿Aceptaría la propuesta el monarca? ¿Acaso no es bien sabido que "en tiempo de guerra todas las armas son aceptables"? Pero Carlos V era noble y estaba por encima de un recurso de tal naturaleza. Cuando se le propuso, se indignó de tal manera que hizo arrojar de allí al panadero traidor después de reprenderle severamente por su proceder. Pero eso no fue todo, hizo avisar a su adversario Barba Roja, del peligro que había corrido aconsejándole que se cuidara más de sus servidores. ¿No es esto nobleza? ¿No es esto integridad?

Amiga, amigo mío, seamos íntegros. Nuestro metro debe tener 100 centímetros y no 90. La libra debe tener 16 onzas y no 14, y el kilo ha de tener 1000 gramos y no 900. Y esto no se aplica solamente a las cosas materiales. Se aplica también a la vida moral. Se aplica al carácter que ha de ser completo en todo sentido.

Claro está, cabría la pregunta: ¿podemos ser íntegros por nosotros mismos, por la fuerza de nuestra voluntad, por propia decisión? La respuesta sería un "no" categórico. Pero podemos contar con Dios y con su fortaleza en todo momento y en toda circunstancia. El apóstol San Pablo al referirse a sí mismo, cuando les escribía a los Filipenses, les dice: "Todo lo puedo en Cristo que me fortalece" (Filipenses 4:13).

Cristo puede ayudarnos a hacer de la integridad algo real en nosotros. Digamos con el Salmista: "Sea mi corazón íntegro en tus estatutos; porque no sea yo avergonzado" (Salmo 119:80).

SABIDURÍA... Y "ALGO" MÁS

Escudo es la ciencia, y escudo es el dinero; mas la sabiduría excede, en que da vida a sus poseedores (Eclesiastés 7:12).

El renombrado académico español Salvador de Madariaga decía: "Al español medio, el estudioso que andará buscando cristales o fósiles, documentos o inscripciones..., le ha parecido siempre algo chiflado. Es como si una voz aún más honda y antigua que lo ancestral le dijera que no es por ese camino por donde se llegará al saber".

¿Cómo, entonces, se obtendrá la sabiduría? ¿Puede cualquier persona llegar a ser sabia?

Según Madariaga no es lo mismo ser hombre de ciencia que ser sabio. Las Escrituras también insinúan esta diferencia. Para el sabio Salomón: "Escudo es la ciencia, y escudo es el dinero; mas la sabiduría excede, en que da vida a sus poseedores" (Eclesiastés 7:12). Con todo, uno se pregunta cómo puede ser esto.

Madariaga hace una sutil comparación: "De una buena fotografía —explica— sacará mucho conocimiento del lugar un geólogo, un economista, un sociólogo; de un buen cuadro, gozará el poeta y sentirá que ahora sabe lo que es aquel rincón o lo que era a tal hora de tal día en lo esencial y estable de las cosas". Se desprende, pues, que la visión del sabio capta algo más que la del hombre de ciencia; y ese "algo" —intangible aunque real— no puede medirse con números, y acaso ni expresarse con palabras, pero deja en el alma una rebosante y deliciosa sensación de plenitud.

Pero si esto acontece, o puede ocurrir, por la observación de las personas, sucesos u objetos comunes de la vida, más se da cuando el alma se aboca al conocimiento de Dios. Si hay una sabiduría que en verdad "excede, en que da vida a sus poseedores", es justamente, la que señaló Jesús cuando al orar por sus seguidores, dijo: "Ésta es la vida eterna: que te conozcan a ti, el único Dios verdadero, y a Jesucristo, a quien has enviado" (Juan 17:3). Cristo es la sabiduría que "excede" porque "da vida a sus poseedores". La Escritura lo afirma: "Dios nos ha dado vida eterna; y esta vida está en su Hijo. El que tiene al Hijo, tiene la vida: el que no tiene al Hijo de Dios, no tiene la vida" (1 Juan 5:11, 12). Cristo —el Verbo hecho carne— encarna la Sabiduría.

Cada uno de nosotros podremos hacer y examinar todas las sendas al saber, pero sólo una de ellas es "el camino más excelente", porque "excede, en que da vida a sus poseedores".

LA ORACIÓN DE GETTYSBURG

Si se humillare mi pueblo, sobre el cual mi nombre es invocado, y oraren, y buscaren mi rostro, y se convirtieren de sus malos caminos; entonces yo oiré desde los cielos, y perdonaré sus pecados, y sanaré su tierra (2 Crónicas 7:14).

Por su incorruptible honradez, su energía y su modestia, ha sido Abraham Licoln, décimosexto presidente de los Estados Unidos, uno de los políticos más admirados del mundo. Durante la llamada "guerra de secesión", desplegó una energía y una constancia inquebrantables. El país lo recuerda, entre otras cosas, por su enérgica lucha por la abolición de la esclavitud. De su pluma salió la "proclama de emancipación" (1° de enero de 1863), que abolía para siempre la esclavitud en todos los Estados Unidos.

El corto pero magistral discurso que incluimos abajo, pronunciado por Lincoln tras la crucial victoria de Gettysburg, revela la nobleza de espíritu y la claridad moral que lo engrandeció ante sus coterráneos que veían en él la encarnación de la voluntad nacional en su más digna expresión.

"Ochenta y siete años ha, nuestros padres dieron vida en este continente a una nueva nación, concebida en la libertad, y sustentada en el principio que todos los hombres han nacido iguales.

"Estamos ahora sumidos en una gran guerra civil, poniendo a prueba si esta nación, o cualquiera otra así concebida y sustentada, puede perdurar. Nos encontramos reunidos en un vasto campo de batalla de esa guerra. Nos hemos congregado para dedicar parte de él a lugar de eterno descanso de aquellos que dieron su vida para que la nación viviera. Es de todo punto justo y natural que así lo hagamos.

"Pero, en un sentido más amplio, no podemos dedicar, no podemos consagrar, no podemos bendecir esta tierra. Los valientes vivos y muertos, que aquí lucharon, la consagraron ya con su esfuerzo, sin que esté en nuestra mano añadir ni quitar nada a tal consagración. El mundo poco notará de lo que aquí *digamos*, ni lo recordará durante mucho tiempo; pero jamás olvidará lo que ellos aquí *hicieron*. A nosotros, los vivos, tócanos el deber de dedicarnos a la obra inacabada que ellos con tanta nobleza empezaron y continuaron. Tócanos a nosotros consagrarnos a la tarea inmensa que tenemos delante: honrar a estos muertos, y con su ejemplo acrecentar nuestro entusiasmo por la causa a que ellos dieron todo su esfuerzo; mostrarnos decididamente resueltos a que los caídos en la contienda no hayan perecido en vano; hacer que la nación, con la ayuda de Dios, reciba un nuevo bautismo de libertad, y que el gobierno del pueblo, por el pueblo, y para el pueblo, no desaparezca de la tierra".

¿CÓMO LEES?

Ahora, hijo mío, a más de esto, sé amonestado. No hay fin de hacer muchos libros; y el mucho estudio es fatiga de la carne. El fin de todo discurso oído es este: Teme a Dios, y guarda sus mandamientos; porque esto es el todo del hombre (Eclesiastés 12:12, 13).

Alguien ha dicho (¿Bury?) que "el amor a los libros es amor a la sabiduría". Pero..., ¿es siempre así? ¿Por qué lee la gente? O..., ¿por qué no lee? ¿Qué conviene considerar al adquirir conocimiento?

Muchos no leen para evitar el compromiso de ser consecuentes con lo aprendido. Y otros tantos, leen demasiado, no porque son intelectuales sino porque son inseguros y hasta cómodos. En la persecución desenfrenada del conocimiento encuentran excusas para postergar sus decisiones hasta tener suficiente información; y como nunca consideran haber aprendido lo bastante para saber qué es lo que conviene poner en práctica, permanecen como esponjas, asimilando siempre pero sin dar de sí a menos que los estrujen.

Tal es el caso de aquel doctor de la ley que se acercó a Jesús para preguntarle qué le era necesario hacer para poseer la vida eterna. Jesús le preguntó: "¿Qué está escrito en la ley? ¿Cómo lees? Y él, respondiendo, dijo: "Amarás al Señor tu Dios con todo tu corazón, y con toda tu alma, y con todas tus fuerzas, y con toda tu mente; y a tu prójimo como a ti mismo" (Lucas 10:25-27). Entonces, cuando el Maestro lo exhortó a hacerlo, el hombre preguntó: "¿Y quién es mi prójimo?" Por supuesto, conocía la ley; aun se la sabía de memoria; pero nunca había estado dispuesto a ser consecuente con lo aprendido. Ahora preguntaba, no por querer saber más sino para excusarse por no haber practicado el mandamiento en su desnuda sencillez. En la ley decía que debía amar a su prójimo como a sí mismo; pero él no lo había hecho, y en su pregunta quería "justificarse a sí mismo" (vers. 29).

El excesivo estudio sin la aplicación práctica de los principios básicos para vivir en armonía con Dios, con los demás y con nosotros mismos, es tan estéril como la propia ignorancia, y aun más condenable que ella porque "sabe hacer lo bueno, y no lo hace" (Santiago 4:17). Salomón —el mayor sabio que conoció la historia— ya lo había advertido: "No hay fin de hacer muchos libros; y el mucho estudio es fatiga de la carne". Y añade: "Teme a Dios y guarda sus mandamientos; porque esto es el todo del hombre" (Eclesiastés 12:12, 13).

LA LEY SOBRE EL TAPETE

Y Jehová respondió a Samuel: No mires a su parecer, ni a lo grande de su estatura, porque yo lo desecho; porque Jehová no mira lo que mira el hombre; pues el hombre mira lo que está delante de sus ojos, pero Jehová mira el corazón (1 Samuel 16:7).

Hay —aun en ámbitos religiosos— una cierta tendencia a la supresión de los deberes o las leyes, a fin de dar más expansión a la libertad interior y los intereses subjetivos del individuo. ¿Es justo este reclamo? ¿Son impropias las leyes y sujeciones a las que fuimos sometidos hasta hoy?

No hace mucho la prensa informaba de alguien que había escogido la pobreza, el alcohol, la suciedad y la soledad como compañeros de sus días. Rodeado de botellas de tequila ya vacías, y sentado cómodamente en un sillón desvencijado, el individuo aquél aseguraba no haber más plena libertad ni mejor reino que el suyo. Pero... ¿en qué consistía su libertad? ¿Cuál era su reino? Era libre de la riqueza, pero esclavo de la pobreza; era libre de la sobriedad, pero esclavo del alcohol; era libre del orden y la limpieza, pero era esclavo del desorden y la suciedad. Libre aun de responsabilidades familiares, pero esclavo de sí mismo. Si de algún reino podía hablar, era el de su vida, y no parecía gobernarlo con gran sabiduría.

Sin embargo, su enfoque no es tan distinto del de muchos que, sin llegar a sus extremos, también se sienten libres para andar como quieren. Hasta profesos cristianos caen en esta trampa. Considerando que la obediencia de Jesús reemplaza la de ellos, suponen que ya no tienen por qué guardar la ley de Dios.

Sin embargo, el propio Jesucristo dijo: "No penséis que he venido para abrogar la ley o los profetas; no he venido para abrogar, sino para cumplir. Porque de cierto os digo que hasta que pasen el cielo y la tierra, ni una jota ni una tilde pasará de la ley, hasta que todo se haya cumplido" (Mateo 5:17, 18). Siglos antes, el profeta Isaías había dicho que "Jehová se complació por amor de su justicia en magnificar la ley y engrandecerla" (Isaías 42:21). Cuando Jesús vino, hizo precisamente eso. Explicó que Dios espera de nosotros no la observancia formal, externa y nominal de sus mandamientos, sino un corazón que verdaderamente viva "con toda palabra que sale de la boca de Dios" (Mateo 4:4).

Dios no juzga apariencias, sino realidades (Isaías 11:3, 4). Más acá de lo que muestra nuestra conducta exterior, está nuestro yo verdadero; éste es el que Dios mira (1 Samuel 16:7), y al que dice: "Si me amáis, guardad mis mandamientos" (Juan 14:15).

CUANDO SE PIERDE LA FE

Pues me propuse no saber entre vosotros cosa alguna sino a Jesucristo, y a éste crucificado... para que vuestra fe no esté fundada en la sabiduría de los hombres, sino en el poder de Dios (1 Corintios 2:2-5).

Se había sentado junto a una de las ventanillas del ómnibus; pero no miraba el paisaje. Fijaba toda su atención en una tarjeta que llevaba consigo, y que decía: "Tened fe en Dios". De pronto, una ventisca se la arrebató de las manos, y la tarjeta voló hacia afuera. Entonces, el niño gritó: "¡Chofer, por favor, pare; que he perdido mi fe en Dios!" El conductor del ómnibus detuvo la marcha. El niño recogió su tarjeta y el viaje prosiguió. Algunos pasajeros sonrieron, otros murmuraron; pero hubo quien, en su alma también sintió que había recuperado su fe en Dios.

Reconquistar la fe perdida, parece tarea de gigantes. El temor al fracaso o a la burla a menudo paraliza todo esfuerzo y permite el avance de la amargura y de la duda. Pero no es necesario que acontezca esto. La Biblia dice que "Dios repartió a cada uno" una "medida de fe" (Romanos 12:3 última parte), y también dice que "la fe es por el oír, y el oír, por la palabra de Dios" (Romanos 10:17).

El salmista afirma que "por la palabra de Jehová fueron hechos los cielos, y todo el ejército de ellos por el aliento de su boca... Porque él dijo, y fue hecho; él mandó, y existió" (Salmos 33:6, 9). Sí, la Palabra de Dios es poderosa y creadora. Como hizo los cielos y la tierra, y cuanto en ellos hay, puede también rehacer el corazón quebrantado por la duda. Hay en las Escrituras 3.573 promesas a las que podemos aferrarnos, con confianza semejante a la de Abraham, de quien la Biblia dice que "tampoco dudó, por incredulidad, de la promesa de Dios, sino que se fortaleció en fe, dando gloria a Dios, plenamente convencido de que era también poderoso para hacer todo lo que había prometido" (Romanos 4:20, 21). El apóstol Pablo nos exhorta a seguir esa clase de ejemplos; ser así "imitadores de aquellos que por la fe y la paciencia heredan las promesas" (Hebreos 6:12). Pero advierte: "que vuestra fe no esté fundada en la sabiduría de los hombres, sino en el poder de Dios" (1 Corintios 2:5).

La fe "que Dios repartió a cada uno" no es de manufactura humana, fue fabricada en la cruz del Calvario por "el Autor y Consumador de nuestra fe". Ese Jesús sabe sostener tu fe, amigo lector. Ya lo dice el himno: "Si la fe me abandonare, él me sostendrá. Si el mal me amenazare, él me sostendrá. Él me sostendrá, él me sostendrá. Porque me ama el Salvador, él me sostendrá..."

EL MAÑANA

Nunca más se oirá en tu tierra violencia, destrucción ni quebrantamiento en tus términos; mas a tus muros llamarás Salud, y a tus puertas Alabanza (Isaías 60:18).

Preguntaba el gran escritor francés Víctor Hugo: "¿El mañana? El mañana es lo grande. ¿De qué estará hecho el mañana?" Hoy nuestra curiosidad se justifica más que nunca antes. Vivimos en una era de cambios maravillosos, en que transformaciones transcendentales ocurren ante nuestra propia vista. Durante los últimos cincuenta años el mundo ha sufrido innovaciones tales que si nuestros abuelos se levantaran de sus tumbas se quedarían abrumados de asombro y espanto.

Los hombres tratan de imaginar cómo será el mundo del mañana. Numerosos novelistas se han esforzado por penetrar, merced a la imaginación, en lo que será este mundo dentro de cincuenta o cien años. Algunos de esos novelistas ven a nuestra civilización destruida totalmente por una tercera guerra mundial a base de explosiones atómicas. Otros la ven maravillosamente transformada y sobre todo asombrosamente mecanizada. Uno de ellos nos sugiere un mundo de personajes medio robots, medio humanos, donde la ingeniería genética y la clonación son cosas de rigor. En fin, que la imaginación lleva al hombre por caminos, no sólo fantásticos, sino también disparatados.

Casi todo el mundo concuerda en que las cosas no pueden seguir en este mundo tal como ahora van, que necesariamente debe producirse un cambio, cuanto más radical, mejor. Desde un polo hasta el otro, este planeta es un vasto hospital en el cual todos los seres humanos sufren la angustia del dolor que lacera la carne enferma. El hambre enflaquece los cuerpos y envenena el alma en muchas regiones de la tierra. El odio ha levantado su torva bandera sobre un pedestal de horror y desesperación, y desde allí inspira e impulsa los actos de los hombres.

Para esta situación hay sólo una posibilidad, esto es, un cambio que transforme totalmente el corazón de los hombres y convierta esta tierra en lo que debe ser, en un cielo.Hemos dicho un cielo. Es precisamente lo que el hombre ha olvidado, el cielo. Y es, sin embargo, lo que esta tierra debiera ser y lo que de acuerdo con las enseñanzas de la Sagrada Escritura será en el futuro cuando se produzca el más maravilloso de los cambios. Quiera Dios que contemplemos esa posibilidad maravillosa del futuro y que con Juan Ramón Jiménez digamos:

Te tenía olvidado,
cielo y no eras
más que un vago existir de luz,
visto —sin nombre—
por mis cansados ojos indolentes.
Y aparecías, entre las palabras
perezosas y desesperanzadas del viajero,

como en breves lagunas repetidas
de un paisaje de agua visto en sueños...

Hoy te he mirado lentamente,
y te has ido elevando hasta tu nombre.

—*"Cielo," de Juan Ramón Jiménez*

Julio 20

CINCO PASOS PARA DEJAR DE SUFRIR

Echando toda vuestra ansiedad sobre él, porque él tiene cuidado de vosotros (1 Pedro 5:7).

Es harto sabido que nuestro mundo está lleno de pesares y sufrimientos. Alguien ha dicho que vivir es sufrir. Otro se ha referido a nuestro mundo como un gran valle de lágrimas. Sin caer en exagerado pesimismo, podemos admitir que a todos nos ha tocado recorrer más de una vez ese valle lacrimoso.

Pero, ¡ánimo! ¡Hay esperanza! Hoy ofrecemos cinco pasos que al tomarlos nos permitirán salir airosos del valle de lágrimas, con la capacidad de mantener un estado mental sano y positivo.

Primer paso: Al hablar con Dios, no esconda sus verdaderos sentimientos. ¡Expréselos! Dios nunca se incomoda cuando nos sinceramos con él. Tampoco se espanta por los disparates teológicos que pronunciamos en un momento de arrebato emocional. Basta con leer los salmos de la Sagrada Escritura para quedarnos convencidos de que Dios admite la libre expresión de nuestros sentimiento más íntimos, por disparatados que sean.

Segundo paso: Adueñese de su problema. Es muy posible que su dilema, dolor, pena o sufrimiento tenga algún causante, alguien o algo que lo originó, y usted quiere que el culpable sea confrontado con su injusticia. Pero, ¿sabe algo? Muy a menudo esta energía que gastamos con vitriólico fervor resulta ser un desgaste infructuoso. La realidad es que su problema, su dolor, es precisamente eso: *su* dolor, *su* problema. Acepte que su dolor, su pena, le pertenece, y que sólo usted podrá superarlo.

Tercer paso: Recuerde que otro Ser, infinitamente mayor y más poderoso que usted, se ha adueñado también de su problema. Ese Otro es Jesús: "Ciertamente llevó él nuestras enfermedades, y sufrió nuestros dolores... Mas él, herido fue por nuestras rebeliones, molido por nuestros pecados... y por su llaga fuimos nosotros curados" (Isaías 53:4, 5). Créalo.

Cuarto paso: Expanda su percepción de sí mismo. No se defina a sí mismo por su problema o enfermedad. Usted es más que su sufrimiento. Por ejemplo, si usted tiene cáncer, no se defina meramente por el cáncer. No se vea a sí mismo como "un canceroso". Usted es mucho más: es padre, madre, hijo, hija, hermano, hermana; es obrero, estudiante, es una persona con responsabilidades que cumplir, consejos que dar, con afectos y simpatías que compartir. Alguien lo necesita.

Quinto y último paso: Haga todo lo que pueda por mejorar su situación y la de su prójimo. Muchas veces, la mejor forma de salir de la depresión y el ensimismamiento en que caemos a raíz de algún sufrir consiste en ponernos al servicio de otra persona cuya situación sea más precaria que la nuestra. Cuando Cristo estaba en la cruz, sus pensamientos en favor del ladrón arrepentido y la actitud perdonadora que adoptó hacia los que lo crucificaban, permitieron que su mente aminorara la intensidad de su dolor y se enfocara en el propósito redentor de su misión.

Jóvenes lectores, ese mismo Jesús nos extiende la misma simpatía y la misma salvación. Él les dice hoy: "Venid a mí todos los que estáis trabajados y cargados, que yo os haré descansar". ¿Le abrirán su corazón?

Julio 21

COMPRADOS

Sabiendo que fuisteis rescatados de vuestra vana manera de vivir, la cual recibisteis de vuestros padres, no con cosas corruptibles, como oro o plata, sino con la sangre preciosa de Cristo, como de un cordero sin mancha y sin contaminación (1 Pedro 1:18-19).

En mis viajes por las tres Américas y por otras latitudes, a menudo me salen al encuentro almas angustiadas, dominadas por el pensamiento de que Dios no puede perdonar sus gravísimos pecados. Vienen a mí con la pregunta: "¿Me aceptará Jesús siendo tan pecador?" Me da mucha satisfacción poder asegurarles que el perdón de Dios es para todos, sin excepción alguna. Ilustrémoslo:

Si usted hace una compra, ¿estará dispuesto a recibir la mercancía cuando el camión llegue a su casa con la entrega? El hecho de que usted pagó buen dinero para adquirir determinada mercadería es prueba suficiente de que no sólo estará dispuesto a recibirla; más aún, estará ansioso por tenerla en su poder a la mayor brevedad posible. Mientras mayor haya sido su costo, más será la expectativa y anticipación por recibirla. Si entregó todo lo que tenía y además adquirió una deuda para toda la vida por esa compra, no cabe la menor duda de que cuando le entreguen lo comprado lo aceptará.

Apliquemos esto a lo que Dios hizo en Cristo por nosotros: En primer lugar, Cristo nos compró: "Habéis sido comprados por precio" son las palabras del apóstol Pablo; y el apóstol Pedro agrega: "con la sangre preciosa de Cristo" (Hechos 20:28 y 1 Pedro 1:18, 19).

Lo sorprendente, amable lector, es que Jesús no compró a determinada clase de personas, elegidas por méritos propios o el azar. No, él compró ¡al mundo entero! El apóstol Juan, en su primera epístola, dice así: "Y él es la propiciación por nuestros pecados; y no solamente por los nuestros, sino también por los de todo el mundo" (1 Juan 2:2).

Todavía alguno puede insistir: "No soy digno; usted no conoce mi condición, ni mi corazón". Y tiene usted razón. Yo no conozco su condición, pero Dios sí conoce lo que hay en su corazón y en el corazón de cada ser humano. Nuevamente, el apóstol Juan, refiriéndose a Jesús, dice: "Él sabía lo que había en el hombre" (Juan 2:24, 25).

Cuando Cristo vino a este mundo y miró de cerca lo que le interesaba comprar, no fue engañado; por así decir, nadie le vendió gato por liebre. Es cierto que la mercadería no estaba en buenas condiciones. Era deficiente e inoperante. Estaba descompuesta. Precisamente por eso, concretó la compra. Y aunque podía haberlo hecho —y tenía el derecho de hacerlo—, no se quejó ni se queja de lo que compró.

En el momento en que Jesús hizo la compra, no tomó en cuenta el valor de la mercadería, sino lo que significábamos para él. Porque el Señor Jesús quiere hacer algo especial con nosotros, los comprados. Notemos esta maravillosa declaración: "Mas a los que le recibieron, a los que creen en su nombre, les dio potestad de ser hechos hijos de Dios" (Juan 1:12). Y eso, lector mío, sí tiene valor. ¡Qué maravilla!

Julio 22

LOS CLONES, LA CIENCIA Y DIOS

He aquí el Cordero de Dios, que quita el pecado del mundo (Juan 1:29).

El 27 de febrero de 1997, el mundo de las noticias se llenó de los ecos del más reciente prodigio del intelecto humano. En el Instituto Roslin, de Escocia, el biólogo Keith Campbell produjo un cordero a partir de una célula de la glándula mamaria de una oveja adulta. De este modo, el animalito es un clon del animal original, es decir, una copia exacta, una fiel reproducción de la oveja de cuya célula se obtuvo el material genético que se usó en el experimento.

El nacimiento, o mejor dicho, la manufactura de Dolly, que así le pusieron a la corderita copiada, es sin duda un gran paso en el progreso de la ciencia genética. Lo que preocupa a los científicos ahora es que, así como se ha logrado hacer un clon de corderos, también sea posible que se logre producir clones humanos. Y esta posibilidad ha producido gran revuelo en diversos ambientes. Por ejemplo, se habla de que los matrimonios sin hijos podrían obtenerlos siguiendo este método. Por su parte, los homosexuales y lesbianas podrían también llegar a reproducirse, desarrollando clones de ellos mismos. Otros fantasean que podríamos desarrollar clones para obtener de ellos órganos de repuesto para el individuo original.

No es de extrañarse que ante todo este confuso panorama, los gobiernos y las autoridades científicas y religiosas sientan profunda preocupación por las connotaciones éticas de esta práctica. Una cosa es obtener clones de corderos, otra cosa es reproducir de ese modo a seres humanos. Si un millonario se reproduce así, ¿tiene su clon, su gemelo, derecho a gastar su fortuna? ¿O son dos personas distintas a pesar de tener cuerpos idénticos? Y, suponiendo que ambos puedan producir trasplantes, ¿a quién se le hace el trasplante? ¿Al original, por ser original, o al clon por ser una versión más joven, y por lo tanto, con más vida útil? ¿Y qué se hace en el caso de la mujer que quería clonar a su padre muerto, y que se lo implantaran en su propia matriz, para que allí se desarrollara hasta nacer como su hijo?

¿No le parece, amable lector, que la ciencia se está metiendo en la proverbial camisa de once varas al invadir el terreno que antes se reconocía como provincia exclusiva del poder divino?

Lo que el mundo necesita hoy no es la demostración del poder y el genio del hombre; lo que el mundo necesita hoy no es la ilusoria y peligrosa esperanza, carente de sustancia, de querer salvarse a sí mismo de las consecuencias del pecado, de la muerte; lo que el mundo necesita hoy no es el mensaje que proclamen estos dos corderos, la oveja donante y su clon, vitrinas de la soberbia y el orgullo humanos. Lo que el mundo necesita hoy es el mensaje que nos trae otro Cordero; ese Cordero que no sólo quita las consecuencias del pecado, sino que elimina también el pecado mismo; ¡lo que el mundo necesita hoy es el Cordero de Dios, que quita el pecado del mundo! "Y el Cordero los vencerá, porque él es Señor de señores, y Rey de reyes; y los que están con él son llamados y elegidos y fieles" (Apocalipsis 17:14).

LA CONVERSIÓN DE FRANK GONZÁLEZ

Pues a sus ángeles mandará acerca de ti, que te guarden en todos tus caminos (Salmo 91:11).

En cálida tarde de domingo, bajo amenazante nube de verano, Frank y su primo Javier pasaban el tiempo inventando juegos en el portal de la casa del tío, sin saber que la mayor tormenta se urdía no en la nube, sino en los airados corazones de chicos afectados por la enfermedad del odio racial. Era una época de mucha tensión étnica en Estados Unidos —y sobre todo en el sur del país—, y estos pandilleros decidieron tomar medidas contra los hispanos recién llegados, considerados por ellos una plaga peligrosa, un cáncer que había que extirpar.

Aparecieron como batallón de guerra. Un automóvil lleno, dos motocicletas y varias bicicletas. Eran más de una docena, portaban palos y cadenas en las manos, y odio en el corazón.

Pronto Frank se vio rodeado por esos pandilleros. Parecía que la muerte misma lo sitiaba. ¿Qué hacer? Sólo un milagro podía salvarlo. ¿Un milagro? Solamente Dios los hace, y ya por años Frank y Dios no se hablaban (por años Frank había orado para que Dios sacara a su padre —preso político—, de la cárcel).

Las palabras que el día anterior había escuchado de Eladio Paulín, instructor bíblico de su tío, pasaron por su mente. ¿Será verdad eso del ángel de la guarda? ¿Le importará a Dios lo suficiente la vida de Frank?

Frank decidió que no había otra alternativa sino dirigirse a quien por años no se dirigía. "Si es verdad que te importo, que me amas, que tienes un plan para mi vida, pues... ¡qué mejor momento que éste para demostrarlo! ¡Quizás no tengas otra oportunidad! Y ese ángel de la guarda que supuestamente me has asignado, ¡más vale que aparezca... y ya!"

¡Vaya forma de dirigirse a Dios! Si Dios escuchara sólo las oraciones reverentes, la de Frank no habría encontrado respuesta jamás. Pero Dios no escucha porque le hablemos conforme a alguna fórmula protocolaria. ¡Él escucha porque nos ama!

Lo que sucedió después es difícil de explicar y más difícil aún de creer; algo de película. Cada pandillero que se abalanzaba contra Frank, era disparado hacia atrás, como si una fuerza magnética o una mano invisible lo repeliera. Salían ilesos, aunque muy confundidos. Algo muy extraño, sin explicación lógica y natural acontecía. Frustrados y temblando de miedo subieron a sus vehículos, dejaron a Frank solo, en medio de la calle, también confundido, pero convencido de que Dios y su ángel habían intervenido para salvarle la vida.

Más tarde Frank González comprendió que en Jesús, en la cruz del Calvario, todos tenemos la prueba definitiva de que Dios se propone salvarnos y darnos vida abundante y eterna. Hoy por hoy se goza de poder comunicar el inmensurable amor de Dios a un público muy diverso, en treinta y cinco países, por las más de setecientas emisoras que difunden *La Voz de la Esperanza*.

Amigo lector, ¿por qué no abres tu corazón a ese Dios de amor? Hazlo ahora mismo y descubrirás que has emprendido la aventura más gloriosa imaginable, la que el cielo ha preparado para ti desde antes de la fundación del mundo.

Julio 24

¿QUIÉNES SON LOS ÁNGELES?

He aquí yo envío mi Ángel delante de ti para que te guarde en el camino, y te introduzca en el lugar que yo he preparado (Éxodo 23:20).

¿Quiénes son los ángeles? ¿Creaciones de la fértil imaginación del ser humano? ¿Otra invención del panteón de la mitología? ¿Personificaciones imaginarias de la virtud? ¿Muertos que vuelven ya reencarnados y que han pasado a otra esfera espiritual (lo que muchas películas de Hollywood tratan de hacernos creer)? La Palabra de Dios es muy clara al respecto.

Los ángeles son criaturas reales que existen en regiones celestes. Ríen, lloran, aman, adoran, y en ocasiones intervienen en nuestras vidas con el cometido divino de consolarnos o salvarnos de algún peligro.

En una ocasión Dios le dijo a su siervo Moisés: "He aquí yo envío mi Ángel delante de ti para que te guarde en el camino, y te introduzca en el lugar que yo he preparado" (Éxodo 23:20).

Cuando el apóstol Pablo y sus acompañantes se debatían, en medio de lo que la Biblia describe como "una tempestad no pequeña", en la que Lucas confiesa "habíamos perdido toda esperanza de salvarnos", Dios envió un ángel. Dejemos que Pablo lo cuente:

"Porque esta noche ha estado conmigo el ángel del Dios de quien soy... diciendo: Pablo, no temas; es necesario que comparezcas ante César; y he aquí, Dios te ha concedido todos lo que navegan contigo" (Hechos 27:23, 24). "No temas", son las palabras usadas con mayor frecuencia por los ángeles de Dios.

Cuando el profeta Zacarías estaba más desalentado por las dificultades que un pueblo ingrato e incrédulo le planteaba a cada paso, obstaculizando su tarea de reedificar a Jerusalén, recibió ánimo de un ángel enviado por Dios: "Y Jehová respondió buenas palabras, palabras consoladoras, al ángel que hablaba conmigo. Y me dijo... Clama diciendo: Así dice Jehová de los Ejércitos: Aún rebosarán mis ciudades con la abundancia del bien, y aún consolará Jehová a Sión, y escogerá todavía a Jerusalén" (Zacarías 1:13, 17).

Dios envió ángeles para que confortaran a Jesús al término de los cuarenta días de ayuno en el desierto (Mateo 4:11) y también recibió la compañía de éstos en su épica lucha en el jardín del Getsemaní, donde se jugaba el destino de la raza humana (Lucas 22:43).

Amigo, amiga, cobra ánimo. Dios tiene cuidado de nosotros. Le importan nuestros sentimientos. Sabe que no podemos vivir bajo continua ansiedad, y toma medidas para socorrernos. A veces se vale de ángeles para impartirnos consuelo.

Julio 25

EL ARTE DE CONVERSAR

Pon guarda a mi boca, oh Jehová; guarda la puerta de mis labios (Salmo 141:3).

Unos tienen conocimiento, pero no gracia para compartirlo. Otros tienen gracia para expresarse, pero sus charlas carecen de significado. Y amén de todo esto, está la particular diferencia de intereses que a menudo dificulta la comunicación. ¿Qué hacer para vencer estos obstáculos? ¿Cómo aprender el arte de conversar?

Entre amigos la conversación suele ser natural y entretenida porque hay intereses afines. Con todo, no falta quien se abusa del oído ajeno, ora para extenderse demasiado en su charla, ora para decir cosas que más valdría omitir o al menos decirlas de otra manera. Al respecto, la Biblia advierte que hay quien habla como dando estocadas de espada, pero no recomienda imitarlo, sino hablar con sabiduría, con gracia y con dulzura; decir la verdad siempre, y siempre con amor, y pensar antes de responder. Además, destaca otro factor: que nuestra palabra sea "buena para edificar" (Efesios 4:29).

Khalil Gibrán decía, con su particular profundidad, que "las ranas podrán hacer más ruidos que los bueyes; pero no pueden arrastrar el arado en los campos, ni hacer girar la rueda del lagar; ni vosotros podéis hacer zapatos con sus cueros". Y vale la pena considerarlo. Nuestra conversación no debiera ser ruido de ranas. Y no pensemos que por eso de estar uncidos al arado, debemos sólo hablar palabras trabajosas y solemnes. El surco espera semilla que dé fruto, que satisfaga el hambre de la gente. Sin aire doctoral, con corazón sencillo de labriego, usted y yo podemos sembrar en los oídos de otros palabras que satisfagan su hambre de amor, de consuelo, de alegría, de apoyo y de comprensión; palabras que edifiquen en sus almas refugios de fe y de esperanza; palabras, al fin, que de veras sean útiles. Y para ello, nada mejor que orar como el Salmista: "Pon guarda a mi boca, oh Jehová; guarda la puerta de mis labios" (Salmo 141:3).

¿CÓMO DOMAR LA LENGUA?

Pero ningún hombre puede domar la lengua, que es un mal que no puede ser refrenado, llena de veneno mortal (Santiago 3:8).

A menudo somos o blanco o tiradores, de las flechas de la maledicencia o de la crítica. ¿Qué hacer para librarnos de este azote? ¿Cómo podemos dominar nuestras palabras?

Cierto autor comparaba las características de las lenguas de algunos animales y las de la humana. "Las serpientes y los lagartos —decía— tienen como pequeños cuernos en la punta de la lengua, la que les sirven también como órganos del olfato. En las lenguas de peces tales como el salmón y la trucha, crecen dientes. Las ranas, los escorpiones y los camaleones tienen lenguas muy largas por las cuales pueden lanzar un líquido cegador que les permite capturar a los insectos rápidamente. Aunque nuestras lenguas humanas —concluía el articulista— no pueden apresar, morder, ni oler, pueden hacer algo mucho más fantástico: articular palabras".

Sin embargo, figurativamente, la lengua humana concentra las habilidades de todas las demás. Sabe bien cómo olfatear vidas ajenas, apresar faltas en otros, morder sin compasión con sus dientes de crítica, y aun lanzar calumnias cegadoras que faciliten la captura de mentes y oídos incautos.

El chisme —la enfermedad más común de la lengua— ataca a tres clases de personas: a los que critican, a los que oyen las críticas, y a quienes son criticados. De todos, los de más fácil cura son estos últimos, pues si las críticas son justas podrán reaccionar favorablemente enmendando sus errores; y si son infundadas, vivirán tranquilos, libres en sus concien-

211

cias por mucho que los acusen. Grave, en cambio, es la situación del que murmura. Su lengua, como dijera el apóstol Santiago, es "un mundo de maldad" y "ningún hombre puede domarla" (Santiago 3:6, 8).

Cuando el profeta Isaías sintió y reconoció la impureza de sus labios, un ángel del cielo —tocándole con un carbón encendido en el altar— le dijo: "He aquí que esto tocó tus labios y es quitada tu culpa, y limpio tu pecado" (Isaías 6:5-7).

Sí, hay Uno que puede corregirlo todo. Si nuestra conducta induce a la censura justificada, si nuestros oídos tienden a escuchar lo que no deben, o si nuestros labios suelen hablar como no conviene... todavía hay esperanza... El mensaje dado a Isaías también puede ser nuestro. El toque divino doma la lengua.

Julio 27

UN DECÁLOGO DE SALUD

Y quitará Jehová de ti toda enfermedad... (Deuteronomio 7:15).

No pienses demasiado en ti mismo. Piensa también en los demás que llevan pesadas cargas. Puede ser que necesiten tu ayuda. Al ayudar y alentar tú a otros, te ayudarás a ti mismo.

II

No te acongojes. Cuando las dificultades te asedien como un alud, cuando se ensanchen como montañas, hazles frente una por una y te admirarás de cómo desaparecen.

III

No temas. Haz lo que puedas dentro de lo razonable para estar preparado para lo que pueda suceder y luego sé confiado. Recuerda quién es el que dijo: "No temas, yo soy contigo".

IV

No alimentes pensamientos desagradables y de desdicha. Puedes encontrar muchas cosas agradables y felices que considerar, si tan sólo quieres buscarlas. Al pensar en los beneficios que has recibido pronto se desvanecerá tu melancolía.

V

No seas demasiado sensible. Si tus amigos te ofenden, no te entienden o no te juzgan rectamente, no te abatas. Son muchos los que se interesan en ti y te sostendrán. Haz lo mejor que puedas. Si has cometido faltas, confiésalas y hallarás paz.

VII

Duerme cuanto te acuestes a la noche. No pienses en todo lo que has hecho durante el día ni en las muchas cosas que no has hecho. El ayer está pasado y el mañana no llegó todavía. Olvídate de ti mismo y de todo el mundo.

VIII

Come para obtener fuerza y salud, no meramente por placer o para complacer el gusto. No comas entre horas ni comas alimentos demasiado suculentos. Mastica bien tus alimentos y mientras comas, sé tan alegre como puedas.

IX

Bebe mucha agua fría. Es la mejor bebida y una de las mejores medicinas que se conocen. Empieza el día con un vaso o dos de agua fría antes de desayunar. Rehuye los vinos y otras bebidas alcohólicas, como también los narcóticos: te, café, mate.

X

Trata de respirar bastante aire puro, tanto mientras duermas como mientras estés despierto. Acuérdate de respirar profundamente, para que todo el aire bueno llegue al extremo de tus alveolos pulmonares.

"En las copas, la inquietud busca la alegría; la cobardía el valor, y la timidez la confianza".

—W. H. de Adams.

Julio 28

ESCUCHA HIJO MÍO

Padres, no exasperéis a vuestros hijos, para que no se desalienten
(Colosenses 3:21).

Escucha hijo: voy a decir esto mientras duermes, una manecita metida bajo la mejilla y los rubios rizos pegados a tu frente humedecida. He entrado solo en tu cuarto. Hace unos minutos mientras leía mi diario en la biblioteca, sentí una ola de remordimiento que me ahogaba. Culpable, vine junto a tu cama.

Esto es lo que pensaba, hijo: me enojé contigo. Te regañé cuando te vestías para ir a la escuela, porque apenas te mojaste la cara con una toalla. Te regañé porque no te limpiaste los zapatos. Te grité porque dejaste caer algo al suelo.

Durante el desayuno te regañé también. Volcaste las cosas. Tragaste la comida sin cuidado. Pusiste los codos sobre la mesa. Untaste demasiado el pan con mantequilla. Y cuando te ibas, y yo salía a tomar el tren, te volviste y me saludaste con la mano y dijiste: "¡Adiós, papito!" Y yo fruncí el ceño y te respondí: "¡Ten erguidos esos hombros!"

Al caer la tarde todo empezó de nuevo. Al acercarme a casa te vi, de rodillas jugando en la calle. Tenías agujeros en las medias. Te humillé ante tus amiguitos al hacerte marchar a casa delante de mí y te grité: "Las medias son caras, y si tuvieras que comprarlas tú serías más cuidadoso". Pensar, hijo, que un padre diga eso...

¿Recuerdas, más tarde, cuando leía en la biblioteca y entraste tímidamente, con una mirada de perseguido? Cuando levanté la vista impaciente por la interrupción, vacilaste en la puerta. "¿Qué quieres ahora?", te dije bruscamente.

Nada respondiste; pero te lanzaste en tempestuosa carrera y me echaste los brazos al cuello y me besaste, y tus bracitos me apretaron con un cariño que Dios había hecho florecer en tu corazón y que ni aun el descuido ajeno puede agostar. Y luego te fuiste a dormir, con breves pasitos ruidosos por la escalera.

Bien, hijo: poco después fue cuando se me cayó el diario de las manos y entró en mí un terrible temor. ¿Qué estaba haciendo en mí la costumbre? La costumbre de encontrar defectos, de reprender; ésta era mi recompensa para ti por ser un niño. No era que yo no te amara; era que esperaba demasiado de ti. Te medía según la vara de mis años maduros.

Y hay tanto de bueno y de bello y de recto en tu carácter. Ese corazoncito tuyo es grande como el sol que nace. Así lo demostraste con tu espontáneo impulso de correr a besarme. Nada más que eso importa esta noche, hijo. He llegado hasta tu camita, en la obscuridad, y me he arrodillado, lleno de vergüenza.

Es una pobre expiación; sé que no comprenderías estas cosas si te las dijera cuando estás despierto. Pero mañana seré un verdadero papito. Seré tu compañero y sufriré cuando sufras, y reiré cuando rías. Me morderé la lengua cuando esté por pronunciar palabras impacientes. No haré más que decirme, como si fuera un ritual: "No es más que un niño, un niño pequeñito".

Temo haberte imaginado hombre. Pero al verte ahora, hijo, acurrucado, fatigado en tu camita, veo que eres un bebé todavía. Ayer estabas en los brazos de tu madre, con la cabeza en su hombro. He pedido demasiado, demasiado.

—Anónimo.

214

SE NECESITA VALOR

Esfuérzate y sé valiente... (Josué 1:6).

Se necesita valor:

1. Para vivir según nuestras convicciones.
2. Para ser lo que somos y no pretender ser lo que no somos.
3. Para decir rotunda y firmemente NO cuando los que nos rodean dicen Sí.
4. Para vivir honradamente dentro de nuestros recursos y no deshonradamente a expensas de otros.
5. Para ver en las ruinas de un desastre que nos mortifica, humilla y desconcierta, los elementos de un brillante éxito futuro.
6. Para negarnos a hacer una cosa mala, aunque otros la hagan.
7. Para pasar las veladas en casa tratando de aprender.
8. Para huir de los chismes cuando los demás se deleitan en ellos.
9. Para defender a una persona ausente a quien se critica abusivamente.
10. Para ser verdaderamente hombre o mujer aferrándose a nuestros ideales cuando esto nos hace parecer extraños o singulares.
11. Para guardar silencio en ocasiones cuando una palabra nos limpiaría del mal que se dice de nosotros, pero perjudicaría a otra persona.
12. Para vestirnos según nuestros ingresos y negarnos lo que no podemos comprar.

—Anónimo.

CONSEJOS PARA LA ESPOSA JOVEN

Toda tú eres hermosa, amiga mía, y en ti no hay mancha (Cantares 4:7).

Aquí tenemos las nueve cosas más importantes que no debe hacer la esposa que desea que su cónyuge la encuentre fácil de comprender y vivir a su lado:

1— No sea entrometida. Proporciónele un poco de independencia al hombre o se va a sentir acorralado.

2— No lo reprenda. Si él no hace lo que usted desea a la primera vez que se lo pide, renuncie. Al amonestarlo lo único que ganará será que él la considere como una esposa regañona.

3— No se ponga de mal humor. La esposa enojada que insiste en lo mismo, es casi tan irritante para un hombre como aquella que guarda rencor, rehusando hablar u olvidar lo ocurrido.

4— No sea autoritaria. La esposa autoritaria nunca tiene un esposo feliz.

5— No se sienta desgraciada con lo que su esposo puede proporcionarle. El hombre necesita sentir que es un buen jefe del hogar, aunque no sea el mejor.

6— No sea mala camarada. La mujer que se enoja por la menor cosa que sale mal, nunca es buena compañera.

7— No sea desleal. A menos que su esposo considere que usted está de su parte, se va a sentir muy solo.

8— No sea criticona. La esposa que siempre está tratando de mejorar a su esposo destacándole sus defectos y errores, es probable que no cambie nada, sino los sentimientos de él hacia ella.

9— No tome la vida demasiado en serio. La mujer que puede reírse de sí misma y ver el lado jocoso de la naturaleza humana, de hacer llevaderos los pequeños contratiempos y desgracias, es la clase de mujer más avenible para un hombre.

—Anónimo.

Julio 31

ARTE PARA CONTESTAR LAS PREGUNTAS DE UNA ESPOSA

El corazón de su marido está en ella confiado... (Proverbios 31:11).

Advertencia para los varones: Cuando tu esposa te haga cualquiera de las preguntas que siguen, ella no busca tu opinión, sino su propia afirmación:

"**¿Te gusta realmente mi vestido nuevo?**" No vacile, ni considere o salga con un comentario de crítica. Dígale que su vestido es fabuloso y que se ve bella con él. (Ésa es la única respuesta que la hará feliz, y para protegerse a sí mismo, es la única contestación que evitará que ella cuelgue su vestido en el fondo del ropero y que compre otro para reemplazarlo).

"**¿Me quieres todavía?**" (Ella se siente realmente deprimida si le hace esa pregunta, por lo tanto, contéstele en forma bastante convincente. No es la oportunidad para decir distraídamente, "Seguro", o en forma irritable: "¿Qué ocurre ahora?").

"**¿Crees que yo debería buscar un empleo?**" (Lo que ella desea oír realmente, es que desempeña su parte precisamente trabajando como ama de casa. Si deseara de veras tener un empleo, te convencería con su idea y no te preguntaría lo que piensas).

"**¿Te gusta cómo arreglé la salita?**" (Desea que le digas que el nuevo arreglo es una gran idea, porque ella cree que es así, o en caso contrario volvería a colocar las cosas en su antiguo lugar).

"**¿Crees que nuestros invitados disfrutaron con la velada?**" (Después de haberse molestado toda la noche para que la velada fuera un éxito, ella desea de ti esa seguridad, no que le sugieras cómo podría haberla mejorado).

"**¿Crees que puedes quedarte solo durante una semana si tengo que ir a la casa de mi madre?**" (Esta última exige un poco de incertidumbre. Lo que ella desea oír es que te las arreglarías de alguna manera, pero que no anhelas verte sin su compañía).

—*El Tiempo*, 1968.

¿QUÉ ES UN MUCHACHO?

Pero Jesús dijo: Dejad a los niños venir a mí, y no se lo impidáis; porque de los tales es el reino de los cielos (Mateo 19:14).

Los muchachos vienen en tamaños, pesos y colores surtidos. Se les encuentra dondequiera: encima, debajo, dentro, trepando, colgando, corriendo, saltando. Las mamás los adoran, las niñas los odian, las hermanas y los hermanos mayores los toleran, los adultos los desconocen y el Cielo los protege. Un muchacho es la verdad con la cara sucia, la sabiduría con el pelo desgreñado, la esperanza del futuro con una rana en el bolsillo.

Un muchacho tiene el apetito de un caballo, la digestión de un tragaespadas, la energía de una bomba atómica, la curiosidad de un gato, los pulmones de un dictador, la imaginación de Julio Verne, la timidez de una violeta, la audacia de una trampa de acero, el entusiasmo de un triquitraque, y cuando hace algo tiene cinco pulgadas en cada mano.

Le encantan los dulces, las navajas, las sierras, la Navidad, los libros de láminas, el chico de los vecinos, el campo, el agua (en su estado natu-

217

ral), los animales grandes, papá, los trenes, los domingos por la mañana y las bombas de incendio. Le desagradan las visitas, la doctrina, la escuela, los libros sin láminas, las lecciones de música, las corbatas, los peluqueros, las muchachas, los abrigos, los adultos y la hora de acostarse. Nadie más se levanta tan temprano, ni se sienta a comer tan tarde.

Nadie más puede embutirse en el bolsillo un cortaplumas oxidado, una fruta mordida, medio metro de cordel, un saquito de picadura vacío, dos caramelos, seis centavos, una honda, un trozo de sustancia desconocida y un auténtico anillo supersónico de clave con un compartimiento secreto.

Un muchacho es una criatura mágica. Usted puede cerrarle la puerta del cuarto donde guarda sus herramientas, pero no puede cerrarle la puerta de su corazón. Puede echarlo de su estudio, pero no puede echarlo de su mente. Todo el poderío suyo se rinde ante él; es su carcelero, su jefe, su amo... ¡Él, un manojito de ruido caripecoso! Pero cuando usted llega a casa por la noche con sus esperanzas y sus ambiciones hechas pedazos, él puede remendarlo todo con dos palabras mágicas: "¡Hola, papito!"

—Alan Beck.

LA BOTELLA QUE TODO LO CONSUME

El vino es escarnecedor, la sidra alborotadora, y cualquiera que por ellos yerra no es sabio (Proverbios 20:1).

Un día delante de una cabaña, un niño de pocos años contemplaba una botella que tenía en sus manos, murmurando:

—¿Estarán dentro de esta botella los zapatos, como dice mamá?

Por fin después de darle muchas vueltas, cogió una piedra y rompió la botella; mas, al ver que no había nada adentro, espantado por lo que acababa de hacer, se echó al suelo y rompió a llorar tan fuerte que no oyó el ruido de pasos de alguien que se acercaba por momentos.

—¿Qué es eso?...

Aterrado el pequeño al oír la voz, volvió los ojos. ¡Era su padre!

—¿Quién ha roto la botella? —repitió su padre, de mal humor.

—¡Yo! —exclamó el niño sofocado casi por las lágrimas.

—¿Y por qué la rompiste?

El niño miró a su padre. (Es que en la voz de éste había algo a lo cual él no estaba acostumbrado; algo de compasión que su padre había sentido, quizás por primera vez, al ver aquel pobre ser, inocente y débil, encorvado, doblado casi en su desolación sobre los restos de la botella.)

—Yo quería —murmuraba el niño entretanto— ver si había dentro de ella un par de zapatos nuevos... porque los míos están rotos, y mamá no los puede componer... Todos los otros tienen un par de zapatos nuevos...

—¿Cómo podrías imaginarte que hubiera dentro de la botella un par de zapatos nuevos?

—Es mamá quien me lo ha dicho. Siempre que le suplicaba que me comprara un par de zapatos nuevos, me decía que mis zapatos y mis vestidos y muchas otras cosas, estaban en el fondo de esa botella... y yo creía encontrar alguna de esas cosas adentro...; pero ya no lo haré más.

—Está bien, hijo mío —dijo el padre, poniendo las manos en el cabello ensortijado de su hijo.

Después entró en la cabaña, dejando al niño asombrado con su moderación tan fuera de ordinario.

Algunos días más tarde el padre entregó al niño un pequeño paquete, mandándole que lo abriera. Al abrirlo, lanzó el pequeñuelo un grito de alegría.

—¡Zapatos nuevos!... ¡Zapatos nuevos! —exclamó—. ¿Has recibido otra botella, papá? ¿Estaban dentro de ella?

—No, hijo mío —le contestó él con dulzura— ya no quiero otra botella; tu madre tenía razón. Todas las cosas iban antes a perderse en el fondo de la botella; las que he echado en ella no es fácil sacar de allí, pero en adelante no volveré a echarle ninguna cosa.

—León Tolstoi.

DIOS PROTEGE A SUS SIERVOS

Sed sobrios, y velad; porque vuestro adversario el diablo, como león rugiente, anda alrededor buscando a quien devorar (1 Pedro 5:8).

Se dio el extrañísimo suceso en Mérida, Yucatán, México. El director y orador de La Voz de la Esperanza, pastor Frank González, después de la presentación de rigor, toma su lugar ante el púlpito para dar inicio al mensaje de la noche. De repente se deja oír un estrépito que capta la atención de todos. Desde el fondo del pasillo central se puede observar la loza desprendiéndose "sola", provocando un ruido verdaderamente ensordecedor. Las lozas saltantes y su concomitante ruido prosiguen su marcha hacia la plataforma. Algunos del público, azorados, observan estupefactos y paralizados de terror; otros se levantan de sus asientos y corren hacia las paredes de los lados. Entonces, tan súbitamente como comenzó, el fenómeno desaparece.

Más tarde, un niño comentaría a su padre: "Papi, yo vi una sombra muy oscura que acompañaba al ruido y que iba en dirección al pastor González, pero tan pronto llegó a él, se esfumó".

Nadie pudo dar una explicación natural a lo acontecido. ¿Por qué se desprendieron esas lozas sólo en el pasillo del medio? ¿Por qué el ruidoso "oleaje" de las lozas saltantes desde atrás hacia el púlpito? No se sabe. Pero muchos circunstantes lo relacionaron con el versículo que advierte: "Sed sobrios, y velad; porque vuestro adversario el diablo, como león rugiente, anda alrededor buscando a quien devorar" (1 Pedro 5:8).

Felizmente, el apóstol Pedro también suple la promesa de protección: "Humillaos, pues, bajo la poderosa mano de Dios, para que él os exalte cuando fuere tiempo; echando toda vuestra ansiedad sobre él, porque él tiene cuidado de vosotros" (1 Pedro 5:6, 7). Sí, creámoslo; Dios protege a sus hijos.

Agosto 4

CARTA A MI HIJO

No tengo yo mayor gozo que este, el oir que mis hijos andan en la verdad (3 Juan 4).

Hijo querido:

Me he quedado mirando tu piecesito y echo a volar mi imaginación. ¿Por cuáles veredas irás cuando seas grande? Eres aún tan dependiente, tan puro, tan angelical y tan perfecto, casi acabado de salir de las manos del Creador.

Aún no hablas, pero con tus límpidos ojos me lo dices todo. Me sonríes y con ello me das tu más tierno amor. Me tiendes tus bracitos como pidiendo mimo y seguridad; rodeas mi cuello y siento tus manos pequeñas y tibias acariciar mis mejillas. ¡Ah, hijo mío, qué tesoro tengo en ti! Te cuidaré como a lo más valioso.

Mañana..., sí, mañana empezarás a hablar. Dirás mamá, papá y otras palabras sencillas. Más tarde te apoyarás en el asiento de una silla, te levantarás y el día menos pensado caminarás solo. ¡Qué maravilla! Verte día a día independizarte, separarte de mí, andar por ti mismo. Yo me quedaré mirándote... sin perder de vista tus primeros pasos..., tus pequeños pies.

Después... Ah, sí; después comerás solito y más tarde irás al Jardín de Niños, después a la escuela. Ya no pasaremos el día juntos y tu cariño no será sólo mío; empezarás a compartirlo con la maestra y tus compañeros. Aprenderás muchas cosas, cosas nuevas que en casa no se aprenden. Te irás separando de mí sin quererlo... Sin sentirlo. Por eso te escribo ahora estas palabras llenas de cariño, como un recuerdo de tus primeros años. En ellas encontrarás mis grandes anhelos para ti.

El tiempo que te toca vivir es muy difícil. El hombre se ha vuelto sabio, un semidiós y ha inventado muchas cosas que asombran, mejor dicho que nos asustan por su audacia. Quizá tú vayas a ser un investigador, artista o empresario, ¡si pudiera saberlo ahora! Eres tan pequeño como ave en el nido. Tú serás optimista y valiente; realizarás lo que te propongas y de eso estoy segura porque te enseñé a confiar en Dios siempre. Te he dado alimento para el cuerpo y a la vez el pan espiritual de una manera sutil como tu edad lo ha ido requiriendo para que lo asimiles. Ya cruzas tus manitas cuando decimos "Padre nuestro", y por las noches con tu pequeño dedo, señalas el cielo cuando te pregunto dónde está Dios.

Cuánta dependencia de ese Dios necesitamos para transitar por la vida, corta o larga. Por eso yo quiero que le ames y confíes en él. Que seas caritativo, amante de hacer el bien, de abogar por las causas nobles y luchar por ellas hasta ganarlas por amor a Dios y a tus hermanos.

Con estas cuartillas, cuyas palabras llenas de cariño y que brotan de lo más íntimo del corazón de una madre amante, cierro este testamento, en el que te dejo solamente el deseo ferviente de que la bendición de Dios te acompañe todos los días de tu vida.

Tu madre.
María del Rosario Dávalos de Cabello

CADA DÍA

No te jactes del día de mañana; porque no sabes qué dará de sí el día (Proverbios 27:1).

¡Cada día! En estas dos palabras reside el secreto del éxito. No vale tanto lo que hacemos una vez con toda nuestra energía como las cosas que vamos realizando cada día.

¡Cada día! Hay triunfo en esta expresión. El arte exquisito y la maravillosa habilidad de cualquier pianista o violinista eximio, que parecen espontáneos, no son sino el resultado de largos y penosos días de laboriosa rutina.

¡Cada día! ¡Camino de perfección! Todos los que hacen algo impecablemente, deben su habilidad a los lentos esfuerzos de cada día.

Muchas veces los jóvenes no comprenden el enorme poder acumulado que hay en el tiempo. Tomemos por ejemplo diez años. Digamos que tú tienes veinte. Para cuando hayas cumplido treinta, habrás desarrollado una enorme eficiencia, si tan sólo empleas con un mismo propósito noble cierta cantidad de tiempo cada día.

Casi todos podríamos obtener el título de doctor en cualquier universidad con el número de horas malgastadas en diez años. En ese tiempo podrías llegar a hablar y entender perfectamente inglés o francés; podrías ser una autoridad en geología, botánica, química, literatura castellana, historia o en lo que sea tu ambición, si tan sólo fueras fiel cada día.

¡Cada día! El universo se funda en la rutina. El sol sale cada día; las estrellas siguen sus órbitas; las estaciones van y vienen de acuerdo con un programa preestablecido; late el corazón y los pulmones se llenan y vacían con la regularidad de un cronómetro.

En la edificación del carácter, *cada día* significa más que en cualquier otro sentido. El hombre más honrado es el que lo ha sido siempre; la mujer más virtuosa es la que tiene detrás de su virtud presente, la inercia de toda una vida poblada de hechos y pensamientos virtuosos; la persona más alegre es la que ha practicado durante mucho tiempo el arte de ser alegre; y el que conservará su dominio propio más firmemente en la crisis, será el que se ha ejercitado en el dominio del yo. Ninguna fuerza es más grande en el hombre que el poder almacenado de lo que ha hecho *cada día*.

Y, como punto final, si cada día te entregas a Cristo, terminarás por andar como él anduvo.

CREDO DE UN FAMOSO

El que labra su tierra se saciará de pan; mas el que sigue a los ociosos se llenará de pobreza (Proverbios 28:19).

El célebre prócer de la industria automovilística, John D. Rockefeller, resumió en pocas palabras la filosofía que lo llevó al triunfo y las compartió con el público en un artículo titulado "Mi credo", que con gusto compartimos con el lector:

CREO en la dignidad del trabajo, sea manual o intelectual; en que el mundo no está obligado a darle a nadie un medio de subsistencia, pero sí proporcionar a todos una oportunidad de ganársela.

CREO en la suprema valía del individuo y en su derecho a vivir, a ser libre y a labrarse la felicidad.

CREO que la verdad y la justicia son los fundamentos de todo orden social perdurable.

CREO en la santidad de la promesa; en que la palabra del hombre debe valer tanto como su mejor garantía material: en que el carácter —no la riqueza , ni el poder, ni la posición— es de un supremo valor.

CREO que todo derecho implica una responsabilidad, que toda oportunidad una obligación, y toda posición, un deber.

CREO en que la ley fue hecha para el hombre y no el hombre para la ley; en que el gobierno es el servidor del pueblo y no su amo.

CREO que el ahorro es esencial para una vida bien ordenada, y que la economía es el requisito de una sana estructura económica, trátese del gobierno, de los negocios, o del individuo.

CREO en que es deber de todos prestar un servicio útil a la comunidad humana, y que sólo el fuego purificador del sacrificio consume la escoria del egoísmo y pone en libertad la grandeza del espíritu.

CREO en un Dios que es todo sabiduría y amor, sea cual fuere el nombre que se le dé, y en que los más grandes éxitos, la más acendrada dicha y la más vasta utilidad se encuentran viviendo en armonía con su divina voluntad.

CANCIÓN DE CUNA DE LA VIRGEN MARÍA

**María guardaba todas estas cosas, meditándolas en su corazón
(Lucas 2:19).**

Duérmete, mi Niño
duérmete, Lucero,
que hoy tengo en mis brazos
la Estrella y el Cielo.

¿Te hieren las sombras
de este mundo nuevo?
Como un blando nido
seré, pequeñuelo.

Ah, qué dicha extraña
mirarte en silencio;
saber que en ti duerme
mi Niño y mi Dueño.

¿Lloras por el frío,
tiemblas por el viento?
Ven a mi regazo
y olvida el miedo.

Duérmete en mis brazos
mientras eres tierno,
mientras eres mío,
no del mundo entero.

Dice la tiniebla
que un día te pierdo,
que una espina aguda
me herirá en el pecho.

No importa, mi vida,
que ahora te tengo.
Duérmete mecido
por mi amor sereno.

Ah, dicha indecible:
ser madre del Cielo.
Acuno cantando
a mi Dios pequeño.

Duérmete, velloncito
de luz, en mi seno,
que si abres los ojos
se apaga el lucero.

Mira, te hace fiestas
el burrito bueno,
y el buey taciturno
te arrulla mugiendo.

No te acuno sola,
porque el universo
canta si los hombres
quedan en silencio.

¿Oyes a los ángeles?
Cantan, mi pequeño,
la canción de cuna
de siglos eternos.

Duérmete mi Niño,
que aún no es tu tiempo.
Duérmete en mis brazos
mientras canto y pienso.

Ya duermes con sueño
de Dios indefenso.
Ya apaga la noche
mi canto y mi ruego.

—Leonilda de Indart.

LA RECOMPENSA DE LA MADRE

Dadle del fruto de sus manos, y alábenla en las puertas sus hechos (Proverbios 31:31).

Con toda seguridad esa bondadosa y sufrida campesina llamada Nancy, jamás se imaginó antes de morir prematuramente a los 36 años de edad cuál sería el futuro de su pequeño hijo Abraham.

Ella siempre había realizado sus tareas de esposa y madre con sagrada fidelidad y diligencia. Era la encarnación del amor y la devoción. Mientras cumplía sus pesadas tareas domésticas, solía repetir en voz alta promesas de la Sagrada Escritura. Estando en su lecho de moribunda, con serena firmeza pidió a su pequeño hijo de 9 años que se acercara a ella para decirle con ternura indescriptible: "Me voy a ir y ya no volveré. Yo sé que tú serás un buen muchacho, bondadoso con tu hermana y con tu padre. Deseo que vivas como te enseñé y que ames a tu Padre celestial".

Ese muchacho supo ser fiel al amor y la confianza de su abnegada madre. Llegó a ser nada menos que Abraham Lincoln, hombre de temple extraordinario, libertador de los esclavos y tal vez el más amado presidente de su país. En un momento crucial de su vida, Lincoln declaró: "Yo tuve una madre cristiana cuyas oraciones me han seguido a lo largo de la vida. Todo lo que soy y espero ser, se lo debo a mi santa madre".

¿Qué mejor recompensa —pregunto— puede tener una madre, que la de hijos agradecidos cuyas vidas honren su nombre?

Seguramente, en el día final, cuando se revelen todos los secretos, "se descubrirá que muchos de los que beneficiaron al mundo con la luz del genio, la verdad y santidad, recibieron de una madre piadosa y cristiana los principios que fueron la fuente de su influencia y éxito" (*Patriarcas y profetas,* pág. 250).

Además del galardón imperecedero y eterno que nuestras madres recibirán de las manos de Dios, más acá del reconocimiento que les brinden las generaciones futuras, aquí y ahora ellas deben recibir su recompensa; el monumento de la gratitud profunda y espontánea del corazón, que es el más deseado por ellas. Honremos a nuestra madre. Es la mejor recompensa que le podemos ofrecer. Y estemos seguros que al hacerlo, Dios sabrá agregar su infinita y suprema bendición; su paz, su amor, su gozo, su recompensa presente y eterna.

Con el alma llena de fe, abre tu corazón, querida madre, y recibe ahora mismo esta ofrenda que te entregan el Padre de los cielos y tus amados de esta tierra. Sigue adelante cumpliendo tu sagrada misión con la certeza de que no perderás tu merecida recompensa.

DESIDERATA

En Dios solamente está acallada mi alma; de él viene mi salvación
(Salmo 62:1).

Vé plácidamente en medio del bullicio y la prisa
y advierte cuánta paz emana del silencio.
Di tu verdad, clara y serenamente,
y escucha a los demás, aun al tosco e ignaro,
porque él también tiene una historia vivida.

Compararte con otros quizás sólo te dé
vanidad o amargura,
porque si ves doquiera inferiores a ti,
también en todas partes hay más grandes que tú.

Regocíjate en tu obra cumplida y tus proyectos
y a tu trabajo aplícate por humilde que sea:
es éste un bien seguro en el tiempo mudable.
Encara los negocios con prudencia y cautela
pues fértil es el mundo en fraude y en engaños
pero procura ver la virtud que hay en él:
muchos seres contienden por altos ideales
y la vida está llena de callado heroísmo.

Sé tú mismo. Jamás finjas un sentimiento
ni ofendas al amor con mente o voz procaces,
porque perenne es, como la hierba
frente a tanta aridez y tanto desencanto.
Acoge de buen grado la lección de los años;
con gratitud despide tu mocedad marchita
y nutre de paciente entereza tu espíritu,
que ella ha de serte escudo frente a infortunios súbitos.

No dejes que te angustien tus propias fantasías.
Mucho temor cruel que nos obceca
nace en la soledad y en el cansancio.

Mírate con respeto porque del universo
eres parte, lo mismo que la estrella y el roble
legítimo derecho tienes para existir;
y, aunque no lo comprendas, ten siempre por seguro
que el universo, en todo, es como debe ser.

Mantente en paz con Dios según creas que es
y cualesquiera fueren tus labores y anhelos
a través del confuso tumulto de la vida,
mantente en paz con tu alma, que a pesar de imposturas,
de penosas faenas y de ensueños frustrados,
bello es aún el mundo.

—Max Ehrman.

UN JONÁS MODERNO

Pero Jehová tenía preparado un gran pez que tragase a Jonás... (Jonás 1:17).

Es casi increíble este relato interesante. En febrero de 1891, una balle-nera inglesa denominada "Star of the East" (Estrella del Oriente), nave-gaba en aguas cercanas a las Islas Malvinas. El vigía avistó desde su torre-cilla dos grandes cachalotes, o cetáceos parecidos a la ballena. Inmediatamente se bajaron dos botes. Uno de los cachalotes escapó. El otro fue arponeado. Durante la agonía del animal, el bote al cual estaba ligado por los arpones, recibió un formidable golpe de la cola del mons-truo, y quedó reducido a añicos. Los marineros que estaban en el bote fueron arrojados al agua, y todos menos dos, fueron recogidos por los otros botes. El cuerpo de uno de los dos que faltaban fue recuperado más tarde, pero el otro hombre, llamado Jaime Bartley, no pudo encon-trarse.

La tripulación, usando machetes, hachas, y palas, tardó un día y medio en quitarle la grasa a la ballena capturada. Al cabo de ese tiem-po, empleando una grúa, levantaron el estómago de la ballena y lo depo-sitaron sobre la cubierta del buque. Los marineros se alarmaron al notar que algo se agitaba dentro de aquel estómago. Al abrirlo, los hombres vieron con espanto, que de él salía Jaime Bartley, gritando como un loco furioso. Estuvo delirante varios días, pero después de algunas semanas pudo reasumir sus tareas.

Tiempo después, escribiendo lo que le había acontecido, dijo el señor Bartley: "Tengo bien presente lo ocurrido desde el momento en que salté del bote, y sentí que mis pies daban con algo blando. Miré para arriba y vi algo así como un pabellón color rosa y blanco que descendía. Inmediatamente me sentí como atraído hacia abajo, con los pies hacia adentro, y me di cuenta de que me tragaba la ballena. Fui como chupado hacia abajo cada vez más, estrechándome una pared de carne, y con todo, la presión no era dolorosa, pues la carne cedía al menor movimiento que yo hacía. De pronto me encontré en un saco mucho más grande que mi cuerpo, y en una completa oscuridad. Empecé a sentir un fuerte dolor en la cabeza, y se me hizo difícil respirar. Al mismo tiempo, experimenté un terrible calor, que parecía consumirme, y creí que iba a ser cocinado vivo. La idea de que iba a perecer dentro del vientre de una ballena era un tormento insoportable, y un silencio espantoso me aniquilaba. Intenté levantarme, gritar. Toda acción era imposible ahora, aunque mi cerebro parecía continuar extrañamente lúcido. De pronto, y hallándome en plena conciencia de mi suerte, perdí el conocimiento".

Este relato, atestiguado debidamente por el capitán del "Estrella del Oriente", y por la tripulación, fue publicado por M. P. Courbet, el 7 de marzo de 1896, en la revista "Cosmos" editada en París, Francia, y fue traducido luego a otros idiomas.

En el año 1924 una asamblea de conocidos hombres de ciencia de Inglaterra sancionó con su aprobación el caso de Bartley, otorgando el famoso premio Gunning del Victorian Institute de Londres, a E. J. Sewell. Este señor, en un trabajo presentado a la citada asamblea, da todos los detalles del sorprendente caso de Jaime Bartley, y por cuanto los hombres de ciencia aceptaron los hechos comprobados, le asignaron el premio.

SI TU BILLETE HABLARA

Porque raíz de todos los males es el amor al dinero, el cual codiciando algunos, se extraviaron de la fe, y fueron traspasados de muchos dolores (1 Timoteo 6:10).

Asegúrame en tu mano y llámame tuyo.
¿No puedo yo también llamarte mío?
Ve qué fácilmente te gobierno yo.
Para ganarme harías todo, menos morir.
Soy esencial como el agua.
Sin mí mueren los hombres y las instituciones.
No obstante, no encierro para ellos el poder de la vida.
Yo no voy a cualquier parte, a no ser que mi amo me mande.

Hago extraña compañía en el intercambio de la vida: soy hoy una santa ofrenda a Dios; ayer, sin embargo, atraje hombres viles a un cuarto para robar de la cuna un bebé adormecido y despedazar el corazón de una madre.

Por mí, el hombre ama a Dios o se burla de él.

Con todo, Dios me designa para el servicio de sus santos: proporcionar educación al espíritu y alimento al cuerpo enflaquecido del pobre.

Mi poder es terrible.

Pues, poderoso como pueda ser, de ti depende mi carácter. Mi uso y servicio son determinados por la especie de hombres que me adquieren, me conservan por un poco, me envían entonces al campo de sus deseos y objetivos.

Ahora que soy tuyo, te ruego que me permitas servir a tus mejores impulsos.

Como tú, tengo hambre del bien; mas, cuando no soy empleado para obras santas, correspondo, como la carne a los malos impulsos.

Déjame, te pido, servir a una causa santa.

Por tanto, séllame, te ruego, con tu fe y destíname a tareas de alegría, vida y paz.

—Anónimo.

EL PASTOR

Obedeced a vuestros pastores, y sujetaos a ellos; porque ellos velan por vuestras almas, como quienes han de dar cuenta; para que lo hagan con alegría, y no quejándose, porque esto no os es provechoso (Hebreos 13:17).

Hay un hombre sin segundo,
que con toda abnegación
cumple de Dios la misión
de llevar por este mundo,
las nuevas de amor profundo
de que Cristo, el Redentor,
salva a todo pecador.
¿Quién es ese pregonero?
¿Ese de Dios mensajero?
Ese hombre es el pastor.

El pastor es fiel vocero
de un mensaje celestial;
es un claro manantial
de bien y de amor sincero.
Cual un brillante lucero
irradia luz por doquier,
y procura convencer
con la palabra divina
a todo aquel que camina
sin un Dios en quien creer.

El pastor es claro espejo
en que se mira Jesús,
y de su diáfana luz
es un vívido reflejo.
Toma siempre su consejo,
no desatiendas su voz;
eco nítido es de Dios
en este mundo perdido,
y el que siempre ha combatido
al pecado vil y atroz.
El pastor de corazón
en el peligro es valiente;
es cortés con toda gente,
y constante en la oración.
Siente una inmensa pasión
por traer almas a Cristo,

y siempre se encuentra listo
para exhortar y servir:
otro de este vivir
en la tierra no se ha visto.

Ser pastor es ser llamado
con divina vocación;
es recibir santa unción
del Espíritu sagrado.
Es vivir muy consagrado
a las cosas del Señor;
es practicar el amor,
la paciencia, la humildad;
es predicar la verdad
con entusiasmo y valor.

Quien piense que el pastorado
es muy fácil de llevar,
ése no sabe observar
lo que requiere cuidado;
pues sólo el que es llamado
para servir de pastor,
de todos sabe mejor
lo que es sufrir desconsuelo,
lo que es tristeza y dolor.

Gloria a Dios por los pastores
que trabajan con tesón,
y con noble corazón
mitigan muchos dolores.
Ellos están cual las flores
puestos con santo primor,
y despiden al redor
del evangelio la luz,
el mensaje de la cruz
y el perfume de Jesús.

—Rodolfo Robledo.

EL SERMÓN DEL MONTE

Viendo la multitud, subió al monte; y sentándose, vinieron a él sus discípulos. Y abriendo su boca les enseñaba... (Mateo 5:1, 2).

Fue en una primavera conmovida de trinos.
Sentado allá en el monte decías tu sermón;
aquellos que acudimos de todos los caminos
oímos tus palabras brotar del corazón.

"Amaos unos a otros como yo os he amado;
a quien os aborrece también debéis querer.
No juzgues a tu hermano y no serás juzgado;
sobre justos e injustos el Padre hace llover.

"Benditos los que tienen el espíritu manso.
Benditos los que sufren hambre y sed;
suya será la tierra donde hallarán descanso,
sus ansias de justicia con mi amor saciaré.

"No puedes tu cabello volverlo negro o blanco;
lo que será mañana no temas sin razón;
aprende de las aves, ve los lirios del campo.
Así, en toda su gloria, no vistió Salomón.

"Con lámpara encendida alumbrarás mi Nombre
colocada en lo alto, no debajo del almud;
tus obras verá el Padre si no las viera el hombre
y él desde su reino premiará tu virtud".

Fue en una primavera conmovida de trinos.
Sentado allá en el monte decía su sermón;
aquellos que acudimos de todos los caminos
oímos sus palabras brotar del corazón.

—Florial Álvarez.

PUERTA AL CIELO

A éste, Dios ha exaltado con su diestra por Príncipe y Salvador, para dar a Israel arrepentimiento y perdón de pecados (Hechos 5:31).

Hay quienes dicen que si uno nunca ha probado el bungee-jumping —un tipo de lanzamiento al vacío, pendiendo de una soga elástica— no sabe lo que es divertirse en grande; y que si nunca ha ido a Disneylandia, se ha privado de algo fundamental.

Pero, permítame preguntarle seriamente: ¿Alguna vez ha experimentado el *arrepentimiento* delante de Dios? Si su respuesta es no, usted —verdaderamente— sí se ha privado de algo maravilloso.

La Biblia menciona este tema más de cien veces. Lejos de constituir una experiencia triste y dolorosa, el arrepentimiento bíblico es, más bien, como una puerta al cielo. Es como sanar después de haber estado enfermo; o recuperarse, después de un penoso accidente; como salir de la prisión, después de haber estado encarcelado por mucho tiempo; o como encontrarse de nuevo con un ser amado, después de no haberse visto por años. Es retomar la senda correcta, después de haberse desviado hacia un largo camino equivocado. ¡Qué gran alivio se siente!

El arrepentimiento es, ciertamente, un paso hacia la vida eterna; pero no es un paso que podemos dar por nosotros mismos, ni tampoco una iniciativa personal en la que podemos trabajar a nuestro antojo. A causa del pecado, todos hemos nacido con "las baterías muertas", por así decirlo; necesitamos que Jesús "conecte los cables". El arrepentimiento difiere mucho de los "actos de penitencia". No es algo que nosotros *hacemos*; es algo que nosotros... *creemos*. No es una *obra*; es una *experiencia* de fe. En otras palabras, el arrepentimiento es un don de Dios, que recibimos y experimentamos por medio de la fe. Así lo dice llanamente el apóstol Pedro: "A éste, Dios ha exaltado con su diestra por Príncipe y Salvador, para **dar a Israel arrepentimiento** y perdón de pecados" (Hechos 5:31). ¡Bendito don! ¡Y tan completo! Pedro dice que el arrepentimiento viene con el perdón incorporado; ¡es todo parte del regalo de Dios!

PUERTA AL CIELO —Segunda parte

Llamarás su nombre Jesús, porque él salvará a su pueblo de sus pecados (Mateo 1:21).

Un tiempo atrás, una dama puertorriqueña, con lágrimas en los ojos, nos dijo:

"Le diré que por muchos meses nos tocó vivir un inesperado y horrendo drama. Nuestro querido hijo se fue descarriando en alas de malas compañías. Se entregó a todo tipo de perversión, incluyendo la práctica de la homosexualidad. Nunca cesamos de orar por él. Un día, mientras conducía su auto, reflexionaba sobre el giro viciado y avieso que había tomado su vida. Se sentía sucio, miserable, ruin. Llegó a aborrecerse. Le parecía que estaba muy lejos de Dios. Se creyó maldito.

"'¡Maldito, maldito!' Estas palabras retumbaban en su espíritu. Se le ocurrió poner la radio —cualquier ruido era preferible al que atormentaba a su conciencia—. Al recorrer el dial dio con *La Voz de la Esperanza* en el preciso instante de la bendición final. 'Dios te bendiga...' Para mi hijo significó escuchar al mismo Dios hablándole. Él se consideraba maldito, pero Dios lo bendecía. Conmovido por esas palabras empezó a llorar incontrolablemente, al punto de tener que parar el carro al lado del camino. Le diré, pastor González, que a partir de esa experiencia mi hijo regresó al hogar y a Dios. ¡Ha dejado su vida disoluta, los vicios, la homosexualidad, y está totalmente convertido".

Sí, es como escribiera San Pablo: el amor de Dios "nos guía al arrepentimiento" (Romanos 2:4). ¿No querremos gozar también nosotros de la experiencia maravillosa, refrescante y alentadora que es el arrepentimiento genuino?

CUANDO SEAS PADRE DE UN ADOLESCENTE

Y vosotros, padres, no provoquéis a ira a vuestros hijos, sino criadlos en disciplina y amonestación del Señor (Efesios 6:4).

Del pensamiento del Dr. León Gambetta, eminente catedrático, aquí citamos los "hechos importantísimos que deben recordarse al tratar con un adolescente":

No ser autoritario con él.

No "mandonearlo" al pedirle que haga una cosa.

No hablarle a gritos. (Puede que si lo hacemos replique: "No soy sordo para que me hablen así".)

No enfadarse con él aunque tengamos todo el derecho del mundo para hacerlo. (Es innecesario, revela inseguridad de nuestra parte, anubla nuestra mente, y nos pone en situación de desventaja con él. Por regla general, tanto más se alza la voz cuanto menor razón se tiene.)

No burlarse del adolescente por su torpeza o equivocaciones al querer jugar el papel de adulto. (Él, ella aspiran a ser un verdadero hombre o mujer. Recordemos que todos aprendemos equivocándonos.)

No imponerle el oficio, carrera o profesión. (Él, ella tienen derecho a elegir.)

No obligarlo a estudiar si no quiere. (Puede que tenga alguna deficiencia: anemia, miopía u otra afección que los vuelve abúlicos, lo cual, por lo demás, es característico de esa edad. Investiguemos profesionalmente la causa del mal para remediarlo.)

Si ya está estudiando, o aprendiendo un oficio, pero no avanza mucho, no empujarlo demasiado. Eso puede rebelarlo. (A lo sumo, estimularlo con el reconocimiento por lo que hace, o motivarlo.)

No desafiarlo o amenazarlo en mala forma: "Atrévete a hacer tal cosa; ya verás". "Ay de ti si se te ocurre hacer esto o aquello". (Esto podrá incitarlo a aceptar el desafío y hacer lo que no queremos, porque nadie se amilana ante un desafío que pone en tela de juicio su dignidad o capacidad.)

No reprender a un adolescente con aspereza. (Hay maneras y maneras de decir las cosas, y no hay por qué elegir la peor.)

En el jamás de los jamases administrar a un adolescente que esté arriba de los doce años un castigo físico, corporal. (Esto lo humilla más allá de las palabras y hace que se empañe la imagen de buen padre o madre que él tenía de nosotros. Si hemos de sancionarlo por una falta, usemos de un castigo psicológico: suspenderle algún derecho momentáneamente; mostrar con nuestra actitud que desaprobamos su conducta, o cualquier otra cosa que lo haga entrar en razón.)

No hacerle sentir que somos superiores o infalibles. (Nosotros mismos no lo creemos.)

No escandalizarse (o mostrarse escandalizado) por algo grave hecho por él, por ella. (Nunca olvidaremos el caso de una hija quien, al referirse a la actitud de su progenitor para con ella frente a una serie de faltas muy grandes que había cometido, con lágrimas en los ojos nos dijo: "Siempre recordaré con gratitud que mi padre jamás me echó en cara las maldades que yo hice". Tiempo después esa hija estaba empeñada en rehabilitarse, por la gracia divina y como resultado de la bondad de un padre comprensivo.)

Por último, no prohibirle terminantemente —a menos que se trate de algo sumamente grave— que haga alguna cosa que consideramos riesgosa o desatinada. (Más bien tratemos de razonar con él, con ella, usando de nuestra sabiduría de años, y con el amor de Dios en nuestros corazones, para que alcance a ver las consecuencias que pudieran derivar del hecho de tomar un camino equivocado.)

DIOS COMO "NUESTRO PADRE"

Así alumbre vuestra luz delante de los hombres, para que vean vuestras buenas obras, y glorifiquen a vuestro Padre que está en los cielos (Mateo 5:16).

Un tiempo atrás, algunos pastores y yo fuimos llamados para orar por una anciana que tenía cáncer. Cuando nos arrodillamos, le pedimos que ella también orara. Pero no podía comenzar la oración de la manera en la que Jesús nos enseñó: "Padre nuestro [...]" En lugar de ello, ella oró: "Oh, Dios..."

Al indagar, nos dimos cuenta de que ella había crecido en una familia en la que todos temían a su padre. Él era duro, áspero en su trato, frío. Esta antipatía hacia todo el concepto de "padre" había envenenado su felicidad e impedía que entendiera el amor de Dios como lo que él verdaderamente es: nuestro Padre que está en los cielos.

Dios ama a las personas que sufren de esta manera. Él ha enviado un mensaje que sanará las heridas y las capacitará para experimentar la verdadera felicidad, sin importar cuánto han sufrido por causa de un padre que no las ha amado. Esta obra maravillosa llega a ser una realidad cuando oyen las buenas nuevas acerca de cómo es su Padre celestial y cuánto ama a sus hijos. Esto es exactamente lo que Cristo vino a mostrar.

Fue Jesús quien nos enseñó a todos a orar: "Padre nuestro que estás en los cielos [...]" No hizo ninguna excepción para quienes tienen recuerdos amargos de un padre terrenal malvado. Quiso enseñarnos a todos una mejor idea de lo que significa *padre*.

El Padre celestial es un Amigo para nosotros. Es amante y auxiliador. Quiere relacionarse con nosotros porque "en Cristo" llegamos a ser miembros de su familia.

En el Sermón del Monte, Jesús se refirió a Dios como nuestro Padre setenta veces, y en cada una de ellas enfatizó la idea de que ¡el Padre nos ama tanto como ama a Jesús! ¿No es esto maravilloso?

Agosto 18

UN PADRE INCOMPARABLE

Gracia y paz a vosotros, de Dios nuestro Padre y del Señor Jesucristo (2 Tesalonicenses 1:2).

Jesús dijo:

"Vuestro Padre que está en los cielos" (Mateo 5:16). Ésta es una preciosa noticia para cada ser humano: ¡Mantendrías tu cabeza tan alta como pudieras, si supieras que tu padre es el presidente del mundo!

"Vuestro Padre que está en los cielos [...] hace salir su sol sobre malos y buenos, y hace llover sobre justos e injustos" (Mateo 5:45). ¿Has cometido errores? ¿Te sientes culpable? Tu Padre que está en los cielos bendice con el sol y la lluvia incluso a quienes no se lo merecen. No hace favoritismos.

"Si perdonáis a los hombres sus ofensas, os perdonará también a vosotros vuestro Padre celestial" (Mateo 6:14). La voluntad de Dios para perdonar significa que él es el verdadero Padre-confesor. Puedes contarle tus faltas y fallas, todos tus pecados; incluso los más oscuros y secretos. Y cuando lo haces, Jesús te libera de esa pesada carga.

Jesús colgaba en la cruz, mientras el sol se escondía, y su alma se sumía en la oscuridad. Incluso desde su niñez, había permanecido estrechamente junto a su Padre celestial. Pero cuando Jesús (quien por nosotros fue hecho pecado, aunque él mismo no pecó, 2 Corintios 5:21), sintió que Dios lo había desamparado (Mateo 27:46). Sin embargo, allí sobre la cruz, Jesús le ganó la victoria a la enajenación. San Lucas nos dice que justo antes de morir, Jesús oró: "Padre, en tus manos encomiendo mi espíritu" (Lucas 23:46).

Ese mismo Padre es tu Padre. ¡Y la misma victoria puede ser tuya!

DIGAMOS "NO" A LA EXPLOTACIÓN

He aquí, el jornal de los obreros que han segado vuestras tierras, el cual por engaño no les ha sido pagado de vosotros, clama; y los clamores de los que habían segado han entrado en los oídos del Señor de los ejércitos" (Santiago 5:4).

Mientras recorría sus dominios, Luis XIV se detuvo a almorzar en una pequeña población. Ni bien los nobles del lugar se enteraron de su visita, vistieron sus mejores galas y fueron a dar la bienvenida al monarca. En el momento preciso cuando el rey se disponía a empezar a comer, llegó la comitiva, cuyo presidente comenzó así su discurso: "Señor: Alejandro Magno..." Al notar que el discurso se remontaba a la época de Alejandro, y prometía, pues, durar bastante, el soberano interrumpió al noble diciéndole: "Alejandro Magno había comido y yo no".

Ingeniosa respuesta. Pero hoy hay miles, y aun millones, que sin ingenio ni plato alguno frente a ellos, podrían decir lo mismo, y provocar el llanto y no la risa. Según José María Vargas Vila "no puede llamarse 'tiempo de paz' a la época de convulsiones económicas en que cada ciudadano tiene tras sí un gendarme asesino: su propia penuria".

Hoy, a pesar de todos los adelantos educativos y tecnológicos, todavía hay hombres que viven y trabajan en condiciones infrahumanas. Gente que por salir de su pobreza y de su hambre, sin tener otro recurso que la fuerza de sus brazos, admite y se somete a ser explotada como animal de carga. Otros se rebelan y expresan con violencia sus requerimientos, sin siempre ser oídos. Lo ideal sería que todos tuvieran la oportunidad de vivir y trabajar dignamente y que los esfuerzos de cada uno fuesen retribuidos con justicia. En una palabra, que terminara la explotación del hombre por el hombre, en todas sus formas.

La Escritura tiene su mensaje al opresor, y dice así: "He aquí, el jornal de los obreros que han segado vuestras tierras, el cual por engaño no les ha sido pagado de vosotros, clama; y los clamores de los que habían segado, han entrado en los oídos del Señor de los ejércitos". Y para los que —todavía con amor— trabajan en circunstancias tan adversas, añade: "Tened también vosotros paciencia; confirmad vuestros corazones: porque la venida del Señor se acerca" (Santiago 5:4, 8).

SOÑANDO DESPIERTOS

Acuérdate de tu Creador en los días de tu juventud, antes que vengan los días malos, y lleguen los años de los cuales digas: No tengo en ellos contentamiento (Eclesiastés 12:1).

Miguel Labordeta, en su poema "Mensaje de Amor que envía Valdemar Gris", dice:

*"Yo os digo
que estéis despiertos, amigos míos,
mis hermanos juveniles de destino,
soñando, sí, pero despiertos".*

Si hay una "etapa de ensueños" en la vida, ésta es —paradójicamente — la del "despertar" del amor; y ocurre en la época de las contradicciones: cuando hay audacia y temor; confianza y duda; generosidad y egoísmo; júbilo y melancolía. Pareciera que uno —mirándose por dentro—, descubriera estas fuerzas opuestas habitando juntas en el alma; y se asombrara, como si habiendo sido ciego, abriera los ojos por primera vez. Uno tiene sed de conocerse y de conocer a los demás; y siente ahondarse su necesidad de dar y recibir amor y comprensión. De ahí el interés por la amistad y el noviazgo, y, consecuentemente, los castillos en el aire y los ensueños. Por esto también es que traemos los versos de Labordeta: "Yo os digo que estéis despiertos, amigos míos [...] soñando, sí, pero despiertos".

Generalmente, cuando una señorita y un joven están enamorados, creen ser la pareja más equilibrada y dichosa del planeta. Casi no ven defectos el uno en el otro; y les encanta estar juntos. Pero muchos llegan a intimidades que luego los angustian y avergüenzan.

Siendo que el noviazgo es la etapa previa y preparatoria para el matrimonio, ¿por qué no aprovecharlo para asegurar y fortalecer el diálogo, la comprensión? Eso da lugar al verdadero amor. Si con honestidad y pureza; con confianza y cariño y bajo la dirección de Dios, buscan ayudarse y elevarse el uno al otro, entonces la pareja habrá logrado la finalidad genuina del noviazgo.

La Biblia dice: "Acuérdate de tu Creador en los días de tu juventud". Ésta puede ser una etapa de ensueño o de pesadilla. Y de la actitud de los jóvenes depende cuál sea.

CON TU AYUDA, SEÑOR, HOY ME PROPONGO...

El corazón alegre hermosea el rostro (Proverbios 15:13).

SER FELIZ — Expulsaré de mi espíritu todo pensamiento triste. Me sentiré más alegre que nunca. Nada lamentaré. Hoy agradeceré a Dios la alegría y felicidad que me regala.

AJUSTARME A LA VIDA — Aceptaré el mundo como es y procuraré encajar en este mundo. Si sucede algo que me desagrade, no me mortificaré ni me lamentaré. Agradeceré que haya sucedido porque así se puso a prueba mi voluntad de ser feliz. Hoy seré dueño de mis sentimientos, de mis impulsos. Para triunfar tendré dominio de mí mismo.

TRABAJAR ALEGREMENTE, con entusiasmo y pasión. Haré de mi oficio una diversión. Comprobaré que soy capaz de trabajar con alegría. Marcaré los pequeños triunfos y sacaré provecho de cualquier fracaso.

SER AGRADABLE — No criticaré a nadie. Tan pronto me vea tentado a criticar los defectos de mi prójimo, me esforzaré por resaltar sus virtudes (todos tenemos alguna). Hoy evitaré las conversaciones y discusiones desagradables.

ELIMINAR DOS PLAGAS: LA PRISA Y LA INDECISIÓN — Hoy viviré con calma, con paciencia, porque la prisa es el principal obstáculo hacia una vida feliz y triunfante. No permitiré que la prisa me acose ni que la impaciencia me abrume. Tendré confianza en mí mismo. Hoy le haré frente a todos los problemas con decisión y valentía, y no dejaré ninguno para mañana.

NO TENER MIEDO — Actuaré valientemente. El futuro me pertenece. Hoy tendré confianza en que Dios ayuda a los que luchan y trabajan.

NO ENVIDIAR a los que tienen más dinero, más belleza o más salud que yo. Contaré mis bienes y no mis males. Compararé mi vida con la de los otros que sufren más.

RESOLVER SÓLO LOS PROBLEMAS DE HOY — Me ocuparé del hoy y no "del mañana". Cristo dijo: "Basta al día su afán". Hoy tendré un programa a realizar y si algo se queda sin hacer no desesperaré. Lo haré mañana.

NO RUMIAR EL PASADO — No rumiaré los agravios e insultos. Practicaré la ley del perdón. Asumiré mis responsabilidades y no echaré la culpa de mis problemas a otras personas. Hoy comprobaré que Dios me ama y me premia con su amor.

HACER UN BIEN A ALGUIEN — ¿A quién? A quien Dios me ponga en mi camino. Seré cortés y generoso. Trataré de pagar el mal con el bien. Al llegar la noche dormiré confiado al comprobar que Dios me premió con un día de plena felicidad...

Y DE MAÑANA HARÉ OTRO DÍA COMO HOY.

—Anónimo, adaptado.

MEJOR SER, QUE PARECER

Amado, no imites lo malo, sino lo bueno. El que hace lo bueno es de Dios; pero el que hace lo malo, no ha visto a Dios (3 Juan 11).

La política del "Haz lo que yo digo y no lo que yo hago" es bastante común y frecuente. ¿Quién puede decir que jamás la ha usado? Sin embargo, ¿ha quedado feliz con los resultados? ¿Por qué? Por lo demás, ¿existe alguien que sea de veras auténtico? ¿Acaso vale la pena serlo?

Cuando el agente de ventas de una conocida fábrica de lapiceros apuntaba un pedido de 500 unidades que acababa de hacerle un cliente, le sorprendió que éste lo cancelara de inmediato. Pero el que parecía un seguro comprador explicó: "Usted me habló de las ventajas de las plumas fuentes durante media hora. Usó toda clase de argumentos para convencerme... y después, escribió mi pedido con un lápiz. Eso no tiene sentido. Usted no usa lo que aconseja a otros usar".

¡Cuántos hacemos igual! ¡Con qué facilidad encontramos la excusa apropiada para eximirnos a nosotros mismos de aquello que pensamos que los demás sí deben cumplir!

El único, en realidad, que jamás se eximió de sus deberes y que vivió siempre como aconsejó vivir, fue Jesucristo. La Sagrada Biblia lo llama el Verbo (la Palabra, dicen algunas versiones). El verbo, gramaticalmente hablando, expresa existencia y acción. Y Cristo era ambas cosas: el Verbo hecho carne; la Palabra en acción. Encarnaba exactamente lo que predicaba. Y el resultado era una personalidad radiante, comunicativa, confiable. Una vida abundante que se repartía entre todos los que acudían a él.

Aparentar no es vivir sino actuar; es simular lo que no se es. Es tener constantemente una máscara; una risa de payaso dibujada, pero debajo un gesto permanente de amargura. Y de nada vale; todos se dan cuenta de que estamos representando un papel que no sentimos. Y nosotros también lo sabemos; y nos deprime.

Pero Jesucristo no ha perdido su poder. Aunque murió, también resucitó, y está en los cielos para interceder en nuestro favor. Si queremos, podemos despojarnos del manto de apariencia, y ser auténticos y radiantes como él. En otras palabras, hacernos "participantes de la naturaleza divina" (2 Pedro 1:4).

JESÚS RESUCITADO: ¿FICCIÓN O REALIDAD?

Si Cristo no resucitó, vana es entonces nuestra predicación, vana es también vuestra fe (1 Corintios 15:14).

Hay quienes consideran que sólo el fervor y el fanatismo religioso de los cristianos puede aceptar como verídico el hecho de la resurrección de Jesucristo. ¿Murió él realmente, cuando fue crucificado? Si así fue, su supuesta aparición a los discípulos, ¿no habrá sido un fraude o un producto de la autosugestión de ellos?

Cuando los primeros astronautas pisaron la luna, hubo personas que no lo creyeron. Pensaron que era un truco, un engaño. En sus mentes no cabía la verdad; la veían demasiado fantástica para ser real. Así también hubo, y sigue habiendo, gente que no cree que Jesucristo haya resucitado. Les parece imposible, insólito. Piensan: "Es un truco. Un fraude. Quieren engañarnos". Y para explicar el hecho de que apareció vivo después de su resurrección, señalan que en realidad no debe haber muerto cuando se lo crucificó. Pero, si los latigazos y los clavos no bastaron para matarlo, ¿qué del golpe de la lanza en el corazón? ¿Y la actitud de los fariseos? Ellos recordaban que Jesús había declarado que habría de resucitar. Por eso se acercaron a Pilato y le pidieron que asegurara el sepulcro hasta el tercer día. Se cercioraron bien de que Jesús estuviera y permaneciera muerto.

Que los discípulos "creyeron" ver a Jesús porque así lo deseaban, pero que en realidad no lo vieron, es otro imposible. Primero, que ellos mismos ni creían que hubiera resucitado; ¡ni se acordaban de las profecías! Jesús tuvo que comer con ellos para que se dieran cuenta de que de veras era él, el que estaba allí con ellos. Tomás hasta quiso —en su incredulidad— meter su dedo en el lugar de los clavos, y su mano, en el costado herido del Resucitado.

Por fin, que la resurrección fuera un invento de los discípulos, es directamente un absurdo. En nombre del que jamás había mentido, ¿habrían ellos de mentir?

El testimonio de centenares de personas que vieron al Cristo resucitado es veraz y contundente. Es el fundamento mismo de la fe cristiana; a tal punto, que el apóstol Pablo declaró: "Si Jesucristo no resucitó..., vana es también vuestra fe" (1 Corintios 15:14). Todo el capítulo 15 de su Primera Epístola a los Corintios, subraya la seguridad gloriosa de que Jesús sí resucitó, y que así también resucitarán cuando él regrese, aquellos que hayan muerto confiando en su promesa. Porque él dijo: "Yo soy la resurrección y la vida: el que cree en mí, aunque esté muerto, vivirá" (Juan 11:25). ¿Por qué no creer?

PARA DORMIR TRANQUILO

Haga conmigo paz; sí, haga paz conmigo (Isaías 27:5).

Hay gente que con un simple soporífero pretenden acallar la conciencia. Pero, cuando se vive mal, con su carga de inquietudes y de insomnios, el barbitúrico podrá sumir al individuo en un sueño forzado, pero como dice el sabio Salomón después de señalar varios males en que el hombre cae con frecuencia: "cuando despertare, aun lo volveré a buscar" (Proverbios 23:35).

¡Cuántos viven hoy a salto de mata con su conciencia, temblando de miedo de que se les descubran las cosas que quieren mantener ocultas! Se dice que Noel Howard, actor dramático inglés, hace años envió a 20 amigos londinenses la siguiente nota anónima: "Todo se ha descubierto. Huya sin pérdida de tiempo si es que puede". ¿Qué pasó? Los 20 huyeron. Es posible que en este caso que no acepta excepciones, haya un poco de exageración. Sin embargo pone de manifiesto un estado de conciencia universal.

A veces, aunque se reconoce la causa de la intranquilidad y del insomnio, no se está dispuesto a aplicar el remedio en suficiente dosis como para curar el mal. Eso le ocurría a aquel hombre que se dice escribió al Ministerio de Hacienda italiano, una carta que decía más o menos así: "Hace años cometí una falsedad en mi declaración de renta. Se me ha señalado la gravedad moral de esa falta y desde entonces he perdido el sueño.

"Para poder dormir tranquilo le envío este billete de 10.000 liras ". Y luego, una posdata que decía: "Si continúo sin dormir le enviaré el resto".

¿No hubiera sido mejor cancelar de una vez esa cuenta que ya, más que física, era moral, y recuperar la tranquilidad?

El recurrir a evasivas en lugar de hacer frente a nuestras realidades con hombría y entereza, reduce el valor que necesitamos para afrontar las pruebas de la vida y nos incapacita para mirarlas de frente. Lo que necesitamos por encima de todas las cosas es arreglar nuestra situación con Dios y con nuestros semejantes, si tenemos con ellos alguna cuenta pendiente. Al hacerlo habremos eliminado la más importante causa de inquietud para nuestro espíritu y habremos recuperado nuestra serenidad, pues cuando se está bien con Dios, con la conciencia y con aquellos que nos rodean, no hay nada que perturbe el espíritu... ni la almohada.

POR UN PAR DE ESTAMPILLAS

Arrepentíos y convertíos, para que sean borrados vuestros pecados (Hechos 3:19).

Mientras unos viven abrumados por un agudo complejo de culpabilidad y ven enormes todos sus errores, otros "no se hacen problemas por nada". ¿Por qué ser tan meticulosos?, se dicen. ¿De qué sirve andar con la cabeza gacha y el ánimo por el suelo? En verdad, ¿cuál es la mejor forma de reaccionar frente a nuestras faltas?

En la colección presidencial de la Casa Blanca (en los Estados Unidos de Norteamérica), se conserva la carta que un jovencito escribió al Presidente Grover Cleveland, en septiembre de 1895. En ella, confesaba haber usado dos años antes, un par de estampillas que ya habían sido usadas. Vehementemente, explicaba la lucha de su conciencia, desde aquel día, hasta cuando decidió confesar su delito y restituir las estampillas hurtadas. Decía estar arrepentido, y rogaba que se lo perdonara.

¿Qué pasaría si cada persona que ha viajado en autobús o en tren sin pagar boleto, o ha tomado para sí: lápices, papeles, o aun tiempo de su empresa, o ha usado medidas falsas, o se ha copiado en algún examen... hiciera lo mismo que aquel muchachito? Mucha gente cree ser buena. Piensa que no necesita arrepentirse de nada. Considera que porque no mató, quizá, o porque no robó algo *importante*, no es delincuente, ni pecadora. Y sin embargo, sí lo es. La Biblia es contundente al respecto: "todos pecaron, y están destituidos de la gloria de Dios" (Romanos 3:23). Felizmente, también da la solución: "Arrepentíos y convertíos, para que sean borrados vuestros pecados" (Hechos 3:19). ¿Qué implica ello?

El vocablo que usaron los escritores del Nuevo Testamento original para "arrepentimiento" nos muestra el camino: Es "metanoia", de "meta" (cambio, o transformación) y "noia" (mente). Queda claro, entonces, que el arrepentimiento bíblico implica un cambio de parecer; una nueva comprensión que resulta en la transformación del ser y la conducta. Cuando Felipe Melachton, hábil profesor de griego, compartió esta definición con Martín Lutero (que ya sospechaba que el arrepentimiento era más que hacer penitencias a secas), Lutero saltó de alegría. ¿Y nosotros? ¿No reaccionamos igual? Sí, el arrepentimiento genuino es una experiencia transformadora: "Arrepentíos y convertíos para que sean borrados vuestros pecados" (Hechos 3:19). Como vemos, la experiencia del arrepentimiento viene con baterías integradas; es insospechadamente poderosa. ¿La hemos experimentando recientemente?

¿QUÉ ES EL HOGAR?

...¿No he de buscar hogar para ti, para que te vaya bien? (Rut 3:1).

Hace algún tiempo una revista londinense realizó una interesantísima encuesta. Formuló a sus lectores la siguiente pregunta: "¿Qué es el hogar?" Se recibieron unas 800 respuestas de las que mencionaremos solamente siete. Helas aquí:

1. El hogar significa un mundo de dificultades afuera, y en el interior un mundo de amor.

2. El hogar es el lugar donde los pequeños son grandes y donde los grandes son pequeños.

3. El hogar es el reino del padre, el mundo de la madre, y el paraíso de los hijos.

4. El hogar es el lugar donde nos quejamos más y somos tratados mejor.

5. El hogar es el centro de nuestros afectos alrededor del que se tejen nuestros mejores deseos.

6. El hogar es el sitio donde nuestro estómago recibe tres comidas diarias, y nuestro corazón mil.

7. El hogar es el único sitio en la tierra donde las faltas y los fracasos de la humanidad quedan ocultos bajo el suave manto de la caridad.

Cada una de estas definiciones no solamente es hermosa, sino que además encierra verdades que deberían aplicarse también a nuestro hogar.

Es curiosa la negligencia con que tratamos al hogar. El hombre de ciencia por ejemplo, cuidadoso y exacto en su laboratorio o en su gabinete, que comprueba una y otra vez lo que pesa, o mide, o calcula, suele ser al mismo tiempo increíblemente descuidado cuando se trata de su hogar. El comerciante, a veces rudo, seco y malhumorado en su casa, cambia de expresión cuando llega a su negocio: sonríe, es alegre y amable... hasta que regresa de nuevo a su casa. Para que su negocio marche debidamente se coloca una sonrisa en el rostro, cuida de no chocar con sus presuntos clientes, está listo para darles la razón en todo, con tal que le compren. En su hogar no está dispuesto a hacer ninguna concesión. Se convierte allí en el jefe autoritario, en quien asoman reminiscencias del señor feudal de la Edad Media.

Amigo mío, no hay nada sobre la tierra que valga tanto como tu hogar. Sacrifica toda otra cosa con tal de hacerlo feliz. Tu esposa o tu esposo y tus hijos son tu mayor tesoro. Son quienes te quieren con verdadero desinterés.

EL GRAN APAGÓN VENIDERO

En aquel tiempo... será tiempo de angustia, cual nunca fue desde que hubo gente hasta entonces; pero en aquel tiempo será libertado tu pueblo, todos los que se hallen escritos en el libro (Daniel 12:1).

En agosto del año 2003, los estadounidenses sufrieron la más desastrosa interrupción de los servicios eléctricos en toda su historia. En cosa de minutos, el sector Nordeste del continente se vio transportado repentinamente a la vida del siglo 17, sin preparación alguna. ¡Los que vivieron en esa época estaban más preparados y lo pasaban mejor!

Por ejemplo, en los grandes aeropuertos modernos, los cansados viajeros entraban a los baños, pero no se podían lavar las manos, porque los sensores electrónicos no funcionaban. En los grandes rascacielos, millares de personas no podían beber un vaso de agua, porque no había presión suficiente en las cañerías. Si el apagón se hubiera prolongado por algunas horas más, hasta los inodoros habrían dejado de funcionar... ¡Imagínese el problema!

El periódico *Wall Street Journal* dijo: "A la Era Electrónica se le quemó un fusible. Estando desenchufados, hasta las tareas más sencillas se vuelven imposibles". Muchos no pudieron entrar a sus cuartos en los hoteles, porque todos los cuartos tenían cerrojos electrónicos. Los teléfonos inalámbricos quedaron inutilizados. Todos los exóticos antojitos de la era electrónica dejaron de ser algo divertido. Un ama de casa halló un almacén que tenía una vieja caja registradora manual, pero no pudo comprar las papas que necesitaba, porque la balanza era electrónica. Las redes de telefonía celular se vieron saturadas por la cantidad de llamadas. No se podía comprar gasolina para los vehículos, porque las bombas de las gasolineras eran eléctricas.

Afortunadamente, el gran apagón se terminó en uno o dos días, a medida que los operadores de la red se las arreglaban para reconstituirla (Se usa la palabra "red" para describir el complejo conjunto de estaciones generadoras y líneas de alta tensión que alimentan las diversas regiones del territorio. Todos los componentes de esta "red" están intercomunicados, como los nervios de nuestro organismo). Algunos de los periodistas que informaron a la nación dijeron que había estado a punto de convertirse en un apagón nacional, de costa a costa, si no fuera porque alguien en alguna parte hizo lo correcto para evitar que la emergencia se siguiera extendiendo.

Pero la gente empezó a pensar, preguntándose qué sucedería si un apagón como ése durara largo tiempo. ¿Y qué sucedería si una organización terrorista enemiga descubriera alguna forma de paralizar la vida en los Estados Unidos? En el siglo 17 habría sido imposible provocar una tragedia así, porque en ese tiempo la mayor parte de la gente vivía con gran sencillez, en el campo. Carecían de nuestras conveniencias modernas, pero por lo menos tenían agua y comida... y baños.

Agosto 28

EL GRAN APAGÓN VENIDERO —Segunda parte

He aquí vienen días, dice Jehová el Señor, en los cuales enviaré hambre a la tierra, no hambre de pan, ni sed de agua, sino de oír la palabra de Jehová. E irán errantes de mar a mar; desde el norte hasta el oriente discurrirán buscando palabra de Jehová, y no la hallarán. En aquel tiempo las doncellas hermosas y los jóvenes desmayarán de sed (Amós 8:11-13).

La Biblia nos dice que se avecina el mayor de los desastres. No podemos leer muchas páginas de la Biblia sin encontrar advertencias acerca de un "tiempo de angustia" que vendrá sobre este mundo, como nunca antes ha sucedido en toda la historia, del cual el apagón de agosto del año 2003 fue tan sólo un débil indicio. Dice la Palabra de Dios: "Y será tiempo de angustia, cual nunca fue desde que hubo gente hasta entonces" (Daniel 12:1). Jesús también se refirió a ese tiempo, diciendo: "Porque habrá entonces una gran tribulación, como nunca hubo desde el principio del mundo, ni habrá después" (Mateo 24:21). Dijo además: "Porque ésos son días de castigo, para que se cumpla todo lo que está escrito... Habrá señales en el sol, en la luna y en las estrellas. En la tierra las naciones estarán en angustia, perplejas... Los hombres desfallecerán por el temor y la ansiedad de lo que vendrá sobre la tierra, porque las virtudes del cielo serán conmovidas" (Lucas 21:22-26).

Si queremos estar preparados para un apagón de la energía eléctrica, necesitamos fósforos, velas y botellas de agua. Pero nuestra preparación para el tiempo de angustia que se acerca, requerirá algo más que fósforos.

La Biblia dice que "Dios es amor" (1 Juan 4:8). Y en el "tiempo de angustia" venidero, Dios no habrá olvidado su carácter amante. Seguirá amando a la gente que esté experimentando gran tribulación. El profeta Amós dice que "irán errantes de mar a mar, desde el norte hasta el oriente discurrirán buscando Palabra del Señor, y no la hallarán. En aquel tiempo las doncellas hermosas y los jóvenes desmayarán de sed" (Amós 8:12, 13). Dios no habrá dejado de amar a toda esa gente que andará de un lado a otro presa de la angustia; muchos serán gente que habrá escuchado estas advertencias, pero que habrá dejado pasar demasiado tiempo antes de responder. La enorme y maciza "puerta" de acceso al arca de salvación habrá sido cerrada por manos angélicas. Una vez más, "como en los días de Noé", así volverá a ocurrir.

Las molestias de los repentinos apagones de la electricidad, la escasez de gasolina, la falta de protección policial, los horrores de la violencia, todos éstos serán problemas menores comparados con la verdadera razón de la angustia que se sentirá. El problema fundamental será que "la Palabra del Señor", por tanto tiempo descuidada y despreciada, ya no estará disponible.

Esto no quiere necesariamente decir que no habrá Biblias para leer. Es que una persona puede leer la Biblia 24 horas por día sin obtener ningún provecho de su lectura, a menos que el Espíritu Santo esté presente para hacer que su mensaje tenga significado personal. La presencia del Espíritu Santo es para el alma humana lo que el tocadiscos digital es para un CD. No sirve de nada tener una torre de discos tan alta como una casa, si no se tiene el aparato necesario para tocarlos.

EL GRAN APAGÓN VENIDERO —Tercera parte

He aquí vuestra casa os es dejada desierta (Mateo 23:38).

En estos días finales, justo antes del "tiempo de angustia" que se acerca, una vez más el Espíritu Santo se verá obligado a realizar algo que no le gusta hacer: partir.

Pero no tendrá otra alternativa, tal como Jesús no tuvo otra alternativa cuando el pueblo gritó: "¡Crucifícalo!" El mundo rechazó a Cristo entonces; y ahora, en estos últimos días estamos acercándonos al momento cuando por última vez y para siempre, el mundo rechazará una vez más a su Santo Espíritu. No es que él quiera retirarse, sino que habrá sido rechazado.

El propósito de estas advertencias provenientes de Jesús y del profeta Amós, es recordarnos que el Espíritu Santo es un don de Dios. Es una Persona que puede ser contristada; y si se lo entristece, puede apartarse de nosotros para no volver nunca más. Eso es lo que sucedió cuando Jesús, esa última semana que pasó en Jerusalén, echó una última mirada al bello templo de los judíos, y luego dijo con profunda tristeza: "Vuestra casa os es dejada desierta" (Mateo 23:38). El Salvador nunca volvió a entrar allí.

Ni los fósforos ni las linternas son preparación suficiente para el gran apagón final que sufrirá el mundo. Necesitamos acumular una buena provisión del Espíritu. Esto es lo que la Biblia dice que podemos hacer: **(1) Escuchemos hoy su voz.**

El libro de los Proverbios es uno de los lugares donde podemos obtener el conocimiento que necesitamos. Allí se usa con frecuencia la palabra "sabiduría". Es un nombre que designa al Espíritu Santo: "La sabiduría clama en las calles, da su voz en las plazas, clama en los principales lugares de reunión, en las puertas de la ciudad da sus razones. '¿Hasta cuándo los simples amarán la simpleza, los burladores se complacerán en burlarse, y los insensatos aborrecerán la ciencia? Si respondéis a mi reprensión, derramaré mi Espíritu sobre vosotros, y os haré saber mis palabras'" (Proverbios 1:20-23).

El uso de palabras como "ciudad", "calles" y "plazas" comprueba que el Espíritu Santo "clama" hoy tratando de llamar nuestra atención, en las ciudades y grandes rascacielos atestados de pobladores. Mientras viajas en el autobús, o haces las compras en el supermercado, el Espíritu Santo hace llegar un "clamor" a tus oídos: "¡Este mundo no es tu hogar! ¡Deja de esforzarte por hallar felicidad en las cosas materiales! Ruégale a Dios que te salve del egoísmo que abunda por todas partes. Prepárate para el retorno de Jesús, que él ha prometido".

Agosto 30

EL GRAN APAGÓN VENIDERO —Cuarta parte

Por cuanto en mí ha puesto su amor, yo también lo libraré; le pondré en alto, por cuanto ha conocido mi nombre. Me invocará, y yo le responderé; con él estaré yo en la angustia; lo libraré y le glorificaré. Lo saciaré de larga vida, y le mostraré mi salvación (Salmo 91:14-16).

(2) Estudia la Palabra de Dios, la Biblia.

Acabamos de leer la promesa divina según la cual Dios dice: "Os haré saber mis palabras". Usted tiene en sus manos la Biblia; digamos que la Palabra de Dios es el disco. Ahora, el Espíritu Santo ha prometido que él nos dará a conocer su mensaje. El Espíritu equivale, entonces, al tocadiscos. Pero la única forma en que podemos "oír" es leyendo y estudiando la Palabra. Antes, eso sí, debemos confesar que necesitamos que él sea nuestro Maestro. Antes de abrir las sagradas páginas de la Biblia, debemos hacer una pausa para orar con sencillez y fervor: "Señor, no sé cómo

248

leer este Libro. Mi mente divaga; se me vienen constantemente al pensamiento imágenes de cosas que he visto en la televisión, o me acuerdo de problemas de mis negocios que me tienen preocupado, o alguna necia melodía comienza a sonar en mis recuerdos. Sé que no es bueno leer en forma mecánica, aunque pase toda la noche haciéndolo. Te ruego que me salves de mí mismo ahora, al abrir este Libro. ¡Enséñame, Señor! Desfallezco por falta del Pan de Vida, y ni siquiera me doy cuenta de mi necesidad. ¡Sálvame, te ruego, antes que sea demasiado tarde!" Dios oirá tu ruego.

(3) Responde a las convicciones que Dios ponga en tu corazón acerca de cuál sea tu deber.

La madre de Jesús dijo algo muy sabio en el único sermón que la Biblia registra como proveniente de ella. En la fiesta de bodas celebrada en Caná de Galilea, les dio instrucciones a los siervos en cuanto a qué hacer para obtener vino: "Haced todo lo que os diga" (Juan 2:5). Puedes estar seguro lector amigo, amiga lectora, que el Señor Jesús, por medio del Espíritu, quiere prepararte para lo que vendrá sobre este mundo. Él no se propone retirar a su pueblo del mundo antes del tiempo de angustia, sino que se compromete a estar con ellos *en la tribulación*, para salvarlos. "Por cuanto en mí ha puesto su amor, yo también lo libraré; le pondré en alto, por cuanto ha conocido mi nombre. Me invocará, y yo le responderé; con él estaré yo en la angustia; lo libraré y le glorificaré. Lo saciaré de larga vida, y le mostraré mi salvación" (Salmo 91:14-16).

ESCLAVOS MODERNOS

Y él os dio vida a vosotros, cuando estabais muertos en vuestros delitos y pecados, en los cuales anduvisteis en otro tiempo, siguiendo la corriente de este mundo, conforme al príncipe de la potestad del aire, el espíritu que ahora opera en los hijos de desobediencia, entre los cuales también todos nosotros vivimos en otro tiempo en los deseos de nuestra carne, haciendo la voluntad de la carne y de los pensamientos, y éramos por naturaleza hijos de ira, lo mismo que los demás (Efesios 2:1-3).

En nuestro periódico local se publicó un incidente muy triste. Cierta dama de 63 años de edad, que se había jubilado hacía poco de una posición responsable en una gran firma comercial, fue hallada culpable de haber cometido un desfalco por valor de 910 mil 422 dólares, a través de sus últimos 11 años de trabajo en esa compañía. ¿Quieres conocer a una mujer presa de la más profunda tristeza? Aquí la tienes.

Ha olvidado sonreír. Se ha declarado culpable ante la corte, y espera su sentencia. Por supuesto, la corte le ordenará devolver todo lo robado, pero ella no podrá hacerlo. Ya no lo tiene. Se le ha escurrido de las manos para siempre.

¿Cómo es que esta mujer, por otra parte honesta y cumplidora (no hay registro de ninguna ofensa anterior), llegó al punto de arruinar sus cómodos años de retiro de tal forma? El abogado que la defiende dice: "Se trata de una mujer que no tiene historia criminal; sólo es esclava de su adicción". ¿Y cuál es esa adicción? Nada menos que el juego. Gastó lo robado en los casinos de California y Nevada, los cuales, desde luego, se niegan a devolverle nada. La jugadora mantenía la esperanza de ganar lo suficiente como para devolver lo que debía, antes que la sorprendieran; pero seguía perdiendo y perdiendo, vez tras vez. Deprimente, ¿verdad? Cada vez crees que vas a ganar, pero terminas gastando más y más.

Pablo describe este horrendo foso de compulsión al mal en el cual caemos constantemente los seres humanos: "... todos nosotros también vivimos en otro tiempo al impulso de los deseos de nuestra carne, haciendo la voluntad de la carne y de los pensamientos; y éramos por naturaleza hijos de ira, igual que los demás" (Efesios 2:3, RV-2000).

La mujer del relato comprende lo que es esa "ira". No necesita que Dios se enoje con ella; ¡ya se odia ella misma! Y Pablo deja en claro el hecho de que ninguno de nosotros puede sustraerse de esta lista de gente culpable, cada uno está "vendido al poder del pecado". "No hago lo que quiero, sino lo que aborrezco", confiesa el apóstol (Romanos 7:14, 15).

Ésa es precisamente la condición de todos nosotros mientras estamos separados de un Salvador, y ésa era la condición de Gail: no quería sustraer esos fondos, le repugnaba darles a los casinos toda esa gran cantidad; se odiaba a sí misma por hacerlo, pero no podía contenerse. Así de fuerte es el pecado en nosotros, no importa qué forma tome nuestra adicción. Si Cristo no hubiera venido del cielo para salvarnos, todos nosotros —es decir, toda la raza humana— estaríamos completamente perdidos.

Gracias a Dios que hay excelentes buenas nuevas: "Pero Dios, que es rico en misericordia, por su gran amor con que nos amó", hizo lo necesario para ayudarnos. El rasgo fundamental del carácter de Dios es el amor. "Aun cuando estábamos muertos en pecados, nos dio vida junto con Cristo" (Efesios 2:4, 5).

Ahora puedes vivir gozosamente guardando todos sus mandamientos. Desde ahora en adelante, toda tu vida dice: "¡Gracias, Señor, por salvar mi alma!"

POR QUÉ ES MÁS FÁCIL SER BUENO
QUE SEGUIR SIENDO MALO

Pero la ley se introdujo para que el pecado abundase; mas cuando el pecado abundó, sobreabundó la gracia (Romanos 5:20).

El título de nuestra lectura de hoy puede sorprendernos, porque casi toda la gente cree que ser malo es lo más fácil del mundo, pero ser bueno es muy difícil. Y esto sería muy cierto, si no fuera que nuestro Padre celestial envió a su propio Hijo a este mundo para que nos salvara. El Hijo de Dios murió en lugar nuestro, fue resucitado y ha enviado al Espíritu Santo para que sea nuestro Maestro y Guía constante, el cual no nos deja nunca a menos que nosotros lo ahuyentemos.

Dicho de otro modo, Jesucristo es todavía hoy "el Salvador del mundo", "Salvador de todos los seres humanos", en tiempo presente, actual y permanente, sin interrupciones, cada día y a toda hora.

¡En otras palabras, Jesucristo te ama tanto que está decidido a salvarte para siempre, y lo hará a menos que tú interpongas tu voluntad rebelde, y luches contra él hasta impedirle hacer lo que se ha propuesto! Así tan grande es su amor. Cualquiera puede perderse al fin, si insiste en ello; pero tendrá que luchar contra la gracia de Dios que sobreabunda.

Esta forma de ver las cosas es contraria a lo habitual. A veces sorprende no sólo a mucha gente, sino a algunos pastores y sacerdotes también. En resumen, se trata de que las buenas nuevas del evangelio son mucho mejores de lo que muchos habían pensado que eran. Necesitamos separar las buenas nuevas verdaderas de las falsificaciones. Lo que queremos es afianzarnos en la pista central del camino de la verdad. Las zanjas de ambos costados se componen de hábiles engaños: (a) De un lado, la idea de que Jesús salvará a todo ser humano, incluso los que lo rechacen hasta las últimas consecuencias, lo cual es una falsedad; (b) y del lado opuesto, la zanja que consiste en la creencia de que Dios ha "predestinado" a algunas personas a recibir la salvación eterna, y a otras a perderse, de modo que estamos atascados en el lugar que él nos haya asignado, y no hay nada que podamos hacer. También esa idea no es otra cosa que un engaño.

La verdad, por supuesto, es que el Padre envió a su Hijo al mundo con una tarea específica, a saber, "salvar el mundo". Jesús la cumplió, puesto que justo antes de morir en la cruz, le dijo a su Padre: "He acabado la obra que me encargaste" (Juan 17:4). Si formas parte del mundo (y a todos nos comprende ese rubro), esto significa que Cristo te ha salvado por su sacrificio en su cruz; ésta es la razón de por qué Dios siempre te ha podido tratar como si fueras una persona buena, aunque no lo seas. Por esto Dios "envía su sol sobre malos y buenos, y manda la lluvia sobre justos e injustos" (Mateo 5:45). Esto es lo que algunos llaman "salvación legal" u "objetiva", lo que Cristo realizó por todos nosotros cerca de dos mil años atrás. Ahora, cuando escuchamos las buenas nuevas y creemos en ellas, experimentamos una liberación personal y actual del pecado que contaminaba nuestro corazón, es decir, la llamada "salvación subjetiva".

¿No querrás acaso unirte conmigo para agradecerle al Señor por esta salvación maravillosa?

UN TESORO ESCONDIDO

Pero a cada uno de nosotros fue dada la gracia conforme a la medida del don de Cristo (Efesios 4:7).

En el libro de Efesios se revela cuál es el tesoro escondido de cuya existencia no sabíamos. Es como si siendo pobres, repentinamente descubriéramos que hace mucho tiempo alguien había enterrado un cofre lleno de tesoros en el patio de nuestra casa, y que ahora ha llegado a ser de nuestra propiedad. Aquí están las buenas nuevas: "A cada uno de nosotros le ha sido dada la gracia conforme a la medida del don de Cristo". Supongamos que tú, joven amigo, o amiga, abres la tapa de ese cofre recién descubierto; ¿qué hallarás en su interior? Veamos:

(a) "Gracia" significa la bondad de nuestro Padre celestial, mucho mayor de lo que merecemos. Vas caminando por la calle, y al llegar a una esquina das vuelta, y te encuentras cara a cara con Jesucristo. ¡Asombroso! ¡Te está sonriendo! Actúa como si nunca hubiera tenido nada contra ti. Se ha olvidado de todos tus pecados y equivocaciones, todo tu egoísmo y crueldad, ¡todo lo ha olvidado como si nunca se hubiera dado cuenta de ello! *Su mirada te sonríe*; su actitud es la de un buen amigo con quien habías perdido el contacto por mucho tiempo, y ahora, después de mucho buscar, por fin te encuentra. ¡Hasta te da un gran abrazo! Se trata de Dios en persona, el Hijo de Dios, que te muestra personalmente cómo es su Padre. Resulta que tú eres un miembro de su familia, por adopción. Jesús te invita a casa para la cena; hay un lugar reservado a tu nombre en la mesa. ¡Te han estado esperando!

(b) Entonces recuerdas: "¡Pero yo he sido un extraño durante toda la vida, alguien que siempre ha huido de ti! ¿Cómo puedo ir 'a casa' contigo, teniendo en mi corazón todas esas cosas terribles? Entonces el Hijo de Dios te asegura que él tomó todos esos malos pensamientos y pecados que has guardado en tu corazón, y los absorbió; llegó a ser *tú*, tomó tu lugar y cargó con tus culpas como si él fuera responsable de haber cometido todos esos malos actos; Jesús actuó como el mejor Hermano mayor que podamos imaginar. "Al que no tenía pecado, *Dios* lo hizo pecado por nosotros" (2 Corintios 5:21).

Jesús tomó tu lugar, y murió por ti. Ahora te dice: "¡Ven a casa! ¡El hogar de mi Padre es tu hogar!"

EL AMOR QUE ASOMBRA

El amor es sufrido, es benigno; el amor no tiene envidia, el amor no hace sinrazón, no se ensancha; no es injurioso, no busca lo suyo, no se irrita, no piensa el mal; no se huelga de la injusticia, mas se huelga de la verdad; todo lo sufre, todo lo cree, todo lo espera, todo lo soporta (1 Corintios 13:4 -7. Se sustituyó la palabra "caridad", de la RV-1938, por "amor", como en RV-1960).

Hay un amor que rara vez hace asomos en nuestro mundo egoísta: el amor que ama al enemigo. Es el amor de Cristo. Los que rodearon la cruz de Cristo en aquel viernes, lo contemplaban y escuchaban por primerísima vez: "Padre, perdónalos porque no saben lo que hacen". Perdonar aun a los que te privan de la vida, ¿es posible?

En los noticieros se publicó el caso de un hombre y una mujer que aprendieron a amar en circunstancias asombrosas. Tardíamente su hogar había sido alegrado con la presencia de un hijo, en quien depositaron toda su alegría y su esperanza. Pasados los años, un día en que el pequeño volvía de la escuela, fue atropellado por un vehículo y murió, camino al hospital. Como es de imaginar, ambos padres se desesperaron. El hombre, preso de angustia y de ira, decidió llamar a su abogado para que demandara al asesino hasta sus últimas consecuencias. Sabía, sin embargo, que no podrían condenarlo a la pena capital, porque se trataba de un adolescente que, esa precisa mañana, se había fugado del orfanatorio usando el coche robado con el que involuntariamente atropelló al niño.

Mientras levantaba el auricular del teléfono, el hombre de nuestra historia musitó una breve oración: "Dios mío, ¿qué debo hacer, realmente?" Y de inmediato sintió una total liberación de su deseo de odio y de venganza. Más aún, vino a su mente, como un mensaje: "Luisito está muerto. Tú no puedes cambiar eso. Tu odio contra el culpable jamás resucitará a tu hijo. Debes aceptar este hecho. Luisito ya no necesita tu ayuda o tu amor, pero este huérfano está vivo, y necesita un padre".

El hombre exclamó anonadado: "¡Oh, no! Dios mío, ¿cómo puedes pedirme que ame a alguien que ha matado a mi único hijo? ¡No puedo hacerlo! Es injusto". Pero mientras seguía protestando, aquella voz le dijo: "Ellos también mataron a mi único Hijo, y yo no los rechacé por eso".

Tras la argumentación divina, la demanda contra aquel joven se convirtió en una solicitud de libertad condicional. Y aquel muchacho huérfano llegó a llenar el vacío dejado por Luisito. Con el tiempo, fue adoptado como hijo por aquella pareja que, de ese modo, había aprendido a amarlo.

Felizmente, no todos pasamos por pruebas tan tremendas como ésta. Pero todos haríamos bien en practicar el consejo de Francisco de Sales: "Aprendamos de una vez a amarnos en este mundo, de la misma manera como nos amaremos en el cielo". Al fin y al cabo, es tan breve la vida que no deberíamos sobrecargarla con el egoísmo, el odio o el rencor. Mejor sería que amáramos a Dios de todo nuestro corazón, y a nuestros prójimos como a nosotros mismos.

CON LAS ALAS AL VIENTO

Dejad las simplezas, y vivid; y andad por el camino de la inteligencia (Proverbios 9: 6).

Jóvenes, seamos valientes, para que puedan cumplirse en nosotros las palabras de Clara Saravia Martínez, que dicen:

Vivir a pleno espíritu. Vivir sin cobardías;
lanzados los ideales con las alas al viento.
Marchar mirando al cielo, sin desfallecimiento,
con alma valerosa, templada de hidalguía.

Y el corazón en alto, como en brindis divino,
ebrio de amor por todo: los hombres y las cosas,
y floreciendo encima del mal, como las rosas
que coronan de gloria los tallos del espino.

Buscar en las alturas nuestro invencible fuerte,
crecer, agigantarse de cumbres interiores
para mirar desde ellas pequeños los rencores
y la traición y el odio y el dolor y la muerte.
....
Vivir no es tener vida, sino darla en belleza,
brindarla a la cruzada de un ideal bendito,
ofrecerla en un gesto supremo de infinito
para todo heroísmo, para toda grandeza.

Vivir intensamente, sin dudas ni recelos
la libertad excelsa de las almas serenas,
rompiendo el servilismo de todas las cadenas,
con las alas del alma tendidas a los cielos.
—VIDA.

PROBADOS POR FUEGO

Amados, no os sorprendáis del fuego de prueba que os ha sobrevenido, como si alguna cosa extraña os aconteciese, sino gozaos por cuanto sois participantes de los padecimientos de Cristo, para que también en la revelación de su gloria os gocéis con gran alegría (1 Pedro 4:12, 13).

El mes de octubre de 2003 trajo prueba de fuego a la familia González. [El lector recordará cómo sonó en los noticieros el drama que vivieron los californianos, al verse visitados por una docena de violentos fuegos que como pólvora se propagaron devorando 299.000 hectáreas en su infernal derroLero]. Nos hallábamos dictando unas conferencias evangelizadoras en Hartford, Connecticut, cuando sonó nuestro teléfono celular. Era la esposa. En su voz quebrada había una angustia que no habíamos conocido en los 24 felices años de casados. ¿La razón? Uno de los mencionados fuegos se hallaba a tres cuadras de nuestra casa. Y, claro está, una vez más su esposo, el evangelista trotamundos, se hallaba ausente en una hora de crisis familiar [¡es la parte desagradable de la evangelización!]. Mientras hablábamos se podía escuchar el revoloteo de los helicópteros y las sirenas de los coches de bomberos. Pregunté por los hijos y me fue dicho que, aprovechando que no había llegado la orden final de evacuar la casa, estaban regando la casa con la manguera del patio. Pensaban que si la casa estaba bien mojadita, sería difícil para el fuego hacerla arder.

—¿Qué salvo de la casa? —fue la angustiosa pregunta de nuestra esposa—. ¿Quieres que salve tus libros? [Aun en la tragedia, pensaba en su bibliófilo marido]. ¡Qué bendición incalculable es una esposa considerada y amante! "Olvídate de los libros, querida", fue nuestra respuesta. Y entonces le dimos algunas directrices sobre lo que importaba salvaguardar; tales como los documentos importantes y... las fotos. Sí, todo lo demás podía reemplazarse, pero no la estela de fotos de un cuarto de siglo de vida juntos.

Felizmente, el fuego se detuvo junto a un campo de golf que contaba en su haber poderosas regaderas. Y, la familia González pudo regresar a su querida casa sin percance alguno.

Sin embargo, la tragedia nos puso a pensar: ¿Qué de las otras pruebas de fuego a la "casa espiritual" que menciona la Palabra de Dios (1 Pedro 2:5)? El apóstol Pedro recomienda edificar nuestro edificio espiritual sobre la piedra angular, Cristo Jesús. Si así lo hacemos estaremos preparados para las dos pruebas de fuego: 1) aquellas "tribulaciones" que afrontamos en nuestro diario vivir, 2) Y la prueba final de fuego, la que experimentaremos en ocasión de la segunda venida de Cristo.

Al término de este año, conviene leer con cuidado y en oración estas palabras del santo apóstol: "Amados, no os sorprendáis del fuego de prueba que os ha sobrevenido, como si alguna cosa extraña os aconteciese, sino gozaos por cuanto sois participantes de los padecimientos de Cristo, para que también en la revelación de su gloria os gocéis con gran alegría" (1 Pedro 4:12, 13).

Amigo lector, me permito una última pregunta: ¿Cómo está tu casa espiritual?

Septiembre 6

¿BASTA EL AMOR?

Me devuelven mal por bien, y odio por amor (Salmo 109:5).

Eso de que para formar un hogar "basta el amor" es muy bonito y romántico, pero, ¿es verdad?

Cierta pareja se casó sin atender a ningún razonamiento. Estaban enamorados y cuando ella se atrevió a preguntar:

—Pero, si nos casamos, ¿de qué viviremos?

—¿Qué importa eso? Me bastará mirarte para seguir viviendo.

Y se casaron. Algún tiempo después, la joven esposa encontró a su marido buscando algo con empeño por todo rincón de la cocina.

—¿Qué buscas, esposo? —le preguntó.

—Busco un pedazo de pan, aunque sea duro.

—Pero, ¿no eras tú el que decía que te bastaba con mirarme para seguir viviendo?

—Sí, y todavía lo afirmo —contesta él con voz desfalleciente— pero es que tengo tanta hambre que te miro y no te veo.

No queremos decir con esto que se necesite ser rico, ni mucho menos, para llegar al matrimonio. Pero es elemental que haya una seguridad económica en que basarlo. Con frecuencia se forman hogares sin que haya suficiente capacidad económica para mantenerlos vivos y protegidos.

Hay que admitir que con frecuencia se va al matrimonio más que por amor, por interés, por asegurarse los beneficios del salario del cónyuge, o por el dinero que el otro posee. Y, claro está, estos matrimonios muy difícilmente pueden tener éxito.

Una viuda acaudalada se casó con un hombre pobre. Apenas terminada la luna de miel, aquella dama empezó a recordarle a su esposo que con el dinero de ella se estaban pagando las cuentas. Cierto día, el marido llegó a casa trayendo un aparato de radio que había comprado. La esposa examinó lo que traía y por fin dijo:

—No tengo por qué recordarte que si no fuera por mi dinero esto no estaría aquí.

—Ya lo sé —repuso el marido tranquilamente—, pero creo que también yo debo recordarte a ti, que si no fuera por tu dinero, tampoco yo estaría aquí.

Amable lector: Haya dinero en abundancia o lo haya solamente en la cantidad necesaria, el hogar debe fundarse sobre el amor, la simpatía y la tolerancia; un hogar que pueda llamarse cristiano y goce de la bendición de Dios.

Septiembre 7

MI CASA, TU CASA

Y oí una gran voz del cielo que decía: He aquí el tabernáculo de Dios con los hombres, y él morará con ellos; y ellos serán su pueblo, y Dios mismo estará con ellos como su Dios (Apocalipsis 21:3).

Se le atribuye a Porfirio Díaz la célebre frase: ¡Pobre México, tan lejos de Dios y tan cerca de los Estados Unidos! Y, después de la risa de rigor, caemos en el chiste; lo que a primera luz pasa por humor político, termina en dicho agudo y filosófico: nos atrae el verdor del patio ajeno, y olvidamos que la felicidad verdadera está más cerca... y más lejos de lo que imaginamos.

Cuando Marco Polo regresó a Venecia después de recorrer por mucho tiempo el Lejano Oriente, sus amigos lo daban por loco. ¡Contaba tantas historias fantásticas!

Decía, por ejemplo, que había visitado una ciudad llena de plata y oro, que había visto piedras negras que ardían, y una tela que no se quemaba aunque la arrojaran al fuego. Hablaba de enormes serpientes con mandíbulas tan grandes que eran capaces de comerse a un hombre entero; de nueces del tamaño de la cabeza de un hombre, y de una sustancia que brotaba de la tierra y servía de combustible para las lámparas. Como nadie había visto ni carbón, ni cocodrilos, ni petróleo, se burlaban de esas historias que les parecían cuentos de hadas.

Cuando los escritores bíblicos tratan de pintarnos el increíble hogar de eterna felicidad que Dios ha preparado para nosotros —tu casa y mi casa en los cielos— nos sucede algo así como lo que ocurría con los amigos de Marco Polo. Tenemos que tratar de imaginarnos una cantidad de cosas que nunca hemos visto, pero que no por eso son menos reales y menos asombrosas. En efecto, las Escrituras nos afirman que el cielo es mucho más que eso de pasar la eternidad sentado en una nube tocando el arpa.

En primer lugar, nos afirman que es un lugar real. "No se turbe vuestro corazón —nos dice Jesús—; creéis en Dios, creed también en mí. En la casa de mi Padre muchas moradas hay [...] Voy, pues, a preparar lugar para vosotros. Y si me fuere y os preparare lugar, vendré otra vez, y os tomaré a mí mismo, para que donde yo estoy, vosotros también estéis" (Juan 14:1-3).

Sí, el lugar que Jesús nos está preparando no es ilusorio ni fantástico: ¡es real! Vendrá por segunda vez de acuerdo con su promesa para llevarnos a un hogar perfecto, la ciudad más hermosa del universo: la Nueva Jerusalén, que supera por lejos nuestros sueños más preciados. Y todo será real, ¡de veras!

MI CASA, TU CASA —Segunda parte

El que da testimonio de estas cosas dice: Ciertamente vengo en breve. Amén; sí, ven, Señor Jesús (Apocalipsis 22:20).

Las Escrituras nos dicen que cuando venga Jesús nos llevará al cielo para estar con él allí durante mil años. Transcurrido ese tiempo nos traerá a nuestro hogar definitivo: la Tierra. El último libro de la Biblia declara: "Vi un cielo nuevo y una tierra nueva; porque el primer cielo y la primera tierra pasaron, y el mar ya no existía más. Y yo Juan vi la santa ciudad, la Nueva Jerusalén, descender del Cielo, de Dios, dispuesta como una esposa ataviada para su marido. Y oí una gran voz del Cielo que decía: He aquí el tabernáculo de Dios con los hombres, y él morará con ellos; y ellos serán su pueblo, y Dios mismo estará con ellos como su Dios" (Apocalipsis 21:1-3). Y, amiga, amigo joven, al leer este último renglón, bien puedes personalizarlo así: "Y Dios mismo estará conmigo como mi Dios". Porque ésa es la idea. Se trata de tu hogar y de tu Dios.

El reino que nos permite vislumbrar la Escritura es mucho más que la morada de seres etéreos, fantasmagóricos. Estará habitado por seres humanos de carne y hueso glorificados, que disfrutarán de la vida plenamente, tanto en lo físico como en lo espiritual. Allí no habrá pecado, ni maldición, ni muerte. En la tierra nueva habrá para nosotros una multitud de actividades acerca de las cuales ni siquiera podríamos atrevernos a soñar. Ciertamente habrá proezas científicas y tecnológicas, y viajes espaciales inimaginables.

Una notable escritora, la Sra. Elena G. Harmon de White, comenta de esta manera las bellezas del mundo venidero: "Allí intelectos inmortales contemplarán con eterno deleite las maravillas del poder creador, los misterios del amor redentor... Toda facultad se desarrollará, toda capacidad aumentará... Se podrán llevar a cabo las mayores empresas, satisfacer las aspiraciones más sublimes, realizar las más encumbradas ambiciones; y sin embargo surgirán nuevas alturas que superar, nuevas maravillas que admirar, nuevas verdades que comprender, nuevos objetos que agucen las facultades del espíritu, del alma y del cuerpo. Todos los tesoros del universo se ofrecerán al estudio de los redimidos de Dios" (*El conflicto de los siglos,* pág. 736).

¿No te animas, amiga, amigo joven? Recuerda que se trata de tu casa, y tu morada eterna; la misma que Jesús está preparando ahora mismo para ti y para todos los que aceptan su salvación, y él promete que vendrá a buscarnos para que donde él está, tú y yo también estemos. ¡Qué hermosa promesa! Sólo falta agregar: "Amén, sea así, ven Señor Jesús" (Apocalipsis 22:20).

Septiembre 9

TÚ, YO, Y EL ARCA DE NOÉ

Pero ellos intencionalmente ignoran que en el tiempo antiguo, los cielos fueron hechos por la Palabra de Dios, y la tierra surgió del agua y por el agua subsiste. Por eso el mundo de entonces pereció anegado en agua (2 Pedro 3:5, 6).

El diluvio que sobrevino en los días de Noé fue un desastre mundial tan terrible que nos resulta difícil imaginarlo hoy día. Un apagón como el de agosto del 2003 también era difícil de imaginar; pero sucedió, e hizo que la gente comenzara a pensar que cualquier cosa podría suceder. En los días de Noé los únicos sobrevivientes humanos del diluvio fueron las "ocho personas" que entraron en el arca, la gran embarcación que el patriarca había pasado 120 años construyendo.

Algunas personas consideran ridícula la idea de que en los días de Noé haya sobrevenido un diluvio mundial. La Biblia habla de ellos en estos términos: "Pero ellos intencionalmente ignoran que en el tiempo antiguo, los cielos fueron hechos por la Palabra de Dios, y la tierra surgió del agua y por el agua subsiste. Por eso el mundo de entonces pereció anegado en agua" (2 Pedro 3:5, 6). La ignorancia intencional puede hacernos cerrar los ojos para no ver evidencias tan claras que hasta un niño las puede discernir. Por ejemplo, ¿qué mensaje nos comunican las conchas de animales marinos enterradas en las rocas de los altos montes?

Los científicos que quieran ignorar intencionalmente la Palabra de Dios, pueden ridiculizar la idea de un diluvio mundial; pero también hay científicos que han estudiado profundamente la paleontología, la acción del agua o hidráulica, la arqueología, la biología y numerosas otras disciplinas científicas, y tienen la certidumbre de que la verdadera ciencia no contradice sino que comprueba la validez de la Palabra de Dios. El diluvio de los tiempos de Noé no es sólo una posibilidad; hay numerosos depósitos de sedimentos en muchas partes del mundo, que no es posible explicar de otro modo.

Jesús dice que las condiciones sociales y espirituales que prevalecen hoy en el mundo son "como fue en los días de Noé". La gente que vivió en esos días oyó la proclamación del verdadero y puro Evangelio, porque leemos que Noé predicó "la justicia que viene por la fe" (Hebreos 11:7). De hecho, el mensaje se les predicó en forma continua y constante por 120 años (Génesis 6:3). Pero rechazaron el mensaje de Noé y se entregaron a las perversiones sexuales, la ebriedad y la violencia.

Septiembre 10

TÚ, YO, Y EL ARCA DE NOÉ —Segunda parte

Mas como en los días de Noé, así será la venida del Hijo del Hombre... hasta el día en que Noé entró en el arca, y no entendieron hasta que vino el diluvio y se los llevó a todos (Mateo 24:37- 39).

Noé dejo abierta la puerta del arca, de modo que la gente pudiera entrar y hallar refugio cuando viniera el diluvio. Los ángeles hicieron entrar a los animales, una pareja de cada especie en el caso de los clasificados como inmundos (no aptos para el consumo), y en grupos de siete parejas de cada especie en el caso de los animales considerados limpios. Pero hasta el último día los seres humanos rehusaron entrar. Sólo Noé y su familia entraron, y luego un ángel cerró la maciza puerta.

Pero la lluvia no vino en seguida. El clima siguió despejado, como de costumbre. Esto les dio ánimo a los que habían rechazado el evangelio, y se volvieron más atrevidos en sus burlas. Durante siete días, Noé y su familia permanecieron encerrados; no podrían haber salido, porque la puerta no se podía abrir. Por su parte, los que habían quedado afuera ya no podían entrar aunque quisieran, porque la puerta se había cerrado. Toda esta escena provee una lección divinamente inspirada, la cual todos podemos comprender:

(a) En nuestros días, nuevamente el evangelio está siendo predicado por todo el mundo, y la verdad acerca de la pronta venida de Jesús ha estado proclamándose por más de cien años.

(b) Una vez más, el mundo en general ha resistido y rechazado el mensaje de la gracia de Dios.

(c) Una vez más, se ha provisto un "arca" de seguridad para que todos entren en ella. Es la "iglesia remanente" de Apocalipsis 12:17 ["el resto de la descendencia de ella"] y 14:12, la iglesia que se distingue de modo que todos la pueden reconocer, cuyos miembros "guardan los mandamientos de Dios y la fe de Jesús", y proclaman el mensaje distintivo del día del juicio divino (Apocalipsis 14 :6-12).

(d) Una vez más, se hace una invitación final a todos: "Venid a mí todos los que estáis fatigados y cargados, y yo os haré descansar". "El Espíritu y la esposa dicen: ¡Ven!' Y el que oiga, también diga: '¡Ven!' Y el que tenga sed y quiera, venga y reciba el agua de la vida gratuitamente" (Mateo 11:28; Apocalipsis 22:17).

(e) Y una vez más, usted ha escuchado (leído) este mensaje. Pero tal "como en los días de Noé", llegará un día en que se extenderá la invitación por última vez, como cuando Noé predicó su último sermón antes que el ángel cerrara la puerta. Nadie sabe si este día de hoy será la última oportunidad que nosotros tendremos para presentar el mensaje, o tu última oportunidad de escucharlo y venir.

EN MEMORIA DE LA CAÍDA DE LAS TORRES GEMELAS

Si oyereis hoy su voz, no endurezcáis vuestros corazones...
(Hebreos 3:15).

El desastre del 11 de septiembre del año 2001 vivirá para siempre en el recuerdo de la humanidad. En esa clara y soleada mañana el mundo contempló en televisión las siluetas de las torres gemelas del Centro Mundial de Comercio que, recortadas contra el cielo azul, ardían y se desplomaban, y en cosa de segundos se tornaban en un informe montón de polvo y escombros. Muchos nos preguntamos: "¿Por qué permitió Dios este horrible desastre?"

Dos prominentes predicadores estadounidenses declararon que, si bien Dios no causó la tragedia ni quería que sucediera, de todos modos permitió que pasara debido a la gran maldad de muchos en el país. Tal declive moral de la nación impidió a Dios detener a Satanás en su obra destructora, como lo ha hecho muchas otras veces en el pasado, dijeron esos dos predicadores. Es cierto que a través de más de dos siglos Dios ha intervenido a menudo para defender a la nación. Muchos creen que esto se debe a que los Estados Unidos ha exaltado ante el mundo los dos principios gemelos de la libertad civil y religiosa.

Lo que sí podemos decir con confianza es que Dios no olvidará a los que perecieron consumidos por las llamas en las aeronaves secuestradas o en las torres gemelas de Nueva York. Los miembros del personal de rescate no tenían forma de saber a quién pertenecían los restos humanos que iban desenterrando, pero Dios recuerda perfectamente a cada individuo. Si en esos últimos momentos alguno clamó a Dios desde lo profundo de su corazón, su clamor fue escuchado, pues la Palabra afirma que "todo aquel que invocare el nombre del Señor será salvo". Pero, ¡qué trágico fin para los que nunca aceptaron a Jesús! ¡Qué trágico error eterno! No lo repitamos. "Si oyereis hoy su voz, no endurezcáis vuestros corazones..." (Hebreos 3:15).

EL PRECIO DE LA HONRADEZ

Por lo demás, hermanos, todo lo que es verdadero, todo lo honesto... en esto pensad (Filipenses 4:8).

Reconozcamos francamente que no es fácil ser honrados. Los cínicos aseveran que la vida es un mercado en el que cada uno trata de sacar ventaja de los demás. Y afirman que en ese mercado todo hombre se vende, todo ser humano puede comprarse.

—Le daré tanto —dijo uno que le ofrecía a su interlocutor dinero por pasar contrabando desde un país a otro.

—No —respondió el hombre—, de ninguna manera lo haré.

—Bien —dijo el otro—, aumentemos la cantidad. ¿Qué le parece el doble de lo que acabo de ofrecerle?

—No lo haré.

El tentador siguió aumentando la cantidad hasta que por fin, cuando le ofrecía una suma verdaderamente considerable, el otro exclamó:

—¡Basta! ¡Basta, por favor! ¡No siga! Se está usted acercando a mi precio.

En el ambiente en que todos nos movemos, cuesta ser honrados. Para serlo hay que pagar el precio. Debemos estar dispuestos a realizar cualquier sacrificio con tal de mantener intacta nuestra honestidad y nuestra conciencia. Decía Luis Franco: "Tener carácter —es decir, saberse insobornable para la verdad y la libertad, varonía inmaculada—, es un lujo bastante más valioso que poseer talentos, dinero o elegancia".

Algunos tienen una idea muy peregrina de lo que es la honradez. ¡Cuántos hay que sostienen y apoyan a hombres y mujeres en quienes no creen! Pero lo hacen por las ventajas que eso les proporciona. Sacrifican la conciencia en el altar de la conveniencia. Son los que para crecer recurren a la moral turbia. Son los que cuando no pueden entrar a codazos tratan de hacerlo mediante lisonjas. Buscan los panes y los peces.

Y subrayemos que la falta de honradez no se revela solamente en lo material. También se falta a la honradez cuando se piensa mal de los demás o cuando se dicen cosas que están en desacuerdo con la realidad. Hay falta de honradez en el hecho de no pensar elevadamente en los que nos rodean. Hay falta de honradez cuando se simula una verdad que no se posee, cuando disimulamos nuestra indiferencia detrás de un aparente interés o de una fingida solicitud. Hay falta de honradez cuando se recorta la unidad moral que se usa para medir el carácter de los demás.

EL PRECIO DE LA HONRADEZ —Segunda parte

Bienaventurado el hombre que teme a Jehová, y en sus mandamientos se deleita en gran manera (Salmo 112:1).

"**L**a mayor necesidad del mundo es la de hombres que no se vendan ni se compren; hombres que sean sinceros y honrados en lo más íntimo de sus almas; hombres que no teman dar al pecado el nombre que le corresponde; hombres cuya conciencia sea tan leal al deber como la brújula al polo; hombres que se mantengan de parte de la justicia aunque se desplomen los cielos" (*La educación*, pág. 54).

Quizás lo más difícil sea ser honrado para con uno mismo. Tal vez nos hemos formado una falsa imagen de nuestra personalidad. Vale más que nos veamos como de verdad somos. Vale más que nos veamos desde el punto de vista de Dios y de la eternidad.

Se ha dicho que el hombre tiene tres personalidades. Una se basa en lo que él cree ser. La otra, en lo que los demás creen que es. Y la tercera, en lo que de verdad es. Veamos cómo somos.

Hay personas a quienes la honradez no les sale de adentro; se mantienen dentro de ciertos límites por las exigencias del ambiente, por el temor al qué dirán, o por miedo a la justicia. Sin embargos, los hay quienes son leales al deber como la brújula al polo. Éstos están de parte de la justicia aunque se desplomen los cielos.

Cineas fue un célebre orador y ministro de Pirro. Éste afirmaba que la elocuencia de Cineas le había conquistado más ciudades que sus mismos ejércitos. Cierta vez Pirro le encargó a Cineas que sobornara al Senador Fabricio. Cineas volvió diciendo:

—Majestad, es más fácil desviar de su órbita al sol, que hacer dar a Fabricio un solo paso fuera del camino del honor.

Amigo, amiga que lees, seamos íntegros y honrados. ¿Cómo llegar a eso? San Pablo nos dice: "Por lo demás, hermanos, todo lo que es verdadero, todo lo honesto, todo lo justo, todo lo puro, todo lo amable, todo lo que es de buen nombre; si hay virtud alguna, si alguna alabanza, en esto pensad" (Filipenses 4:8).

Quien quiera ser honrado, piense en cosas honradas. Si el pensamiento se desvía hacia la deshonestidad, las obras inevitablemente serán deshonestas. Pensemos en lo justo, en lo bueno, en lo verdadero, en fin, en todo aquello que ennoblezca el carácter y fortalezca la honradez, y seremos honrados para honor y gloria de Dios, y para felicidad y salvación nuestra.

EL MENSAJE DEL PRIMER ÁNGEL

Entonces vi a otro ángel que volaba por el cielo, con el evangelio eterno para predicarlo a los que habitan en la tierra, a toda nación y tribu, lengua y pueblo. Decía a gran voz: ¡Reverenciad a Dios y dadle gloria, porque ha llegado la hora de su juicio" (Apocalipsis 14:6, 7).

La profecía bíblica nos dice que en nuestros días hay un mensaje que ha de capturar la atención de las multitudes "que habitan en la tierra". La frase implica que, mientras la mayor parte de la gente está absorta en asuntos mundanos y triviales, un mensajero especial, que el apóstol Juan identifica como el "primer ángel", proclamará un mensaje que sorprenderá a todos: "¡Reverenciad a Dios y dadle gloria, porque ha llegado la hora de su juicio!" (Apocalipsis 14:7). ¿De qué juicio se trata? ¿Del nuestro o del de Dios?

Por mucho tiempo se ha creído que este mensaje significa que nosotros seremos juzgados, y lo hemos considerado una mala noticia. La idea de ser arrastrados ante un juez aterra a la gente. Sin embargo, en el idioma original, este anuncio del juicio podría también significar que es Dios quien va a ser juzgado. ¡En vez de ser el Acusador divino, Dios se sentará en el banquillo de los acusados!

¿Cómo puede ser posible tal cosa? Varias declaraciones de Jesús nos permiten comprender. A muchos les causa sorpresa oír esto, pero Jesús dijo: "Además, el Padre a nadie juzga, sino que confió todo el juicio al Hijo [...] porque es el Hijo del Hombre" (Juan 5:22, 27). ¡El Juez es uno de nosotros! Además, el mismo Señor Jesús se niega a ser juez de los que lo rechazan. Dice en San Juan 12:47: "Si alguien oye mis palabras, y no las guarda, yo no lo condeno; porque no vine a juzgar al mundo, sino a salvar al mundo".

Así es, el Señor juzgará a ciertas personas, a saber, solamente a quienes hayan creído en él, y el único veredicto que pronunciará sobre ellos es el de "inocente".

EL MENSAJE DEL PRIMER ÁNGEL —Segunda parte

Como está escrito: Para que seas justificado en tus palabras, y venzas cuando fueres juzgado (Romanos 3:4).

Repasemos el pasaje de ayer, donde Dios le presenta al profeta Juan, en la isla de Patmos, una visión especial: "Entonces vi a otro ángel que volaba por el cielo, con el evangelio eterno para predicarlo a los que habitan en la tierra, a toda nación y tribu, lengua y pueblo. Decía a gran voz: ¡Reverenciad a Dios y dadle gloria, porque ha llegado la hora de su juicio" (Apocalipsis 14:6, 7).

Detengámonos aquí por un momento, y notemos algunos detalles. En primer lugar, el ángel vuela por el medio del cielo. En segundo lugar, el mensaje contiene buenas nuevas, es decir, el evangelio eterno de salvación. Por último, el mensaje de este ángel se refiere tanto al juicio de Dios como al nuestro. No es ningún secreto que la mayoría de "los moradores de la tierra" estén enemistados con Dios, y piensan que tienen razón de sentirse así. Todos hemos nacido con una mente carnal, que es "enemistad contra Dios" (Romanos 8:7). Muchos culpan al Señor de sus dificultades, y en especial de las horrendas injusticias que afligen al mundo.

Dios tiene muchos enemigos, pero es justo y generoso aun con ellos. El mensaje del primer ángel demuestra que el Creador está dispuesto a exponerse a nuestras acusaciones. La única forma de defenderse es demostrar que hay alguna circunstancia fuera de su control que ha impedido o retrasado su intervención. Y así es. La circunstancia existe, el problema es cómo probarlo ante la corte. En este juicio cósmico, la fiscalía y el jurado son los habitantes del mundo, y también los seres celestiales no caídos. Dios no quiere que lo sirvamos por temor. La Biblia dice que al final hasta el diablo y los suyos tendrán que aceptar las evidencias de que Dios ha sido justo, para que entonces "toda lengua confiese que Jesucristo es el Señor, para la gloria de Dios el Padre" (Filipenses 2:11; véase Apocalipsis 15:4).

EL MENSAJE DEL PRIMER ÁNGEL —Tercera parte

Hasta que vino el Anciano de días, y se dio el juicio a los santos del Altísimo; y llegó el tiempo, y los santos recibieron el reino (Daniel 7:22).

El mensaje del primer ángel nos trae gloriosas y eternas noticias, mucho mejores de lo que creíamos. Cada creyente en Jesús puede hacer una contribución significativa para exonerar de culpa a Dios. En Apocalipsis 14:7, el ángel dice "a gran voz: Reverenciad a Dios y dadle gloria, porque ha llegado la hora de su juicio. Y adorad al que hizo el cielo y la tierra, el mar y las fuentes de las aguas".

Reverenciar a Dios es apreciar su carácter. Y eso es imposible si no vemos su amor revelado en el gran sacrificio que Jesucristo realizó en la cruz. De este modo, el mensaje del primer ángel es la mayor predicación de la cruz que haya escuchado este oscuro mundo en toda su historia. Por seis mil años los seres humanos han gozado de la vida, a menudo sin darse cuenta de quién ha hecho posible su vida y su gozo. Se hallan infinitamente endeudados con el Señor por todo lo bueno que han disfrutado, pero no captan esta realidad. Cada trozo de pan que nos llevamos a la boca lleva estampada la cruz del Calvario.

En situación paralela a la de este primer mensaje angélico se halla otro que contiene el mensaje de Jesús a la iglesia, justo antes de su segunda venida. Está registrado en Apocalipsis 3:14 -21, y dice: "Al que venza, le daré que se siente conmigo en mi trono; así como yo he vencido y me he sentado con mi Padre en su trono" (versículo 21). Estas palabras pintan un cuadro de estrecha intimidad con Jesús.

Este glorioso futuro es el resultado del mensaje del primer ángel. Su contenido tiene la virtud de preparar a un pueblo para este elevado destino. ¡Y usted y yo somos invitados a participar de este honor!

EL MENSAJE DEL PRIMER ÁNGEL —Cuarta parte

Y adorad al que hizo el cielo y la tierra, el mar y las fuentes de las aguas (Apocalipsis 14:7).

El mensaje del primer ángel incluye algo más. Terminemos de leer lo que dice: "Y adorad al que hizo el cielo y la tierra, el mar y las fuentes de las aguas".

Ahora, el mensaje del primer ángel nos llama a comprender que Dios es nuestro Creador. Engastado en este mensaje se halla el llamamiento a observar el sábado, séptimo día, que es el verdadero "día del Señor". Con su propio dedo, Dios escribió estas palabras que el primer ángel nos llama a recordar: "Yo soy el Señor tu Dios, que te saqué de Egipto, de casa de servidumbre [...] Acuérdate del día sábado para santificarlo. Seis días trabajarás y harás toda tu obra. Pero el sábado es el día de reposo del Señor tu Dios. No hagas ningún trabajo en él [...] Porque en seis días el Señor hizo el cielo, la tierra y el mar, y todo lo que contienen, y reposó en el séptimo día. Por eso, el Señor bendijo el sábado y lo declaró santo" (Éxodo 20:2, 8-11).

¡Qué privilegio significa vivir en esta época tan especial, en que Dios está reuniendo un pueblo para sí, extrayéndolo del mundo, de "Babilonia", de la "casa de servidumbre", para que sea su especial tesoro en todo el mundo!

Amigo lector, allí donde Dios te ha puesto, es tu deber y sagrado privilegio darle honra y gloria, ser un testigo para él. Que Dios te guíe por los caminos de su gracia, que abunda mucho más que todo el mal con que el diablo nos pueda tentar. Y esto también es parte de las buenas nuevas, el evangelio eterno que proclama el primer ángel de Apocalipsis 14.

LA COPA FATAL

No mires al vino cuando rojea, cuando resplandece su color en la copa (Proverbios 23:31).

Yo siembro las penas, las amarguras, el dolor y la desesperación por todas partes, arrastrando a los insondables abismos de la desgracia al hombre, a la familia y a la sociedad. El bebedor que me sostiene con su mano trémula no puede esperar de mí sino un hogar desdichado, una salud quebrantada y un sepulcro prematuro. Yo degrado al hombre racional; lo privo de su salud, y entorpezco sus facultades, apago en su corazón los más sagrados afectos hasta convertirlo en bruto. Los jóvenes que me beben pierden su delicadeza y se hacen despreciables a los ojos de la sociedad. Yo quebranto el corazón de la esposa, lo lleno de acíbar vertiendo en él, la frente de los inocentes hijos de la marca infamante de la vergüenza. Yo me encargo de visitar a más no poder: los sanatorios, los asilos, los manicomios, los lazaretos y las cárceles; soy hija legítima del infierno; mi amo es el diablo y yo su instrumento vil de muerte y perdición. Produzco enfermedades y no curo ninguna. Soy la peste, la desolación y la muerte eterna. ¡Apartaos de mí, como os apartaríais de vuestro más formidable e implacable enemigo! ¡N O   B E B Á I S!.........

—Ana María de Hernández.

LA CIENCIA DESCUBRE A DIOS

Levantad en alto vuestros ojos, y mirad. ¿Quién creó estas cosas? Aquel que saca su ejército de estrellas, llama a cada una por nombre. Tan grande es su poder y su fuerza, que ninguna faltará (Isaías 40:26).

En una conocida publicación venía en la portada un artículo titulado "La ciencia descubre a Dios". El autor se refería a una serie de científicos que en el pasado se consideraban ateos, pero que han terminado por darse cuenta de que este mundo —y la complejidad de la vida que en él se encuentra— no puede haberse desarrollado por sí solo. Alan Sandage, de cabello blanco y 72 años de edad, se preguntó: "¿Por qué existe algo en vez de no haber nada?... Fue mi ciencia lo que me llevó a la conclusión de que el mundo es mucho más complicado de lo que la ciencia puede explicar".

Resulta que la misma ciencia que *mató* a Dios está, en opinión de los creyentes, restaurando la fe. Los físicos han tropezado con señales de que el cosmos ha sido creado *ex profeso* para la vida y la inteligencia. Sucede que si las constantes de la naturaleza... como la intensidad de la fuerza de gravedad, la carga de un electrón y la masa de un protón, fueran infinitesimalmente diferentes, la estructura de los átomos no podría mantenerse, las estrellas no arderían, y la vida jamás habría hecho su aparición (*Newsweek*, 20 de julio de 1998). ¡Por fin se oye decir a los científicos que tiene que haber un Dios!

¿Estamos ante un nuevo descubrimiento?

No; simplemente, algunos comienzan a reconocer lo que para otros siempre ha sido tan lógico. "Levantad en alto vuestros ojos, y mirad. ¿Quién creó estas cosas? Aquel que saca su ejército de estrellas, llama a cada una por nombre. Tan grande es su poder y su fuerza, que ninguna faltará" (Isaías 40:26).

EL DÍA EMPIEZA DE NOCHE

Yo soy la luz del mundo; el que me sigue, no andará en tinieblas, sino que tendrá la luz de la vida (Juan 8:12).

Cuando el licenciado mexicano José Guadalupe Zuño fue liberado por sus propios secuestradores, dijo así de ellos: "Son muchachos sanos, son gente buena, pero desorientados. Quieren cambiar el mundo, pero no saben cómo hacerlo". ¿Cómo ayudarlos?, preguntamos, ¿qué hacer para guiar a los adolescentes y a los jóvenes en su difícil proceso hacia la madurez?

La crisis del adolescente no es "cosa de niños". Es grave. Es difícil. Dura, a veces, varios años más de los que cronológicamente se asignan al período de la adolescencia. Sentida con mayor o menor intensidad según sea el temperamento y el ambiente del sujeto, dura hasta que éste madura o aprende a madurar. Pero esta palabra es particularmente odiosa al adolescente. Él busca ideales en concreto. Absolutos. Perfecciones. Y si "madurez" significa ideales truncos o imperfecciones múltiples, no es para él una meta apetecible. Sobre todo, si a la decepción que le provoca la inconsecuencia de los mayores, se suma la que resulta de la sospecha, o el descubrimiento, de su propia impotencia, que lo lleva a la frustración anticipada, al temor que lo esconderá en paraísos artificiales o que lo atará precisamente a la mediocridad que tanto desprecia.

Decía Carlos Castro Saavedra que "comienza a anochecer a veces, no en las últimas horas de la tarde sino en la madrugada, cuando empieza la luz a derramarse sobre la Tierra". En la adolescencia, cuando la vida se viste todavía de piel rosa y tersa, cuando toda ella parece una mañana larga, de sol y de alegría, comienza ya a sentirse la sombra del conflicto, la arruga de la pena, lo que convierte en noche lo que quería y debía ser día.

Pero, amiga, amigo mío, no hay que desesperar. La Biblia nos recuerda que el día empieza de noche (Génesis 1:2-5). De puesta de sol a puesta de sol. Y si aplicamos esto a la vida interior, también ocurre que el día empieza de noche. Y en la noche hay estrellas, por las que se guían los navegantes.

Si uno fija su vista en el estado del mundo, de la gente en general, o si espera maravillas de alguien en particular o de uno mismo, acabará frustrado y afligido; pero si permite que en su noche interior, lo dirija Jesús, hallará la guía que buscaba, porque él dijo: "Yo soy la luz del mundo; el que me sigue, no andará en tinieblas, sino que tendrá la luz de la vida" (Juan 8:12).

PLAN DE ESCAPE

En mi corazón he guardado tus dichos, para no pecar contra ti
(Salmo 119:11).

Cientos de miles de niños son usados anualmente para producir películas y revistas pornográficas, y para satisfacer la lujuria de gente sin escrúpulos. ¿Cómo caen en ello? ¿Qué hacer para ayudarlos?

Sólo en los Estados Unidos de Norteamérica, cada 45 minutos una vida se pierde, víctima del fuego. 11.680 personas mueren por ello cada año. 6.500 son sorprendidas en sus propios hogares, y así también 2.100 niños. Cosa trágica e innecesaria, pues según las autoridades, la mayoría podría salvarse si en cada hogar se colocara un detector de humo, y se estudiara y practicara con toda la familia un plan de escape para casos de emergencia.

Y lo mismo podría decirse en relación a otra candente estadística. Porque en el mismo país, sólo en el área de Los Ángeles, 30.000 niños y adolescentes posan para fotos y películas pornográficas, y en la zona metropolitana de Nueva York, 120.000 están implicados en algún tipo de actividad sexual lucrativa, incluyendo la prostitución.

Pero, no es sólo allí. Con o sin estadísticas, los abusos cometidos contra niños y jóvenes, y los perpetrados por ellos mismos, aumentan en todas partes de día en día. Sorprendentemente, en muchísimos casos son los propios padres quienes empujan y aún venden a sus hijos a este mercado humano, para favorecerse ellos con las ganancias obtenidas. Pero también se trata de jóvenes y niños prófugos de sus hogares que, sin preparación, sin dinero y sin trabajo, encuentran así cómo sobrevivir. Algunos incluso se valen de este medio para sostener su adicción a las drogas, o para compensar un vacío afectivo que en la realidad no logran llenar, porque este tipo de relaciones carece justamente de los sentimientos de amor, de ternura y de respeto que instintivamente buscan. De ahí, amigo lector, la acuciante necesidad de un acercamiento cálido, humano... sumado a un eficaz plan preventivo y aun "de escape" para "casos de emergencia".

El salmista David tenía uno excelente. Decía: "¿Con qué limpiará el joven su camino? Con guardar tu palabra. Con todo mi corazón te he buscado; no me dejes desviarme de tus mandamientos. En mi corazón he guardado tus dichos, para no pecar contra ti" (Salmo 119:9-11).

EL INJERTO

Y como vio a Jesús de lejos, corrió, y le adoró (Marcos 5:6).

Debido a los avances de la psicología y de la psiquiatría, muchos casos de personas desesperadas por sus conflictos emocionales, pudieron y pueden esclarecerse. Sin embargo, esclarecer no significa curar. ¿Qué puede hacer uno para erradicar definida y definitivamente los aspectos negativos de su personalidad? ¿Hay cura real para aquellos que están atrapados en cualquier clase de vicios?

El conocido médico y criminalista César Lombroso, en su libro *El crimen: sus causas y su remedio*, cuenta la historia de Delia, una joven que habiendo sido engañada y ultrajada luego se dio de lleno a la violencia. Llegó a ser jefa de una banda de ladrones, y fue encarcelada siete veces. Cuando sólo tenía 23 años, una señora cristiana le habló de la posibilidad de cambiar su vida, pero Delia le dijo que no había pecado que le fuera desconocido y que no podía vivir sin ellos. Con todo, aceptó asistir a un culto religioso. Una vez allí, impresionada por el poder transformador que parecía tener el Cristo de quien se hablaba, decidió entregarle su vida. Desde entonces, el cambio fue tan notable que hasta se reveló en su apariencia física. Lombroso dice: "La conversión de Delia fue real: tenemos la prueba en la transformación de su fisonomía, que se verifica por los retratos".

Las Escrituras relatan otro caso, el de un hombre a quien "nadie podía domar". "De día y de noche andaba dando voces en los montes y en los sepulcros, e hiriéndose con las piedras". Pero, "como vio a Jesús de lejos, corrió, y le adoró". El resultado fue más que maravilloso. La gente se sorprendió tremendamente al ver que aquel que había sido atormentado por una legión de demonios, ahora estaba "sentado y vestido, y en su juicio cabal" (Marcos 5:4, 6, 15).

Quien se une a Jesucristo es vivificado y enriquecido, tal como una rama cuando se injerta a un árbol. Ésta cambia su aspecto porque cambia por dentro; corre en ella una corriente nueva, fresca y sana, que se revela en el tallo y en las hojas, en la flor y en el fruto.

Napoleón Bonaparte dijo así de Jesucristo: "He aquí un conquistador que incorpora a su persona no una nación, sino la humanidad. El alma humana se hace un anexo de la suya. Cuanto más pienso, más absolutamente me persuado de la divinidad de Jesucristo". Sí, cuando Cristo conquista el corazón humano, lo anexa, lo injerta a su propio corazón. Entonces, se produce el milagro: brota en el hombre una nueva vida. El endemoniado de ayer, y la Delia de hoy, corroboran que en Cristo Jesús hay un poder que excede al de todos los hombres. Es poder divino que transforma "a todo aquel que cree".

INVENCIBLES

Estoy convencido de que nada podrá separarnos del amor de Dios
(Romanos 8:38).

Los españoles consideraban "invencible" la escuadra enviada contra Inglaterra por su rey, Felipe II, en 1588. Sin embargo, sabemos que sufrió el más pavoroso revés, aunque más por fuerza de los elementos de la naturaleza, que del enemigo. Baste decir que de las 130 naves sólo retornaron 53 al puerto de La Coruña. La famosa "Armada Invencible" es una notoria y clásica ilustración de que no todo lo que lleva nombre de "invencible" prueba serlo en la realidad.

Otro muy recordado caso toma enormes proporciones. Me refiero al trágico hundimiento del gran Titanic. Nadie pensaba que algo así podría suceder. Sus constructores lo habían proclamado "insumergible". Tenía compartimientos herméticos, que podían cerrarse automáticamente desde la cabina de control. Cualquiera de ellos podía inundarse completamente, sin poner el barco en peligro. El sentimiento de seguridad en el Titanic era tal, que alguien declaró: "Ni Dios mismo puede hundir este barco". ¡Cuánta arrogancia!

Pero poco antes de la medianoche del 14 de abril de 1912 ocurrió el choque. La mayoría de los pasajeros a bordo del Titanic, casi ni lo sintieron. No fue más que una pequeña sacudida, sólo una vibración. Y cuando sucedió, muy pocos captaron el peligro. La orquesta tocaba música alegre mientras el barco comenzaba a hundirse.

No mucho después, los sobrevivientes observaban horrorizados desde los botes salvavidas, cómo el Titanic se inclinaba más y más hasta quedar suspendido en posición vertical. Luego, el enorme trasatlántico desapareció, arrastrando 1.500 almas a su helada tumba. Ciertamente, la historia no escasea en incidentes que ilustran la fragilidad de las cosas que muchos consideraban indestructibles.

El apóstol San Pablo nos dirige a aquello que sólo es verdaderamente indestructible: el amor de Dios. Si lo recibimos en el corazón, nosotros también seremos invencibles. Dice Pablo: "En todo salimos más que vencedores por medio de aquel que nos amó. Estoy convencido de que nada podrá separarnos del amor de Dios: ni la muerte, ni la vida, ni los ángeles, ni los poderes y fuerzas espirituales, ni lo presente, ni lo futuro, ni lo alto, ni lo profundo, ni ninguna otra de las cosas creadas por Dios. ¡Nada podrá separarnos del amor que Dios nos ha mostrado en Cristo Jesús nuestro Señor!" (Romanos 8:37-39).

EL PODER DE LA ESPERANZA

Así también Cristo fue ofrecido una sola vez para llevar los pecados de muchos; y aparecerá por segunda vez, sin relación con el pecado, para salvar a los que le esperan (Hebreos 9:28).

En el libro *Sobrevivir*, escrito por Vitus Droscher, y en el capítulo "El estrés en los animales", se hace referencia a un experimento científico realizado en la ciudad de Mainz, Alemania. En primer lugar, una rata fue arrojada sorpresivamente a un estanque de agua. Antes de tres minutos había muerto de angustia; no pereció ahogada, sino de un ataque al corazón. Luego fue arrojada al agua una segunda rata, pero ni bien cayó al estanque se le tiró una tablita salvadora y, así, braceando sobre la tabla flotó por diecisiete minutos. Se la sacó, se la dejó descansar y luego se la volvió a poner en el agua, pero apoyada desde el mismo comienzo en la tabla salvadora. Continuó nadando durante siete horas. Luego murió por el agotamiento, pero no de angustia. Los científicos llegaron a esta conclusión: cuando se tiene la esperanza de sobrevivir, tanto la vida de los animales como la de los seres humanos se prolonga.

En verdad, la esperanza es lo que le da sentido a la vida. Inunda nuestro ser con la certeza de que se alcanzarán nuestros más íntimos deseos. Por ejemplo, la madre mira a su bebé con la esperanza de que crezca sano y bueno. Los novios van al altar esperando lo mejor en su vida matrimonial. Prácticamente todos los viajes y negocios son alentados por la esperanza de lograr el éxito. Vamos al médico con la esperanza de que nos vamos a sanar.

Ciertamente, vivimos por lo que esperamos. Pero muchas veces nos pasa lo que le ocurrió a la primera rata del experimento. Caemos al agua, sin que aparentemente exista una tablita salvadora para apoyarnos. De golpe perdemos el trabajo, o uno de nuestros hijos es atropellado por un auto y queda paralítico; o de pronto —después de 20 años de casados— la vida matrimonial pierde su encanto. O lo que es peor, vamos al médico en un examen de rutina y se nos descubre que en un rincón de nuestro cerebro se anida un tumor maligno que es inoperable.

Amigo, amiga, esta tabla salvadora es la cruz de Cristo. La fórmula bíblica para mantener viva la esperanza, es pasar por el Calvario. Existe una íntima relación entre la primera y la segunda venida de Cristo. Dice el apóstol San Pablo: "Así también Cristo fue ofrecido una sola vez para llevar los pecados de muchos; y aparecerá por segunda vez, sin relación con el pecado, para salvar a los que le esperan" (Hebreos 9:28).

La esperanza en la segunda venida de Cristo se apoya en la obra realizada por Jesús en su primera venida, y depende de ella. La cruz garantiza la corona. Este mundo le pertenece a él. Él prometió volver, y por lo tanto volverá.

JÓVENES FUERTES

Os escribí a vosotros, jóvenes, porque sois fuertes, la Palabra de Dios mora en vosotros y habéis vencido al maligno (1 Juan 2:14, NRV).

En este mensaje, uno de los más positivos y más hermosos que jamás se hayan dirigido a la juventud, el apóstol San Juan dice lo siguiente: "Os escribí a vosotros jóvenes, porque sois fuertes, la Palabra de Dios mora en vosotros y habéis vencido al maligno".

Como notamos, sin ninguna vacilación y con todo optimismo, el apóstol habla de una juventud excepcional. Son jóvenes fuertes: fuertes de cuerpo y fuertes de espíritu. Son jóvenes en cuya mente mora la Palabra de Dios, y por lo tanto tienen una riqueza espiritual que les permite vencer al maligno y sus múltiples tentaciones.

Este tipo de jóvenes extraordinarios no sólo existió en los tiempos del apóstol Juan. A través de todas las épocas, y en todas partes del mundo han existido jóvenes, de ambos sexos, valientes en el más pleno sentido de la palabra. Un ejemplo se revela en una conmovedora carta que recibimos en las oficinas hace un tiempo. La escribía una señorita desde la ciudad de El Paso, en el Estado de Texas. Culminaba con estas palabras: "Amigos de La Voz de la Esperanza, quiero que oren y pidan a Dios para que mi mamá se sane. Está internada en el Hospital Central de Chihuahua, México. Yo estoy aquí en El Paso para ayudarla, porque somos muchos de familia y yo soy la mayor. Mi papá nos abandonó hace tres años y sólo Dios nos ha ayudado. Tengo diecisiete años y necesito trabajar para pagar los gastos de la casa; pero mis hermanitos quedan solos en mi casa. Confío que el Señor sane pronto a mi mamá. Oren por mí y muchas gracias por enviarme el curso bíblico *Tiempo Joven*".

Ciertamente, esta señorita es fuerte y ha logrado vencer el desánimo y las pruebas de un hogar donde el papá se ha ido y donde la mamá está enferma. Ha podido ir adelante porque la Palabra de Dios mora en su corazón. Podríamos abundar en testimonios conmovedores acerca de jóvenes y señoritas fuertes, física y espiritualmente; jóvenes esforzados y abnegados que en todos los rincones de la tierra cumplen con perseverancia heroica la proeza de vivir. Sus nombres no aparecen en los grandes titulares de los periódicos o de la televisión pero, sin temor a equivocarnos, podemos decir que existe una hueste de jóvenes y señoritas que cumplen obligaciones, aparentemente comunes, con la responsabilidad, dedicación, y hasta con el sacrificio de verdaderos héroes. Joven lector, ¿eres tú uno de ellos?

Septiembre 26

ANTE EL JUICIO DE DIOS Y SIN MIEDO

El Juez se sentó, y los libros fueron abiertos (Daniel 7:10).

No había huellas digitales. El arma homicida nunca se encontró. Nadie vio al asesino cuando entró en la oficina del Dr. Miguel Phillips, un destacado psicólogo de la localidad. Pero lo encontraron muerto con la cabeza y el torso apoyados sobre el escritorio. Parecía el crimen perfecto. Los detectives no podían encontrar pistas. De pronto vieron un tenue alambre adosado al extremo de una lapicera. El alambre estaba conectado con una grabadora de cinta magnética que se encontraba oculta en uno de los cajones del escritorio. La lapicera tenía un pequeño pero sensible micrófono.

Los investigadores escucharon la cinta, y con asombro se enteraron acerca de cómo se había producido el crimen. Antonio Inciarrano había entrado en la oficina y se había enfrascado en una tensa discusión con el Dr. Phillips. Después sonaron los disparos, y la cinta alcanzó a registrar todavía los gemidos angustiados del psicólogo moribundo.

El asesino pensó que su crimen jamás se descubriría. Se había esmerado en no dejar pistas visibles. Pero este testigo invisible, ignorado por él, contó toda la historia.

No hay crimen perfecto. Todo lo que se ha hecho en este mundo saldrá a la luz en el día del juicio con todos sus detalles, hasta los más sórdidos. Más aún; todo lo que cada uno de nosotros ha hecho o ha dejado de hacer aparecerá también con todos sus detalles. Y cada uno de nosotros tendrá que dar cuenta de lo que hizo o dejó de hacer. Porque el Dios del cielo cuenta con registros mucho más amplios y perfectos que la grabadora del Dr. Phillips. Las Escrituras le dan el nombre de "libros" a esos registros. Veamos lo que dicen y cómo lo dicen: "El Juez se sentó, y los libros fueron abiertos" (Daniel 7:10). En el Nuevo Testamento la versión es como sigue: "Y vi un gran trono blanco y al que estaba sentado sobre él, de delante del cual huyeron la tierra y el cielo, y ningún lugar se encontró para ellos. Y vi a los muertos, grandes y pequeños, de pie delante de Dios; y los libros fueron abiertos, y otro libro fue abierto, el cual es el libro de la vida; y fueron juzgados los muertos por las cosas que estaban escritas en los libros, según sus obras" (Apocalipsis 20:11, 12).

Joven lector, es vital que hagamos un profundo y sincero examen de conciencia, y si encontramos en algún recoveco de nuestra mente algún pecado del que no nos hemos arrepentido ni lo hemos confesado, es el momento de hacerlo sin más dilación.

278

ANTE EL JUICIO DE DIOS Y SIN MIEDO —Segunda parte

Y vi un gran trono blanco y al que estaba sentado sobre él, de delante del cual huyeron la tierra y el cielo, y ningún lugar se encontró para ellos. Y vi a los muertos, grandes y pequeños, de pie delante de Dios; y los libros fueron abiertos, y otro libro fue abierto, el cual es el libro de la vida; y fueron juzgados los muertos por las cosas que estaban escritas en los libros, según sus obras (Apocalipsis 20:11, 12).

Imaginemos que nos encontramos ante el tribunal de Dios en el día del juicio. El Soberano de todo el universo se encuentra en su excelso trono, rodeado por millares de millares y millones de millones de ángeles. Jesús está a su diestra. Los libros se abren y comienza el juicio.

De repente oímos nuestro nombre. Llenos de aprensión subimos al platillo de la balanza de la justicia divina. Un ángel coloca una por una las diez pesas, en cada una de las cuales están grabados los diez mandamientos de la ley de Dios. A medida que lo hace, nuestro platillo asciende y el de las pesas desciende. Cuando la última pesa está ya en el platillo, el nuestro está por allá arriba, y el de las pesas está allá abajo. La aguja de la balanza proclama: ¡CONDENADO!

Entonces, desde lo más profundo de nuestro corazón, clamamos a Jesús: "¡Señor, sálvame!". Y entonces vemos a Jesús, el dulce y buen Jesús, que desciende de su trono a la diestra del Padre, se acerca a nosotros, sube a nuestro platillo, que inmediatamente comienza a descender, hasta que la aguja de la justicia divina proclama: ¡REDIMIDO, SALVADO!

El apóstol San Juan declara: "Si confesamos nuestros pecados, él es fiel y justo para que nos perdone nuestros pecados, y nos limpie de toda maldad. Si dijéremos que no hemos pecado, lo hacemos a él mentiroso, y su palabra no está en nosotros. Hijitos míos, estas cosas os escribo, para que no pequéis; y si alguno hubiere pecado, abogado tenemos para con el Padre, a Jesucristo el justo. Él es la propiciación por nuestros pecados; y no solamente por los nuestros, sino también por los de todo el mundo" (1 Juan 1:9, 10; 2:1, 2). ¿No decimos "amén"?

ENCUESTA PARA NOVIOS

El que halla esposa halla el bien, y alcaza la benevolencia de Jehová
(Proverbios 18:22).

Si usted ya ha elegido su novio o su novia, y está más o menos resuelto a casarse, sería bueno que se hiciera las siguientes preguntas que hemos condensado y adaptado de la obra *El secreto de la dicha conyugal*, del Dr. Haroldo Shryock. Veamos:

1. ¿Es mi novio (o mi novia) generalmente alegre, feliz y optimista? Es bueno observar estos rasgos, porque el matrimonio no cambia generalmente los aspectos fundamentales de la personalidad.

2. ¿Puede abordar temas de controversia sin desembocar en un disputa acalorada?

3. ¿Es emocionalmente estable?

4. ¿Qué opiniones tiene acerca de la política, la moral y las finanzas? ¿Moderadas o más bien extremistas?

5. ¿Coopera fácilmente con los demás y suele llevarse bien con sus superiores?

6. ¿Es considerado con sus subalternos y ayuda con gusto a los menos favorecidos?

7. ¿Es capaz de recibir consejos con buena disposición, aunque le duelan?

8. ¿Es cuidadoso, esmerado, en el desempeño de sus tareas?

9. ¿Está dispuesto a asumir responsabilidades, y ha tenido éxito en las tareas que ha emprendido?

10. ¿Le gustan los niños?

11. ¿Practica concienzudamente la misma religión que profeso yo?

12. ¿Puedo amarlo a pesar de sus defectos? Recordemos que nadie es perfecto. Por otro lado, conviene recordar también que el casamiento no elimina los defectos.

13. ¿Me enorgullezco de mi novio, o novia? Si se avergüenza o no se siente cómoda a su lado, es evidente que no han nacido el uno para el otro.

El Dr. Shryock termina sus preguntas diciendo: "Si se pueden responder afirmativamente estas preguntas, es clara la conclusión de que el novio, o la novia, posee las cualidades necesarias para alcanzar una adaptación conyugal satisfactoria". Por nuestra parte decimos que se estarían cumpliendo las condiciones para formar la pareja ideal.

CON CRISTO EN LA FAMILIA...

*Dios es el que me ciñe de poder, y hace perfecto mi camino
(Salmo 18:32).*

Estudios muy dignos de confianza informan que de los mil seiscientos millones de cristianos que existen hoy en el mundo, sólo el 3% son practicantes; es decir, sólo cuarenta y ocho millones toman la religión en serio. El resto, nada o casi nada.

La importancia de la religión en el hogar se echa de ver después de analizar el siguiente estudio: El hogar de Maximiliano Jukes, un incrédulo casado con una mujer sin religión, tuvo 1.026 descendientes, que fueron objeto de este análisis. De ellos, trescientos murieron prematuramente, cien fueron a parar a la cárcel acusados de diversos delitos, ciento nueve se entregaron al vicio y la inmoralidad, ciento dos terminaron en el alcoholismo, y finalmente esta familia le costó un millón cien mil dólares al Estado de Nueva York.

Por otro lado se estudió el caso de la familia de Jonatán Edwards, un cristiano de ley que se casó con una dama tan creyente como él. Su descendencia llegó a la cifra de setecientas veintinueve personas, de las cuales trescientas fueron predicadores del evangelio, sesenta y cinco se dedicaron a la enseñanza, trece llegaron a ser rectores de universidades, seis fueron autores de buenos libros, y uno de ellos fue vicepresidente de la nación. Esta familia no le costó un solo centavo al Estado de Nueva York.

Quiere decir que la influencia de la religión en el hogar es indudablemente positiva y beneficiosa.

La Voz de la Esperanza cuenta con una escuela bíblica por correspondencia, completamente gratuita, que da información amplia y fidedigna acerca de este tema. Si usted todavía no ha solicitado los cursos que ofrecemos, hágalo ahora mismo, y lo atenderemos a la brevedad posible. Dirija su pedido a www.lavoz.org

Decimos esto porque no nos cabe la menor duda de que para alcanzar la dicha familiar, la religión es imprescindible, y la que recomendamos es definidamente la religión de las Escrituras.

LA FAMA SIN VERGÜENZA

Pero por la gracia de Dios soy lo que soy... (1 Corintios 15:10).

Un dicho anglosajón afirma que a cada humano el destino le depara una cuota mínima de 15 minutos de fama; y, por lo visto, muchos hoy, alentados por la publicidad exagerada que se le da a todo hecho extravagante, cometen actos reñidos con la ley y las buenas costumbres, con tal de saberse conocidos y comentados por doquiera, aunque sea por 15 minutos.

Por eso, todos los días en revistas, periódicos, o en la pantalla de la televisión, se puede ver, junto a un sabio o a un personaje distinguido, al autor del último atraco, o al secuestrador de un avión, o a quien cometió cualquier fechoría. Para muchos de estos sujetos, lo que importa, sobre todo, es asomarse a cualquier costo a la ventana del mundo, donde sean observados. Aunque se trate de una fama sin vergüenza. En verdad, habría que admitir que, desde que el mundo es mundo, la vanidad ha sido motor importante de los actos de los hombres. Impulsados por la vanidad, muchos han sido capaces o de las mayores atrocidades o de absurdos y ridiculeces.

Lo ilustra la conducta de un oscuro pastor de ovejas, llamado Eróstrato, quien queriendo hacerse famoso mediante alguna acción memorable, incendió una de las siete maravillas del mundo, el templo de Artemisa, en Éfeso. Esto ocurrió la misma noche en que nació Alejandro Magno. Cuando se le preguntó la razón de tal atrocidad, dijo que lo había hecho porque "sólo así quedaría vivo su nombre en los siglos venideros".

Contrastemos esto con lo que sucedió en la famosa Universidad de Cambridge, hace mucho tiempo. Uno de sus profesores de matemáticas llegó a la conclusión de que uno de sus discípulos era mucho mejor matemático que él, y que estaba capacitado para desempeñar la docencia en forma más eficiente de lo que él lo hacía. Por lo tanto, se apresuró a renunciar a su cátedra bajo la condición de que su alumno fuera designado para ocuparla.

El nombre de este profesor era Isaac Barrow y fue un excelente matemático, según las normas del siglo XVII. Pero el discípulo a quien le cedió su lugar, era nada menos que Isaac Newton, considerado años después como uno de los grandes sabios de la humanidad. A la luz de la historia, nadie puede decir que el citado profesor no sólo no se equivocó en su opinión acerca de la capacidad de su alumno, sino que enseñó, en forma magistral, lo que constituye la nobleza y la generosidad de espíritu. ¡Cómo necesita el mundo hoy hombres como Isaac Barrow!

SE NECESITAN HOMBRES

Y busqué de ellos hombre que hiciese vallado, y que se pusiese al portillo delante de mí por la tierra, para que yo no la destruyese; y no lo hallé (Ezequiel 22:30).

Siglos atrás, el filósofo Diógenes, equipado con un farol en pleno día, buscaba a un hombre honesto, íntegro, que fuera hombre de veras. Trescientos años antes que él, por intermedio del profeta Ezequiel, Dios había dicho: "Y busqué de ellos hombre que hiciese vallado, y que se pusiese al portillo delante de mí por la tierra, para que yo no la destruyese; y no lo hallé". Se trataba de una época en la cual los seres humanos habían olvidado los principios del bien y del honor; habían olvidado a Dios, para terminar idolatrando sus propios males y pecados. Para señalar la grave crisis de integridad y de lealtad que se sufría, la Escritura recalca que Dios buscó siquiera un hombre que fuera capaz de ponerse del lado del bien; pero no lo halló, o no la halló, pues la expresión "hombre" no excluye a la mujer.

Como dijera una destacada educadora: "La mayor necesidad del mundo es la de hombres que no se vendan ni se compren; hombres que sean sinceros y honrados en lo más íntimo de sus almas; hombres que no teman dar al pecado el nombre que le corresponde; hombres cuya conciencia sea tan leal al deber como la brújula al polo; hombres que se mantengan de parte de la justicia aunque se desplomen los cielos" (*La educación*, pág. 54).

Newton Riddel decía: "Quisiera escribir en la puerta de cada taller y de cada comercio del mundo: 'Se necesitan hombres'. Quisiera pender, con letras de oro dentro de guirnaldas, sobre cada altar o púlpito de la tierra, estas palabras: 'Se necesitan hombres'. Quisiera grabar en la cumbre de las montañas, para que su reflejo volara con las brisas del cielo: 'Se necesitan hombres'. Quisiera dirigir el dedo del relámpago para escribir con letras de fuego a través del cielo tenebroso: 'Se necesitan hombres'. Quisiera juntar el retumbo del trueno, el estrépito de las cataratas, y el bramido del mar, para gritar: 'Se necesitan hombres'".

Y concluía el autor citado: "Quisiera unir las voces de todos los hombres, las plegarias de todas las mujeres y de todas las fuerzas de la naturaleza, para enviar este clamor al cielo: 'Dios grande e infinito, en este siglo veinte, danos hombres, hombres limpios, hombres puros, hombres valientes, hombres que se atrevan a hacer lo justo, tan sólo porque es justo'". A lo que agregamos: ¿No tiene el siglo XXI la misma urgente necesidad?

LA VOZ INAUDIBLE

¿Quién te enseñó que estabas desnudo? (Génesis 3:11).

¿Hemos escuchado alguna vez una "voz" inaudible? Nos referimos a la voz de Dios que susurra en la intimidad de nuestra alma, siempre llena de amor, pero en cierto modo, inquietante. Esa discreta pero insistente voz celestial explora nuestros pensamientos con el fin de recordarnos verdades que, muchas veces en forma inconsciente, sabemos que necesitamos comprender. Esa voz es la que habló a Adán y Eva, nuestros primeros padres, mientras se agazapaban temerosos tras los arbustos en el Edén, el paraíso de Dios.

La pregunta que les hizo fue dolorosa: "¿Quién te enseñó que estabas desnudo?" Dios les hizo la pregunta que también nos hace hoy a nosotros: "¿Por qué te sientes tan incómodo? ¿Por qué sufres esa sensación de vacío, desnudez del alma, como si la vida fuera inútil y sin propósito? ¿Por qué estás siempre aburrido, anhelando lo que no tienes?"

El eco de estas preguntas nos persigue, a veces en medio de la noche, o cuando estamos mirando algún programa de televisión tratando de olvidar la "desnudez" de nuestra alma. A veces nos asalta cuando estamos en la iglesia.

Y aun las personas que nunca abren la Biblia escuchan esta extraña pregunta silenciosa, día y noche, porque Jesucristo no es un cautivo de los vitrales de las grandes catedrales. Por medio de su Vicario, el Espíritu Santo, nos habla a todos, en las palabras del sabio Salomón, diciendo: "Recibid mi enseñanza y no plata, ciencia antes que oro selecto" (Proverbios 8:10). Cristo es "la Luz verdadera, que alumbra a cada hombre que viene a este mundo" (Juan 1:9). Adán y Eva quisieron esconderse de él, pero el Salvador los encontró. Tampoco podemos nosotros ocultarnos de él. Seguimos escuchando su voz, porque nos ama a nosotros tanto como amaba a nuestros primeros padres. La Biblia es el megáfono más íntegro que tiene esa voz. No podemos equivocarnos si prestamos oídos a lo que Dios dice en su Libro, la Biblia, que nos ha sido dada precisamente para guiarnos a la vida eterna, y llenar ahora mismo nuestro corazón de felicidad.

¡ADELANTE!

Y Jehová iba delante de ellos de día en una columna de nube para guiarlos por el camino, y de noche en una columna de fuego para alumbrarles, a fin de que anduviesen de día y de noche (Éxodo 13:21).

En un poema que cada joven debiera hacer suyo, Nélida F. Alonso dice:

No es joven el que vive sin bellos ideales,
no es joven el que siente poder de regresión,
quien vuela hacia el pasado, quien duerme en el vacío,
quien no lleva en su espíritu poder de evolución.
Arar el propio surco, iluminar la senda,
corregir los errores, cultivar la virtud,
es propio de los jóvenes confiados en su fuerza;
el alma así se libra de odiosa esclavitud
No se logra el triunfo sin lucha ni desvelo,
sin idea, ni estudio, inventiva y acción.
¡Es preciso ver claro y ser siempre sincero,
y andar por el camino que lleva a la razón!
Renovarse luchando es cultivar la ciencia,
que guía hacia el progreso, el bien y la verdad.
Esto sólo lo puede aquel que por su esencia
se lanza hacia el mañana con férrea voluntad.
El éxito ilumina la conciencia del hombre,
la derrota tan sólo empaña el esplendor,
pues quien lleva en su espíritu ideal de grandeza,
aun en la derrota sabe ser vencedor.

¡Adelante!

EL ÚLTIMO ADÁN

Fue hecho... el postrer Adán, espíritu vivificante (1 Corintios 15:45).

La Biblia es clara en cuanto al origen de la humanidad: "El Dios que hizo el mundo y todas las cosas que hay en él... de un solo hombre hizo él todas las naciones" (Hehos 17:24, 26, DHH). Es decir, cuando Dios creó a Adán, creó en él a toda la familia humana. Al crear a Adán, vio en él a todo ser humano que existiría sobre este planeta.

Adam Clarke, reconocido teólogo y comentarista bíblico del siglo XIX, afirmó la vigencia del sábado como día de reposo aludiendo a esta gran verdad del origen de toda la humanidad a partir el primer Adán. En su ilustre comentario de la Biblia, dice: "Dios dio el sábado al primer hombre cuando todas las naciones del mundo estaban incluidas en éste seminalmente, y mientras él (Adán) ocupaba el lugar de padre y representante de toda la raza humana; por consiguiente, el sábado no fue dado para una sola nación, ni para sólo un momento o lugar específico" (*Clarke's Commentary*, tomo I, pág. 47).

Sí, toda la humanidad estaba en el primer Adán. Y mientras estábamos todos 'en Adán', algo sucedió. Estando todos de "pasajeros" en el "coche Adán", por así decirlo, Adán tuvo un "accidente". La Biblia declara: "Así, pues, por medio de un solo hombre entró el pecado en el mundo..."; "...en Adán todos mueren..." (Romanos 5:12; 1 Corintios 15:22).

Sigamos ilustrando el caso valiéndonos de la analogía del coche. Adán era el que conducía (bajo su volición estábamos todos), y por lo tanto, fue él quien recibió "la multa". Pero todos nosotros (los pasajeros 'en Adán') recibimos los efectos de ese "accidente". La Biblia se refiere a esos efectos de varias formas, como: "naturaleza pecaminosa"; "cuerpo de pecado"; "hombre natural"; "la carne"; "viejo hombre", etc. En otras palabras, todos recibimos un defecto "de fábrica". Ese defecto hace que funcionemos mal, que pequemos. La Biblia dice que por ese pecado de Adán, nosotros "fuimos hechos (o constituidos) pecadores" (Romanos 5:19).

El apóstol Pablo personaliza este dilema del ser humano al decir por el hombre: "Yo sé que en mí (es a saber, en mi carne) no mora el bien; porque tengo el querer, mas efectuar el bien no lo alcanzo" (Romanos 7:18). Ésta es la condición natural del hombre en el primer Adán.

Esta situación requería más que instrucción religiosa. La ley de Dios, de por sí, no puede corregir este defecto en el hombre: "Porque según el hombre interior me deleito en la Ley de Dios: Mas veo otra ley en mis miembros, que... me lleva cautivo a la ley del pecado que está en mis miembros" (Romanos 7:22, 23).

EL ÚLTIMO ADÁN —Segunda parte

Empero Dios, que es rico en misericordia, por su mucho amor con que nos amó, aún estando nosotros muertos en pecados, nos dio vida juntamente con Cristo. Por gracia sois salvos (Efesios 2:4, 5).

La humanidad 'en Adán' bien puede preguntar: "¿Quién me (nos) librará del cuerpo de esta muerte?" (Romanos 7:24). En el pasaje de hoy, la Biblia presenta la respuesta divina: "Empero Dios, que es rico en misericordia, por su mucho amor con que nos amó, aún estando nosotros muertos en pecados, nos dio vida juntamente con Cristo. Por gracia sois salvos."

Dios envió a otro Adán, a su Hijo Jesús. En él volvió a reunir a toda la humanidad, tal como en el principio se hallaba seminalmente en el primer Adán. Fue como si se abriera una vez más la "fábrica adánica" y se recogieran todos los motores defectuosos que de allí salieron, con el fin ahora de corregir el defecto. La Biblia enseña que Cristo tomó sobre sí la disfuncionalidad colectiva de la humanidad. Dios envió a su Hijo para "reunir todas las cosas en Cristo... así las que están en los cielos, como las que están en la tierra" (Efesios 1:10).

Cristo, el último Adán, "debía ser en todo semejante a sus hermanos" (Hebreos 2:17). De esta forma, "lo que era imposible a la ley, por cuanto era débil por la carne, Dios, enviando a su Hijo en semejanza de carne de pecado, y a causa del pecado, condenó al pecado en la carne; para que la justicia de la ley fuese cumplida **en nosotros**..." (Romanos 8:3, 4); "Dios estaba en Cristo reconciliando consigo al mundo..." (2 Corintios 5:19). Es decir, el mundo (la humanidad) fue colocada en Cristo, y por su vida y su muerte, creó una nueva vida, una nueva humanidad; "justicia de Dios **en él**" (2 Corintios 5:21).

Pablo afirma la fusión de la humanidad con la vida de Jesús: "Vosotros que estabais muertos en vuestros delitos y pecados... haciendo la voluntad de la carne... aún estando muertos en pecados, nos dio vida juntamente con Cristo... y juntamente nos resucitó, y asimismo nos hizo sentar en los cielos con Cristo Jesús. Para mostrar en los siglos venideros las abundantes riquezas de su gracia... en Cristo Jesús... Somos hechura suya, criados en Cristo Jesús, para buenas obras" (Efesios 2:1-10).

La Biblia enfatiza que "por la justicia de uno vino la gracia a todos los hombres" (Romanos 5:18). Todos estamos incluidos en esa gloriosa realidad. En la trama histórica, cada ser humano tiene como herencia la humanidad pecadora que sale del primer Adán. José Martí observó con acerbo: "De raíz venimos mal; y tenemos que sacarnos la raíz y ponernos otra". ¡Cristo es esa otra raíz! Él es el último Adán. La herencia del último Adán puede ser tuya también. Sólo que se nos otorga únicamente con nuestro permiso. La herencia puede ser tuya ahora mismo si la aceptas por fe. Recíbela. Es para ti.

SIDA: ¿CASTIGO DE DIOS?

Por esto Dios los entregó a pasiones vergonzosas...; recibiendo en sí mismos la retribución debida a su extravío (Romanos 1:26, 27).

Es la enfermedad que abre paso a todas las otras: SIDA, Síndrome de Inmuno Deficiencia Adquirida. Esta nueva arma del laboratorio de Satanás destruye las defensas del cuerpo con la infección, invitando la invasión de cualquier microorganismo enemigo.

Los científicos dicen que la exacta acción fisiológica del virus del SIDA es nueva. Pero la Biblia aclara que el horror y la desesperación que hoy asociamos con el SIDA no son nuevos para la humanidad. El libro de Job, probablemente el más antiguo de la Biblia, describe a un paciente, aparentemente sufriendo de una enfermedad terminal, discutiendo con sus "amigos" una situación parecida a la del SIDA. En este caso, se reúnen casi todas las dimensiones psíquicas y emocionales de nuestra agonía moderna relacionadas con el SIDA, una enfermedad detestable que nadie comprende. "Amigos" que están seguros que el paciente se merece tal destino, un paciente que protesta porque nadie podría haber pecado de tal manera como para merecer esta clase de castigo (definitivamente, él no), y personal de servicio temeroso de acercarse al paciente.

En la Biblia encontramos que, al comenzar la discusión, Elifaz le advierte a Job que su agonía está justificada porque él es culpable de un pecado terrible. He aquí algo del diálogo: "Recapacita ahora; ¿qué inocente se ha perdido?... Porque la aflicción no sale del polvo, ni la molestia brota de la tierra. Pero como las chispas se levantan para volar por el aire, así el hombre nace para la aflicción. Ciertamente yo buscaría a Dios... He aquí lo hemos inquirido, lo cual es así; óyelo, y conócelo tú para tu provecho" (Job 4:7; 5:6-8, 27).

Entonces Bildad se suma a la conversación y con su comentario hunde más profundamente el puñal en la herida. Concluye que Job debió haber pecado terriblemente: "¿Acaso torcerá Dios el derecho, o pervertirá el Todopoderoso la justicia? Si tus hijos pecaron contra él, él los echó en el lugar de su pecado... Dios no aborrece al perfecto" (Job 8:3, 4, 20).

Job responde, "Ciertamente yo sé que es así". "Si fuese íntegro, no haría caso de mí mismo. Despreciaría mi vida... Al perfecto y al impío él los consume... La tierra es entregada en manos de los impíos, y él cubre el rostro de sus jueces. Si no es él, ¿quién es? ¿Dónde está?" (Job 9:2, 21-24).

¡Oh, Job! Tienes razón y a la vez estás equivocado. Hay injusticia; en esto tienes razón. Pero Dios no la causó; en esto estás equivocado. Hay una respuesta a la pregunta que no te has hecho aún. Job, si en ese momento hubieras tenido el conocimiento que se comunica en el prólogo del libro que lleva tu nombre hubieras sabido que no fue Dios quien causó tu sufrimiento; Satanás lo hizo. Lamentablemente, Job no podía ver a través de su dolor para darse cuenta de eso. ¿Te ha pasado, amigo joven?

SIDA: ¿CASTIGO DE DIOS? —Segunda parte

¡Miserable de mí! ¿quién me librará de este cuerpo de muerte? Gracias doy a Dios por Jesucristo Señor nuestro (Romanos 7:24, 25).

El tercer amigo de Job, Zofar, había permanecido callado, escuchándolo todo, pensando en qué decirle a Job. Cuando por fin se une a la conversación su comentario fue la puñalada más dolorosa de todas. Le dijo a Job: "Dios te ha castigado menos de lo que tu iniquidad merece" (Job 11:6).

La agonía física del SIDA no se compara a una acusación de este calibre. Aunque no hubiera sufrimiento físico, es intolerable sentirse condenado y desechado por Dios. Job no podía comprender por qué Dios se había vuelto contra él. Se imaginaba a sí mismo como un niño indefenso, escondiéndose en el sótano de su casa esperando que se le pasara la ira de la borrachera a su padre y éste dijera: "Job, hijo querido, ¿dónde estás? Ven aquí".

"¡Oh, quién me diera que me escondieses en el Seol, que me encubrieses hasta apaciguarse tu ira, que me pusieses plazo, y de mí te acordaras! Si el hombre muriere, ¿volverá a vivir? Todos los días de mi edad esperaré, hasta que venga mi liberación. Entonces llamarás, y yo te responderé; tendrás afecto a la hechura de tus manos" (Job 14:13-15).

Mientras tanto, la horripilante enfermedad de Job se empeoraba de tal manera que ni siquiera su familia buscaba su compañía. Lo que es peor aún, Job siente que Dios también lo ha olvidado: "Hizo alejar de mí a mis hermanos, y mis conocidos como extraños se apartaron de mí... La mano de Dios me ha tocado" (Job 19:13, 21).

"Sí", dice Zofar, "esto es la mano de Dios; tus pecados te han alcanzado. Cualquiera, enfermo como tú, recibe lo que merece". Job y sus amigos tenían razón, y a la vez estaban equivocados. Las enfermedades y la muerte vienen a causa del pecado. Pero no es Dios el que causa tal tortura en los seres humanos. Hay un altercado muy antiguo, entre Dios y Satanás, relacionado con la culpabilidad e inocencia del hombre. Job era pecador, como todos nosotros lo somos. Pero él, como nosotros, tiene un Redentor que se ha adueñado de su pecado. En Cristo, Job es inocente. El drama de Job se convierte en la saga de la humanidad. ¿Mantendrá Job su fe en Dios a pesar del sufrimiento? ¿Honrará a Dios? Sí, así fue.

¿Es el SIDA el resultado del pecado? Sí. ¿Es el castigo de Dios para aquellos que son más pecadores que otros? ¡No! Dios juzgará *todo* pecado. Pero Dios no se deleita en torturar al hombre. Cada paciente del SIDA puede fijar su vista en el Sustituto divino. Cristo no ignora el tormento humano, él comparte nuestro dolor.

Octubre 8

MIENTRAS EL HEREDERO ES NIÑO

Pero también digo: Entre tanto que el heredero es niño, en nada difiere del esclavo, aunque es señor de todo; sino que está bajo tutores y curadores hasta el tiempo señalado por el padre. Así también nosotros, cuando éramos niños, estábamos en esclavitud bajo los rudimentos del mundo. Pero cuando vino el cumplimiento del tiempo, Dios envió a su Hijo, nacido de mujer y nacido bajo la ley, para que redimiese a los que estaban bajo la ley, a fin de que recibiésemos la adopción de hijos (Gálatas 4:1-5).

Aquí vemos una idea hermosa que nos muestra el verdadero carácter amoroso de Dios. Él incluye a la humanidad como heredera de sus bienes. Pero antes que la fe ayude individualmente para comprender y aceptar esto, somos como el niño heredero que está bajo tutores y en nada difiere de sus esclavos.

Pablo nos indica que sólo cuando podemos comprender esta verdad por la fe somos mayores de edad. Hasta entonces somos como niños, o prisioneros, y la ley nos sirve como "tutor" (la palabra griega indica "un esclavo que lleva a niños descalzos a la escuela"), un tutor nos guía hacia el Salvador. Lo que no aprendemos fácilmente por fe, lo aprendemos con dificultad por medio de la disciplina. Esto también es gracia de Dios. Este amor infinito, individualizado, nos acerca a Cristo, a fin de que seamos "justificados por la fe" (Gálatas 3:24).

Es fácil para nosotros pensar que Dios está dibujando círculos para dejarnos afuera. Pero él dibuja sus círculos lo suficientemente grandes como para incluirnos, a cada uno. Por lo menos lo hace hasta que nosotros lo dejemos afuera, al rechazar su gran amor. El Señor se refiere a nosotros como ovejas que nos hemos alejado, y no como un lobo que debe ser eliminado a primera vista. Su gracia siempre busca maneras de involucrarse en las vidas de aquellos posibles herederos de la vida eterna.

¡Qué lástima que tantos seguidores en la iglesia, que deberían conocer a Dios, no conocen ni comprenden aún su gran amor! Muchas veces tratan a los no salvados como si fueran lobos, merecedores de castigo. ¡La iglesia no ha comenzado todavía a amar así como Dios ama! Querido joven, ¿no querrás ser tú parte de los que sí expresarán ese gran amor? Hazlo hoy, a la primera oportunidad.

Octubre 9

¿CREPÚSCULO O AMANECER?

Los reinos del mundo han venido a ser de nuestro Señor y de su Cristo; y él reinará por los siglos de los siglos (Apocalipsis 11:15).

Muchos adultos no se dan cuenta de cuán profundo es el temor de la guerra nuclear que corroe la mente de los adolescentes. En California, de un millar de adolescentes encuestados, 582 de ellos admitieron que la posibilidad de una guerra nuclear los perseguía como un espectro. Un 42% esperaban que una guerra así aconteciese en sus días, y un 9% la consideraban inevitable.

La desaparición de la Unión Soviética no ha calmado esos temores, por cuanto es bien sabido que todavía quedan en el terreno 27 mil proyectiles nucleares que apuntan a los Estados Unidos, y nadie puede asegurar que, en el desmembramiento del imperio, el botón fatídico no vaya a caer en manos de algún fanático.

Hay un temor aún más grande que inquieta al Pentágono: millares de expertos nucleares de la ex Unión Soviética buscan trabajo dondequiera que se desee usar sus conocimientos; y en Irán, Libia, Corea del Norte y quizás hasta en la China, estarían felices de emplearlos.

John M. Holdering, de la Universidad de Loyola Marymount, y Ronald M. Doctor, de la Universidad del Estado de California, campus de Northridge, afirman que muchos jóvenes y señoritas que debieran estar planeando futuros prometedores, no ven ante ellos más que oscuridad, y se sienten profundamente preocupados por la pesadilla nuclear que los adultos han creado. Sin duda, el hecho de que entre los varones cuyas edades oscilan entre los 15 y los 18 años el suicidio haya aumentado en más de 50%, se halla íntimamente relacionado con este temor.

El mundo occidental, a la manera de los soldados que la noche antes de la batalla se van de francachela, ha tratado de ahogar sus temores en una explosión de hedonismo. Rara vez ha hecho presa en la humanidad civilizada una sensualidad tan desvergonzada. Ya sea que venga o no una guerra nuclear, la gente que piensa ve un paralelo entre nuestra situación y la ruina que le sobrevino a la antigua Roma. No importa cómo se lo mire, dicen ellos, éste es un "Gotterdammerung", el crepúsculo de los dioses.

Ante este cuadro tan descorazonador, ¿es posible hallar alguna base humana para tener esperanza? ¡No, en ninguna parte! Pero en la Biblia y en su visión del significado de la vida emerge un cuadro animador. El tema constante de la Biblia en cuanto al futuro de la humanidad no es un crepúsculo sino un amanecer: "Tenemos también la palabra profética más segura, a la cual hacéis bien en estar atentos como a una antorcha que alumbra en lugar oscuro, hasta que el día esclarezca y el lucero de la mañana salga en vuestros corazones" (2 Pedro 1:19).

Octubre 10

EL GOZO DE LA ORACIÓN

Hasta ahora nada habéis pedido en mi nombre: pedid, y recibiréis, para que vuestro gozo sea cumplido (Juan 16:24).

Muchos consideran que la oración es un severo deber religioso, que debe practicarse como quien cumple una imposición o una penitencia. Pero la oración es algo muy distinto. Como declara una definición muy valiosa, "orar es el acto de hablar con Dios como quien habla con un amigo". La oración, por lo tanto, entraña el gozo de la comunión con aquel que es la Fuente de todo bien.

Así lo sentía el famoso escritor ruso Alejandro Solzhenitsin, premiado con el premio Nobel de Literatura (1970), quien con fervor de creyente pronunció la siguiente oración: "¡Cuán fácil es para mí vivir contigo, Señor! ¡Cuán sencillo me resulta creer en ti! Cuando mi espíritu flaquea o se pierde en lo que no puede comprender, cuando los que son más inteligentes no alcanzan a ver más allá de la noche que cae e ignoran lo que deberán realizar al día siguiente, tú me envías de lo alto la clara certidumbre de que existes y obrarás de tal manera que no se cierren todas las vías del bien". Y agregó: "En la cumbre de la gloria terrenal me vuelvo sorprendido en este camino que jamás habría podido descubrir solo, este camino asombroso que, más allá de la desesperación, me ha conducido hasta ese lugar donde he podido transmitir a la humanidad el reflejo de tu luz. Mientras me sea necesario reflejarla, tú me darás el poder". Resulta muy evidente que el autor de esta oración sentía especial confianza y regocijo al acercarse al Dios todopoderoso. Y así debe ser. Como declaró Guillermo Arturo Ward: "La alabanza es el primer peldaño en la escalera de la oración". En ningún momento el gozo debe estar ausente del corazón de un verdadero cristiano. Así lo enseña el apóstol San Pablo al decir a los creyentes de Tesalónica: "Estad siempre gozosos" (1 Tesalonicenses 5:16).

Al orar debiéramos, ante todo, recordar los innumerables favores que recibimos constantemente de Dios. ¿Qué hemos de agradecerle? Como dijo en un corto ruego Juan Crisóstomo, un perseguido y notable cristiano del siglo IV: "Señor, gracias por todo". Tal vez esta frase parezca demasiado abarcante. Pero nos enseña que todo —sin excepción—, aun las necesidades y tribulaciones, debe ser para nosotros un motivo de gratitud. Dice la Sagrada Escritura: "Hermanos míos, deben ustedes sentirse muy contentos cuando pasen por pruebas de cualquier clase. Pues ya saben, que cuando su fe es puesta a prueba, ustedes aprenden a tener más paciencia" (Santiago 1:2, 3, Versión Popular).

Joven lector, es mi deseo que puedas disfrutar del abundante gozo de la oración. Que cada día tengas la dicha de hablar con Dios, para alabar su nombre, escuchar su voz, y seguirle.

RECETA PARA EL CORAZÓN ADOLORIDO

Yo sé los planes que tengo para vosotros —dice el Señor—, planes de paz y no de mal, para daros un futuro y una esperanza (Jeremías 29:11, NRV).

¿Cómo afrontar la depresión que sigue a las duras experiencias de la vida? ¿Habrá que tragarse las lágrimas, y aparentar una alegría artificial que no se siente y que tampoco convence a nadie?

Joven amigo, no tenemos necesidad de recurrir a medidas artificiales o a la hipocresía para aliviar las cargas legítimas de tristeza ante las pérdidas que nos depara la existencia. Hay alivio a mano para todo aquel que sufre. Y para ayudarte a encontrarlo, te ofrecemos ocho pasos, sencillos pero eficaces, al dar los cuales podrás combatir con éxito la depresión causada por el sufrimiento:

1. En primer lugar, recuerda que Dios no ha muerto. Por el contrario, es nuestro mejor Amigo. Dice el Señor, en el libro del profeta Jeremías: "Yo sé los planes que tengo para vosotros... planes de paz y no de mal, para daros un futuro y una esperanza" (Jeremías 29:11, NRV). Créelo, sin dudar.

2. En cuanto hacemos la elección de creer que tenemos un amigo así, tan poderoso, en nuestra senda ya comienza a brillar una lucecita. ¡Hay un futuro para nosotros! Hablemos con nuestro Amigo divino. En el versículo siguiente, él nos hace esta promesa: "Entonces me invocaréis, vendréis, oraréis a mí, y yo os escucharé" (vers. 11).

3. Cuando llevamos una carga sobre nuestro corazón no recarguemos el estómago. Cuando el Señor Jesús debía afrontar las peores tentaciones, ayunaba. Mantén, pues tu mente despejada.

4. No hay problema alguno que el licor no empeore. El estímulo que provee el alcohol es una ilusión. Actúa como un anestésico emocional que amortigua la capacidad de razonar. El problema perdura, sin solución, y sólo se agrava con la bebida. Y al verse la persona dependiente del alcohol, su autoestima se deprime de tal modo que tiende a rendirse ante las dificultades sin procurar superarlas.

5. Haz ejercicio. Cierto individuo que había caído en la depresión, tramó un plan para suicidarse en forma "limpia", que no le trajera vergüenza ni desgracia a su familia. Decidió correr hasta caerse muerto de un ataque cardíaco. Partió en su carrera mortal, pero cuando llegó al límite de sus fuerzas, ¡su corazón todavía funcionaba! Eso sí, y para su sorpresa, su depresión había desaparecido.

6. Si tu problema es "la gente", te convendrá analizar tu propio carácter así como tu conducta, para determinar si no albergan defectos que estén provocando las dificultades. ¿Por qué acusar a otros cuando el problema podría estar en nosotros?

7. Lee la Biblia. Sus páginas están llenas de expresiones animadoras y de buenos consejos.

8. Ayuda a otras personas. Aligera la carga de un semejante. Cuando los enemigos de José lo arrojaron en prisión, el joven hebreo se negó a entregarse a la autocompasión. En cambio, buscó a los otros prisioneros para ayudarles y dirigirles palabras de ánimo. Esta actitud provocó eventualmente su libertad, y lo elevó al trono de Egipto, que era el "futuro" que se le había prometido en sus sueños juveniles.

Recuerda que Dios se especializa en transformar nuestras derrotas en victorias. Mira hoy a través de tu dolor. Deja que Dios te lleve hasta el fondo de su amor.

UNA VIDA SOLITARIA

Dios mío, Dios mío, ¿por qué me has desamparado? ¿Por qué estás tan lejos de mi salvación, y de las palabras de mi clamor? (Salmo 22:1).

Un gran predicador del siglo XIX, Phillips Brooks, escribió cierta vez este notable párrafo relativo a nuestro Señor Jesucristo:

"He aquí un Hombre nacido en una oscura aldea, hijo de una campesina. Creció en otra aldea. Trabajó en el taller de un carpintero hasta los treinta años, y por tres años fue un predicador itinerante. Jamás escribió un libro. Jamás ocupó un cargo público. Jamás fue dueño de una casa. Jamás tuvo familia. Jamás estuvo en una universidad. Jamás puso los pies en una gran ciudad. Jamás traspuso los trescientos kilómetros del lugar donde nació. Jamás hizo nada de lo que comúnmente se asocia con la grandeza. No tenía credenciales fuera de sí mismo.

"Cuando aún era joven, la marea de la opinión pública se volvió contra él. Sus amigos lo abandonaron. Uno de ellos lo negó. Se lo entregó a sus enemigos. Tuvo que soportar una parodia de juicio. Se lo clavó a una cruz entre dos ladrones. Sus esbirros se repartieron, echando suertes, la única propiedad que le quedaba en el momento de morir: su túnica. Cuando falleció, lo llevaron a una tumba que le prestó un amigo.

"Han pasado diecinueve siglos, y hoy es el centro de la raza humana, y encabeza la fila de los que avanzan hacia el progreso.

"Me quedo corto al afirmar que todos los ejércitos que han desfilado a lo largo de la Historia, y todas las fuerzas navales que se han organizado, y todos los parlamentos que han sesionado, y todos los reyes que han reinado, todos juntos, no han afectado tanto una sola vida humana, como lo ha hecho esta única Vida Solitaria".

Phillips Brooks sintetiza así, admirablemente, tanto la vida como la enorme influencia de nuestro Señor Jesucristo. Su gloria es irrefutable. Su carácter sin tacha despierta la admiración de todos los que se detienen a estudiar su vida y su obra. Un Hombre totalmente carente de egoísmo, dotado de una generosidad admirable e ilimitada. Alguien en quien jamás se manifestaron ni el orgullo ni la soberbia. Alguien que lo dio todo sin pedir nada a cambio. Alguien que existió sólo para dar vida. Alguien en cuyos labios jamás hubo engaño. Alguien que amó hasta el mismo fin y que nos enseñó a amar hasta a nuestros enemigos. ¡Qué admirable es su carácter!

LA GRANDEZA DEL ESPÍRITU

El alma liberal será engordada: y el que saciare, él también será saciado
(Proverbios 11:25).

Decía el escritor Constancio C. Vigil: "El mérito de las personas está en razón inversa del que ellas se atribuyen". O sea, que la grandeza de aquel que se exalta a sí mismo es superficial y pasajera. Impulsado por esa pobreza de espíritu se puede llegar a cometer diversidad de faltas, y hasta se puede actuar en forma ridícula.

Así lo ilustra el comportamiento de un director de una escuela, durante la visita que realizó a su institución el rey Carlos II de Inglaterra. Mientras recorrían juntos las dependencias y aulas del establecimiento, el director permaneció con el sombrero puesto, a diferencia del rey que llevaba la cabeza descubierta. Cuando terminó la visita, el director le dijo al rey: "Espero que vuestra majestad perdonará mi descortesía al no descubrirme, pero si mis alumnos creyeran que hay otro hombre en el mundo más grande que yo, ya no volverían a obedecerme". ¡Qué método tan extraño para asegurar el respeto!

Pero la falta de nobleza suele significar problemas más graves que el que acabamos de mencionar. Impulsados por la envidia y el orgullo, muchos actúan en forma desleal y cruel para con sus prójimos. Son capaces no sólo de la crítica injusta o de la palabra calumniosa, sino que pueden llegar a cometer la misma acción que cometió ese triste personaje bíblico llamado Caín.

No todos los envidiosos se transforman en criminales como Caín, pero muchos de ellos se sienten torturados por la prosperidad y el éxito del prójimo y, aunque no lo confiesen, interiormente se regocijan del infortunio ajeno. Otros pasan a ser enemigos de quienes los aventajan en talento y cualidades. De cualquier forma tratan de desacreditarlos y de amargarles la existencia. A veces, con cierta satisfacción morbosa, se ufanan de ser sus competidores o adversarios. Los tales debieran recordar la sabiduría de José Canón Aznar, que dice: "No te creas grande porque te declares enemigo de algún hombre grande".

Hagamos nuestra la oración de Mary Stewart, que dice: "Guárdanos, oh Señor, de mezquindad: que seamos amplios en pensamiento, en palabra, en obra. Que abandonemos el hábito de criticar. Que dejemos el egoísmo... Que nunca seamos rápidos en juzgar y siempre generosos... Enséñanos a poner en acción nuestros mejores impulsos, y, ¡oh Dios!, que no nos olvidemos de ser buenos".

RESCATE DE AMOR

...El Hijo del Hombre no vino para ser servido, sino para servir, y para dar su vida en rescate por muchos (Mateo 20:28).

La tragedia se precipitó sobre el hogar de María, en una hermosa villa de Escocia. Su esposo falleció repentinamente; ahora ella, no sólo debía superar su infinita tristeza, sino también sostener y orientar a Esther, su querida y única hija, su gran tesoro.

Esther atravesaba entonces los difíciles y rebeldes años de la adolescencia. La ausencia del padre y de su mano firme y bondadosa, causaron un impacto terrible sobre esta hija. Se transformó en una súper rebelde, e influenciada por pésimas compañías, Esther se fue de la casa.

La tristeza de la madre no tuvo límite cuando recibió la dolorosísima noticia de que su hija estaba viviendo en forma perdida y licenciosa, en cierta región del país. Con el valor y el amor propios de una madre, María envió un mensaje a todas las casas de prostitución del área donde entendía que se podía encontrar su hija. Era un mensaje breve, pero poderoso. Sobre un cartel pegó su propia foto, y debajo esta leyenda: "Hija mía, tu madre te quiere mucho. Vuelve".

De la casa de la madre salieron carteles con su foto y apelación, a numerosas villas y ciudades. En determinado lugar, entre lágrimas de arrepentimiento, Esther vio el rostro de su madre y sus palabras desbordantes de ternura. Y regresó al hogar, donde fue redimida por el perdón y amor ilimitados de su querida madre.

Algo similar, pero mucho más trágico, ocurrió en nuestro mundo, al alejarse del hogar celestial. El descarrío fue total. Se prostituyó por completo el carácter y la dignidad del ser humano. Ante la inmensa tristeza del corazón divino, los habitantes de este mundo rebelde se convirtieron en "la oveja perdida" del redil del Señor.

Y ante este drama, Dios no sólo estampó su amor en la gloriosa naturaleza; no sólo envió un mensaje redentor al ser humano por medio de la Biblia... Hizo algo más, mucho más admirable y poderoso: él vino personalmente, a esta casa de perdición. Como dice el evangelio: "El Hijo del Hombre vino a buscar y salvar lo que se había perdido" (Lucas 19:10).

EL NOTICIERO Y DIOS

Los hombres desfallecerán por el temor y la ansiedad de lo que vendrá
sobre la tierra (Lucas 21:26, NRV).

Pocas veces son agradables las noticias que cada tarde se presentan por televisión. Muestran horrores, uno tras otro, con espacio de unos pocos días entre ellos, como si una mente maestra los estuviera planeando para lograr el máximo efecto de terror.

Una noche aparece en la pantalla un terremoto devastador, y nos imaginamos atrapados bajo los escombros. Pocos días más tarde vemos la noticia de un avión que se estrelló, y nos identificamos con los deudos de los que perecieron. Pronto les llega el turno a escenas de patrullas de rescate que trabajan para extraer víctimas de entre los retorcidos hierros y astillas de un choque ferroviario, un tornado devastador, una tormenta de fuego, o de otro asesino múltiple enloquecido, que acaba de rociar una sala de clases con las balas de su rifle semiautomático.

¿Es Dios indiferente a tanto sufrimiento humano que se proyecta en las pantallas de nuestros televisores? ¿Será posible que nos imite a nosotros, que miramos las noticias comiendo cacahuetes tostados, fríamente, sin dar señales de haber sido afectados por ellas? Si él tiene "todo el poder", ¿por qué permite tales cosas? ¿Acaso no tiene sentimientos? Queremos creer en él, pero nos preguntamos por qué no hace *algo*.

La Biblia revela un aspecto conmovedor de la personalidad de Dios, que a menudo pasamos por alto. La verdad es que Dios sufre profundamente; se preocupa por nosotros, padece con nosotros y anhela nuestro bien. Tan personales son para él los padecimientos de este planeta, que no tendrá reposo mientras quede en él un solo sufriente. Uno de los propósitos que Cristo tuvo al venir a este mundo, fue revelar la verdad acerca del carácter del Padre. Jesús dice que Dios ama a su familia terrenal más de lo que un padre humano puede amar a sus hijos.

No hay dolor que podamos sufrir, que Dios no sienta. "Él llevó nuestras enfermedades y sufrió nuestros dolores... Fue herido por nuestras rebeliones, molido por nuestros pecados, el castigo de nuestra paz fue sobre él, y por su llaga fuimos sanados" (Isaías 53:4, 5).

Cuando oramos diciendo: "Señor, ¿por qué no haces algo por este triste y sufriente mundo?", viene a nosotros esta respuesta: "¿Por qué no haces algo *tú*?"

LA TIRANÍA DE LO URGENTE

Lo que ahora vivo... lo vivo en la fe del Hijo de Dios (Gálatas 2:20).

¿Qué hace que clasifiquemos ciertas cosas como "urgentes"? En realidad, clasificar algo como urgente no nos dice absolutamente nada acerca de si es o no importante. La importancia de una acción depende de las consecuencias que nos traiga realizarla, comparadas con las consecuencias de no hacerla. Por su parte, la urgencia de hacer algo se relaciona íntimamente con el paso del tiempo.

Consideramos que algo es urgente, cuando es necesario que lo hagamos antes que llegue cierta hora o cierta fecha. En otras palabras, hay un plazo dentro del cual hay que hacer o terminar algo, ya sea pagar la luz antes que la corten, o llegar al aeropuerto a tiempo para tomar el avión. Notemos, entonces, que las cosas urgentes son por lo general imposiciones de otros. Son presiones ajenas a nuestra voluntad, que escapan a nuestro control.

Pero, ¡un momento! Quizás el cuadro no es tan fatal como parece. Si examinamos la mayoría de las urgencias que afrontamos, descubrimos que, en casi todos los casos, los deberes urgentes no nacieron con ese carácter. Días o semanas atrás eran deberes comunes, sin nada de urgencia, pero a medida que pasaba el tiempo y el plazo límite se nos venía encima, la presión que ejercían sobre nuestro ánimo se iba acentuando, hasta volverse angustiosa. Lo que no hicimos cuando teníamos semanas o hasta meses disponibles, ¡ahora tuvimos que hacerlo en horas, o aun en minutos!

De este cuadro se desprende una gran lección, y es que si hoy pudimos cumplir en horas o aun en minutos lo que nos había venido molestando por treinta días, también lo habríamos podido hacer en la misma cantidad de horas o minutos... ¡treinta días atrás! ¡Y entonces, el asunto no tenía nada de urgente!

Un paso importante en el proceso de liberarnos de la tiranía de lo urgente es, entonces, la disciplina que nos permite apagar incendios cuando están pequeñitos. Es decir, pagar esas cuentas, escribir esas cartas, comprar esos regalos, despachar esas solicitudes, cambiar esa llanta o estudiar esas lecciones, cuando tenemos tiempo de sobra para decidir nosotros el momento conveniente. No dejemos que sea la voluntad ajena la que nos imponga sus propias preferencias en cuanto al momento de hacer las cosas.

Procuremos que nuestras propiedades reflejen, no los descalabros de una mente cautiva, sino nuestra plena dignidad como hombres o mujeres libres en Cristo Jesús.

EL MILAGRO MÁS NECESARIO

Dame, hijo mío, tu corazón, y miren tus ojos por mis caminos
(Proverbios 23:26).

Se dice que un joven artista trabajaba empeñosamente en un bloque de mármol en el que iba esculpiendo su pensamiento, hasta que creó la estatua de un ángel. Parecía como si un ser divino hubiese cincelado esa obra. Entre los críticos que vinieron para ver el trabajo terminado, se hallaba Miguel Ángel. Después de examinar la estatua cuidadosamente, dijo: "Le falta una cosa; le falta una cosa". El joven escultor se entristeció, porque consideraba que aquello significaba un repudio para su obra. Sin embargo, más tarde, Miguel Ángel se explicó, cuando le dijo: "A su estatua le falta una sola cosa: le falta vida. Si tuviera vida, sería tan perfecta como si Dios mismo la hubiera hecho".

El ser humano puede poseer muchas cualidades y atributos, pero si le falta la vida espiritual que sólo el Señor Jesucristo puede darle, es como si le faltara todo. Él quiere hacer ese milagro en nuestra vida, hoy mismo. Y por eso nos dice: "Dame, hijo mío, tu corazón, y miren tus ojos por mis caminos".

¿Para qué nos pide el corazón? Lo pide para transformarlo, para ennoblecerlo, para librarlo de sus malas tendencias, para darnos la seguridad de que por medio de él podemos ser buenos cristianos. Él nos pide el corazón para llenarlo de su amor. Para que por nuestro ser fluya esa vida espiritual que viene del cielo y que significa gozo y felicidad.

¿Cuál es nuestra respuesta a la súplica que nos hace el Señor? ¿Somos suficientemente humildes como para entregarle nuestro corazón, nuestros afectos, nuestra voluntad y todo lo que somos? ¿Reconocemos nuestra absoluta necesidad de Dios, o es que pretendemos luchar con nuestras propias fuerzas?

Se dice que, hallándose enfermo el poeta inglés Rudyard Kipling, en medio de su fiebre parecía murmurar algo. La enfermera que lo atendía se le acercó y le dijo: "Señor Kipling, ¿necesita algo? A lo que el enfermo respondió: "Sí, necesito a Dios".

Joven lector, te invito para que en este instante eleves también tu voz al cielo, para decir: "Necesito a Dios. Necesito que él tome mi corazón y lo transforme por su gracia. Necesito que su Espíritu Santo obre dentro de mí y me haga nacer de nuevo. Anhelo unir mi vida con la de Cristo".

EL PEOR CANSANCIO

El alma del perezoso desea, y nada alcanza; mas el alma de los diligentes será prosperada (Proverbios 13:4).

¿**C**onoce usted a alguien que anda siempre cansado y con sueño? Estos pueden ser síntomas de pereza, uno de los más graves males que padecemos los humanos. De ahí que conviene que pensemos: ¿En qué consiste este mal? ¿Puede ser vencido? ¿De dónde sacar ánimo y fuerzas cuando no se tienen?

Mientras el alfarero modelaba una pieza de barro, un observador comentó: "¡Cuán cansado debe estar ese dedo que tanto usa!" "¡No! —replicó el artesano—, es justamente al revés. El que más uso no está cansado; los que se cansan son los otros que no hacen nada".

Con la gente ocurre igual. Unos trabajan, y parece que nunca se cansan; otros nada hacen, y viven cansados. En realidad, cuando uno trabaja con fidelidad y eficacia, se siente tan contento, tan satisfecho, que casi ni nota el cansancio.

La Biblia dice que el perezoso cree saber más "que siete que le den consejo" (Proverbios 26:16), pero su alma "desea y nada alcanza"; "su deseo le mata, porque sus manos no quieren trabajar" (Proverbios 13:4 y 21:25).

El perezoso vaga sin sentido, pensando que disfruta de su vida más que el trabajador. Pero la experiencia habla diferente. J. D. Batten, experto en administración, señala que "la vida sin el trabajo productivo encaminado hacia alguna meta carece de significado, es estéril y desordenada".

El perezoso prefiere no hacer nada, antes que arriesgarse y fracasar. Cae en el sueño, como un modo de evasión, un escape al sentimiento de su propia ineptitud y al orgullo que le impide reconocerla como tal. Siendo así, más que reproche y desprecio, el perezoso necesita ayuda. Emerson decía que "nuestra mayor necesidad en la vida es hallar a alguien que nos haga hacer lo que podemos". La Biblia asegura que ese Alguien existe. Isaías afirma que Dios "da esfuerzo al cansado, y multiplica las fuerzas al que no tiene ningunas" (Isaías 40:29).

La pereza es un vicio; un vicio denigrante que frustra a quien lo padece, y desespera a quienes viven con él; pero es también un vicio que puede ser vencido. "El secreto —diría alguien— está en la entrega, no en el combate". La entrega de nuestro corazón arrepentido, y de nuestra debilidad particular a Jesucristo, para recibir de él las palabras habilitadoras que también recibió el apóstol San Pablo: "Bástate mi gracia; porque mi potencia en la flaqueza se perfecciona" (2 Corintios 12:9).

EL AMOR DIFERENTE

Y de conocer el amor de Cristo, que excede a todo conocimiento, para que seáis llenos de toda la plenitud de Dios (Efesios 3:19).

El apóstol San Pablo afirma que el amor de Cristo "excede a todo conocimiento". Es decir, nos expone por primera vez a una realidad que no encuentra punto de referencia, ni aun en lo mejor de nuestras vidas. Se trata del amor que ama a "los malos". Por su parte, el ser humano ama lo bueno, lo bonito, lo agradable, lo que le "cae bien". "Mas Dios muestra su amor para con nosotros, en que siendo aún pecadores, Cristo murió por nosotros" (Romanos 5:8).

Tomemos, por ejemplo, el amor romántico, referido por el poeta francés Stendahl como "amor cristalizado". El joven o la señorita mira al objeto de sus afectos con los ojos de la infatuación y le proyecta toda serie de valores y virtudes que sólo él o ella ven: alguien ha dicho que "novio" frecuentemente significa "no vio". Los enamorados ven lo que quieren ver y se enamoran tanto de lo que imaginan, como también, por supuesto, de las virtudes reales que pueda poseer el objeto de sus amores. También se abstienen de "ver" los rasgos desagradables de su pareja, que resultan tan obvios para todos los demás. Este amor de Dios, que tomó la iniciativa de salvar a "los malos" sin esperar que éstos hicieran algo primero para ser "buenos", es el amor divino que el agradecido creyente puede recibir por la fe. Es decir, Dios nos considera ahora con su amor *Cristolizado,* porque se basa en el valor que la vida de Cristo nos ha conferido. El que conoce cómo es amado por Dios se convierte en un poder en este mundo, porque sabe que no puede ser desposeído de ese magno amor. Dice San Pablo: "Por lo cual estoy seguro de que ni la muerte, ni la vida, ni ángeles, ni principados, ni potestades, ni lo presente, ni lo por venir, ni lo alto, ni lo profundo, ni ninguna otra cosa creada nos podrá separar del amor de Dios, que es en Cristo Jesús Señor nuestro" (Romanos 8:38, 39).

EL DERECHO DE ELEGIR

Yo he venido para que tengan vida, y para que la tengan en abundancia (Juan 10:10).

En mayor o menor escala, millones de personas creen en el fatalismo: "Doctrina según la cual todo sucede por ineludible determinación del hado o destino, sin que exista en ningún ser libertad ni albedrío" (Diccionario de la Real Academia Española). Con resignación, o acaso resentimiento, creen que Dios o alguna fuerza sobrenatural, les ha fijado un destino que ellos no pueden evitar. ¿Está determinado el rumbo de nuestras vidas? ¿Somos títeres?

En los Alpes de Suiza hay un lugar desde donde puede uno arrojar un pedacito de madera, eligiendo para él el rumbo que desee. Según en qué dirección se lo eche, el objeto llegará, en vías del Danubio, al Mar Negro; o en el cauce del Rhin, al Mar del Norte; o, surcando el Ródano, arribará al Mar Mediterráneo. Nuestro destino también depende del camino que elijamos. Hay gente que aun sin darse cuenta es fatalista. Cree que no vale la pena luchar contra las circunstancias. Se somete, pues, a lo que llama "su suerte" o "su destino". Y si se rebela, lo hace sólo de palabra: murmura, se queja de su "signo". Vive rumiando sus problemas sin hallar nunca solución para ellos.

Lo extraño es que muchos de quienes obran así son o creen ser cristianos y directa o indirectamente, culpan a Dios por su "mala suerte". "¿Por qué me tuvo que pasar eso?" "¿Por qué me mandó Dios este mal?", exclaman. Sin embargo, nada es más alejado del concepto bíblico de Dios, que esta deprimente idea del fatalismo. Dios desea, y lo expresa repetidamente en su Palabra, que todos sean salvos, sanos y felices. Claro está, Dios nos hizo libres para aceptarlo o rechazarlo. Nada hay que nos ate o que nos predestine al fracaso o a la desgracia. Cristo nos dice a todos: "Yo he venido para que tengan vida, y para que la tengan en abundancia" (Juan 10:10). Amigo joven, esa vida eterna y abundante, es tu destino genuino.

—S. H. Payer.

VIVE PLENAMENTE CADA DÍA

Porque Jehová da la sabiduría, y de su boca viene el conocimiento y la inteligencia... Es el que guarda las veredas del juicio, y preserva el camino de sus santos (Proverbios 2:6-8).

AMA cada día plenamente.

APROVECHA todo lo que puedas de cada hora, cada día y cada año de tu vida. Después podrás ver hacia el futuro con confianza y certeza, y recordar el pasado sin arrepentimiento.

SÉ TÚ MISMO, pero sé lo mejor de ti.

TEN VALOR para ser diferente y para seguir tu propia estrella. No tengas miedo de ser feliz.

DISFRUTA todo lo que es bello.

AMA con todo corazón y con toda tu alma, confía en que aquellos a quienes amas, también te aman.

APRENDE a perdonarte tus errores. Pues es el primer paso en aprender a perdonar a otros.

ESCUCHA las voces de aquellos que el mundo considera basura. Porque cada persona tiene en sí algo de digno y suyo.

NO HAGAS CASO de lo que el mundo te debe y concéntrate en lo que tú debes al mundo.

OLVIDA lo que haz hecho por tus amigos y recuerda lo que ellos han hecho por ti.

NO IMPORTA lo difícil que parezcan los problemas de la vida, tu mundo debe serte aún maravilloso. Siente que él es tu casa, como el niño goza el hogar de su propio padre.

CUANDO TENGAS QUE DECIDIRTE, hazlo con inteligencia y olvídalo porque nunca hallarás el momento de seguridad absoluta.

RECUERDA —sobre toda cosa—, que Dios ayuda a quien se esfuerza por propia iniciativa.

ACTÚA como si todo dependiera de ti, y ORA como si todo dependiera de Dios.

—S. H. Payer.

CON CUERDAS DE AMOR

Con cuerdas humanas los atraje, con cuerdas de amor (Oseas 11:4).

Desde la ventanilla del ómnibus, parecía que era el paisaje el que corría. Las casas, las plantas, la gente: todo era un continuo pasar de forma y de color. Había luz, fuerza, alegría. Pero alguien no las disfrutaba. Ensimismada en sus pensamientos, una mujer recorría las vías de su propia alma. De pronto, dirigiéndose a su ocasional compañera de viaje, preguntó: "¿A usted,... la quieren?" Sorprendida, y acaso sin comprender en el momento el tremendo porqué de la pregunta, la señora contestó: "Sí, que yo sepa, no tengo ningún enemigo. Todo el mundo me quiere. ¿Y a usted?" "A mí no. Nadie me quiere. Ni siquiera mis padres; pero, ¿sabe?, yo quiero a mi hijo; y eso... es importante".

Nosotros también quedamos sorprendidos. Aquella mujer no sólo había dicho lo que muchos callan, aunque sienten; sino que había señalado el *sine qua non* del vivir: "Yo amo, y eso... es importante".

Amar es importante tanto para quien es amado, como para quien ama, porque —al decir de Papini— "amar es encontrar en la felicidad de otro, la propia felicidad de amar". Decía Emerson: "El amor me muestra la opulencia de la naturaleza, al revelarme en mi amigo un tesoro insospechado, y yo percato una veta de bien en toda otra dirección". Por algo Jesús instó a sus seguidores a amar, a hacer el bien, y a ser generosos "no esperando de ello nada" (Lucas 6:35). Amar desinteresadamente es el único modo de amar de verdad.

Con todo, quien logra amar así, pronto encuentra que tiene más amigos que los que puede atender. Dios mismo, cuando quiso atraer los corazones humanos, lo hizo mediante el amor. Dice en su Palabra: "Con cuerdas humanas los atraje, con cuerdas de amor" (Oseas 11:4). Y nosotros deberíamos hacer lo mismo, pues esperar a ser amado antes de arriesgarse a amar es egoísmo, y como tal, no atrae ni enlaza a nadie.

AMIGOS DE VERDAD

Vosotros sois mis amigos, si hacéis lo que yo os mando (Juan 15:14).

Escribiendo para el diario El Tiempo de Bogotá, De Swan decía que "hoy el mundo es un yermo de multitudes donde nadie es amigo de nadie, y en el estruendo y el vano ajetreo de la vida contemporánea ya nadie puede encontrar amigos". ¿Por qué es así? ¿Qué impide la expresión de la verdadera amistad? ¿Cuáles son las características de un auténtico amigo?

En *El principito*, Antoine de Saint-Exupéry señala un principio muy significativo —aunque no siempre reconocido— en torno a la amistad. El Principito llega desde otro planeta a la tierra y busca amigos. Encuentra a la sazón un zorro, quien le pide que lo domestique; pero el Principito se excusa: no tiene tiempo para eso, él busca amigos y conocer muchas cosas. Entonces, el zorro le advierte: "Sólo se conocen las cosas que se domestican. Los hombres ya no tienen tiempo de conocer nada. Compran cosas hechas a los mercaderes. Pero como no existen mercaderes de amigos, los hombres ya no tienen amigos. Si quieres un amigo, ¡domestícame!"

Por lo general, pensamos en la amistad como en una relación libre de compromisos y de poses, en la que cada uno se muestra tal cual es, y es aceptado como tal. La domesticación entraña sometimiento, cambio y adaptación, y esto no es —particularmente en nuestros días— lo que el hombre o la mujer suelen buscar. ¿Será por eso que escasean tanto los verdaderos amigos?

Alguien dijo: "Amigo es aquel que extrae lo mejor de sí mismo". Cabe agregar que lo extrae, no para satisfacer su capricho y dominar a su antojo a su compañero, sino para ayudarle a ver y a usar el potencial que hay en él. Un amigo noble como éste nos modera y modela nuestras reacciones e impulsos; nos "amansa" y en alguna medida, nos transforma.

Jesús mismo obró con nosotros en base a este principio. "Nadie tiene mayor amor que este —dijo—, que uno ponga su vida por sus amigos". Y agregó: "Vosotros sois mis amigos, si hacéis lo que yo os mando" (Juan 15:13, 14). Al instarnos a obedecer sus mandatos, quiere extraer lo mejor de nosotros para gloria de Dios, para bien de nuestros semejantes, y para nuestra propia satisfacción. Lejos de quebrantar nuestra individualidad la reviste de poder para el bien, lo cual es, en esencia, la respuesta a nuestra más acuciante necesidad.

MAESTRA...

En tus mandamientos meditaré; consideraré tus caminos
(Salmo 119:15).

Venerable figura que tanto has influido en mi existencia; noble ser cuya imagen brilla entre mis recuerdos junto a la de mi santa madre, como un gran hito moral señalando la ruta del bien, y es punto de referencia y medida en muchos de mis actos. Vayan a ti estas líneas.

Porque junto con ella —las dos antes que nadie— creíste en mí y alentaste con fervor mis ensueños juveniles y mis anhelos de superación: mi alma te reverencia junto a mi madre.

Porque diste a mi corazón, en esa edad decisiva de la niñez, cosas que nunca he olvidado y que siempre me sirvieron para bien: mi corazón agradecido te dice hoy su gratitud.

Porque cuantos a ti llegaron fueron tus hijos, los hijos que nunca tuviste, para así poderte dar mejor a todos: beso tu frente santificada por el sacrificio, con la emoción de un hijo.

Porque, en ocasiones, me siento acongojado al pensar que de niño, pude no haber sido enteramente bueno y haberte causado una pena, un dolor, mi corazón de hombre se inclina arrepentido y te pide perdón.

Porque hiciste de tu obra una misión dignísima, un apostolado sublime, dando lo que muy pocos dieron de sí: te reverencian hoy seres de tres generaciones.

Porque fuiste grande y pura e inmolaste tu juventud y tu vida entera en ímproba labor, sin proferir una queja, sin rebelarte jamás, uno y otro día, hasta el fin de la insólita jornada: ¡bendita seas!

—Juan Burghi.

Octubre 25

SOY TU SOBRECITO DE OFRENDA

Cada uno dé como propuso en su corazón: no con tristeza, ni por necesidad, porque Dios ama al dador alegre (2 Corintios 9:7).

Me gustaría hablar contigo, pues me siento parte de tu alma. Es probable que te resulte un completo extraño, pero mi propósito es ayudarte a ser un mejor cristiano.

Me gusta ir a la iglesia los sábados para ayudarte a ser socio de Cristo.

Soy un recordativo semanal de las bendiciones que recibes diariamente. Te desafío a ser tan bueno con Dios como lo es él contigo al darte sus bendiciones.

Soy solamente un papel, pero llevo el regalo entero de un corazón generoso.

Soy el único portamonedas que necesitas el sábado, y prometo no ser una carga.

Soy tu oportunidad de predicar, porque soy el sermón silencioso en tu culto de adoración.

—Ashley Booth.

Traducido

Octubre 26

¿PUDO UN DIOS BUENO CREAR UN MUNDO MALO?

Un enemigo ha hecho esto (Mateo 13:28).

La canción Dime del famoso cantante español José Luis Perales es una ferviente plegaria a Dios a que responda, a que dé razón por su aparente silencio ante las injusticias que presenta este mundo. Dice así la canción: "Dime, ¿por qué la gente no sonríe? ¿Por qué las armas en las manos? ¿Por qué los hombres mal heridos? Dime, ¿por qué los niños maltratados? ¿Por qué los viejos olvidados? ¿Por qué los sueños prohibidos? Dime. Dímelo, Dios, quiero saber. Dime, ¿por qué te niegas a escuchar?; aun queda alguien que tal vez rezará. Dímelo Dios, quiero saber, ¿dónde se encuentra toda la verdad? Aun queda alguien que tal vez lo sabrá... pero ¡yo no!"

No pretendemos contestar estas preguntas, pero sí sabemos "dónde se encuentra toda la verdad": ¡En Jesús! Jesús es el camino, la verdad, y la vida. Él está sumamente calificado para contestar los interrogantes de ese canto. De hecho, ¡ya lo hizo!

Un día sus discípulos le pidieron una explicación de por qué existe el mal, y cómo se introdujo en el mundo. En su estilo característico, Jesús respondió con la siguiente parábola. "El reino de los cielos es semejante a un hombre que sembró buena semilla en su campo; pero mientras dormían los hombres, vino un enemigo y sembró cizaña entre el trigo, y se fue. Y cuando salió la hierba y dio fruto, entonces apareció también la cizaña. Vinieron entonces los siervos del padre de la familia y le dijeron: Señor, ¿no sembraste buena semilla en el campo? ¿De dónde, pues, tiene cizaña? Él les dijo: Un enemigo ha hecho esto" (Mateo 13:24-28).

Intentemos interpretar esta parábola. El "hombre que sembró buena semilla" representa a Dios, que sólo creó lo bueno. La "buena semilla" simboliza todo lo bueno y lo positivo que encontramos en este mundo. La "cizaña" representa todo lo malo que hay en este planeta. La mezcla de trigo y cizaña que había en el campo de la parábola es esa mezcla del bien y del mal acerca de la cual hemos estado hablando. Y, ¿quién es "el enemigo" que sembró la cizaña? Las Escrituras lo identifican como "Satanás", nombre que quiere decir "enemigo" o "adversario".

La presencia del enemigo de Dios en este planeta nos explica clara y comprensiblemente esta extraña mezcla del bien y del mal que encontramos en la naturaleza en general y en nuestra naturaleza humana en particular. Él es el enemigo que sembró cizaña en este mundo. Dios no creó un mundo malo, sino un planeta que era bueno en gran manera. Ni siquiera creó a Satanás. Satanás se creó solo, como consecuencia de sus propias decisiones, puesto que Dios lo hizo libre. Cuando Cristo murió en la cruz, se selló la derrota definitiva de Satanás, y la victoria absoluta del bien sobre el mal. Pronto vendrá Jesús a completar su obra redentora. Todos los que lo aceptaron como Salvador reinarán con él en un mundo bueno en gran manera.

SI UNA ESPINA ME HIERE

Entonces, llamándole su señor, le dijo: Siervo malvado, toda aquella deuda te perdoné, porque me rogaste. ¿No debías tú también tener misericordia de tu consiervo, como yo tuve misericordia de ti? (Mateo 18:32, 33).

Decía Nicolás Rowe: "Las almas estrechas ignoran la divina gloria del perdón".

Por su parte, José Martí afirmó que "el perdón es la señal más segura de la superioridad".

Perdonemos. Hay más grandeza, hay más superioridad en el perdón que en llevar dentro de nosotros esa carga de agravio y de odio que enturbia la vida y nos hace tanto daño. Por otra parte, si en nosotros hay resentimiento contra cualquiera, y hasta espíritu de venganza, si hay mala voluntad para con alguna persona, nuestra correcta relación con Dios queda interrumpida, porque "... el que no ama a su hermano al cual ha visto, ¿cómo puede amar a Dios a quien no ha visto? (1 Juan 4:20).

Sepamos perdonar. Seamos valientes para hacerlo, para otorgar el perdón y, si es necesario, para pedirlo. Porque, como dijo Felipe Sassone: "No hay nada más grato ni más dulce que perdonar; pero el agravio ha de ser olvidado, porque no hay perdón verdadero sin olvido, que es como no tener conciencia de que te hicieron el daño que te quisieron hacer". Ésta es la gran verdad: perdonar y olvidar la ofensa que se nos hizo. Porque mientras la recordemos, es evidente que todavía no hemos perdonado.

Recordemos los versos de Amado Nervo, que dicen:

> *¡Si una espina me hiere, me aparto de la espina*
> *... pero no la aborrezco!*

> *Cuando la mezquindad*
> *envidiosa en mí clava los dardos de una inquina,*
> *esquívase en silencio mi planta, y se encamina*
> *hacia más puro ambiente de amor y caridad.*

> *¡Rencores! ¡De qué sirven! ¡Qué logran los rencores!*
> *Ni restañan heridas, ni corrigen el mal.*
> *Mi rosal tiene apenas tiempo para dar flores*
> *y no prodiga savias en pinchos punzadores:*
> *si pasa mi enemigo cerca de mi rosal,*
> *se llevará las rosas de más sutil esencia,*
> *y si notara en ellas algún rojo vivaz,*
> *¡será el de aquella sangre que su malevolencia*
> *de ayer vertió al herirme con encono y violencia*
> *y que el rosal devuelve, trocada en flor de paz!*

—José Martí.

UNA ACTITUD POSITIVA

En el barbecho de los pobres hay mucho pan; mas se pierde por falta de juicio (Proverbios 13:23).

Cierto señor recorría un campo labrado. Todo estaba verde y prometedor. Al llegar a la casa del labrador, para estimularlo le dice:

—Amigo mío, tiene usted una hermosa cosecha. ¡Con toda seguridad que este año estará libre de preocupaciones económicas!

—Le diré —replicó el labrador—, está bien. Pero, sabe usted. Estas cosechas fuertes cansan el suelo.

Ésa es la actitud de muchas personas. Aun en medio de las situaciones más brillantes se sienten afligidas por algún mal real o imaginario. No son capaces de despojarse de los pensamientos deprimentes y aun en medio de las circunstancias más prometedoras se dejan arrastrar por algún pensamiento morboso.

El pesimista recurre a una serie de argumentos gastados. Le echa la culpa a la mala suerte, y concluye con eso de que "a mí todo me sale mal". Esto, en el fondo, se parece mucho al fatalismo que se asienta en la idea de que es inútil luchar contra aquello que nos ocurre, porque las cosas que han de ser serán, no importa nuestra actitud o nuestra voluntad o nuestros deseos. Esto, insistimos, es fatalismo enfermizo que quizás sea una de las formas agudas del pesimismo. Lord Tweedmuir dijo: "Abundan los *ismos*... Túrbase y confúndese uno ante su número creciente. Hay nazismo, comunismo, fascismo... y no sé cuántos más. Por fortuna, se destruyen y eliminan los unos a los otros con salvadora efectividad. Sólo hay un *ismo* que produce fatalmente la muerte del espíritu: el pesimismo".

Por eso debemos mantenernos en estado de alerta contra ese peligro. Por suerte, nadie tiene el poder de someternos al pesimismo. Éste no es respaldado por ejércitos. Nunca se ha disparado una bala para defenderlo. Con todo, es el "ismo" más insidioso. Porque ataca desde adentro; se asienta en el espíritu.

Seamos optimistas. Descubriremos en el optimismo un poder mágico. Una gran fábrica de zapatos envió cierta vez a un agente a estudiar las posibilidades del mercado de zapatos en uno de los países de África. Al cabo de un mes, envió un telegrama que decía:

—Negocio imposible, todo el mundo anda descalzo.

Un tiempo después, la empresa volvió a estudiar la posibilidad del negocio de zapatos en ese lugar, y envió otro agente. Al cabo de muy pocos días de haber llegado, envió un telegrama que decía:

—Magníficas posibilidades. Todo el mundo anda descalzo.

En eso radica la diferencia entre un pesimista y un optimista. El optimista en todo ve una oportunidad, y ni siquiera las peores circunstancias pueden desviarlo del esfuerzo y de la lucha. Quizás esto puede ser ilustrado por ese cartel que un peluquero con buen humor puso en su lugar de trabajo. Decía: "No se preocupe si se le cae el pelo. Imagínese que le doliera y tuvieran que extraérselo como las muelas".

Amable lector, seamos optimistas y vivamos con la esperanza en el corazón.

—Braulio Pérez Marcio (adaptado)

Octubre 29

ALGO

Más yo soy gusano, y no hombre... pero tú eres el que me sacó del vientre... (Salmo 22:6, 9).

Yo soy nada, Señor. Mas de mi nada
tú puedes hacer algo.
En mi opaca gotita
puedes hacer que se refleje un rayo
de tu luz, y se irise de repente
con los siete colores de tu arco.

Tú puedes convertir mi puñadito
de polvo gris, en un poco de barro
y hacer de él entre tus dedos hábiles
humilde vaso
en que dar un sorbito de tu agua
al sediento y cansado.

Tú puedes darle al soplo que es mi vida
fragancia de tu bálsamo,
para llevar alivio a donde azota
de los desiertos el candente vaho.

¡Aquí estoy, gota opaca, polvo ínfimo,
soplo leve! Nada soy. Nada valgo.
Tú puedes hacer algo de mi nada.
¡Hazlo, Dios mío, hazlo!

—Gonzalo Báez Camargo.

CICATRICES DE UN AMOR

En ningún otro hay salvación, porque no hay otro nombre bajo el cielo, dado a los hombres, en que podamos ser salvos (Hechos 4:12).

Las campanas de los bomberos sonaron en un pueblo del Estado de Wáshington. Los bomberos voluntarios fueron llamados, pero demasiado tarde. Era la casa de los Martínez. Mamá y papá no estaban en casa. Habían salido a una función social, pero no sin antes dejar a Ernesto, su hijo mayor, encargado de cuidar a sus seis hermanos. Las llamas parecían un horno volcánico. No pudieron hacer mucho los bomberos por la casa. Felizmente, los hermanos lograron escapar todos..., es decir, casi todos. Ernesto se percató en seguida de que su hermanita, la bebé, no estaba entre los salvos. La niña había quedado en la cuna de su cuarto en el segundo piso.

Ya los bomberos habían descartado un rescate; pero no Ernesto. Su amor por la hermanita no le permitía darse por vencido. Sin escatimar el peligro a su vida, corrió hacia ese infierno de casa. Subió las escaleras y tomó a su amada hermanita, envolviéndola en toallas. Al intentar bajar por las ya carbonizadas escaleras, éstas se desplomaron. Magullado y envuelto en llamas, con la infante en sus brazos, Ernesto fue arrastrándose dolorosamente hacia la puerta. Una vez allí, empujó con cuidado a la pequeña, para ponerla fuera del alcance de las llamas, en el campo visual de los bomberos. ¡Cómo conmovió esta escena a los bomberos y demás circundantes! ¡Qué glorioso rescate de amor!

Por meses estuvo Ernesto al borde de la muerte, pero milagrosamente sobrevivió. Quedó hecho un ogro: le faltaba una oreja, sus manos quedaron encogidas y deformes, su rostro irreconocible. Su aspecto espantaba, daba miedo, daba lástima.

Años más tarde se podía observar una extraña escena en aquel pueblo: una bella y elegante doncella, caminaba tomada de la mano de un hombre monstruoso, horripilante. Ella no se avergonzaba de él, pues la elegante mujer es la niña de nuestro relato, y él es su querido hermano Ernesto a quien ella debe su vida para siempre. Cada cicatriz de ese rostro desfigurado y esas manos torcidas, fueron obtenidas por ella.

Hace casi dos mil años Cristo vino a un mundo envuelto en llamas. Llamas de orgullo, de inmoralidad, de prejuicios, de odios, para rescatarlo. Él lleva las cicatrices de ese rescate. Las lleva hoy, las llevará para siempre. Las lleva por ti; son tuyas; son mías. Ellas te dicen: ¡Te amo, te amo!

¿Qué diremos ante tal precio pagado por nuestros pecados? ¿Cuál será nuestra actitud ante un amor tan profundo?

COHEREDEROS

Misterio que en otras generaciones no se dio a conocer [...] que los gentiles son coherederos y miembros del mismo cuerpo, y copartícipes de la promesa en Cristo Jesús por medio del evangelio (Efesios 3:5, 6).

Tengo un amigo que se especializa en buscar gente que ha heredado grandes cantidades de dinero y que, por alguna razón, no lo sabe. A veces le toca viajar largas distancias, aun al extranjero, para encontrarlos. (Desde luego, recibe una comisión; es justo que reciba compensación por su tiempo y esfuerzos). Pero me cuenta que ocasionalmente sucede que, después de haber viajado a lugares lejanos y haber encontrado por fin al heredero después de una búsqueda larga y cansadora, el heredero le dice: "¡No quiero ese dinero! Siempre odié a mi abuelo, y no quiero su dinero". En esos casos, desde luego, la fortuna pasa al Estado.

Algo parecido dice mucha gente: "No quiero nada con Dios. No me ha tratado bien; he tenido demasiados problemas en la vida. ¡No quiero aceptar nada que venga de él!" Algunos presos están enojados con Dios porque cuando cometieron su crimen, Dios no les ayudó a esconderlo de modo que pudieran escapar. Algunas personas que se enferman de cáncer de los pulmones se enojan con Dios, y piensan: "Yo sabía que no debía fumar esos cinco paquetes de cigarrillos al día; ¡pero Dios cometió una crueldad al dejarme enfermar!" Estamos convencidos de que la gente que piensa así está completamente equivocada.

Ésta es precisamente la manera como nosotros pensamos acerca de Dios, hasta no haber escuchado y creído en el evangelio de Cristo. Romanos 8:7 dice que "la inclinación de la carne es contraria a Dios". Pablo nos ruega que dejemos esa ira innata que sentimos hacia Dios. ¡Los problemas que has sufrido en la vida NO SON culpa de él! ¡Estás culpando a un inocente! Te estás privando a propósito de la "fortuna" que hay en esta herencia, la cual Pablo nos avisa que Cristo ha obtenido para nosotros.

Quizás el "abuelo" del relato de mi amigo no era en realidad tan malo. Es posible que su único propósito hubiera sido ayudar a su nieto a desarrollarse hasta llegar a ser un individuo bueno y disciplinado. ¡Qué lástima que el nieto se aferró a esa animosidad con o sin motivo, perdiendo así la herencia que lo habría dejado en cómoda situación durante el resto de su vida! Ahora bien, ¡te ruego que tú no vayas a cometer ese mismo necio error en tu relación con Dios! Digo esto porque en realidad, toda esta "contrariedad", o enemistad para con él es una "necedad". ¡He escogido cuidadosamente esta palabra! Es que el pecado es la mayor necedad que se haya inventado alguna vez en todo el universo de Dios! ¡No dejes que te engañe a ti!

LA OPINIÓN DE DIOS

Hacen todas sus obras para ser vistos por los hombres (Mateo 23:5).

¿Cuál es la opinión que más nos interesa, que más tomamos en cuenta? Una de las advertencias más solemnes y severas que pronunció Jesús durante su ministerio terrenal, estuvo dirigida a un grupo de escribas y fariseos que sólo se preocupaban por impresionar a los demás. Querían granjearse la alabanza y el reconocimiento humanos, olvidando que lo que realmente vale es la aprobación de Dios. De ellos dijo Jesucristo: "Antes, hacen todas sus obras para ser vistos por los hombres. Pues ensanchan sus filacterias, y extienden los flecos de sus mantos; y aman los primeros asientos en las cenas, y las primeras sillas en las sinagogas, y las salutaciones en las plazas, y que los hombres los llamen: Rabí, Rabí" (Mateo 23:5-7).

Hacían todas sus obras para ser vistos por los hombres. Querían aparentar una piedad que no tenían. En otras palabras, eran hipócritas. Se vestían con un manto de santidad externa con el que pretendían cubrir la iniquidad de sus corazones.

La opinión de Dios es insobornable. Él discierne lo que realmente somos. Uno de los riesgos más grandes que afronta el profeso cristiano, es practicar una religión mezquina y superficial. Como los hipócritas de antaño, muchos se preocupan hoy sólo por impresionar a los demás con su aparente rectitud, olvidando que ante Dios únicamente vale la piedad que brota del corazón.

Joven lector: Vivimos en un mundo plagado de hipocresía. En su pecaminosidad, el ser humano suele engañarse a sí mismo y pretende engañar a los demás. ¡Qué juego inútil! ¡Qué absurda pérdida de tiempo! Dice el profeta: "Engañoso es el corazón más que todas las cosas, y perverso; ¿quién lo conocerá?" (Jeremías 17:9). Hay Uno que conoce nuestro corazón. Hay Alguien que sabe lo que realmente somos. Él no mira lo que el hombre mira; porque el hombre mira lo que está delante de sus ojos, pero Dios mira el corazón. Por eso, porque él todo lo sabe, debemos caer de rodillas ante su augusta presencia y, reconociendo nuestra gran necesidad, implorarle que nos muestre cuál es nuestra condición y nos ayude a vivir de acuerdo a su voluntad.

LA FOTO DE TU PADRE

A Dios nadie le ha visto jamás; el unigénito Hijo, que está en el seno del Padre, él le ha dado a conocer (Juan 1:18).

No hace mucho, una gran ciudad se vio azotada por un terrible incendio que consumió centenares de hogares. Uno de los sobrevivientes del siniestro, que lo había perdido todo, lloraba desconsolado. Cuando se le preguntó cuál había sido su pérdida más dolorosa, respondió que no le importaban los muebles ni la ropa que el fuego había consumido; lo que le causaba tanta congoja era que las llamas habían destruido la única foto que tenía de su padre. Como había quedado huérfano a corta edad, esa foto del rostro paterno había sido su constante inspiración.

A través de los años de su desarrollo había proyectado en las facciones de su padre todas las cualidades que su alma sedienta de amor anhelaba recibir. Cuando necesitaba consuelo, sentía que la plácida mirada le decía desde la foto: "Hijito, te comprendo. Ten paciencia que todo saldrá bien". Cuando su conciencia lo acusaba, le parecía que la mirada límpida de su padre se ensombrecía de tristeza. Y en sus momentos de soledad sentía que llegaban a su corazón, por medio del retrato, la calidez de su compañía, la fortaleza de su carácter y la confianza en el futuro.

En nuestra condición de seres humanos, bien podemos simpatizar con ese huérfano sufriente. Nosotros también pertenecemos a una raza de huérfanos, cuyos ojos jamás han visto a su Padre original. Por lo tanto, buena parte de las mejores energías de nuestra raza se dirigen a la búsqueda de alguna "foto", algún indicio que nos conecte con nuestros orígenes y que nos permita saber cómo comportarnos, cómo hacer frente a los desafíos y peligros de nuestra existencia, y darle sentido a la vida.

Con el fin de guiarnos, prepararnos, y ayudarnos a crecer pareciéndonos a él, el Padre celestial nos ha dejado su imagen grabada indeleblemente en la humanidad. Es mejor que una foto, mejor que una estatua, porque es su imagen viviente y perfecta.

"El que me ha visto a mí, ha visto al Padre", declaró el Salvador a sus discípulos (Juan 14:9). Uno de ellos, el apóstol Juan, nos dice: "A Dios nadie le ha visto jamás; el unigénito Hijo, que está en el seno del Padre, él le ha dado a conocer" (Juan 1:18).

LA PASIÓN DE CRISTO

Su sangre sea sobre nosotros y sobre nuestros hijos (Mateo 27:25).

La misteriosa y dolorosa pasión de Cristo conmueve nuestro espíritu y nos hace preguntar, ¿quién es el responsable de la crucifixión de Cristo? La película "La Pasión de Cristo", dirigida por el famosísimo galán de cine, Mel Gibson, ha echado nueva leña a ese antiguo fuego. Mucho ha sido el desconcierto, especialmente entre los hollywoodistas de ascendencia judía, que pueblan con inordinada prestancia el mundo de la farándula. Muchos son de la opinión que el filme de Gibson sufre de antisemitismo, y que podría inflamar las pasiones de los que están predispuestos a culpar al pueblo judío de cometer el peor crimen de la historia: el deicidio del "Hijo de Dios". Lo extraño de este debate es que detractores y admiradores de la discutida película concuerdan que en ella —cosa rarísima para Hollywood— se describe "la pasión de Cristo" tal como aparece en la narrativa sagrada. Lo que parecería indicar que la pugna, en resumidas cuentas, está dirigida a los escritos bíblicos mismos.

Algunos comentaristas de televisión han sugerido que los culpables de la muerte de Cristo son otro grupo, ¡los despiadados romanos de aquel férreo imperio! Los soldados y el centurión que estuvieron junto a la cruz, ¿acaso no eran romanos? De Roma eran las autoridades que ordenaron la muerte de Jesús. Fue clavado sobre una cruz romana. Legalmente, se trataba de una ejecución propia de Roma. Los judíos no utilizaban la pena de la crucifixión. Ellos apedreaban a los condenados a muerte. Además, fue Poncio Pilato, el procurador romano, el que osadamente le dijo a Jesucristo: "¿No sabes que tengo potestad para crucificarte y que tengo potestad para soltarte?" Pilato sabía que Jesús era inocente, y así lo declaró ante la multitud que a gritos exigía la crucifixión de Cristo. Pretendió eximirse de toda culpa, lavándose las manos ante la multitud. Y así entregó a Jesús para ser crucificado. Sin embargo, ni un océano de agua hubiera podido remover su culpabilidad o responsabilidad. Legalmente, pues, los romanos crucificaron a Cristo.

Con todo, en honor a la verdad, es necesario recordar que Jesucristo fue crucificado a instigación de su propio pueblo. La cruz de Cristo era algo más que un instrumento legal de tortura. Fue también el rechazo de Jesús por parte de los suyos, a quienes él vino y los cuales no le recibieron (Juan 1: 11). Cuando Pilato declaró ser inocente de la sangre de Jesús, la multitud gritó: "Su sangre sea sobre nosotros y sobre nuestros hijos" (Mateo 27:25) —incidente que aparecía en la versión inédita del mencionado filme, pero que Gibson, para reducir tensiones, dejó fuera de la última versión—. Esa trágica e innegable declaración que registra Mateo, en absoluto justifica el espíritu antisemítico de muchos que olvidan la oración de Cristo, quien dijo: "Padre, perdónalos, porque no saben lo que hacen" (Lucas 23:34).

LA PASIÓN DE CRISTO —Segunda parte

Dios mío, Dios mío, ¿por qué me has desamparado? (Salmo 22:1).

En vez de culpar a los romanos o a los judíos de la crucifixión de Cristo, convendría atesorar la siguiente enseñanza del apóstol Pedro, quien hablando de Jesús, declaró: "El cual no hizo pecado, ni se halló engaño en su boca; quien cuando le maldecían, no respondía con maldición; cuando padecía, no amenazaba, sino encomendaba la causa al que juzga justamente; quien llevó él mismo nuestros pecados en su cuerpo sobre el madero, para que nosotros, estando muertos a los pecados, vivamos a la justicia; y por cuya herida fuisteis sanados" (1 Pedro 2:22-24). ¿Dónde están los romanos? ¿Dónde están los dirigentes judíos? Ellos no se mencionan en este pasaje. El Nuevo Testamento claramente enseña que Jesucristo murió por nuestros pecados. Es el Cordero de Dios que vino a quitar el pecado del mundo entero. Aunque algunos se escandalizan ante el mensaje de la cruz, y otros lo consideran un absurdo o necedad, sin embargo, el amor de Cristo manifestado en el monte Calvario sigue siendo el recurso omnipotente para salvar a todo pecador.

¿Por qué murió Cristo? Hace miles de años el profeta Isaías declaró: "Ciertamente llevó el nuestras enfermedades, y sufrió nuestros dolores; y nosotros le tuvimos por azotado, por herido de Dios y abatido. Mas él herido fue por nuestras rebeliones, molido por nuestros pecados; el castigo de nuestra paz fue sobre él, y por su llaga fuimos nosotros curados. Todos nos descarriamos como ovejas; cada cual se apartó por su camino; mas Jehová cargó en él el pecado de todos nosotros" (Isaías 53: 4-6).

Jesucristo hizo suya la cruz que no le pertenecía tomar. En ella cargó sobre él los pecados de cada uno de nosotros. Esa cruz es nuestra cruz; es la mía y es la tuya. Allí el Señor Jesús derramó su sangre para que nosotros podamos ser limpios de todo mal. Tomó sobre sí el baldón y la vergüenza de la humanidad, para que nosotros pudiéramos recibir los beneficios de su vida santa y perfecta. Y así, del angustioso y desesperante sacrificio de Jesús en la cruz, nació la genuina paz y esperanza para la humanidad. El abnegado amor de Cristo transformó un objeto de maldición en un símbolo de bendición; de lo que era sombra, resplandeció la luz; el instrumento de muerte se transformó, desde entonces, en un emblema de vida, y vida eterna.

Contemplemos por la fe a Jesús crucificado; valoremos su sacrificio y victoria. De esa forma podremos comprender un poco mejor la enormidad y el carácter terriblemente atroz del pecado. Su espantosa gravedad exigió al Hijo de Dios dejar la gloria de los cielos y transformarse en el Hijo del Hombre, para expiar con su muerte la culpa del pecado, de modo que tú y yo podamos tener vida eterna. Si así lo comprendemos, se profundizará nuestra gratitud a Dios por la dádiva infinita que hizo de su único Hijo nuestro Salvador, y junto con el apóstol Pablo, en forma victoriosa, habremos de decir: "Pero lejos esté de mí gloriarme, sino en la cruz de nuestro Señor Jesucristo, por quien el mundo me es crucificado a mí, y yo al mundo" (Gálatas 6:14).

LA PRINCESA DIANA Y EL PRÍNCIPE DE PAZ

Porque no tenemos un Sumo Sacerdote incapaz de simpatizar con nuestras debilidades; sino al contrario, fue tentado en todo según nuestra semejanza, pero sin pecado (Hebreos 4:15, NRV-2000).

Todos recordamos cómo se traumatizó nuestro mundo por la trágica muerte de Diana, princesa de Gales, debido a un terrible accidente automovilístico en París. Creo no equivocarme al decir que el mundo no había visto un funeral como el que el pueblo inglés le tributó a su princesa.

La policía británica estima que las multitudes que se reunieron para presenciar el desfile del cortejo fúnebre fueron las más numerosas en la historia de Inglaterra; y otros mil millones o más vieron el funeral en televisión.

¡Asombroso! ¿Cómo se explica que la princesa Diana se haya proyectado con tanto poder en la conciencia colectiva de nuestro mundo moderno? ¿Qué fascinación ejercían las fotos que los *paparazzi* tomaban de ella? ¿Por qué la gente insistía en llevar montañas de flores, aun después que las autoridades les habían rogado que ya no lo hicieran?

Katie Couric, periodista de la NBC, dijo que la razón es que nos identificamos con la princesa en los altibajos de su carrera. Diana comenzó humilde y tímida. Después, su matrimonio con el príncipe Charles la proyectó al círculo de la familia real. Allí se sintió malquerida, rechazada y traicionada. Perdió su autoestima, se hundió en la bulimia y llegó a intentar el suicidio. Por fin, como en un cuento de hadas, salió de su prisión emocional, avergonzó a sus oponentes y, pasando a primera plana, se hizo cargo de su destino, entregándose a un torbellino de actividad voluptuosa, dramática, excitante, como la que todos nosotros hemos soñado experimentar algún día. Y, debido a que los *paparazzi* la acechaban día y noche, mucha gente llegó virtualmente a adorarla, como los antiguos griegos adoraban a su diosa Diana. Un corresponsal del periódico *Sacramento Bee*, confesó que había pasado la semana "adorando" a Diana en vez de a Dios.

Y, ¿qué del Príncipe de Paz? ¿Nos ha confesado sus sentimientos íntimos, como Diana lo hiciera en su famosa entrevista con la BBC, en 1995, en la que descubrió los secretos de su vida?

¡Sí, Jesús descubrió su alma ante nosotros! Sí, aun en su hora final, mientras colgaba de la cruz, abrió una ventana de acceso a esos rincones secretos, para que todos pudiéramos ver. En la cruz clamó, desesperado: "¡Dios mío, Dios mío! ¿Por qué me has abandonado?" ¡Nada quedó oculto en su corazón! Eso es más de lo que Diana hiciera por nosotros en su hora final.

Noviembre 6

"PRUÉBESE A JESÚS"

Confesaré mis transgresiones a Jehová; y tú perdonaste la maldad de mi pecado (Salmo 32:5).

Si pudiéramos preguntar a cada habitante de esta tierra si desea tener paz en su corazón, seguramente millones responderían que ese es su mayor deseo. Hoy resultan insuficientes los esfuerzos de siquiatras, sicólogos y consejeros sociales que tratan de calmar la desazón que sufren infinidad de personas. Tampoco los guías y ministros religiosos alcanzan a completar su delicada tarea de afianzar la fe y la esperanza en los corazones humanos; siempre encuentran más y más individuos aquejados de angustia y ansiedad. La gente vive de prisa, tensa, bajo la constante presión del ruido y la excitación. Aumentan las enfermedades nerviosas y cardiovasculares en forma alarmante. Son tiempos difíciles en los que las ventajas técnicas y científicas no han logrado disminuir las penalidades propias de la lucha por la vida.

Al término de la Segunda Guerra Mundial, una renombrada institución ofreció la suma de 100.000 dólares a quien formulara el mejor plan de paz. Se presentaron 22.000 proyectos, algunos muy extensos y complejos. El premio lo recibió el autor de una fórmula maravillosa encerrada en las siguientes palabras: "Pruébese a Jesús". No hay otro fuera de Cristo que pueda asegurar el fruto magnífico de la paz.

Es necesario comprender que lo que turba el espíritu y quita la paz es la dolencia milenaria del pecado. Donde hay pecado hay intranquilidad y remordimiento. Eso es lo que le ocurrió al rey David quien, en una etapa muy dolorosa de su existencia, abiertamente transgredió los mandamientos divinos. Su desazón y su angustia eran inenarrables. Mientras él ocultó ese pecado, su ser entero se iba consumiendo. Como él mismo lo declara en uno de sus salmos, "Mientras callé, se envejecieron mis huesos en mi gemir todo el día. Porque de día y de noche se agravó sobre mí tu mano. Se volvió mi verdor en sequedad de verano" (Salmo 32:3, 4). De pronto, este pecador aplastado por la culpa levantó sus ojos hacia el Único que podía devolverle la tranquilidad. De lo más profundo de su alma imploró el auxilio de Dios. Profundamente conmovido, exclamó: "Ten piedad de mí, oh Dios, conforme a tu misericordia; conforme a la multitud de tus piedades borra mis rebeliones. Lávame más y más de mi maldad, y límpiame de mi pecado. Porque yo reconozco mis rebeliones, y mi pecado está siempre delante de mí... Purifícame con hisopo, y seré limpio; lávame, y seré más blanco que la nieve... Crea en mí, oh Dios, un corazón limpio, y renueva un espíritu recto dentro de mí" (Salmo 51:1-3, 7, 10). ¡Qué experiencia maravillosa! De un ser angustiado pasó a ser un hombre perdonado, en cuyo corazón Dios colocó el bendito fruto de la paz.

LA BIENAVENTURADA ESPERANZA

No se turbe vuestro corazón; creéis en Dios, creed también en mí. En la casa de mi Padre muchas moradas hay; si así no fuera, yo os lo hubiera dicho; voy, pues, a preparar lugar para vosotros. Y si me fuere y os preparare lugar, vendré otra vez, y os tomaré a mí mismo, para que donde yo estoy, vosotros también estéis (Juan 14:1-3).

Jesucristo ofreció esta fórmula maravillosa para conservar la paz interior, poco antes de ascender a los cielos. En primer lugar —Jesús dijo—, necesitamos creer en Dios. Creer que es nuestro Padre celestial que dio a su Hijo unigénito para que muriera por nosotros en la cruz del Calvario. Creer que no solamente provee para nuestras necesidades, sino que se compadece de nuestras faltas y debilidades. Esta verdad la comprendió Mahatma Gandhi, el gran líder de la India que, aunque no era cristiano, creía en la paternidad de Dios. Cierto día, siendo niño, hurtó dinero a su padre y compró carne. Al acostarse esa noche no tenía paz en su corazón. Después de horas de agonía, saltó de la cama y no animándose a hablar directamente con su progenitor, escribió su confesión. Fue entonces a la habitación donde él yacía enfermo, y le entregó la nota. A medida que éste leía la confesión de su hijo, las lágrimas le corrían por las mejillas. El rostro triste pero perdonador y lleno de amor de aquel padre reveló una imagen exacta de nuestro Padre celestial, quien está deseoso de perdonar nuestros pecados porque nos ama entrañablemente. "Creed en él —dijo Jesús—, y creed también en mí".

Creer en Jesús es el segundo gran consejo de esta receta sagrada de la paz y la felicidad. "No hay otro nombre bajo el cielo... en que podamos ser salvos" (Hechos 4:12). Necesitamos creer que la sangre de Jesucristo nos limpia de todo pecado, y que tiene poder para transformar nuestra vida. Creamos en Jesús y creamos en su bendita promesa de que está en los cielos preparando un lugar para nosotros.

Joven lector, hay un lugar para ti también reservado en los cielos. Tal vez tu corazón esté destrozado, tal vez hayas perdido un ser querido, pero si crees en el mundo del futuro donde no habrá más muerte ni dolor, entonces hasta tus horas más sombrías estarán iluminadas por la bienaventurada esperanza.

Por último, Jesús dijo: "Vendré otra vez y os tomaré a mí mismo". Sí, Jesucristo volverá a esta tierra. Volverá para que de una vez y para siempre desaparezca el pecado y la guerra de este mundo; volverá para establecer su dilatado y eterno reino de paz. Que esta múltiple y maravillosa confianza se convierta en una experiencia tan viva y real para ti, que nada ni nadie jamás pueda turbar tu paz interior.

LOS GRANITOS DE ARENA

No os afanéis, pues, diciendo: ¿Qué comeremos, o qué beberemos, o qué vestiremos? Porque los gentiles buscan todas estas cosas; pero vuestro Padre celestial sabe que tenéis necesidad de todas estas cosas. Mas buscad primeramente el reino de Dios y su justicia, y todas estas cosas os serán añadidas. Así que, no os afanéis por el día de mañana, porque el día de mañana traerá su afán y basta a cada día su propio mal (Mateo 6:31-34).

Uno de los males más generalizados es la ansiedad: la preocupación casi obsesiva respecto al futuro. El hombre moderno no sólo enfrenta los problemas del presente, sino que en forma escéptica carga sobre sus espaldas la infructuosa inquietud sobre el mañana. Esa actitud, además de robar la paz, socava las energías para seguir adelante.

Se relata el caso de una persona que había realizado un extenso viaje y que durante el mismo había recorrido una enorme distancia a pie. Atravesó así ríos, montañas y bosques. Al preguntársele a su regreso qué era lo que más le había molestado de la travesía, contestó: "Los granitos de arena que se metían en mis zapatos". Muchas veces permitimos que la arenilla de la desazón y el pesimismo se filtren en nuestra vida cotidiana, al extremo que resulta muy doloroso avanzar.

Debemos aligerar nuestra marcha y eliminar aquellas cargas que aplastan nuestro ser y traban nuestro recorrido por la vida. La alegría y la confianza deben entronizarse en nuestro corazón. Para que eso sea una realidad, necesitamos aprender la enseñanza magistral que Jesús impartió en el sermón de la montaña. Al contemplar a la multitud cargada de ansiedades e inquietudes, de incertidumbre y desazón, Jesús les dijo: "No os afanéis, pues, diciendo: ¿Qué comeremos, o qué beberemos, o qué vestiremos? Porque los gentiles buscan todas estas cosas; pero vuestro Padre celestial sabe que tenéis necesidad de todas estas cosas. Mas buscad primeramente el reino de Dios y su justicia, y todas estas cosas os serán añadidas. Así que, no os afanéis por el día de mañana, porque el día de mañana traerá su afán y basta a cada día su propio mal" (Mateo 6:31-34).

La lección de confianza y optimismo que se halla en estas palabras es de valor imperecedero. ¿Por qué afanarse?, pregunta Jesús. ¿Qué ganamos con ello? ¿Por qué habremos de correr ansiosamente tras el vestido, el pan y la bebida, olvidándonos que tenemos un Dios en los cielos que vela por nuestro bienestar? Él es nuestro Padre eterno que conoce el fin desde el principio y, por lo tanto, tenemos el privilegio de depositar nuestras vidas en sus manos.

MIREMOS HACIA ARRIBA

Vi un cielo nuevo y una tierra nueva (Apocalipsis 21:1).

En su obra *Contempla las estrellas*, el doctor H. M. S. Richards relata la experiencia vivida por un notable líder religioso al visitar la suntuosa mansión de un magnate petrolero. Después de un almuerzo abundante, el dueño de casa condujo al visitante a la terraza o mirador de su lujosa residencia, desde donde se podía observar, en todas direcciones, un tupido bosque de torres y bombeadoras de petróleo. "¿Ve usted eso? —dijo ufanamente—, todo es mío. Hace 25 años vine a este país sin un centavo, y ahora me pertenece todo lo que usted puede divisar en esa dirección". Mirando luego hacia el lado opuesto, agregó: "También soy dueño de lo que usted ve en esta otra dirección". Observando después hacia el este, repitió una declaración similar. Finalmente, rebosante de satisfacción, el empresario dirigió su vista al oeste y, señalando una extensísima y fértil pradera, declaró: "También eso es mío. Trabajé y ahorré con tal empeño, que todo lo que hay en esa dirección me pertenece". El multimillonario hizo una pausa esperando recibir una palabra de alabanza. Para su asombro, no recibió el encomio que esperaba. Por el contrario, el visitante, en forma bondadosa apoyó una mano sobre el hombro del empresario, y mientras con la otra apuntaba hacia el cielo, le preguntó: "¿De cuánto es dueño usted en esta dirección?" El hombre, cabizbajo, musitó: "Nunca había pensado en eso".

Se acerca el instante solemne cuando el Señor Jesucristo se manifestará, con todo poder, en las nubes de los cielos. Hay un sin fin de señales y profecías que indican la cercanía de este evento trascendental. Sin embargo, hay muchos que extienden sus miras en todas direcciones menos hacia la altura. Dios no entra en sus cálculos. No tienen en cuenta la eternidad. Amiga, amigo mío, no seas tú uno de ellos.

HERMANADA HUMANIDAD

Y no llaméis padre vuestro a nadie en la tierra; porque uno es vuestro Padre, el que está en los cielos (Mateo 23:9).

Vosotros sois hermanos. En la conocida obra de Víctor Hugo, *Los Miserables*, se describe la siguiente experiencia de Jean Valjean, un presidiario, quien después de un largo y penoso peregrinaje llegó a la casa del obispo Marial, reclamando albergue. Previamente había sido expulsado de dos posadas y también se le había negado auxilio en la cárcel, donde tiempo antes había estado preso. Al entrar en la casa del mencionado obispo, recibió una bienvenida como sólo se otorga a huéspedes distinguidos. Sorprendido, Valjean exclama: "Esperaos, señor, ¿no oísteis que os dije que por diecinueve años estuve encarcelado? Soy hombre peligroso, ladrón y forajido". El noble obispo responde: "A quien traspasa esta puerta no se le pregunta cuál sea su nombre, sino, ¿qué tristeza tenéis?" El fugitivo se maravilla; a lo que el obispo agrega: "Sois mi hermano".

Esta última sentencia, y más que todo esa generosa actitud, subraya una de las verdades más profundas y más hermosas que puedan aprenderse: la de la fraternidad del género humano. Cada persona que nos rodea, y especialmente aquella que se encuentra necesitada, es un hermano nuestro.

¿Qué es lo que nos vincula, lo que nos une con ese lazo fraternal? Esencialmente, estamos unidos por dolores y anhelos semejantes. Pertenecemos a una familia que está afectada por las mismas desgracias y embargada por similares esperanzas. Tan hermanos somos, que frente a huracanes, terremotos y otras calamidades colectivas, se desgarran las telas de nuestra alma sin distingo alguno de razas o nacionalidades. Desaparecen, entonces, las fronteras o abismos que nos separan y sentimos que nuestro corazón late al unísono con el de toda la familia humana.

Así es. Nuestro linaje es el mismo y compartimos una suerte similar. Como dice la Sagrada Escritura: "El pecado entró en el mundo por un hombre, y por el pecado la muerte, y la muerte así pasó a todos los hombres, por cuanto todos pecaron" (Romanos 5:12). Estamos, pues, unidos por debilidades y tristezas semejantes.

Pero hay un lazo superior que une a todo ser humano: tenemos un padre común que es el Padre de los cielos, el Creador del universo y Autor de nuestras vidas. Hacia él deben levantarse nuestros ojos. Por eso Jesús nos enseñó a orar, diciendo: "Padre nuestro que estás en los cielos". Ese balbuceo debe ser como el aliento vital que nos impulsa cada día. Disfrutemos el gozo bendito de ver en cada uno de nuestros prójimos a un verdadero hermano.

CUANDO SE ENFRÍA EL AMOR

Y por el aumento de la maldad, el amor de la mayoría se enfriará (Mateo 24:12).

Todos, alguna vez, hemos visto la imagen de un náufrago solitario, abandonado en una pequeña isla en medio del mar. ¿Sabemos lo que es sentirnos solos y sin apoyo, sin hallar salida para los problemas de la vida?

Bajo la superficie de nuestro corazón, y apenas cubiertos, bullen las malas pasiones, los odios y lascivias. Día tras día, las provocaciones despiertan pasiones ocultas. Decimos o hacemos cosas que más tarde lamentamos; y sin darnos cuenta, un creciente sentido de culpabilidad envenena nuestra felicidad.

En los jóvenes (y también los adultos), las hormonas son poderosas corrientes motivadoras. El sexo ilícito es fascinador. Una encuesta reciente hecha entre 1.006 muchachas de edad escolar concluye que: "Entre las muchachas que tienen conciencia religiosa, hay un 86 por ciento más de ellas que se inclinan a creer que es importante ser virgen al contraer matrimonio, que entre las alumnas sin conciencia religiosa. Sin embargo, *entre las muchachas que tienen conciencia religiosa hay apenas un 14 por ciento más de probabilidades que sean vírgenes, que entre las que no tienen conciencia religiosa*" (Leslie Jane Nonkin, *I Wish My Parents Understood* [Quisiera que mis padres comprendieran, énfasis agregado]).

Cada año, más de un millón de muchachas adolescentes quedan embarazadas. No es posible medir la tristeza y el dolor que esto significa. Si continúan las tendencias actuales, un 40 por ciento de las jovencitas que hoy tienen 14 años, quedarán embarazadas dos veces antes de cumplir los 20. Dicen los expertos que el 70 por ciento de los adolescentes están sexualmente activos, es decir, practican la fornicación.

Esta falta de dominio propio *antes* de casarse, por lo general programa a la juventud para ser infieles *después* del matrimonio. Las siguientes palabras de Jesús se han cumplido en nuestra época: "Y por el aumento de la maldad, el amor de la mayoría se enfriará" (Mateo 24:12). En el idioma original, la palabra amor es *ágape*. Tan ciertamente como la noche sigue al día, la pérdida de *ágape* crea un vacío que se llena con el síndrome de la infidelidad, el crimen, la violencia y la pobreza.

Joven, señorita, ¿has pedido a Dios que ponga su *ágape* en tu corazón?

MÁS CERCANO QUE UN HERMANO

El que santifica y los que son santificados, todos proceden de uno. Por eso, no se avergüenza de llamarlos hermanos... Así, por cuanto los hijos participan de carne y sangre, él también participó de lo mismo, para destruir por la muerte al que tenía el imperio de la muerte, a saber, al diablo. Y librar a los que por el temor de la muerte estaban por toda la vida sujetos a servidumbre... Por eso, debía ser en todo semejante a sus hermanos, para venir a ser compasivo y fiel Sumo Sacerdote ante Dios, para expiar los pecados del pueblo. Y como él mismo padeció al ser tentado, es poderoso para socorrer a los que son tentados (Hebreos 2:11- 18, NRV-1990).

En el mundo tenebroso en el cual vivimos, las multitudes sufren sin esperanza porque no quieren ser arrastradas al suicidio moral, pero no saben cómo resistir la presión social combinada con sus compulsiones hormonales.

El apóstol San Pablo puso el dedo en la llaga de todos cuando confesó acerca de sí mismo: "Realmente, no entiendo lo que me pasa; porque no hago lo que quiero, sino lo que aborrezco... Porque tengo el querer, pero no alcanzo a efectuar lo bueno. Porque no hago el bien que quiero, sino el mal que no quiero... El mal está en mí... ¡Miserable de mí! ¿Quién me librará de este cuerpo de muerte?" (Romanos 7:15-24).

Él mismo responde a su pregunta: "Lo que era imposible a la Ley, por cuanto era débil por la carne; Dios, al enviar a su propio Hijo en semejanza de carne de pecado, y como sacrificio por el pecado, condenó al pecado en la carne" (Romanos 8:3).

¡Cuán buenas son las buenas nuevas que hallamos en este versículo! La palabra "semejanza" no puede significar algo distinto, algo diferente de nosotros. Cristo, que era plenamente Dios, ahora llegó a ser plenamente hombre, no separado de la raza humana, sino unido a nosotros. Construyó un puente divino-humano para unir el cielo con la tierra, y franquear el abismo de alienación causado por el pecado; sus fundamentos llegan hasta la más profunda raíz del corazón del pecador más perdido del mundo. ¡Éstas sí que son buenas nuevas!

Cristo no es un engañador que pretende conquistar el pecado sin acercarse siquiera al campo de batalla donde el pecado se manifiesta. San Pablo presenta a un Salvador perfectamente equipado para resolver el problema del pecado en su misma raíz, en lo profundo de nuestra naturaleza humana. Éste es el último reducto de Satanás, y aquí es donde Cristo lo confrontó y derrotó. ¡Alabado sea su nombre!

MÁS CERCANO QUE UN HERMANO —Segunda parte

Porque a los que antes conoció, también los predestinó para que fuesen hechos conformes a la imagen de su Hijo, para que él sea el primogénito entre muchos hermanos (Romanos 8:29).

Hay una razón por la cual Cristo puede salvar a todo pecador. El mensaje del evangelio parece iluminado como por un reflector en el libro de Hebreos. Vemos allí cómo la cercanía de Cristo lo califica para alcanzar los más íntimos vericuetos de nuestra pecaminosa alienación psíquica. Dice el pasaje:

"El que santifica y los que son santificados, todos proceden de uno. Por eso, no se avergüenza de llamarlos hermanos... Así, por cuanto los hijos participan de carne y sangre, él también participó de lo mismo, para destruir por la muerte al que tenía el imperio de la muerte, a saber, al diablo. Y librar a los que por el temor de la muerte estaban por toda la vida sujetos a servidumbre... Por eso, debía ser en todo semejante a sus hermanos, para venir a ser compasivo y fiel Sumo Sacerdote ante Dios, para expiar los pecados del pueblo. Y como él mismo padeció al ser tentado, es poderoso para socorrer a los que son tentados" (Hebreos 2:11-18).

Examinemos las riquezas espirituales que contiene este cofre de la verdad:

1) Cristo es "uno" con nosotros

2) Nos llama "hermanos"; es decir, está más cerca de nosotros que los mismos miembros de una familia lo están entre sí.

3) Cristo "participó" de la carne y sangre de los hijos de Adán, pero sin pecar. Fue "hecho semejante" a nosotros, excepto que nunca cometió pecado.

4) De este modo se ha convertido en nuestro "compasivo y fiel Sumo Sacerdote", nuestro Médico divino-humano, el Psiquiatra de nuestras almas, el que hace guardia 24 horas al día, siete días por semana.

5) Cristo puede salvarnos de cualquier tentación.

Cuando Jesús hizo su aparición en nuestro mundo, el coro angelical anunció: "Él salvará a su pueblo *de* sus pecados" (Mateo 1:21). Desgraciadamente, muchos creen hoy que Cristo no puede salvarnos *de* nuestros pecados, y que sólo puede perdonar el hecho de que sigamos viviendo *en* pecado.

La Biblia nos trae una noticia mucho mejor. Después de expresar su impotencia en Romanos 7, el apóstol Pablo halla una esperanza gozosa en las buenas nuevas de un Salvador que vino a encontrarse con nosotros aquí donde estábamos, con el fin de salvarnos de nuestros pecados. "Ahora, pues, ninguna condenación hay para los que están en Cristo Jesús... Mediante Cristo Jesús, la ley del Espíritu que da vida, me ha librado de la ley del pecado y de la muerte" (Romanos 8:1, 2).

¡Ningún psiquiatra puede producir una catarsis tan profunda en el alma humana! Tú puedes disfrutar de ese poder hoy mismo. Es tuyo con sólo pedirlo. Cristo ha entregado su vida, y desea residir en ti por medio del Espíritu Santo. Cristo en ti es el mayor poder, la fuerza más dinámica que pueda obtenerse. Él ofrece entrar hoy en tu corazón.

EL GUÍA QUE DIOS NOS ENVÍA

Recibiréis poder cuando haya venido sobre vosotros el Espíritu Santo, y me seréis testigos... hasta lo último de la tierra (Hechos 1:8).

En 1929 Frank Morris tomó un barco trasatlántico con rumbo a Suiza. El viaje le resultaría harto desagradable. Es que a Frank, por ser ciego, lo trataban como a un animalito inútil que es llevado a todas partes a jalones. Era sometido a una sofocante sobre-protección. Poseedor de una mente prodigiosa y una personalidad agradable, no faltaba quien quisiera entablar una conversación con él, o invitarlo a dar un paseo. Pero a todos les era negada esa cortesía ya que sus manejadores se negaban a perderlo de vista ni por un instante.

Felizmente, en Suiza le aguardaba una muy grata sorpresa. Allí supo de la existencia de perros especialmente amaestrados para asistir a ciegos. Pronto Frank adquirió uno de raza pastor alemán que llegó a ser su más fiel guía y compañero. Con "Buddy" Frank se sentía libre. Podía desplazarse por las calles sin temor a los vehículos, pues Buddy sabía perfectamente cómo cruzar la calle y cómo regresarlo a casa. En su retorno a Estados Unidos Frank Morris fundó la ya legendaria organización "Seeing Eye", es decir, "El Ojo Vidente", dedicada a juntar a los ciegos del mundo con estos perros maravillosamente amaestrados que parecen tomar especial placer en servirles de "ojos" a los invidentes del mundo. No hay suficiente espacio en este libro para hablar de las impresionantes proezas que, desde entonces, ciegos de todas las tierras han logrado acompañados por sus leales caninos.

Pero, ¿qué de la ceguera espiritual? Todos queremos cruzar "la calle" de la vida, pero tarde o temprano descubrimos que nos falta un "Buddy" vidente que nos sirva de guía.

Antes de ascender a su Padre, Cristo prometió a sus acongojados discípulos un regalo de valor infinito; un Guía y Consejero para cada uno de ellos. Les dijo: "Pero yo os digo la verdad: Os conviene que yo me vaya, porque si no me voy, el Consolador no vendrá a vosotros... Cuando venga el Espíritu de verdad, él os guiará a toda la verdad... Me glorificará; porque tomará de lo mío y os lo hará saber" (Juan 16:7, 13, 14).

El Espíritu Santo, la tercena persona de la Santa Trinidad, nos es dado para habilitarnos a hacer (y ser) lo que sería inimaginable dejados a nuestra propia capacidad. Como Frank Morris con su perrito Buddy, podremos andar en las sendas de la vida con aplomo y entereza. A los que invitan al Espíritu Santo a su vida, Jesús dice: "Nada os será imposible".

Noviembre 15

LA GRACIA MAESTRA

Porque la gracia de Dios se ha manifestado para salvación a todos los hombres, enseñándonos que, renunciando a la impiedad y a los deseos mundanos, vivamos en este siglo sobria, justa y piadosamente, aguardando la esperanza bienaventurada y la manifestación gloriosa de nuestro gran Dios y Salvador Jesucristo, quien se dio a sí mismo por nosotros para redimirnos de toda iniquidad y purificar para sí un pueblo propio, celoso de buenas obras (Tito 2:11-14).

Entre las numerosas cartas que llegan a nuestras manos, recibimos no hace mucho ésta, de un joven oyente. Dice sentirse inquieto, preocupado: "Mi problema, día y noche —confiesa este joven— es que no puedo dejar de pensar en las mujeres. Están siempre visibles en mi mente. Cuando veo a una, no puedo abstenerme de mirarla. El problema alcanza hasta lo más profundo de mi ser. ¿Qué puedo hacer? Sé que Cristo dice que la raíz está en mi corazón, ¡y yo sé que es cierto! ¡Ayúdenme!"

Hay muchos esclavos de la pornografía que odian su condición. Su situación es parecida a cierta antigua costumbre que se practicaba en el Imperio Romano, de encadenar a un asesino al cuerpo de su víctima. El apóstol Pablo clama: "¿Quién me librará de este cuerpo de muerte?... con la carne [sirvo] a la ley del pecado" (Romanos 7:24, 25, NRV). Llevamos la contaminación encadenada a nosotros.

Pero hay buenas nuevas, sólidas y gloriosas. El apóstol admite que no sirve de nada que alguien nos recite la ley. "El mismo Mandamiento, destinado a dar vida, me trajo muerte. Porque tomando ocasión por el Mandamiento, el pecado me engañó, y por él me mató" (Romanos 7:10, 11, NRV). Podemos predicar el fuego y el azufre del infierno, pero eso no cambia el corazón. El temor no provee una motivación viable.

Pablo, en cambio, describe algo que sí da resultados: "Mediante Cristo Jesús, la ley del Espíritu que da vida, me ha librado de la ley del pecado y de la muerte. Porque lo que era imposible a la Ley, por cuanto era débil por la carne; Dios, al enviar a su propio Hijo en semejanza de carne de pecado, y como sacrificio por el pecado, condenó al pecado en la carne; para que el requisito de la Ley se cumpla en nosotros, que no andamos conforme a la carne, sino conforme al Espíritu" (Romanos 8:2-4).

En vista de lo dicho, al joven que escribió la carta le decimos: No ores pidiendo que Dios te vuelva piedra o árbol, de modo que no puedas ser tentado. ¡Dios no quiere llenar su reino de estatuas, sino de seres vivientes! Su gracia nos enseñará, tal como algún maestro de escuela nos enseñó el abecedario. Así aprenderemos de él a decir "No" a cada tentación. No confundas el orden de los factores: aun antes que comiences a orar, el Espíritu Santo ya te está "enseñando" a decir "No". Haz, pues, la elección de escucharle. Entonces viene el siguiente paso: agradecerle a Dios por la victoria que ha prometido darte "en Cristo", y seguir diciéndole "¡No!" a la tentación.

CON LA MISMA MASA

Miradme a mí, y sed salvos, todos los términos de la tierra (Isaías 45:22).

Durate meses, el mundo contempló, horrorizado, las escenas terribles que brotaban de Kosovo. Los serbios "cristianos" ortodoxos y los albaneses musulmanes se destrozaban mutuamente, con verdadera saña. Los serbios quemaban los hogares de los musulmanes, asesinaban a los hombres y echaban a las familias de sus tierras.

Después, cuando se les permitió a los albaneses volver, ellos comenzaron a quemar los hogares de los serbios. Era la ley del Talión: ojo por ojo y diente por diente. Ambos bandos recuerdan injusticias que se han venido arrastrando por siglos. Si nuestros padres, abuelos y bisabuelos nos hubieran criado oyendo relatos de injusticias religiosas y étnicas, sería natural que en nuestro corazón ardieran sentimientos de amargura, de odio, y anhelos de venganza. Ni las bombas, ni los tanques, las armas automáticas, ni por fin, los tratados de paz, pueden curar un corazón cuando hierve en él la atávica caldera de odio.

Todas las naciones de la OTAN, de hecho, todos los pueblos civilizados del mundo, estarían felices de ver a los serbios y los albaneses, y otras naciones en conflicto, experimentar una transformación, un profundo cambio de corazón en todo sentido. Pero el problema es un cáncer espiritual que lo ha infectado todo, de pies a cabeza. La OTAN no puede resolver esta clase de problema.

No creamos que podemos limitarnos a ser espectadores lejanos de cómo este drama se desarrolla en el escenario mundial, diciéndonos: "¡Qué lástima lo que sucedió en lo que era Yugoslavia! ¡Menos mal que nosotros no somos así!"

La verdad, lector mío, es que sí somos así. La diferencia es que nunca hemos sufrido los horrores que les ha tocado sufrir a ellos desde los días del Imperio Otomano, en el siglo XIV. Nadie ha cometido una masacre con los hombres de *nuestro* poblado, quemado *nuestros* hogares con odio, ni violado a *nuestras* mujeres. Si nos halláramos exactamente en el lugar de ellos, seríamos exactamente lo que ellos son. Lo único que lo evita es la gracia de Cristo, el Salvador del mundo.

Todos compartimos una herencia común: nuestra naturaleza humana pecaminosa. Como dijera Martín Lutero: "Todos hemos sido hechos con la misma masa". Todos necesitamos un Salvador. Lo que la humanidad necesita es una transformación del corazón. ¡Y todo lo necesario ya está hecho! Sucedió cuando Cristo murió en la cruz. Allí se efectuó un cambio, una transformación, no sólo para unos pocos individuos aparentemente buenos, sino *para toda la humanidad*. Desde luego, la raza humana debe dejar que Cristo sea nuestro Salvador. Hay algo que debemos hacer. Dios dice: "Miradme a mí, y sed salvos, todos los términos de la tierra" (Isaías 45:22).

HIJOS AMADOS

Y una voz del cielo dijo: Éste es mi Hijo amado, en quien me complazco (Mateo 3:17).

¿Recordamos el relato de cómo Jesús fue bautizado en el río Jordán por Juan el Bautista? San Mateo nos dice lo que pasó: "Tan pronto como Jesús fue bautizado, subió del agua. En ese momento, el cielo se abrió, y Jesús vio al Espíritu de Dios que descendía como paloma, y venía sobre él. Y una voz del cielo dijo: 'Éste es mi Hijo amado, en quien me complazco'" (Mateo 3:16, 17).

Quizás hayamos pensado alguna vez: "¡Qué maravilloso sería escuchar una voz así cuando nosotros fuéramos bautizados!" Hay una verdad sorprendente: la bendita Voz celestial *nos dice exactamente lo mismo.* Cuando el Padre rodeó con sus brazos a Jesús, al salir el Salvador del río con sus ropajes escurriendo agua, con ese mismo gesto abrazó a toda la humanidad, y nos dio a todos la bienvenida "en Cristo". Tú, joven lector, puedes decirle: "¡Gracias!", y entrar al hogar, o le puedes decir: "¡No, gracias!", y alejarte en la dirección opuesta. Pero en lo que a Dios concierne, él ya ha preparado lugar para nosotros en su reino.

Cambiando un tanto la metáfora, podríamos decir que Dios ha firmado un cheque por miles de millones de dólares (¡la salvación es mucho más valiosa!), hecho a nombre nuestro. La suma total ha sido depositada en el banco del cielo. Usted puede tirar el cheque a la basura, o cobrarlo y gozar de las riquezas resultantes.

Podrás sentirte tentado a decir: "Soy tan sólo un hijo adoptivo. No me amará igual que a su Hijo verdadero". La respuesta es que Dios *entregó* a su Hijo por ti. Significa ello que Dios *tiene* forzosamente que amarte así como ama a su propio Hijo. Cuando vamos a la tienda a comprar algo, y pagamos el precio que se pide, ¿no significa eso que le asignamos a ese producto un valor equivalente al dinero que pagamos por él? Cristo se entregó a sí mismo por nuestros pecados. Dos veces en una misma carta, Pablo dice que hemos sido "comprados por precio" (1 Corintios 6:20; 7:23). El Padre está muy complacido con su "compra". ¿Lo estamos también nosotros?

EN EL JARDÍN DEL GETSEMANÍ

Entonces Jesús les dijo: Mi alma está muy triste, hasta la muerte; quedaos aquí, y velad conmigo. Yendo un poco adelante, se postró sobre su rostro, orando y diciendo: Padre mío, si es posible, pase de mí esta copa; pero no sea como yo quiero, sino como tú (Mateo 26:38, 39).

La espantosa prueba comenzó el jueves por la noche, en el jardín del Getsemaní, enseguida después que instituyó la Cena del Señor con sus discípulos. Un pesar misterioso, como nunca había sentido, comenzó a sobrevenirle. "Estoy abrumado de tristeza, hasta el punto de morir", declaró (Mateo 26:38).

Cristo anhelaba algún consuelo humano, un gesto de comprensión, pero sus discípulos se durmieron. Comenzó a sentirse aplastado por el peso horrible de los pecados de todo el mundo, incluso por anticipado, el Holocausto y las masacres de Kosovo. La angustia del mundo comenzó a abrumarlo. Sentía como si él fuera el pecado del mundo, sin acceso a la luz del rostro amoroso de su Padre celestial. Ahora sentía que el Padre se estaba separando de él. Por eso oró diciendo: "Padre mío, si es posible, pase de mí esta copa" (vers. 39).

En ese momento sagrado comenzó a ser hecho plenamente pecado por nosotros. Aquí no nos atrevemos a entrar en forma descuidada, pues la suerte del mundo entero temblaba en la balanza. ¿Decidiría Cristo beber la amarga copa? ¿O decidiría volverle la espalda a la agonía del infierno?

Tres veces brota la plegaria de su corazón destrozado. Luego, finalmente, resuelve seguir adelante con el plan. Significará para él la condenación absoluta, el mismo infierno, despedirse de la vida. Pero su amor por nosotros era tan grande que lo impulsó a tomar la decisión de aceptar el sacrificio supremo. Ése fue el momento de la verdad para el mundo. Y lo es también para nosotros.

Amigo mío, amiga que lees, hay una sola respuesta justa que podemos darle a un amor así: entregarle nuestro corazón, nuestra vida, en fin, todo lo que somos, desde hoy y por los siglos sin fin de la eternidad.

LA DUDA

Jesús le dijo: Porque me has visto, Tomás, creíste; bienaventurados los que no vieron, y creyeron (Juan 20:29).

En este mundo incierto nadie duda de la duda. Las verdades absolutas van cayendo en entredicho una por una, al tropezar con descubrimientos científicos que parecen negarlas del todo, o por lo menos "relativizarlas". Para regir la conducta del hombre, hoy se propone una ética remitida a la situación (ética situacional); es decir, la situación determina la conducta a seguir en cada caso, y no una "fe ciega" en un código moral absoluto. Mientras tanto, la duda crece y prospera.

Hace algún tiempo leíamos en el periódico *La Opinión,* de Los Ángeles, un incidente gracioso. Se dice que un granjero recibió una carta con este pedido: "Le ruego que me mande cien docenas de huevos. Si son buenos, le enviaré un cheque". Contesta el granjero: "Envíeme un cheque, y si es bueno le mandaré los huevos". Más acá de la broma y la risa, hay que admitir que, a veces, la duda puede ser una valiosa aliada. Sirve de protección cuando nos salen al encuentro la trampa y el engaño.

Algunos ven en la duda una utilidad superior, hasta espiritual. Dice Tennyson: "Creedme: existe más fe en una duda honrada que en el cincuenta por ciento de las creencias". Se cuenta que el historiador francés Louis Halphen dijo en cierta ocasión, a uno de sus alumnos: "Para que la vida resulte aceptable, hay que dudar a veces de las cosas que nos parecen más ciertas y creer en aquellas que más dudas despiertan en nosotros". Y el teólogo Paul Tillich agrega: "La duda no es el polo opuesto de la fe; antes bien, constituye uno de sus elementos".

De acuerdo. Pero también sucede que la duda no honrada, la que duda *porque sí* para proteger un ego sensiblero, se torna omnipresente y enfermiza; un cáncer que se va plasmando en el alma, sellando casi herméticamente al ser contra "la luz verdadera que alumbra a cada hombre que viene a este mundo" (Juan 1:9). Si no se le pone coto a tiempo, esa duda anómala produce indefectiblemente la incredulidad crónica. ¿Conoces a alguien así? Por casualidad, ¿eres tú? ¿Hay esperanza para el incrédulo crónico? Veamos el caso del más famoso incrédulo de la historia: Tomás, el discípulo.

¿Cómo se curó Tomás? Tuvo que "ver para creer". Vio al Cristo resucitado. Entonces, ¿por qué habríamos de creer nosotros, si no hemos visto a Jesús en la carne? La respuesta es: Porque creemos en la realidad de su amor por nosotros. No creer en eso es condenarnos a pasar nuestra vida en las tinieblas.

La decisión de creer o de no creer, amigo lector, no se refiere simplemente a algún sentimiento emocional que nos embarga súbitamente. Es una elección deliberada. Hagamos la elección del padre que le rogó a Jesús con lágrimas: "¡Creo! ¡Ayuda mi poca fe!" (Marcos 9:24). ¡Haz tuya esa oración!

EL ARTISTA

A los que a Dios aman, todas las cosas les ayudan a bien (Romanos 8:28).

Decía Gonzalo Báez Camargo en su poema "El artista":

Cuando el cincel hirió por vez primera
el bloque de granito,
un hondo grito
lanzó, como si fuera carne viva,
de aquella roca la partida entraña:

—¡Piedad, Señor! ¿Qué saña,
qué furia cruel y loca
te anima contra mí? ¿Por qué me hieres?
En el regazo de mi madre roca,
yo me hallaba feliz, en mi existencia
tranquila y olvidada...
¡Feliz en la inconsciencia de mi nada,
y nada en lo feliz de mi inconsciencia!
Mas hoy, tu hierro en chispas encendido
¡con qué furor insano
arranca trozos de mi pecho herido!
¡Aparta! ¡Déjame! ¡Detén tu mano!
¡Un golpe! ¡Y otro golpe!
¡Otro más! ¡Otro! ¡Y otro! ¡Y otro todavía!

El artista callaba y proseguía...
Aunque tenía el propio corazón pungido
por el dolor de aquella piedra que gemía...

Y así del bloque aquel surgió una forma
en que alentó la vida.
En el pecho de piedra,
pulsó, vivo, caliente, enternecido,
al fin un corazón...

En los ojos de piedra
una caliente lágrima brilló...
En los labios de piedra,
agradecida, reverente, humilde,
tembló por fin la voz:

—Perdóname, Divino
Artista del Amor y del Dolor...
¡Perdóname, Señor! ¡Yo no sabía!
El Artista callaba y sonreía...

LA MEDIDA DE FE

Conforme a la medida de fe que Dios repartió a cada uno (Romanos 12:3).

Alguien me decía con tristeza: "Usted no me comprende. ¡El hecho es que no tengo ni pizca de fe!" ¿Será verdad? ¿Puede alguien hallarse en esa bancarrota de fe?

No lo creemos. Veamos por qué:

Tan seguro como que Dios nos ha dado el aliento para respirar, así también nos concede una "medida de fe". Lo leemos en Romanos 12:3, donde el apóstol se refiere a "la medida de fe que Dios repartió a cada uno".

La palabra que se usa en el idioma original es "metron", que significa una realidad definida de fe, de tamaño suficiente como para usarla efectivamente si tan sólo reconocemos este don y lo apreciamos. (Si alguien te trae un regalo de Navidad, ¿no le dices "¡Gracias!", por habértelo dado?)

La pregunta es: ¿Has elegido usar, es decir, ejercitar la fe que Dios te ha dado? No importa cuántas trabas el diablo haya usado para mantenerte en su cautiverio, en este mismo momento tienes la facultad de escoger. Josué dijo, hace mucho tiempo: "Yo y mi casa serviremos al Señor" (Josué 24:15).

Y junto con este valioso don, llega a nosotros uno aun más precioso. Para que lo comprendas tengo que contarte una breve historia. Había una vez un hombre cuyo hijito sufría un grave caso de posesión demoníaca. Pareciera como si Jesús hubiera querido provocar a ese padre desesperado al decirle: "Si puedes creer, al que cree todo es posible" (Marcos 9:23). El pobre hombre estaba llorando. Se sentía culpable, pecaminoso. ¿Cómo podría creer con la intensidad suficiente como para que su hijito fuera librado?

Entonces, presa de la desesperación, clamó diciendo: "¡Creo! ¡Ayuda mi poca fe!" (vers. 24). Alguien que conocía al Señor y era una persona muy sabia, nos dijo en cierta ocasión que si elevamos esa plegaria, nunca nos iremos a la perdición.

Ahora, inclina ante Dios tu corazón, y deja que tus lágrimas se expresen en esa oración, directamente hasta el trono de la gracia.

ANTE EL UNIVERSO NO CAÍDO

Para que la multiforme sabiduría de Dios sea ahora dada a conocer por medio de la iglesia a los principados y potestades en los lugares celestiales (Efesios 3:10).

He aquí un pensamiento nuevo y glorioso. La mente se expande al comprenderlo. Joven lector, ¿estás listo o lista para escuchar lo que dice Efesios acerca de nuestro nuevo estado? El propósito divino es que "la multiforme sabiduría de Dios sea ahora notificada por medio de la iglesia a los principados y potestades de los cielos" (Efesios 3:10, NRV). Esta idea es demasiado grande como para que la comprendamos. ¡Nosotros, humildes habitantes del planeta Tierra, adoptados en la familia de Dios, tenemos una misión que cumplir ante el universo no caído!

Como sabemos, existen los ángeles. El libro de Job nos enseña que hay otros gobiernos en el gran universo de Dios. Es decir, nuestro pequeño planeta no es el único donde existen seres inteligentes. Nadie sabe los detalles, pero si nosotros tenemos televisores y teléfonos que nos mantienen en contacto con todo el mundo, ¿por qué no pueden los siervos de Dios y los ángeles de otros mundos vernos en sus medios que equivaldrán a nuestros televisores?

El libro de Efesios descorre el velo y nos muestra que "los principados y potestades de los cielos" pueden vernos. Hebreos también nos ofrece una vislumbre de nuestra situación semejante a la de los atletas que corren una carrera olímpica, "teniendo en derredor nuestro tan grande nube de testigos" (Hebreos 12:1). Cuando, por la gracia de Dios, triunfamos sobre Satanás y el pecado al rechazar una tentación y mantenernos firmes por nuestro Señor que murió por nosotros, aunque quedemos solos frente a la presión del grupo, los habitantes del cielo aclaman el Nombre de Dios... ¡Y, también nosotros!

LAS CUATRO DIMENSIONES

Capaces de comprender con todos los santos cuál sea la anchura, la longitud, la profundidad y la altura... (Efesios 3:18).

En Efesios 3:18 y 19, el apóstol Pablo afirma que el amor de Cristo tiene por lo menos cuatro dimensiones:

"**Anchura**". Abarca a todo ser humano, al este y al oeste, al norte y el sur. Ricos y pobres; educados o ignorantes, buenos y malos (aunque aparte de la gracia del Salvador, no hay nadie verdaderamente "bueno").

"**Y la longitud**". Pablo menciona esta dimensión para beneficio especial de quienes han pasado toda su vida huyendo de Cristo. Corre a Timbuctú o Siberia, y el amor de Cristo te encontrará allí. "¿Adónde me iré de tu Espíritu? ¿Y adónde huiré de tu presencia? Si subiera a los cielos, allí estás tú; si en el sepulcro hiciera mi lecho, también estás allí" (Salmo 139:7, 8). ¿Será posible que ni en el sepulcro nos escapemos de la presencia de Dios? ¡Justamente, fue allí donde Cristo bajó para encontrarnos a ti y a mí! ¡El texto de Hechos 2:27 lo deja en claro!

"**La profundidad**". Hay almas que se atrincheran en las mazmorras de la desesperación, en las profundidades de la tierra. Quizás haya caído sobre ellos una montaña de culpabilidad que los ha sepultado en esas profundidades. A veces, alguien que ha sufrido abusos en su niñez piensa que nunca podrá volver a sentirse "normal". Pero el *ágape* de Cristo entra y los encuentra.

¿Cómo puede el amor alcanzar esos lugares inaccesibles? Es que Cristo, en su sacrificio, bajó personalmente al sepulcro [otras versiones dicen "infierno"], sufriendo terrible angustia. Jesús conoce con la exactitud de un mapa todos los vericuetos y pasajes de la morada de los muertos. No hay lugar allí cuya ubicación él no conozca, porque "fue tentado en todo según nuestra semejanza, pero sin pecado" (Hebreos 4:15).

"**Y la altura**". Hay quienes pilotean el avión de su alma por encima de las nubes, perdidos en los vericuetos de la teosofía, la filosofía, o los sueños de la Nueva Era. Quizás su esposo o esposa, su padre o su madre, oran para que se conviertan. Pero ellos navegan en las alturas de su "educación superior", y desprecian a los que viajan en lo que les parece ser una carreta de bueyes aquí abajo. Pero las buenas nuevas son que este *ágape* de Cristo los puede perseguir aun allá, hasta alcanzarlos.

LOS VEINTICUATRO ANCIANOS

Y alrededor del trono había veinticuatro tronos; y vi sentados en los tronos a veinticuatro ancianos, vestidos de ropas blancas, con coronas de oro en sus cabezas (Apocalipsis 4:4).

El santo apóstol Pablo describe lo que sucedió después que Cristo terminó su obra en la tierra y ascendió al cielo, dejando a sus seguidores aquí abajo: "Por eso dice: Cuando subió a lo alto, llevó cautivos consigo, y dio dones a los hombres" (Efesios 4:8, NRV). ¡No hay mucha gente que haya oído que cuando Cristo resucitó, otros muertos también resucitaron con él! El relato se halla en Mateo 27. Veámoslo.

Acerca de Jesús en la cruz ese viernes por la tarde, leemos que "entonces Jesús, habiendo otra vez exclamado a gran voz, exhaló el espíritu. En eso, el velo del templo se rasgó en dos, desde arriba hacia abajo [¡ése fue un milagro! ¿Quién podría tomar un cuchillo y rasgar el gran velo desde arriba?]. La tierra tembló, y las rocas se partieron. Se abrieron los sepulcros de muchos santos que habían muerto, y volvieron a la vida después que Jesús resucitó. Y salidos de los sepulcros fueron a la ciudad santa, y aparecieron a muchos" (vers. 50-53).

Es lógico pensar que estos "muchos santos" fueron los que Jesús "llevó cautivos consigo" en su ascensión. La Biblia no nos dice sus nombres; pero no eran todos los santos que habían muerto en las épocas anteriores. No, sólo se los designa como "muchos".

Vayamos ahora al libro de Apocalipsis. Allí se abren ante nuestra vista las escenas de lo que está sucediendo en el cielo. Allí vemos a un grupo identificado como "24 ancianos vestidos de blanco, con coronas de oro sobre sus cabezas" (Apocalipsis 4:4). En el capítulo siguiente, esos 24 ancianos le dan gloria a Cristo diciendo: "Nos has redimido para Dios con tu sangre, de todo linaje y lengua y pueblo y nación" (5:9). ¿Son ésos los "santos" que fueron especialmente resucitados con Jesús? Es muy probable que así fuera. Pero recuerda que pronto nosotros, los demás "santos" [sí, así nos llama la Biblia a nosotros los creyentes], también seremos llevados al cielo cuando Cristo venga, "porque el mismo Señor descenderá del cielo con voz de mando, con voz de arcángel y con trompeta de Dios, y los muertos en Cristo resucitarán primero. Luego nosotros los que vivimos, los que hayamos quedado, seremos arrebatados juntamente con ellos en las nubes a recibir al Señor en el aire, y así estaremos siempre con el Señor [¡igual que los veinticuatro ancianos!]" (1 Tesalonicenses 4:16, 17).

REGALOS DE DIOS PARA TI

*Y dio dones a los hombres [...] Y él mismo constituyó a unos, apóstoles;
a otros, profetas; a otros, evangelistas; a otros, pastores y maestros, a
fin de perfeccionar a los santos para la obra del ministerio, para la edificación del cuerpo de Cristo, hasta que todos lleguemos a la unidad de la
fe y del conocimiento del Hijo de Dios, a un varón perfecto, a la medida
de la estatura de la plenitud de Cristo (Efesios 4:8, 11-13).*

En el pasaje bíblico citado arriba se nos dice cuáles fueron los dones
especiales que Cristo le concedió a su pueblo. Amigo, amiga que lees,
si tú fueras millonario, podrías fácilmente darle a alguien un millón de
dólares; pero no le podrías dar a nadie un don espiritual como alguno de
éstos. Sin embargo, estos dones espirituales valen mucho más que cualquier cantidad de dinero. Es Cristo el que concede los "dones", pero lo
hace por medio del Espíritu Santo.

¿Cómo llegan a nosotros estos preciosos "dones"? Cuando el Señor
proclamó ante Abrahán las maravillosas promesas que constituían el
nuevo pacto, dos de ellas fueron: "Serás bendición", y "en ti serán benditas todas las familias de la tierra" (Génesis 12:2, 3). Más tarde, el Señor
le prometió a Israel que si creían en las promesas de su nuevo pacto,
"seréis mi reino de sacerdotes" (Éxodo 19:6). En otras palabras, el
Espíritu Santo haría de toda la nación un pueblo cuyos miembros tuvieran todos estos "dones" espirituales especiales. ¡Serían así la nación más
gloriosa del mundo!

La evidencia de que poseemos uno de estos "dones" no radica en
nuestro propio entusiasmo egoísta, que nos pueda llevar a pensar orgu-
llosamente que somos alguien especial: "¡Ahora los demás me admira-
rán!" ¡Nada de eso! Por el contrario, consiste en "bendecir" a otros. De
hecho, los que han sido bendecidos con la posesión de estos "dones", a
menudo no están conscientes de que los tienen. Siempre son gente
humilde que no piensan de ellos mismos en forma exagerada, sino "con
moderación" (Romanos 12:3, NRV-2000). En las próximas lecturas estu-
diaremos juntos cada uno de estos "dones" o regalos que se exhiben
aquí. Al hacerlo, te invito a que te hagas la pregunta: "¿cuál de estos
dones será el que Dios me ha dado?" Como ninguna otra cosa, la respuesta a ese importante interrogante, querido joven, puede darle valor y
propósito a tu existencia. Te hará un bendecido que bendice en el nombre del Señor.

REGALOS DE DIOS PARA TI —Segunda parte

Y él mismo constituyó a unos, apóstoles; a otros, profetas; a otros, evangelistas; a otros, pastores y maestros (Efesios 4:11).

Sigamos viendo cada uno de estos dones:

1. **"Él mismo dio a unos el ser apóstoles".** Un apóstol es alguien a quien el Señor envía a cumplir una misión especial. Ningún apóstol se elige a sí mismo; es el Señor quien lo envía con un mensaje. La primera preparación que debemos hacer, si queremos estar listos para cuando el Señor nos envíe, es aprender cuál es el mensaje que él tiene para enviar. Para eso se requiere un estudio cuidadoso de la Biblia. ¡El mundo es tan grande y oscuro, y tiene tantos habitantes, que se necesitan muchos apóstoles!

"A otros, profetas". Éste es un don que Satanás se especializa en falsificar, con el fin de lograr que el pueblo de Dios acepte a "falsos profetas". Dios dice: "Cuando haya entre vosotros profeta del Señor, le apareceré en visión, en sueños hablaré con él" (Números 12:6). Debemos tener cuidado de no imaginarnos que cualquier sueño que tengamos viene del Señor; a veces soñamos algo simplemente porque hemos comido demasiado esa noche, o nuestro sistema nervioso se ha excitado por algo que hemos mirado en la televisión ("De la mucha ocupación viene el sueño" Eclesiastés 5:3). Dios amonesta especialmente contra la tendencia de algunos a pensar que Dios los ha llamado a ser profetas a través de los sueños ociosos de ellos: "He oído lo que esos profetas dijeron. Hablaron mentira en mi Nombre, diciendo: 'Soñé, soñé'... Con sus sueños que se cuentan unos a otros, procuran que mi pueblo olvide mi Nombre" (Jeremías 23:25-27).

Dios nos ha amonestado a todos en cuanto a no pensar que somos profetas, si él no nos ha llamado a este ministerio tan sagrado: "El profeta que presuma hablar en mi Nombre, sin que yo lo haya mandado... ha de morir" (Deuteronomio 18:20).

Sin embargo, el don de profecía es uno que Dios ha prometido concederle a su iglesia en estos últimos días. Refiriéndose a nuestro tiempo como el "tiempo del fin", Apocalipsis dice: "Entonces el dragón se airó contra la mujer ["la mujer" es un símbolo profético de la iglesia verdadera de Dios], y fue a combatir al resto de sus hijos, los que guardan los Mandamientos de Dios y tienen el testimonio de Jesús" (Apocalipsis 12:17). Dios ha señalado dos características que marcan a su iglesia verdadera: guardar los mandamientos de Dios, todos ellos, los diez; y este "testimonio de Jesús". Pero, ¿en qué consiste el "testimonio de Jesús"? El Señor responde esta pregunta en el capítulo 19, versículo 10: "El testimonio de Jesús es el espíritu de profecía".

REGALOS DE DIOS PARA TI —Tercera parte

Porque no hará nada Jehová el Señor, sin que revele su secreto a sus siervos los profetas (Amós 3:7).

2. "A otros, profetas". Ésta es una verdad bíblica que sorprende a muchos que han creído siempre que el don de profecía cesó de manifestarse hace ya mucho tiempo, cuando murió el último de los apóstoles. No es así; el "testimonio de Jesús" nunca ha enmudecido. Dios tiene el derecho de llamar a un profeta en cualquier momento en que él vea la necesidad de hacerlo. Pero siempre surge la pregunta: ¿Cómo distinguir un verdadero profeta de uno falso? Hay varios puntos clave:

(A) "Y si preguntas: '¿Cómo conoceremos la palabra que el Señor no hubiera hablado? Si lo que el profeta habla en Nombre del Señor, no se cumple, es palabra que el Señor no habló. Con soberbia la dijo aquel profeta" (Deuteronomio 18:21, 22). ¡Estoy seguro de que te faltan dedos para contar cuántos profetas falsos has conocido!

(B) Un profeta verdadero siempre habla en armonía con las enseñanzas de la Biblia, la Palabra de Dios. "El enviado de Dios habla las palabras de Dios. A él Dios le da el Espíritu sin medida" (Juan 3:34). ¡La evidencia más clara está en las palabras que habla el verdadero profeta!

¿Cuál es nuestro deber, como seguidores de Jesús? "No apaguéis el Espíritu. No menospreciéis las profecías. Someted todo a prueba, y retened lo bueno" (1 Tesalonicenses 5:19-21). Es terrible equivocarse, y a nadie le gusta ser engañado. Por eso, hay que investigar. Tomemos la Biblia como nuestra máxima autoridad.

3. "El mismo dio... a otros, evangelistas" (Efesios 4:11) Estos evangelistas son fáciles de identificar; la obra que el Señor les ha dado es "evangelizar", es decir, explicarle a la gente cuán buenas son las buenas nuevas del evangelio de Jesucristo. No enseñan legalismo: enseñan la verdad de lo que Cristo ha logrado por nuestra salvación, y lo que está realizando ahora por la mediación del Espíritu Santo. Pero, debemos recordar que aun el creyente más humilde es un "evangelista" si él o ella comparte las buenas nuevas con alguien más. ¡Agreguemos a esto que compartir las buenas nuevas con los niños y los jóvenes es una obra especialmente bendita! No les enseñemos a los pequeños un legalismo desanimador. Asegurémonos primero de comprender en qué consisten las buenas nuevas. Si las proclamamos verazmente, ellos obedecerán.

REGALOS DE DIOS PARA TI —Cuarta parte

Así también vosotros; pues que anheláis dones espirituales, procurad abundar en ellos para edificación de la iglesia (1 Corintios 14:12).

4. "Dio... a otros, el ser pastores y maestros". ¡Qué precioso "don" del Señor! El pastor es un cuidador de rebaños; sirve como un subpastor, bajo el Buen Pastor que es el mismo Señor. "Pastoreará suavemente a las que amamantan", dice Isaías. Por supuesto, el profeta se refiere en primer lugar a Jesucristo, pero estas benditas palabras se aplican también a cualquier fiel pastor o maestro: "Como pastor apacentará su rebaño. Con su brazo levantará los corderos, y en su seno los llevará. Pastoreará suavemente a las que amamantan" (Isaías 40:11). La idea es, desde luego, que el pastor debe amar su rebaño, y siempre cuidará "suavemente" de los que son jóvenes en la fe.

El santo apóstol Pedro amonesta a los creyentes contra ciertos pastores que trabajan por amor al dinero: "Apacentad la grey de Dios que está entre vosotros, cuidadla, no por obligación, sino voluntariamente; no por ganancia deshonesta, sino con ánimo pronto; no como dominando las heredades del Señor, sino siendo dechados de la grey. Y cuando aparezca el Príncipe de los pastores, recibiréis la corona inmarcesible de gloria" (1 Pedro 5:2-4, NRV).

Finalmente, ¿cuál es el propósito que Dios persigue al concederle todos estos "dones" espirituales a su iglesia en la tierra? El apóstol Pablo nos dice que Dios los dio "a fin de perfeccionar a los santos para desempeñar su ministerio, para la edificación del cuerpo de Cristo, hasta que todos lleguemos a la unidad de la fe y del conocimiento del Hijo de Dios, a un estado perfecto, a la madurez de la plenitud de Cristo; para que ya no seamos niños fluctuantes, llevados por cualquier viento de doctrina, por estratagema de hombres, que para engañar emplean con astucia los artificios del error; sino que hablando la verdad en amor, crezcamos en todo en aquel que es la cabeza, esto es en Cristo" (Efesios 4:12-15, NRV).

¡Bendito ministerio!

Está siendo llevado a cabo ahora mismo en todo el mundo; Dios tiene una iglesia verdadera a la cual le ha concedido todos estos dones para cumplir su gran propósito de preparar a un pueblo que esté listo para la segunda venida de Jesucristo, que está cercana.

El Señor nos concede todos estos dones de la infinita riqueza que es suya. Los dones son en verdad generosos, pero su tesoro no sufrirá por habérnoslos concedido. "Mi Dios, pues, suplirá todo lo que os falta conforme a sus riquezas en gloria en Cristo Jesús" (Filipenses 4:19). ¡Te invito a que nos unamos ahora mismo para agradecerle!

COMO NIÑOS RECIÉN NACIDOS

Desechando, pues, toda malicia, todo engaño, hipocresía, envidias, y todas las detracciones, desead, como niños recién nacidos, la leche espiritual no adulterada, para que por ella crezcáis para salvación (1 Pedro 2:1, 2).

Es una ilustración muy casera, pero adecuada: el recién nacido inmediatamente quiere obtener la leche de su madre. El solo hecho de nacer implica que el apetito está allí; viene incluido.

De este modo, como un bebé recién nacido "en Cristo", ya te sientes cansado de todas las necias diversiones que ofrece el mundo. Hasta los programas de televisión que antes te encantaban, se vuelven repugnantes para ti; sientes nueva hambre y sed de justicia, y eso significa que has pasado en forma instantánea a estar bajo el favor especial de Cristo, que él describió al decir: "Bienaventurados los que tienen hambre y sed de justicia, porque ellos serán saciados" (Mateo 5:6). ¡Eleva tus alabanzas al cielo! ¡Has nacido de nuevo!

Ahora tienes un plan: te levantas temprano por la mañana porque tienes hambre de esa "leche de la Palabra"; te arrodillas y te entregas a Jesús; deseas tu "desayuno espiritual", de modo que lees la Palabra de Dios, la Biblia, y le agradeces al Señor por el alimento espiritual. Recibes tu sustento, tu nutrición. Le agradeces nuevamente por salvar tu alma. Y ahora, dondequiera que vas, compartes con los demás la luz y el amor de Cristo. Te conviertes en su "embajador"; por medio de tu propia vida les dices a otros: "Reconciliaos con Dios" (2 Corintios 5:20). Quizás no sepas cómo decir las palabras exactas, pero tu vida misma es el mensaje.

LA NOVIA PERFECTA

¡Toda tú eres hermosa, amada mía, sin tacha alguna! (Cantares 4:7).

En un libro del Antiguo Testamento hay un relato que muchos probablemente no han escuchado. Contiene la historia de un novio muy especial, que aguarda el momento de su matrimonio. De hecho, no hay ninguna historia de amor, ya sea en obras de cine o videos, que pueda ser tan intensamente interesante como este relato que presenta el libro llamado "El Cantar de los Cantares de Salomón".

Veamos el relato como lo presenta este libro:

El grande y glorioso Rey Salomón está cansado de las muchachas de la corte en el palacio. Ninguna ha despertado su amor; son demasiado egoístas, demasiado artificiales, demasiado mundanas. De modo que se disfraza y sale a recorrer el país, hasta que conoce a una joven pastora, la cual es tan diferente, tan hermosa y tan genuina, que el príncipe se enamora de ella. El libro de Cantares describe en bellas expresiones poéticas el amor que ambos sienten.

En el capítulo 4, versículo 7, el Amante le dice a la joven: "¡Toda tú eres hermosa, amada mía, sin tacha alguna!" El apóstol Pablo toma este pensamiento del libro de Cantares y lo aplica a su descripción de cómo Cristo anhela que llegue a ser la iglesia: "...una iglesia gloriosa, sin mancha ni arruga, ni cosa semejante; antes, que sea santa e inmaculada" (Efesios 5:27).

El mismo Jesús, el Novio divino, también citó el libro de los Cantares de Salomón, haciendo una aplicación a sí mismo. La historia se halla en San Juan, capítulo 7. En una de las grandes convocaciones religiosas de Israel, a la cual asistía gente de todo el mundo, "Jesús se puso de pie, y proclamó: '¡Si alguno tiene sed, venga a mí y beba!' Como dice la Escritura, el que cree en mí, ríos de agua viva brotarán de su corazón" (vers. 37, 38). La "Escritura" a que Jesús se refería, es también del libro de Cantares, capítulo 4, versículo 15, donde el Novio describe a su amada, diciéndole: "Eres la fuente del jardín, manantial de agua viva".

Pero el relato se hace más emocionante... [no te pierdas la lectura de mañana].

LA NOVIA PERFECTA —Segunda parte

Abrí yo a mi amado; pero mi amado se había ido, había ya pasado; y tras su hablar salió mi alma. Lo busqué, y no lo hallé; lo llamé, y no me respondió (Cantares 5:6).

En el capítulo 5:1-6 del libro de los Cantares de Salomón, se relata la historia de un amado que ha hecho un largo viaje, y ahora vuelve para estar con su amada. Es de noche, hace frío, está lloviendo. La muchacha, (su novia) se ha ido a la cama; allí se siente muy cómoda y abrigada. El Amado golpea una y otra vez a la puerta (así lo expresan los antiguos manuscritos griegos); el relato dice que ella no quiso salir del lecho y ensuciarse los pies, no quiso molestarse en abrirle la puerta para que entrara.

Después de muchos intentos, finalmente el príncipe viajero se vio obligado a volverse por su camino. Pero justamente entonces, la joven comenzó a pensar en él, solo allí en el frío y la lluvia, con hambre, y sintió lástima de él. De modo que por fin se levantó y fue a la puerta para dejarlo entrar. *Pero el Amado ya no estaba allí.*

Todo este relato pinta un cuadro de Jesús y de su amor por su iglesia, egoísta y soñolienta.

Pero aunque la iglesia lo rechace, Cristo de todos modos ama a su futura esposa. Esa clase de amor se llama "amor conyugal". ¡Y el apóstol Pablo nos dice que tanto los esposos como las esposas necesitan tenerlo y comprender en qué consiste!

Esa clase de amor, tan precioso en el matrimonio, es un don que Dios le concede a cada esposo y esposa. Él quiere que gocen siempre de tal amor: sin peleas, sin violencia ni amargura, sin celos ni infidelidad. Pero Pablo nos advierte acerca de lo que es causa del fracaso en muchos matrimonios: el sexo premarital.

En Efesios 5:3-5, el apóstol dice: "Pero fornicación y toda impureza... ni aun se nombre entre vosotros, como conviene a santos... Porque sabed bien que ningún fornicario... tiene herencia en el reino de Cristo y de Dios".

A veces los jóvenes, en su ignorancia se sienten tentados a creer que Dios es malo, y que prohibe la fornicación porque no quiere que la gente lo pase bien. ¡Qué mentira! Es precisamente porque Dios quiere que gocemos de la vida, que anhela librarnos del sexo premarital. Aunque más tarde los participantes se casen, su promiscuidad se convierte a menudo en la causa fundamental de su rompimiento futuro.

El amor del hombre por su esposa es un reflejo del amor de Cristo por su iglesia. De este modo, podemos ver que Cristo ama a su verdadera esposa, la iglesia que le es fiel. Cuando comprendamos por qué Dios nos ha creado tal como somos, el sexo nunca será un ejercicio de pasión egoísta. Cada uno de los cónyuges amará al otro en forma tan profunda que se negará a caer en la tentación de gozar de la unión sexual hasta que el Santo Dios haya puesto a cada uno en manos del otro, y los haya declarado ser uno; y eso sucede únicamente en el santo matrimonio.

Entonces, en vez de ser el matrimonio el fin del amor, será su comienzo. Aun si llegan a vivir cien años, ese amor seguirá siendo aún más fuerte que antes.

Diciembre 2

EL HOMBRE QUE CAMINÓ CON DIOS

Por la fe Enoc fue trasladado sin ver la muerte, y no fue hallado, porque Dios lo trasladó. Y antes de ser trasladado, tuvo testimonio de haber agradado a Dios" (Hebreos 11:5).

Desde que comenzó el mundo, casi todo ser humano ha muerto (incluso el mismo Señor Jesucristo). Pero hay dos excepciones: Elías, el fogoso profeta del monte Carmelo, y Enoc, el hombre excepcional que vivió antes del diluvio universal. Ambos fueron "trasladados" al cielo sin probar la muerte. ¡Un tratamiento muy especial!

En el caso de Enoc, leemos el fascinador relato de una vida que tiene especial significado para nosotros hoy. Hebreos dice de él: "Por la fe Enoc fue trasladado sin ver la muerte, y no fue hallado, porque Dios lo trasladó. Y antes de ser trasladado, tuvo testimonio de haber agradado a Dios" (Hebreos 11:5). Lo mismo expresa el libro de Génesis, en estas palabras: "Enoc anduvo con Dios 300 años... y desapareció porque Dios lo llevó" (Génesis 5:21-24).

Esto es lo mismo que le sucederá a mucha gente cuando Jesús venga por segunda vez. Dice el amado apóstol Pablo: "Por eso os decimos en Palabra del Señor, que nosotros que vivimos, que habremos quedado hasta la venida del Señor, no precederemos a los que durmieron. Porque el mismo Señor descenderá del cielo con voz de mando, con voz de arcángel y con trompeta de Dios, y los muertos en Cristo resucitarán primero. Luego nosotros, los que estemos vivos, los que hayamos quedado, seremos arrebatados junto con ellos en las nubes [igual que lo fuera

Enoc], a recibir al Señor en el aire. Y así estaremos siempre con el Señor" (1 Tesalonicenses 4:15-17).

Joven amigo, querida señorita, el plan que Dios tiene para ti y para mí es que "caminemos con Dios" tal como Enoc lo hiciera hace muchos siglos. Estamos viviendo muy cerca del día cuando Jesús volverá. Esta idea de "caminar con Dios" te puede parecer una novedad, pero es lo que la Biblia llama "verdad presente", para nuestros días. Ahora, en este "tiempo del fin" que menciona Daniel 12:4, justo antes de la segunda venida de Cristo, Dios nos está llamando a "caminar con él" en forma especial, como lo hiciera Enoc. ¿Dejaremos que él nos tome de la mano [eso es lo que sucede cuando acatamos su Palabra] y así andar por las sendas de justicia a su lado?

PARA QUE EL HOGAR SEA FELIZ

El que ama a su mujer a sí mismo se ama (Efesios 5:28).

El capítulo 5 de Efesios contiene consejos tan claros para la felicidad hogareña que hasta un niño puede seguirlos sin complicaciones. Veámoslos:

(1) ¡En primer lugar, el querido apóstol nos aconseja cantar! ¿Podemos imaginar algo así? Esto es lo que dice: "Sed llenos del Espíritu. Hablad entre vosotros con... himnos y canciones espirituales, cantando y alabando al Señor con todo el corazón. Siempre dad gracias por todo al Dios y Padre, en el Nombre de nuestro Señor Jesucristo" (Efesios 5:18-20). ¡Qué maravilloso consejo! Todo hogar debiera estar lleno de canciones y agradecimientos a Dios. Desde el primer día de su matrimonio, se invita al esposo y la esposa a arrodillarse juntos para hacer lo que se conoce como "el culto familiar", con el fin de orar juntos y cantar los bellos himnos de alabanza al Señor que los ha hecho ser uno.

(2) Esto dará como resultado que el esposo y la esposa sean "sumisos unos a otros por reverencia hacia Cristo" (vers. 21). El solo acto de arrodillarse juntos para orar, traerá ahora mismo sanamiento a dos corazones separados. ¿Por qué hacemos esta declaración tan positiva? Porque la promesa que Jesús hizo siempre se cumple. ¡Él nunca nos queda mal! Aquí está: "Os digo, que si dos de vosotros se ponen de acuerdo en la tierra, todo lo que pidan, les será hecho por mi Padre que está en los cielos" (Mateo 18:19). ¡Aunque Satanás convocara a todos sus

demonios, no podrían revocar esa promesa, la cual se cumple en favor de cualquier esposo y esposa que oren juntos!

(3) Dios no se propone que ninguno de ambos cónyuges domine al otro, o le imponga sus exigencias. Pablo dice a las esposas: "Estad sujetas a vuestros esposos, como al Señor, porque el esposo es la cabeza de la mujer, así como Cristo es la cabeza de la iglesia y Salvador del cuerpo" (Efesios 5:22, 23). Pero pensemos con cuidado: ¡lo dicho no justifica la tradición popular según la cual el esposo tiene permiso para portarse como un tirano egoísta! ¡Mil veces no! Debe dominarse "en Cristo" con el fin de ser para con su esposa lo mismo que Cristo es para con su iglesia. ¿Y cómo trata Cristo a su iglesia? Ciertamente que no usa con ella el estilo popular y "machista" de muchos jefes de hogar. Dios no creó a la mujer —ni al esposo— para que fuera una alfombra que se puede pisotear. Jesús nunca obligará a su iglesia a que le sirva en forma automática, motivada por el temor. Su anhelo siempre es ganarse el corazón del pueblo. Esa misma es la forma como el esposo puede llevar la felicidad a su hogar: ganarse el corazón de su esposa con su amor y comprensión.

Diciembre 4

PARA QUE EL HOGAR SEA FELIZ —Segunda parte

A fin de presentársela a sí mismo, una iglesia gloriosa, que no tuviese mancha ni arruga ni cosa semejante, sino que fuese santa y sin mancha. Así también los maridos deben amar a sus mujeres como a sus mismos cuerpos. El que ama a su mujer, a sí mismo se ama. Porque nadie aborreció jamás a su propia carne, sino que la sustenta y la cuida, como también Cristo a la iglesia, porque somos miembros de su cuerpo, de su carne y de sus huesos. Por esto dejará el hombre a su padre y a su madre, y se unirá a su mujer, y los dos serán una sola carne (Efesios 5:27-31).

(4) El Señor Jesús comienza con una "esposa" [su iglesia] que está muy lejos de ser perfecta. Vemos aquí un paralelo con nosotros: rara vez o nunca se halla preparado ninguno de los cónyuges para ser en el momento de contraer matrimonio todo lo que el otro espera. Hay desencantos y fracasos. Pero Jesús enseña y prepara a su novia, de modo que ella sea "santa e inmaculada" (Efesios 5:27).

Siempre que me encuentro con una mujer madura que es interiormente bella y feliz, pienso: "¡Me gustaría conocer a su esposo! Debe ser un hombre muy sabio". A fin de cuentas, el esposo obtiene la clase de esposa que él mismo ha hecho posible que ella llegue a ser. Su trato abnegado y comprensivo ahora recibe una recompensa más allá de todo cálculo, en la felicidad que ella le trae. Parece casi egoísta, pero Pablo dice: "De ese modo el esposo debe amar a su esposa como a su mismo cuerpo. El que ama a su esposa, se ama a sí mismo" (vers. 28). Aun en sus encuentros íntimos, los esposos aprenden que lo que produce el mayor placer y la felicidad más duradera, es prodigarle a su compañera sus cuidados abnegados.

(5) Busquemos por todo el mundo, y veremos que "nadie odió jamás a su propia carne, antes la nutre y la cuida" (vers. 29). Aquí vemos en seguida que la bendición es parte integrante de la naturaleza humana; ¡el único problema es que el pecado, con su mundanalidad, nos ha hecho ser ciegos a lo que el Señor ha escrito dentro de nuestra propia naturaleza!

(6) Efesios ahora nos revela el plan que Dios tiene para que haya felicidad duradera entre el esposo y la esposa. El apóstol cita lo que Adán había dicho mucho antes: "Por eso el hombre dejará a su padre y a su madre, y se unirá a su esposa, y los dos vendrán a ser una sola carne" (Efesios 5:31). La palabra original que se traduce como "unir" significaba un estado de unión que no permite la división o "des-unión". Unidos para siempre en amor, primero apreciando profundamente que Cristo se haya entregado a sí mismo por nosotros; y segundo, apreciándose profundamente el uno al otro. ¡Un hogar así, sí que encanta! ¿No es verdad?

EL HOMBRE Y LA MÁQUINA

Ves que la multitud te aprieta... (Marcos 5:31).

En 1972, en el Japón, Humberto Charry Lozada recibió el trofeo: "Sorpresa internacional del siglo". Su agilidad mental le permitía hacer cálculos con más velocidad que ciertas máquinas. Él mismo decía que funcionaba como una calculadora sin pilas. Charry Lozada, "el hombre que le ganó a la máquina", bien podría ser el símbolo de un deseo insatisfecho de nuestra humanidad.

Actualmente, vivimos como aplastados por las maquinarias. La era industrial ha provocado concentraciones humanas gigantescas. En el año 1900 sólo había 15 ciudades con más de un millón de habitantes; en la actualidad hay cientos. Y se planean para el futuro, verdaderos hormigueros humanos. La megápolis Wáshington-Boston tendrá 400 kilómetros de largo y albergará 80 millones de habitantes. ¿Cómo se vivirá entonces? Lo ignoramos. Hoy por hoy, las ciudades ya son centros de angustia y de neurosis, donde el ser humano pareciera haber perdido su importancia y dignidad.

Sin embargo, Dios lo ve distinto. Él valora al ser humano. Respeta su individualidad. Así lo ilustra el relato bíblico de aquella mujer que desde hacía doce años padecía una enfermedad incurable. "Como oyó hablar de Jesús —dice la Escritura—, llegó por detrás entre la compañía, y tocó su vestido. Porque decía: Si tocare tan solamente su vestido, seré salva". En efecto, sanó instantáneamente. Pero lo que sorprendió a todos fue la reacción de Jesús. Declara el Evangelio que "conociendo en sí mismo la virtud que había salido de él, volviéndose a la compañía, dijo: ¿Quién ha tocado mis vestidos? Y le dijeron sus discípulos: Ves que la multitud te aprieta, y dices: ¿Quién me ha tocado? Y él miraba alrededor para ver a la que había hecho esto. Entonces, la mujer... vino y se postró delante de él, y le dijo toda la verdad. Y él le dijo: Hija, tu fe te ha hecho salva: ve en paz, y queda sana de tu azote" (Marcos 5:27, 28, 30-34).

Ahora también Jesús pasa; percibe si hay un toque de fe. Y aun cuando vivamos hacinados entre uno u ochenta millones de habitantes, atiende nuestro caso como si fuera único en el mundo. Como aquella mujer, podemos recurrir a él. Porque hoy, como ayer, Cristo es la solución.

EL SOLITARIO

Mas no estoy solo, porque el Padre está conmigo (Juan 16:32).

En una acertada crónica se comentaba la erección de una estatua "Al minero español". Lo interesante fue que al hablar del minero, el periodista lo señaló como una "evocación a la profundidad, la soledad y la oscuridad laboriosa". Esta última expresión, nos llegó especialmente como un mensaje en sí misma.

Muchas personas, por razones muy suyas, deben vivir solas. Algunas se acostumbran y otras, no. La mayoría sufre su soledad. Sin embargo, no hay necesidad de que sea así.

Para el egoísta, la soledad no es únicamente estar privado de compañía. Puede verse rodeado de gente, pero sentirse solo, porque no "recibe" de los demás lo que él desea y espera. Si cambiara de actitud gozaría mucho más de la vida. Pero le es difícil cambiar. ¿Cómo puede hacer para sentirse cómodo entre gente que realmente no le interesa? ¿Cómo va a amar a aquellos que no le inspiran este sentimiento? En la práctica filosofía cristiana, el amor, más que un sentimiento, es un principio; una potencia que puede y debe ser ejercida aun en relación a aquellos que inicialmente no despiertan nuestra simpatía.

Joven amigo, si alguna vez porque estás solo, tú llegas a sentir que la vida ha perdido su significado o su atractivo, recuerda al minero: ¡trabaja en tu soledad! De una "oscuridad laboriosa", puede surgir la claridad del oro. Y no hay oro más valioso que el amor. El amor nos hará sentir hermanos y amigos de todos los hombres y nos permitirá también conocer a Dios. Por eso dice la Escritura: "Amémonos unos a otros; porque el amor es de Dios. Cualquiera que ama, es nacido de Dios, y conoce a Dios" (1 Juan 4:7). Jesús prometió: "El que me ama, mi palabra guardará; y mi Padre le amará, y vendremos a él, y haremos con él morada" (Juan 14:23). Como ésta, hay centenares de afirmaciones en la Biblia. Dios sabe bien que "no es bueno que el hombre esté solo" (Génesis 2:18). Por eso quiere vivir con nosotros. Si se lo permitimos, veremos que él es el mejor Compañero para *el solitario.*

UN MÉTODO EFICAZ DE REHABILITACIÓN SOCIAL

Enderezándose Jesús, y no viendo a nadie sino a la mujer, le dijo: Mujer, ¿dónde están los que te acusaban? ¿Ninguno te condenó? Ella dijo: Ninguno, Señor. Entonces Jesús le dijo: Ni yo te condeno; vete, y no peques más (Juan 8:10, 11).

Cierto matutino publicó, tiempo atrás, la angustiosa carta de un hombre cuyo hijo fue tomado preso sin haberse comprobado su delito. Sin embargo, antes del pronunciamiento de la Corte algunos periódicos habían publicado su fotografía; y desde entonces, los vecinos se burlaban, los compañeros de escuela insultaban a los hermanitos del preso y les decían: "Ustedes son hermanos de un ladrón". En la oficina, hasta echaron de su trabajo al padre del joven. Toda la familia sufrió la sentencia, que los propios jueces no habían dictaminado todavía.

Muchos años antes, varios hombres apresaron y acusaron despiadadamente a una mujer. Ahí no había duda. Sobraban los testigos. Ella era culpable y la ley mandaba apedrearla. Pidieron a Jesús que decidiera su caso. Y él les dijo: "El que de vosotros esté sin pecado, arroje contra ella la piedra el primero" (Juan 8:7). La Biblia cuenta que, "comenzando desde los más viejos hasta los postreros", todos se fueron. Sólo quedaron Jesús y la culpable. Y aun él le dijo: "Ni yo te condeno; vete y no peques más" (vers. 9, 11).

El destacado abogado Francisco Molins Fernández, señaló: "Si el Derecho Penal y la Criminología tienden en la actualidad a la regeneración y readaptación del individuo, mal se conseguirá haciendo público su nombre, porque no hemos de olvidar que más severos que los tribunales, son los hombres..."

Si aquí y ahora se nos dijera que quien nunca haya pensado, dicho, o hecho algo malo, fuese el primero en arrojar su piedra contra los acusados, comprenderíamos que también nosotros somos culpables. Las apariencias quizá no nos delatan, pero en lo íntimo, sabemos que es así. La tecnología ha logrado muchas cosas; pero no nos transformó el corazón. Eso, sólo Jesús puede hacerlo. "Si confesamos nuestros pecados, él es fiel y justo para que nos perdone nuestros pecados, y nos limpie de toda maldad" (1 Juan 1:9).

Así como hoy se reconoce que la actitud de Cristo con la mujer adúltera es un método eficaz de rehabilitación social, se comprenderá un día, universalmente, que en verdad todos somos pecadores, y "no hay otro nombre debajo del cielo, dado a los hombres, en que podamos ser salvos".

COMPRENDAMOS A NUESTROS ABUELOS

La hermosura de los viejos [es] la vejez (Proverbios 20:29, ú. p.).

Un ágil comentarista de 80 años, decía: "Cuando se llega a la curva de la octava edad y se puede contemplar ese inmenso paisaje que es una larga vida, la admiración sobrecoge el alma".

Sin embargo, muchos ancianos o adultos que ya asoman a la ancianidad, tiemblan. ¿Qué hacer a esta edad? ¿Puede la vida ser útil y hermosa, aun a pesar de los años?

Margarita Goreman, canadiense, de 65 años de edad, a quien por motivos de salud le fuera retirada la licencia o carné de conducir, va de compras todos los días sobre patines de ruedas. Lo notable, es que nunca antes había practicado este deporte.

Muchos miran con terror a la ancianidad. Pero ésta, simplemente, es una etapa normal de la vida; tan agradable como cualquier otra y tan llena de satisfacciones como la juventud o la madurez.

En 1974, el profesor Huet, presidente del Centro Internacional de Gerontología Social, hizo interesantes declaraciones en torno a la jubilación. "Al principio —explicó— el jubilado está en un estado eufórico. Se dice a sí mismo que por fin podrá descansar y no hacer nada. Pero rápidamente, con el paso de las semanas, comienza a aburrirse; se produce una psicosis depresiva..." "Los que tienen ocupaciones están salvados, pero los que no las tienen, caen en el hastío, la soledad, y la desesperación. Pasan su tiempo en una butaca; van de la butaca a un banco en la calle; del banco, a la cama; y de la cama, al ataúd".

Khfar Lasuria, la dama de Kutol que viviera hasta los 140 años, pasó toda su existencia trabajando duramente en las plantaciones de té, orquídeas y en los naranjales de la región. Es evidente que tener una ocupación útil alarga y da sentido a la vida. No en vano, cuando Dios hizo al hombre, lo puso en un huerto "para que lo labrara y lo guardase".

El Dr. Braulio Pérez Marcio comentaba: "La ancianidad no es una época infértil, si se mantiene vivo el espíritu y activa la mente". La Escritura dice: "La gloria de los jóvenes es su fortaleza y la hermosura de los viejos, la vejez" (Proverbios 20:29).

Como la ancianita aquella, canadiense, no nos importe si se nos quita "el carné de conducir". Nunca es tarde para aprender a llevar la vida sobre ruedas. Comparte hoy esta promesa con tu abuelita (o): "Él da esfuerzo al cansado, y multiplica las fuerzas al que no tiene ninguna" (Isaías 40:29).

LA GLORIA DE LOS JÓVENES

La gloria de los jóvenes es su fortaleza... (Proverbios 20:29).

La tormenta era más que aterradora... pero en el campo un niño caminaba con pasos decididos y seguros. Khalil Gibrán, el extraordinario poeta libanés, quería ya en aquel tiempo "atrapar tempestades". "Madre —explicaba—, es que me gustan las tempestades".

El 29 de julio de 1974, con las alas adosadas a la espalda y a los brazos, siete jóvenes franceses despegaron desde el monte Blanco —primera cumbre europea— para aterrizar una hora después cerca de Saint Gervais, a 800 metros de altitud.

Niños que quieren atrapar las tormentas. Jóvenes que desafían a los pájaros. Esto es lo que mejor define a la juventud. La Biblia lo dice: "La gloria de los jóvenes es su fortaleza". Están en el apogeo de su vigor; tienen fuerza y tienen ideales. A veces (es cierto), se confunden; no saben identificar lo que sienten. Un anciano muy sabio me dijo que a los jóvenes hay que conocerlos y comprenderlos antes de ayudarlos. Y recordar —sobre todo—, que los jóvenes detestan los dobleces. ¡Qué virtud tan linda! Joven lector, ¡no mudes nunca de esa actitud! Dios también detesta a los hipócritas. Sé tú ejemplo para nosotros los adultos, al presentar una imagen que coincida totalmente con la realidad.

Si hubo alguien que verdaderamente comprendió y ayudó a la juventud, y fue prototipo de ella, fue Jesucristo. Dice la Escritura que cuando un joven fue hacia él, antes de hablarle, "Jesús mirándole, le amó" (Marcos 10:21). Joven él mismo, con limpia expresión de santa rebeldía, dijo una vez: "Fuego vine a meter en la tierra... ¿Pensáis que he venido a la tierra a dar paz? No, os digo: mas disensión" (Lucas 12:49, 51). Fuego, porque el lugar de Dios en el alma, no lo debe ocupar la escoria del egoísmo. Disensión, porque no se puede "servir a dos señores".

En la Biblia se destaca: "Os he escrito a vosotros, jóvenes, porque sois fuertes, y la palabra de Dios mora en vosotros, y habéis vencido al maligno" (1 Juan 2:14). Nadie como la juventud, realmente, para comprender y experimentar que Cristo es el Rebelde conquistador de toda injusticia y toda maldad.

PRÍNCIPES Y PRINCESAS: TU VERDADERA IDENTIDAD

Y se llamará su nombre... Príncipe de paz (Isaías 9:6).

Asombra descubrir que la Biblia nos dice la verdad acerca de nuestro estado presente, y define nuestra identidad. ¡Dice nada menos que ya somos príncipes y princesas! Ahora podemos vivir de este modo día tras día.

Es bien conocido lo que la Biblia dice acerca de Jesús, al cual ya conocemos como el "Príncipe de paz". Luego hallamos que el apóstol Pablo afirma que nosotros, que vivimos en el mundo de hoy, somos "coherederos... y partícipes de la promesa en Cristo, por medio del evangelio" (Efesios 3:6).

En otras palabras, somos uno con él. El Padre nos considera "adoptados por Jesucristo" (Efesios 1:5), y en el último libro de la Biblia, Jesús nos invita a sentarnos con él en su trono, ¡es decir, lado a lado con el Príncipe heredero del cielo! (Apocalipsis 3:21). Y esto no es algo que pertenezca al futuro; es *ahora, en esta vida*, que el Padre nos reconoce como "coherederos" con su Hijo, Jesucristo.

Amigo joven, esto significa que, no importa quién seas ni dónde estés, "en Cristo" tu condición se ha elevado a ojos de Dios; y por supuesto, sus ojos son lo único que importa. Quizás digas: "Pero todavía soy el mismo hombre o mujer que estudia y trabaja largas horas; todavía tengo que caminar a la escuela (o al trabajo), o tomar el autobús; ¿en qué sentido puedo considerarme ahora un 'príncipe' o una 'princesa'?"

La respuesta es: del mismo modo como Jesús era el Príncipe de paz mientras trabajaba como carpintero en Nazaret, llevando vigas sobre sus hombros, aserrando troncos, haciendo trabajos de carpintería, y caminando por las polvorientas calles de Nazaret. Si nosotros hubiéramos estado allí, nunca nos habríamos dado cuenta de que Cristo era el Hijo de Dios, porque su aspecto era como el de todos, excepto por el gran amor que siempre brillaba en su rostro. Pero a través de todo ese tiempo en que nadie lo reconoció, él siguió siendo el Hijo amado de Dios. Finalmente, una vez, cuando el Salvador fue bautizado en el río Jordán, el Padre rompió su silencio, diciendo: "Este es mi Hijo amado, en quien me complazco" (Mateo 3:17).

Veamos ahora la verdad asombrosa que alivia nuestro corazón: ¡Cuando el Padre rodeó al Hijo con sus brazos ese día, también te abrazó a ti! ¿Cómo lo sabemos? Porque en Efesios dice que el Padre "nos eligió en él [Cristo] desde antes de la creación del mundo... Y nos predestinó para ser sus hijos adoptados por Jesucristo, conforme al afecto de su voluntad... que nos dio generosamente en el Amado" (1:3-6).

Hay un enemigo, el cual se esforzará por desanimarte y hacerte sentir que no vales nada y nunca llegarás a ninguna parte, pero ya no debes dejarte engañar por él. Por causa de Cristo, ¡ahora eres miembro de la familia real! ¡Entonces, levanta la cabeza y actúa como el príncipe o princesa que eres!

MI SOCORRO VIENE DE DIOS

Alzaré mis ojos a los montes; ¿de dónde vendrá mi socorro? Mi socorro viene de Jehová, que hizo los cielos y la tierra (Salmo 121:1, 2).

Desde el 30 de julio al 2 de agosto de 1971 tuvo lugar una de las mayores hazañas espaciales del siglo XX. Los astronautas asignados a la misión Apolo XV recorrieron, ante el asombro del mundo, la superficie lunar. Durante 67 horas, estos tripulantes del espacio experimentaron la increíble sensación de ver su mundo óptico virado al revés: la Tierra en el cielo y la Luna de "tierra". Realizaron atrevidas caminatas, escalaron montañas, tomaron fotografías, recogieron numerosas rocas lunares... en fin, disfrutaron de una aventura antes inimaginable.

En la primera jornada al salir de su módulo lunar, ocurrió algo singular. Habían alunizado a unos 600 metros del Pantano de la Decadencia —un valle embolsado en un cráter ubicado al pie de una cadena de montañas—. Desde allí empezaron a explorar esa zona, que es uno de los territorios lunares más ásperos y azarosos. Por fin llegaron a una quebrada de unos dos kilómetros de ancho y allí se detuvieron por un momento. Rodeados de un panorama espectral y oprimidos por esa soledad de belleza inusitada, uno de los astronautas exclamó: "... ¡Mira las montañas y el aspecto que tienen al ser iluminadas por el sol! ¿No es algo hermoso? ¡Es realmente extraordinario!" Entonces su compañero James Irwin, en tono ferviente le citó los primeros versículos del Salmo 121, que dicen: "Alzaré mis ojos a los montes; ¿de donde vendrá mi socorro? Mi socorro viene de Jehová, que hizo los cielos y la tierra".

No es de extrañar que el astronauta mencionara ese pasaje de la Sagrada Escritura. Rodeado por los montes solitarios e imponentes de la Luna, y encontrándose a miles de kilómetros de distancia de la Tierra, en forma espontánea su mente se elevó hacia el Creador del universo. Con gozo expresó su convicción de que sólo en Dios estaba la fortaleza para su alma y que únicamente de él viene el socorro oportuno. Cuando regresó a la Tierra, James Irwin reafirmó su confianza en el Ser supremo, al decir: "No he encontrado nada en esta era científica que diluya mi fe en Dios. Mientras estaba en la Luna, experimenté algo así como una sensación, como un sentimiento de que alguien estaba conmigo y me observaba, protegiéndome. He sentido su presencia en la Tierra varias veces, pero nunca sentí tanto su proximidad como cuando estuve en la Luna".

¡Qué gran privilegio es alzar nuestros ojos hacia la altura y saber que nuestro único socorro se encuentra en Dios! Y... ¡no tienes que ir a la luna para experimentarlo! En esta tierra, a cada paso que damos, tenemos la oportunidad de encontrarnos con Dios y de confiar en él.

TU FAMILIA CÓSMICA

Por tanto, acordaos de que en otro tiempo vosotros, los gentiles en cuanto a la carne, erais llamados incircuncisión por la llamada circuncisión hecha con mano en la carne. (Efesios 2:11).

¿**T**e gustaría, amigo lector, que alguien escribiera una biografía de tu vida? ¡Piensa! Un tomo elegantemente encuadernado, ocupando un lugar destacado en las librerías, dedicado exclusivamente a narrar la vida tuya. En serio, ¿te gustaría que allí se dijera todo, absolutamente todo?

Yo sé que si alguien escribiera una biografía exacta de mi vida, tendría que incluir algunos capítulos muy tristes. Pero no vale la pena sufrir por la vanidad y vergüenza del pasado. Todos tenemos en nuestras biografías esos tristes episodios. En la maravillosa carta del apóstol Pablo llamada "Efesios", pero dirigida a todos, vemos cómo el apóstol se refiere a nuestra común biografía:

"Acordaos"... que (1) tenéis un pasado que no es bueno. ¿Por qué? (2) Es que "en otro tiempo, vosotros [erais] los gentiles en la carne... (3) En aquel tiempo estabais sin Cristo, (4) excluidos de la ciudadanía de Israel, (5) ajenos a los pactos de la promesa, (6) sin esperanza y (7) sin Dios en el mundo" (Efesios 2:11, 12).

En numerosas ocasiones Dios nos exhorta a "recordar" nuestro pasado. Es que debemos mirar "la piedra de donde fuisteis cortados, y el hueco de la cantera de donde fuisteis arrancados" (Isaías 51:1). La expresión "gentiles en la carne" se aplica a nosotros para indicar que nacimos fuera de la casa o familia de Dios. ¿Por qué es útil que nosotros recordemos este hecho?

(1) Es un ejercicio saludable recordar de dónde hemos venido. Por ejemplo, Dios le recordó al rey David cuando éste estaba en toda su gloria, dónde lo había encontrado. De este modo, su origen humilde podría haber ayudado a que el rey se mantuviera en el buen camino. Desgraciadamente, David lo olvidó y tuvo que cosechar las consecuencias. ¡Que ni tú ni yo lo olvidemos!

(2) La expresión "gentiles en la carne" significa que nacimos separados de Dios. Ni una sola gota de justicia ha llegado hasta nosotros genéticamente, a través de nuestro ADN; todo lo tenemos que recibir de Cristo, "por fe".

TU FAMILIA CÓSMICA —Segunda parte

En aquel tiempo estabais sin Cristo, alejados de la ciudadanía de Israel y ajenos a los pactos de la promesa, sin esperanza y sin Dios en el mundo. Pero ahora en Cristo Jesús, vosotros que en otro tiempo estabais lejos, habéis sido hechos cercanos por la sangre de Cristo (Efesios 2:12, 13).

(3) Hemos nacido "sin Cristo" porque "la inclinación de la carne es contraria a Dios" (Romanos 8:7). Es cierto que Cristo ya había muerto por nosotros, y ya nos había redimido por su sacrificio, pero nosotros no lo sabíamos. Por eso vivíamos separados, sumidos en la ignorancia.

(4) Éramos "ajenos" o "extraños" a la casa de Dios porque no sabíamos que "pertenecemos" a ella en virtud del sacrificio que Cristo hizo por nosotros. Nuestra situación era como la de un individuo con mucha hambre, que se pasa frente a una casa llena de buenas cosas, sin saber que ha sido invitado a entrar.

(5) ¿Qué significa ser "ajenos a los pactos de la promesa"? Quiere decir que vivimos encima de una mina de oro y no sabemos nada de lo que hay bajo nuestros pies. La "promesa" del pacto es la promesa que Dios le hizo a Abrahán por causa nuestra. Siempre ha estado en la Biblia; pero para nosotros, la Biblia ha sido un libro sellado, y nunca supimos nada de las maravillosas buenas nuevas que contiene. Sentíamos que no pertenecíamos a la casa de Dios; la gente que estaba adentro nos parecía demasiado buena como para asociarnos con ella.

No sabíamos que habíamos sido invitados, que en la mesa del banquete había un lugar con nuestro nombre escrito, porque Dios nos ha "predestinado" a todos para ser salvos. ¡Pero nadie nos lo había dicho en un lenguaje que pudiéramos comprender!

(6) Es por esta razón que estábamos "sin esperanza". Y por supuesto, ¿qué hicimos entonces? Pues, nos lanzamos a experimentar todos los placeres y vicios que llenan el mundo. Nos pusimos a usar licor y drogas, y a experimentar placeres muchas veces ilícitos. Esto es lo que la gente hace cuando se halla "sin esperanza". No es que sean más malvados que los demás; el problema básico es que no tienen esperanza. Y cuando uno está desesperanzado, entonces no halla otra cosa que hacer, sino vivir la vida igual que los antiguos paganos de Roma, que decían: "Comamos y bebamos, que mañana moriremos".

En esta situación desesperada, el Hijo de Dios hizo acto de presencia. El Salvador vino con la misión de salvarnos para siempre: "Pero ahora en Cristo Jesús, vosotros que en otro tiempo estabais lejos, habéis sido acercados por la sangre de Cristo" (Efesios 2:13). Hemos sido admitidos en el despacho privado del Rey de reyes. Entramos allí, con derecho preferencial al de los mismos santos ángeles. Fuimos creados "un poco menores" que ellos; pero ahora hemos sido exaltados hasta sentarnos junto al Hijo de Dios en su trono porque él es uno de nosotros, y nosotros somos uno con él (Apocalipsis 3:21). ¿Darás gracias a Dios por incorporarte a su familia celestial?

¡ÁNIMATE! UN SANTO HA ORADO POR TI

Por esta causa también yo, habiendo oído de vuestra fe en el Señor Jesús, y de vuestro amor para con todos los santos, no ceso de dar gracias por vosotros, haciendo memoria de vosotros en mis oraciones, para que el Dios de nuestro Señor Jesucristo, el Padre de gloria, os dé espíritu de sabiduría y de revelación en el conocimiento de él...
(Efesios 1:15-17).

Hay personas que piensan que Dios no se ocupa en escuchar nuestras oraciones; así de poco importantes se sienten. De modo que les gustaría que alguna persona buena, algún santo, orara por ellos. ¿Acaso eres tú una de ellas?

Tengo noticias muy buenas: el apóstol Pablo, un hombre bueno, dice que con frecuencia él oraba por ti y por mí. Escuchemos lo siguiente: "Desde que oí acerca de vuestra fe en el Señor Jesús, y de vuestro amor hacia todos los santos, no ceso de dar gracias por vosotros, recordándoos en mis oraciones" (Efesios 1:15, 16). De este pasaje podemos aprender varias verdades muy bellas:

(1) Dios te conoce por nombre, individualmente. Significas mucho para él.

(2) San Pablo oraba frecuentemente por ti, puesto que dice: "no ceso" de orar por ti. Quizás digas: "¡Pero Pablo vivió hace mucho tiempo, y las oraciones que ofrecía entonces no me pueden hacer ningún bien hoy!" Pero recuerda: Pablo está escribiendo su carta a todos; el nombre "Efesios" que le dan nuestras Biblias no limita su alcance, pues es en realidad para todos nosotros. Pablo se refiere a sus oraciones en un sentido corporativo, teniendo un significado especial por

estar él tan cerca de Cristo. El apóstol comprendía el gran plan de Dios para la salvación del mundo.

El mismo Pablo había salido de entre profundas tinieblas, a la luz de Cristo. Dios lo había escogido especialmente para ser el apóstol enviado a las naciones, porque sabía lo que es vivir en las tinieblas y la incredulidad, y también apreciaba la liberación en Cristo. Cuando escuchas las palabras de Pablo o lees sus cartas, unes tu fe con sus ruegos por ti, y el resultado es una gran bendición personal para ti. No en balde dice Santiago: "La oración eficaz del justo, es poderosa" (Santiago 5:16). En cierta ocasión Pablo expresó el deseo de que nosotros lo siguiéramos a él así como él era seguidor de Cristo (1 Corintios 11:1). ¡Ningún otro apóstol se atrevió a decir eso!

Pero, ¿qué pidió Pablo a Dios en oración, que hiciera por nosotros? "Y pido que el Dios de nuestro Señor Jesucristo... os dé espíritu de sabiduría y de revelación para que lo conozcamos mejor" (Efesios 1:17). El Padre ha oído la oración que Pablo elevó por ti. Si tan sólo recibiéramos aquello que Pablo ora pidiendo que tengamos, ese regalo valdría más que todo el dinero que hay en el Banco Nacional. Dios quiere que salgamos de nuestra condición de niños del "jardín de infantes", creciendo "a la madurez de la plenitud de Cristo" (Efesios 4:13-15).

Diciembre 15

EL GOZO DE RECIBIR

A todos los que lo recibieron... les dio el derecho de ser hijos de Dios (Juan 1:12, NRV).

Debemos señalar que en la vida nos toca recibir de todo, es decir, bueno y malo. Entre lo bueno que recibimos hay cosas que nos agradan, y otras que no nos gustan. Y entre lo malo, también sucede algo parecido. Hay regalos que odiamos, y otros que nos encantan. Y si queremos pintar un cuadro completo, tendremos que admitir que muchas veces ni siquiera sabemos cómo clasificar lo que recibimos: si entre las cosas "buenas", o las "malas".

Paco, un joven de 16 años, recibe de su tío Julio para Navidad un equipo de juegos electrónicos. ¿Es bueno o malo el regalo? Paco está feliz; sus padres, en cambio, se preocupan profundamente, porque saben que su hijo no está poniendo suficiente empeño en sus estudios.

Por otro lado, Susana recibe para su cumpleaños una enciclopedia en disco de computadora. Agradece el regalo con cierta frialdad. ¡Ella soñaba con un estuche francés de maquillaje! Pero en tres meses habrá de ingresar a la universidad, para seguir la carrera de Historia. ¿Cuál de los dos regalos le resultará más útil? Los ejemplos podrían multiplicarse. Pero queda claro el hecho de que si verdaderamente queremos beneficiarnos con lo que recibimos, es imperativo que aprendamos a evaluar las cosas con criterio maduro y objetivo, libre de actitudes y emociones inapropiadas.

Hay un regalo maravilloso que cuando lo recibimos, nuestro primer impulso es rechazarlo, profundamente ofendidos. Me refiero a la crítica que a veces otros hacen de nuestra conducta. Pero la crítica puede ser un insospechado don de Dios. ¿Cómo así? La razón es muy sencilla. Dios anhela corregir nuestros malos rasgos de conducta. Para ello, a menudo se vale de nuestros amigos o familiares —es decir, los que nos quieren y aprecian de veras— para que nos señalen nuestros defectos con suavidad y buen espíritu. Si hemos de recibir este don de Dios, es necesario que aprendamos a escuchar a otros con humildad.

Jesús no pudo haber sido más cortés y humilde en las ocasiones que procuró, con tacto y amor divinos, redargüir a Judas y desviarlo del camino progresivamente siniestro que iba tomando. Pero Judas, lleno de orgullo, se ofendió y rehusó abandonar sus sueños de grandeza terrenal.

Pedro, en cambio, fue reprendido fuertemente por Cristo en más de una ocasión. Pero el rudo pescador de Galilea, con humildad creciente, se dispuso y aprendió a recibir la represión divina. El resultado fue que triunfó allí donde Judas, su compañero, fracasó. Y tú, amigo joven, ¿qué harás?

EL GOZO DE DAR

Mas cuando tú des limosna, no sepa tu izquierda lo que hace tu dere-
cha, para que sea tu limosna en secreto; y tu Padre que ve en lo secreto
te recompensará en público (Mateo 6:3, 4).

Según la mitología griega, Narciso —hijo del río Cefiso y de la ninfa
Liriope— se enamoró de sí mismo al contemplarse embelesado en las
aguas de una fuente en la que se precipitó, surgiendo luego transforma-
do en la flor que lleva su nombre.

En todos los tiempos, y acaso más acentuadamente en éstos en que
vivimos, hubo y hay individuos como ése. Hombres y mujeres que,
absortos en sus propios intereses y deseos, viven para contemplar únicamente su imagen. Todo lo que les rodea —sean personas o cosas— son
importantes sólo en la medida en que responden a sus ambiciones. La
vida es para ellos como la fuente de Narciso. Y se hunden en ella inútil-
mente, porque ya no vuelven, ni siquiera transformados en flor.

Cuando alguien preguntó a Sócrates por qué Alcibíades —extravagante general ateniense que había viajado tanto y había conocido la
mayor parte del mundo— nunca se veía contento, Sócrates respondió:
"Porque donde quiera que va, siempre lleva su yo con él". Ésta es la para-
dójica situación del egoísta: se ama hasta el exceso, pero no vive feliz
consigo mismo.

En la naturaleza vemos cumplirse el principio universal que establece
que para recibir es menester dar. El sol da su brillo y su calor, las plantas
su verdor y su sombra, su perfume y su fruto. Los pájaros su canto, su
vuelo, su presencia alegre y colorida. Y así todos los animales de los cuales el ser humano depende en gran parte para su subsistencia. En todo
se cumple la ley de dar. El mismo Todopoderoso, Creador de los cielos y
de la tierra, nos da el ejemplo máximo en lo que a generosidad y a bondad se refiere. Cuando el ser humano se hallaba irremisiblemente perdido en su propio pecado, cuando el hombre había levantado un muro de
separación entre el Creador y él, cuando la miseria entraba en su etapa
más dolorosa y más intensa, el Todopoderoso dio a su Hijo para liberar al
pobre hombre de su penosa situación. "Porque de tal manera amó Dios
al mundo, que ha dado a su Hijo unigénito, para que todo aquel que en
él cree, no se pierda, mas tenga vida eterna" (Juan 3:16). Sí, lector amigo,
cuando se ama, se da. ¿Darás tú también?

EL GOZO DE DAR —Segunda parte

Cada uno dé como propuso en su corazón: no con tristeza, o por necesidad; porque Dios ama al dador alegre (2 Corintios 9:7).

El egoísmo empequeñece. Por el contrario, la generosidad ensancha y ennoblece a quien la experimenta y la practica. Hay que dar. Hay que saber dar alegremente, de tal manera que no nos resulte una carga, sino un placer. Volvamos a leer lo que dice el Señor: "Cada uno dé como propuso en su corazón: no con tristeza, o por necesidad; porque Dios ama al dador alegre."

Tres niñitos, cuyas edades oscilaban alrededor de los diez años, entraron cierta tarde en una florería. De ordinario inquietos y turbulentos, en esta ocasión mostraban hallarse bajo alguna penosa impresión. Uno de ellos se dirigió al dueño del establecimiento y le dijo:

—Señor, desearíamos algunas flores de color amarillo.

Algo en el tono del niño al hablar revelaba cuán importante era para ellos lo que estaban haciendo en ese momento. El dueño les mostró algunas flores amarillas baratas, pero uno de ellos le dijo:

—No, señor, quisiéramos algo bueno, algo mejor.

—¿Son para un funeral? —preguntó suavemente el vendedor. Se produjo un silencio, hasta que, por fin, uno de los niños, con voz entrecortada, dijo:

—No, señor, son para un compañero nuestro, que ayer fue atropellado por un camión y está bastante mal.

—¿Cuánto dinero tienen ustedes? —preguntó el vendedor.

—Oh —contestó uno de ellos—, hicimos una colecta entre todos los amigos del barrio y tenemos dieciocho pesos.

El vendedor sonrió sin quererlo, y luego dijo:

—Pues, vean ustedes, tengo aquí una docena de rosas amarillas, que es lo mejor que hay. El precio para ustedes es de sólo dieciocho pesos. Son suyas.

¿Trivial e insignificante el caso? No. Aquel vendedor pudo haber despedido a esos niños cuyo dinero no alcanzaba siquiera para pagar una rosa. Pero floreció en él la divina compasión, como debe florecer en todos nuestros tratos con los demás. Sepamos ayudar a tantos corazones que se mueven en la sombra y el dolor. Hay que saber dar sin esperar ninguna retribución. Debemos poner en práctica las palabras del Señor Jesús, que dicen: "Mas cuando tú haces limosna, no sepa tu mano izquierda lo que hace tu derecha" (Mateo 6:3).

"OS HA NACIDO... UN SALVADOR"

Pero el ángel les dijo: No temáis; porque he aquí os doy nuevas de gran gozo, que será para todo el pueblo: que os ha nacido hoy, en la ciudad de David, un Salvador, que es CRISTO el Señor (Lucas 2:10, 11).

Había en Belén un movimiento inusitado. Desde hacía varios días habían estado llegando a la pequeña población personas que venían de diferentes lugares. Todo tenía aspecto de fiesta. Al fin y al cabo, para una fiesta nunca falta un pretexto y en el caso que nos ocupa se trataba de un decreto de empadronamiento que debía ser cumplido por todos.

Cuando la Virgen María y José llegaron a Belén, la población rebosaba de gente. Confiaban, sin embargo, en que hallarían un lugar en el mesón donde podrían reposar del cansancio del viaje, y donde pudiera nacer el Niño esperado. Pero la posada estaba llena. Recorrieron los lugares donde pensaban que podrían encontrar siquiera un lugar humilde. Vano empeño. Lo que no estaba ya ocupado había sido reservado por personas de influencia. En algunos casos se les negaba alojamiento porque, juzgando por la apariencia, no eran clientes de importancia y no parecían prometer suficientes ganancias a quienes, ayer como hoy y como siempre, todo lo supeditan a sus intereses materiales.

Para ellos no había lugar en el mesón. Lo había, sí, para los opulentos, para los ricos propietarios, para los relumbrones, para los vanos, para los que iban en busca de holgorio y de liviandad. Al Niño Jesús se le negaban, para nacer, hasta las mínimas comodidades que podía ofrecer una posada de hace dos mil años.

Y nació en un establo. ¡Bendito mil veces aquel establo de Belén, purificado por la santidad de aquel alumbramiento! ¡Con qué cariño reverente estrechó la madre al Hijo de Dios que venía para salvar y redimir la humanidad! ¡Con qué asombro contempló José la inmaculada belleza y la divina serenidad que ya irradiaba el Niño Jesús! Hasta las bestias que había en el establo parecían sentir la grandeza y la solemnidad de aquel instante de milagro, y contemplaban al Niño con ojos que parecían casi humanos. Había nacido el Niño Jesús.

Y los pastores, que en aquella noche templada permanecían en el campo con su ganado, fueron cercados de repente por un resplandor divino y el ángel les dijo:

No temáis; porque he aquí os doy nuevas de gran gozo, que será para todo el pueblo: que os ha nacido hoy, en la ciudad de David un Salvador, que es Cristo el Señor" (Lucas 2:10, 11).

"OS HA NACIDO... UN SALVADOR" —Segunda parte

Y él redimirá a Israel de todos sus pecados (Salmo 130:8).

Había nacido el Niño Jesús. Las palabras milenarias que lo anunciaban se habían cumplido. La sabiduría divina hablaría por su boca y llamaría a los hombres a la realidad de una vida espiritual más profunda y más sincera. La divinidad había tomado nuestra naturaleza enferma y llena de pecado para redimirla y alejar de ella la maldición de la muerte. La divinidad de Jesucristo se reveló, no sólo en su nacimiento, sino en toda su vida y luego en su muerte. Sanó enfermos, resucitó muertos, aplacó las furias del viento y del mar, y hasta las tenebrosas tinieblas del mal lo reconocían como Dios y lo temían. Reivindicó las demandas de la ley divina, desfiguradas por escribas y fariseos. Magnificó la eterna ley de los Diez Mandamientos, de la cual dijo que mientras que hubiera cielo y tierra no perdería "ni una jota ni una tilde".

Allá en Belén nació el Salvador que nos enseñaría el profundo contenido de la palabra perdón, que nos enseñaría que su evangelio es la paz, que su ley es amor y que, por lo tanto, deberíamos amarnos los unos a los otros.

Los pastores que estaban en el campo, cuando el ángel les anunció el nacimiento del Mesías, lo dejaron todo y corrieron al establo de Belén para postrarse ante el Niño y adorarlo. Más tarde, los magos, reyes de misteriosos reinos, salieron tras la estrella guiadora para llevar a Belén los presentes de su amor y de su acatamiento. Y, nosotros, ¿qué hemos hecho? ¿Qué estamos haciendo por el Salvador? ¿Tiene siquiera un lugar en nuestro corazón? ¿Le negamos una morada en nosotros como los mesoneros de antaño? ¿Vivimos sólo para las cosas materiales? ¿Estamos llenos de ridículos prejuicios nacidos de conceptos estrechos y ramplones?

Contemplemos con admiración el milagro de Belén de Judá. Allí nació nuestra posibilidad de vida eterna. Allí se cumplió la promesa que Dios había hecho a todos los seres humanos desde el principio del tiempo. Allí nació el Salvador de la humanidad, allí nació Jesús de Nazaret, allí nació la esperanza.

EL AGUA, EL VIENTO Y LA VERDAD

Así dice Jehová: Yo he restaurado a Sión, y moraré en medio de Jerusalén; y Jerusalén se llamará Ciudad de la Verdad, y el monte de Jehová de los ejércitos, Monte de Santidad (Zacarías 8:3).

¿Cuán importante es "la verdad"? ¿Vale la pena su búsqueda? Y, si la tenemos, ¿es importante guardarla bien? ¿Qué puede suceder si la despreciamos? Veamos lo que dice El caballero Cifar, un relato caballeresco del siglo XIV que hemos adaptado para nuestros lectores:

El agua, el viento y la verdad se habían hecho muy amigos, pero como la una corría y el otro volaba por todo el universo, temiendo no encontrarlos algún día, dijo la verdad al viento:

—Amigo, tú eres muy sutil y vuelas por todas partes del mundo, y por lo tanto es necesario que sepamos dónde te hallaremos cuando sea menester que te busquemos. Sería una gran lástima que te perdiéramos.

—Me hallaréis en las alturas de la tierra, pero en caso de que no me halléis allí, buscadme en los valles, y si no me encontráis, iréis a un árbol, al álamo temblón, que allí estaré.

Entonces la verdad y el viento preguntaron al agua dónde la hallarían cuando fuera menester.

—Sería mejor que me buscaseis en los ríos, y si no, en las fuentes, pero si no me halláis allí, buscadme en los juncos verdes.

Después el agua y el viento dijeron a la verdad:

—Amiga, cuando te necesitemos, ¿dónde te hallaremos?

Y la verdad respondió:

—Amigos, cuando me tengáis entre las manos es preciso que me guardéis bien, que no me salga de ellas, porque si una sola vez me salgo no me podréis hallar nunca. Soy de tal naturaleza que aborrezco a quien una sola vez me abandona. Por más que me busquéis no me hallaréis; el que me desprecia a mí, a la verdad, no es digno de mí. Guardadme siempre.

NI ENVIDIADO NI ENVIDIOSO

El amor [...] no tiene envidia (1 Corintios 13:4).

Fray Luis de León (1528 - 1591), fraile agustino, descendiente de judíos, fue profesor de la Universidad de Salamanca y gran poeta religioso. Cantó a la naturaleza, a la soledad y a Dios.

Se cuenta que después de salir de la cárcel, donde estuvo cinco años preso por la Inquisición, volvió a sus discípulos y comenzó su clase con estas palabras: "Cómo decíamos ayer..." "Es una hermosa leyenda que muestra el espíritu generoso de Fray Luis. Aquí compartimos con el lector dos poesías de este sabio hombre de Dios:

Al salir de la cárcel
Aquí la envidia y mentira
me tuvieron encerrado:
dichoso el humilde estado
del sabio que se retira
de aqueste mundo malvado:
y con pobre mesa y casa
en el campo deleitoso
con sólo Dios se compasa
y a solas su vida pasa
ni envidiado ni envidioso.

Vida retirada
Qué descansada vida
la que huye del mundanal ruido,
y sigue la escondida
senda por donde han ido
los pocos sabios que en el mundo han sido!

Del monte en la ladera
por mi mano plantado tengo un huerto,
que con la primavera
de bella flor cubierto
ya muestra en esperanza el fruto cierto.

El aire el huerto orea,
y ofrece mil olores al sentido,
los árboles menea
con un manso ruido,
que del oro y del cetro pone olvido.

CUANDO LA VIDA DUELE

A la mujer dijo: Multiplicaré en gran manera los dolores en tus preñeces; con dolor darás a luz los hijos; y tu deseo será para tu marido, y él se enseñoreará de ti. Y al hombre dijo: Por cuanto obedeciste a la voz de tu mujer, y comiste del árbol de que te mandé diciendo: No comerás de él; maldita será la tierra por tu causa; con dolor comerás de ella todos los días de tu vida. Espinos y cardos te producirá, y comerás plantas del campo. Con el sudor de tu rostro comerás el pan hasta que vuelvas a la tierra, porque de ella fuiste tomado; pues polvo eres, y al polvo volverás (Génesis 3:16-19).

Sabemos que el sufrimiento no es invención divina. Es un engendro del propio Satanás que, ayudado por nuestros primeros padres, logró introducirlo a nuestro mundo. Todo esto es harto sabido. Sin embargo, también "sabemos que a los que aman a Dios, todas las cosas les ayudan a bien" (Romanos 8:28). ¿De veras que "todas las cosas"? El versículo citado no permite excepciones. Entonces, ¿qué utilidad puede tener el sufrimiento para el cristiano?

Pensemos en esto. Caída la humanidad, Dios sabía que el hombre se envilecería cada vez más. El hombre necesitaba una ocupación que absorbiera su tiempo. Algo que lo preocupara, algo que lo obligara a una lucha, que con la ayuda del Todopoderoso, lo mantuviera lo más alejado que fuera posible del mal y lo condujera a depositar su esperanza en el Mesías que se le prometía. Y Dios le dijo que la tierra sería maldita y que ellos con dolor obtendrían sus frutos. Produciría espinas y cardos y el pan les costaría el sudor de sus frentes (Génesis 3:16-19).

¿Era esto una maldición? ¿Era esto un castigo? No, era una bendición. El trabajo, el dolor, el sufrimiento que eso implica, era una especie de profilaxias contra el pecado. Es decir, era una especie de tratamiento que le permitiría al hombre mantenerse lo más alejado posible de la fuente del mal y del pecado. Sufriría preocupaciones, tendría que afrontar problemas, la lucha absorbería todas sus fuerzas y sus energías, tanto físicas como mentales, pero todo ello aproximaría al hombre a su redención. Alguien ha dicho: "la mente vacía es el taller del diablo". Cuando el sufrimiento la ocupa, cuando el dolor la absorbe, está sanamente ocupada. El dolor tensa la acción. Es un crisol que consume la escoria. Es una especie de salvavidas que nos impide caer al fondo del abismo y nos lleva a confiar en el Salvador Jesús.

¿POR QUÉ?...

Tú, pues, sufre penalidades como buen soldado de Jesucristo (2 Timoteo 2:3).

Alguien, al escribirnos hace poco preguntaba: "... ¿por qué me castiga Dios de esta manera? Una cosa viene tras la otra. No he terminado de salir de una dificultad cuando ya estoy metido en otra. ¿Por qué?... "¿Por qué?", preguntaba la persona que nos escribía. Estos tremendos interrogantes se levantan en la mente y el corazón de miles y de millones de personas. Y no son fáciles de contestar. No lo son, sobre todo porque la persona que pregunta, pocas veces conserva el dominio y la serenidad como para entender las respuestas que podrían darse a su pregunta. A veces no sólo no pueden entenderlas, sino que han llegado a tal grado de excitación, de desconcierto y hasta de desesperación, que ni siquiera atienden a lo que se les dice.

La historia ha demostrado que muchas de las grandes obras de la humanidad se realizaron por hombres que estaban sometidos a un terrible sufrimiento, algunas veces de carácter físico, otras de carácter moral o intelectual. Cervantes no escribió la obra máxima de la literatura española en los días en que todo le era fácil y la comodidad abundaba. No, la escribió en una cárcel en la que pasó largos meses. Es probable que de no haber padecido Cervantes este sufrimiento, Don Quijote, con Sancho a la zaga, no hubieran hecho nunca las delicias de tantos millones de lectores.

La divina comedia de Dante Alighieri, se originó en condiciones muy similares. Milton, el gran Milton, no escribió su sobresaliente obra *El paraíso perdido*, sino después de haberse apagado su vista. Ciego ya, le dictó a su hija su libro. Descartes, Kant, llegaron a la fama universal pese a su precaria salud. Y la lista sería interminable.

El dolor no es castigo. Es, mas bien, una disciplina necesaria para nuestro carácter. A veces lo necesitamos para reducir el egoísmo que nos lleva, no sólo a desearlo todo para nosotros mismos, sino hasta a arrebatar lo que les pertenece a otros. El dolor reduce la vanidad, el amor propio, el orgullo que nos infla, y nos infla hasta hacernos sentir que estamos por encima de todos los demás.

El sufrimiento es la medicina que con frecuencia necesitamos. A veces, como la que receta el médico, tiene mal sabor, pero sana. Y esto es lo que realmente tiene valor. Tenía razón el apóstol Pablo: "Todo lo que nos ocurre, si somos juiciosos, si lo miramos con serenidad, encontraremos que es para nuestro bien (Romanos 8:28). ¿Por qué entonces alarmarnos, cuando el sufrimiento llama a nuestra puerta? Llama también a la de muchos otros. ¿Por qué creer que debemos ser una excepción? Aprendamos de los que saben sufrir con dignidad y sin lamentos, sin arrojar su dolor para que lo manosee el primero que pase y que quiera oírlo. Llevémoslo en todo caso a Dios. Y llevémoslo con el espíritu con que Jesús de Nazaret llevó el suyo allá en el Getsemaní cuando dijo: "Padre mío, si es posible, pase de mí esta copa; pero no sea como yo quiero, sino como tú" (Mateo 26:39).

NOCHE DE PAZ

Y repentinamente apareció con el ángel una multitud de las huestes celestiales, que alababan a Dios, y decían: ¡Gloria a Dios en las alturas, y en la tierra paz, buena voluntad para con los hombres! (Lucas 2:13, 14).

La celebración de las fiestas de Navidad se presentaba muy problemática allá por el año 1818 para la pequeña población Zalzburguesa de Obendorf, en Austria: el órgano, el viejo órgano de la iglesia no sonaba. Las partes que hacían falta para repararlo no habían llegado y la Navidad ya estaba encima. José Mohr, a cuyo cargo estaba la iglesia, mientras consideraba el problema con el organista, Francisco Gruber, de pronto se sintió inspirado. Se sentó a su escritorio y línea tras línea al cabo de pocos minutos, terminó una composición que le pasó a Gruber. Se titulaba Noche de Paz.

Gruber leyó aquellos versos sencillos pero profundamente sinceros, y tomando una guitarra, único instrumento que tenía a mano, comenzó a ensayar las diferentes posiciones para que dicha composición pudiera cantarse. Uno tras otro los acordes fueron surgiendo dulces y armoniosos. Y así nació, en aquella pequeña población austriaca, un himno que por su belleza, por su intensidad, por su limpio sentimiento cristiano, y por la inspirada armonía de su música, ha recorrido el mundo hallando en todo lugar el camino del corazón de quienes lo cantan y de quienes lo escuchan.

Hoy, casi tres siglos después de nacer, sigue siendo el himno predilecto de la Nochebuena y de la Navidad. Una de las traducciones más populares dice así:

Noche de paz, noche de amor,
todo duerme en derredor.
Entre los astros que esparcen su luz
bella, anunciando al niñito Jesús
brilla la estrella de paz,
brilla la estrella de paz.

Noche de paz, noche de amor.
Oye humilde, fiel pastor:
coros celestes proclaman salud,
gracias y glorias en gran plenitud,
por nuestro buen Redentor,
por nuestro buen Redentor.

Noche de paz, noche de amor.
Ved qué bello resplandor
luce en el rostro del niño Jesús,
en el pesebre, del mundo la Luz;
astro de eterno fulgor,
astro de eterno fulgor.

¿QUÉ ES NUESTRA NAVIDAD?

Pero el ángel les dijo: No temáis; porque aquí os doy nuevas de gran gozo, que será para todo el pueblo: que os ha nacido hoy, en la ciudad de David, un Salvador, que es Cristo el Señor (Lucas 2:10, 11).

¿**Q**ué es la Navidad para nosotros? ¿Qué clase de Navidad es la nuestra? Decía un editorial de un periódico latinoamericano: "...apenas pasadas las horas de grata recordación, y las escenas familiares que nos traen en una hermosa resurrección, las escenas del maravilloso portal de Belén, los hombres vuelven a sus pequeños intereses, a sus viejas incomprensiones, y todo regresa al cauce del turbulento río de esta vida inquieta del mundo actual. ¿Por qué?"

Ésa es la pregunta del editorialista: "¿Por qué?" Pasado el día de la Navidad volvemos a nuestras cosas rutinarias, a nuestras pequeñeces, a nuestros egoísmos. ¿Por qué? Porque vivimos materializados, porque nuestro interés en las cosas espirituales o es muy débil o es nulo. Porque la Navidad más que un recuerdo potente y regenerador ha llegado a ser una tradición difusa e incolora. Porque no pensamos que el Niño del pesebre bajó a este mundo para morir por nosotros. Volvemos a nuestra rutina porque en nosotros no hay gratitud hacia el sacrificio hecho por el Nazareno. Volvemos a esa rutina porque carecemos del verdadero amor cristiano: amor hacia Dios y amor hacia el prójimo... amor hacia los que nuestras emociones y relaciones de rigor han marginado... por equis razón.

Enrique Van Dyke, después de afirmar que más que observar el día de Navidad vale observar la Navidad misma, hace algunas preguntas incisivas. Pregunta, por ejemplo: "Para observar la Navidad, ¿estás dispuesto a olvidar lo que has hecho por otros y a recordar lo que los demás han hecho por ti?"

Suponte, amigo lector, que esta pregunta se te hiciera directamente a ti, ¿estás dispuesto a olvidar lo que tú hayas hecho en favor de otros y a no jactarte de ello, y por el contrario, te dispondrías a recordar solamente el bien que los demás hayan podido hacerte? Somos muy dados a recordar las cosas malas de los demás, el mal que nos hacen o que creemos que nos hacen. ¿Por qué no usar esa buena memoria para recordar las cosas gratas, para recordar el bien recibido de aquellos que nos rodean, para recordar y sentir agradecimiento por que lo recibimos de nuestro prójimo? Eso es lo que debe hacer nuestra Navidad por nosotros.

¿QUÉ ES NUESTRA NAVIDAD? —Segunda parte

¡Gloria a Dios en las alturas, y en la tierra paz, buena voluntad para con los hombres! (Lucas 2:14).

Agrega Van Dyke: "¿Estás dispuesto a cerrar tu 'libro de quejas' contra el Creador del universo y a tratar de descubrir algún lugar donde puedan cosecharse algunas semillas de felicidad?

Con frecuencia vivimos desconformes con todas las cosas, quejosos por cuanto nos ocurre, descontentos con cuanto nos rodea, y cuando nuestro prójimo no nos basta para hacerlo responsable de las cosas que nos ocurren, responsabilizamos a Dios, y en nuestra osadía hasta pretendemos exigirle cuentas. Y no comprendemos que los primeros responsables de lo que nos ocurre somos nosotros mismos. No comprendemos que las cosas suelen ser como nosotros las hacemos y que casi siempre somos los responsables de lo que nos pasa, sea bueno o malo. Se vive sin pensar en Dios. Olvidamos hasta que existe. Y cuando nuestros errores nos conducen a situaciones difíciles, no aceptamos ser responsables de ese resultado, sino que, entonces sí nos volvemos hacia Dios y queremos que el responsable sea él. ¿No sería mejor 'cerrar el libro de quejas' como aconseja Van Dyke, y tratar de descubrir entre todas las cosas algunas buenas, algunas que inspiren, que eleven, que ennoblezcan?

"¿Estás dispuesto —pregunta Van Dyke—, a despabilar tu lámpara para que dé más luz y menor humo y a llevarla delante de ti para que tu sombra quede detrás?" ¡Cuán hermoso es este pensamiento: despabilar nuestra lámpara para que dé más luz, y luego, llevarla delante de nosotros para que nuestra sombra quede detrás, para que queden detrás nuestros errores, nuestras equivocaciones, mientras nos extendemos hacia el futuro iluminado!

Y añade: "¿Estás dispuesto a creer que el amor es lo más fuerte que existe en el mundo; más fuerte que el odio, que el mal, que la muerte, y que la bendita vida que llegó a Belén hace veinte siglos es la imagen y el resplandor del amor eterno? Si estás dispuesto a todo esto, puedes celebrar la Navidad".

Amigo lector, amiga lectora, que tu corazón se llene del espíritu de Belén. Que tu Navidad... nuestra Navidad... te aproxime y nos aproxime al Niño de Belén, Mártir del Gólgota y Autor y Consumador de nuestra fe.

EN EL TALLER DE DIOS

No me avergüenzo del evangelio, porque es poder de Dios para salvación a todo aquel que cree... (Romanos 1:16).

Si nuestros bisabuelos o tatarabuelos pudieran regresar a nuestro mundo actual, ¿qué dirían? Sin duda quedarían admirados por el progreso tecnológico que se ve por doquier. Notarían con asombro cómo el teléfono, la radio y el micrófono le dan a la voz del hombre dimensiones inimaginables. Quedarían atónitos al observar cómo el automóvil y el avión alargan sus piernas, permitiéndole desplazarse por todas partes con asombrosa celeridad. Les causaría alegría ver cómo la medicina moderna trata con acierto aquellas enfermedades que antes se tenían por incurables. Y, al ver un teléfono celular, o una computadora, o un astronauta en la luna, ¿qué cara pondrían? Todo ello los llevaría a pensar que sus tataranietos viven en un mundo superior.

Pero, hay otras cosas espeluznantes que dejarían boquiabiertos y traumatizados a nuestros antepasados. Tendrían que sufrir el desmoronamiento de lo que ellos más amaban, es a saber, la salud hogareña. Les alarmaría ver que dos de tres matrimonios modernos terminan en divorcio; que miríadas de jóvenes (sus queridos tataranietos) se entregan al crimen, a la drogadicción, la pornografía, y parecen vivir sus vidas sin propósito y sin moral.

El hombre moderno ha descubierto que ni su cultura, frágil barniz que no penetra más hondo que la piel; ni su ciencia, que usa para mal; y con frecuencia ni siquiera su religión, diluida en dogmas que no viven, pueden arrancar su mal y hacerlo bueno. Combaten en él todas las intemperancias. Lo agitan todas las angustias. Le salen al encuentro todas las infelicidades y los sufrimientos, que están lejos, pero muy lejos, de ser compensados con los malos placeres con que se aturde, aunque sean muchos, mientras que son pocos los buenos, que no siempre sabe valorar.

Jesús "sabía lo que había en el hombre". Por eso dijo: "Porque de dentro del corazón de los hombres salen los malos pensamientos, los adulterios, las fornicaciones, los homicidios, los hurtos, las avaricias, las maldades, el engaño, la lascivia, la envidia, la maledicencia, la soberbia, la insensatez. Todas estas maldades de dentro salen, y contaminan al hombre" (Marcos 7:20-23).

Felizmente, Cristo vino a esta tierra para hacer más que un diagnóstico. Él es el gran Médico divino. Tiene poder para sanar al más vil pecador. Cristo es "el Cordero de Dios que *quita* el pecado del mundo". Por eso, con el apóstol San Pablo decimos: "No me avergüenzo del evangelio, porque es poder de Dios para salvación a todo aquel que cree... " (Romanos 1:16).

EL AMOR DE "FLOR DORADA"

Pero el amor cubrirá todas las faltas (Proverbios 10:12).

El amor verdadero es algo muy escaso, ¿verdad? Una persona de gran agudeza lo comparó a los fantasmas: es algo de lo cual todos hablan, pero que casi nadie ve. Pero hoy, tú vas a descubrir lo que significa el amor genuino. Voy a compartir contigo una de las historias de amor más asombrosas que yo haya escuchado alguna vez.

Se trata de una historia verídica que sucedió hace algunos años en Taiwán, en torno a un joven llamado U Long. Un día su madre entró en su cuarto y le anunció: "Mi hijo, en unas pocas semanas te vas a casar". U Long pertenecía a una familia que seguía la costumbre oriental, según la cual los padres elegían a la novia. Y la costumbre también decretaba que el novio no podía ser presentado oficialmente a su novia antes del casamiento. Bueno, U Long aguardaba su boda con gran expectativa. En su imaginación contemplaba una vida idílica con su prometida, una joven que tenía el bello nombre de "Flor Dorada".

Finalmente llegó el día tan esperado. U Long y su novia, cubierta con un velo, unieron sus vidas en una elaborada ceremonia de la religión de Confucio. Entonces la novia fue llevada a una habitación privada, donde el novio pudo conocerla por primera vez. U Long se acercó a ella, y con dedos temblorosos levantó el velo que cubría su rostro.

Instintivamente, U long dio un paso atrás horrorizado. Las mejillas de su novia estaban todas picadas con hoyos. Sus ojos estaban hinchados y casi no tenía cejas. U Long dejó caer el velo y se fue corriendo, llorando en alta voz, a la pieza de su madre.

Después de un momento ella salió y con toda seguridad le dijo:

—Mira, hijo, yo sé que ella no es hermosa. Te parecerá fea, pero tú tienes que aceptar tu destino. Esa niña tiene un alma hermosa. —Pero a los gritos, U Long respondió:

—¡No! Yo quiero que su cara también sea hermosa. No puedo amar a una mujer así. —Y durante doce meses no compartió el cuarto con ella ni le dirigió la palabra. Finalmente, la madre no pudo aguantar más. A los ruegos, le dijo a U Long:

—Mira, hijo, no estás siendo justo. Ella no merece vivir como una viuda. —De mala gana, U Long accedió y compartió su habitación con Flor Dorada. Pero en su corazón todavía odiaba a su esposa fea.

Después de un tiempo, la pareja tuvo un bebé, una preciosa niñita. Cuando su hijita tenía 12 años, repentinamente U Long perdió la vista de un ojo. Meses después empezó a perder la vista del otro ojo. Después de una visita al hospital, un médico le dijo:

—Tienes una enfermedad poco común. A menos que recibas un transplante de córnea, te volverás completamente ciego. Desgraciadamente la operación cuesta mucho dinero, y la lista de espera es muy larga.

¿Quieres saber lo que pasó entonces? La próxima lectura contiene los detalles fascinantes.

Diciembre 29

EL AMOR DE "FLOR DORADA" —Segunda parte

Mas él herido fue por nuestras rebeliones, molido por nuestros pecados; el castigo de nuestra paz fue sobre él, y por su llaga fuimos nosotros curados (Isaías 53:5).

U Long regresó a su casa desconsolado y comunicó a la familia las funestas noticias (que si no pagaba por una operación costosa quedaría ciego). Aunque eran de humildes recursos, "Flor Dorada" balbuceó:

—Yo puedo hacer sombreros de paja en la noche y ganar dinero extra. Quiero que tengas esa operación. ¡Quiero que veas!

Pero U Long respondió:

—Con todo, existe esa larga lista de espera. —Para su grata sorpresa, sólo dos semanas después recibió una llamada urgente del hospital:

—Venga inmediatamente —le ordenó el médico—. Un hombre tuvo un accidente y donó sus córneas para usted. Podemos hacerle la cirugía en pocos días.

Sin pérdida de tiempo U Long juntó el dinero que su esposa había ganado y se fue a toda prisa al hospital para que le hicieran la operación. Cuando los médicos le sacaron las vendas, en medio de una gran excitación, U Long pudo distinguir claramente los objetos que lo rodeaban.

Después de recuperarse plenamente de la cirugía, U Long regresó a su casa. Cuando llegó, Flor Dorada salió de la cocina llevando una bandeja con su plato favorito. Se detuvo, y le dijo:

—Estás en casa. —Y luego, rompió en llanto. U Long, sintiéndose muy incómodo, se esforzó a decir:

—Gracias por haber dado ese dinero para mi operación. —Entre sollozos su esposa respondió:

—No he vivido en vano, me has agradecido.

Para entonces, la hija ya estaba llorando también, y de repente exclamó en alta voz:

—Mamá, le tienes que decir. Por favor, dile lo que hiciste. Fuiste tú quien le diste las córneas.

U Long quedó pasmado. No podía ser verdad. Corrió junto a su esposa, y al mirar su rostro, ya no se dio cuenta de las marcas en su cara. No vio sus facciones sin gracia. Sólo miró profundamente a esos ojos lastimados. Entre gritos, U Long le dijo:

—¿Por qué? ¿Por qué lo hiciste? —Y ella respondió simplemente:

—Porque tú eres mi esposo —y escondió su rostro en el hombro de él. Entonces U Long pronunció dos palabras que nunca había dicho desde el día de su boda. Abrazando a su esposa, le dijo en voz muy baja:

—Flor Dorada —y cayó a sus pies, bañándolos con sus lágrimas.

Amigo lector, al contemplar al Jesús crucificado, las cicatrices en sus manos y sus pies, y en todo su cuerpo magullado por nosotros, empezamos a ver la profundidad de su amor, semejante al que U Long contempló al observar los ojos invidentes de su esposa.

Diciembre 30

DIOS Y TU DINERO

Entonces Jesús, mirándole, le amó, y le dijo: Una cosa te falta: anda, vende todo lo que tienes, y dalo a los pobres, y tendrás tesoro en el cielo; y ven, sígueme, tomando tu cruz. Pero él, afligido por esta palabra, se fue triste, porque tenía muchas posesiones (Marcos 10:21, 22).

¡Asómbrese, usted que pensaba que Jesús nunca exigiría un compromiso financiero de nadie! Y note que Jesús no se limitó a pedir el diezmo de este joven. No le exigió el 10% de sus entradas. Le pidió todo. La reacción del joven fue inmediata. Se fue triste creyendo que Jesús quería desposeerlo de todas sus posesiones.

El relato no termina ahí. No fue sólo el joven rico el que quedó triste y sorprendido por la declaración de Jesús. La narrativa bíblica nos cuenta cómo reaccionaron los mismos discípulos del Maestro: "Ellos se asombraron aún más, diciendo entre sí: ¿Quién, pues, podrá ser salvo?" (vers. 26).

Los discípulos, como buenos judíos, seguramente diezmaban, pero ¿darlo todo?; ¡eso es exagerado en extremo! Y, ¿quién los culpa? Si somos honestos tenemos que admitir que nosotros hubiéramos reaccionado de la misma manera.

Pero hay algo que el joven rico, los discípulos y nosotros entendemos mal. Suponemos que el pedido de Jesús a este joven hubiera resultado en la pérdida de sus posesiones y riquezas; que la intención de Jesús era empobrecer a este rico. Pero nos equivocamos. La intención de Dios, tanto con la práctica del diezmo como con este extraño pedido de Jesús al joven rico, resulta ser otra cosa completamente. No tiene nada que ver con la desposesión de nuestros bienes. La respuesta la da el propio Jesús a sus atónitos discípulos sólo instantes después de la retirada triste del joven. Veamos: "Respondió Jesús y dijo: De cierto os digo que no hay ninguno que haya dejado casa, o hermanos, o hermanas, o padre, o madre, o mujer, o hijos, o tierras, por causa de mí y del evangelio, que no reciba cien veces más ahora en este tiempo; casas, hermanos, hermanas, madres, hijos, y tierras, con persecuciones; y en el siglo venidero la vida eterna" (vers. 29 y 30).

¡Asombrosa promesa! Jesús asegura a sus discípulos que todo lo que el dador siembre en el reino de Dios para la causa del evangelio será recompensado con una cosecha multiplicada "¡cien veces más ahora en este tiempo!"

Si el joven rico hubiera obedecido el pedido de Jesús (que procuraba despojarlo de su egoísmo, y no de sus posesiones), las riquezas de este joven se habrían multiplicado ¡cien veces! Y, por supuesto, habría gozado de la recompensa más extraordinaria dable: "la vida eterna".

LA PALABRA: RADIOGRAFÍA DEL ALMA

En el principio era el Verbo, y el Verbo era con Dios, y el Verbo era Dios [...] Y aquel Verbo fue hecho carne, y habitó entre nosotros (y vimos su gloria, gloria como del unigénito del Padre), lleno de gracia y verdad (Juan 1:1, 14).

Nada resulta más fundamental al concepto de la "persona" que su verbo, o palabra. El vocablo "persona" viene del latín *personare* (el lector reconocerá la relación que tiene sonare con "sonar" y "sonido"). Y, claro está, nada es más humano que la comunicación. Nada delata nuestra esencia con mayor fidelidad que nuestro verbo. Si bien es verdad que solemos ser juzgados primero por nuestra apariencia, también es cierto que ese criterio es tenue, ya que siempre aguarda el arribo de la palabra, y es ésta la que nos define con permanencia. Lo que decimos, y cómo lo decimos es la impresión que queda; la radiografía del alma. El buen Libro dice que "de la abundancia del corazón habla la boca" (Lucas 6:45). Y añade: "Por tu propia boca te juzgo" (Lucas 19:22).

"Sé un hombre (o mujer) de tu palabra", escuchábamos decir a nuestros padres y abuelos. La persona de palabra descuidada e incumplida era tenida por "charlatán", alguien con quien no se entraba en ningún trato serio. En cambio, el hombre que "encarnaba" sus palabras, que las traducía a hechos, era el respetado. Por eso los abuelos nos advertían que no fuéramos como aquellos de quienes se podía decir eso de que "del dicho al hecho hay un gran trecho". El hombre y la mujer honrados son los que logran franquear dicho trecho; en ellos, sus palabras y sus hechos son una misma cosa.

Hubo Uno que supo encarnar su Verbo con su manera de vivir. Su nombre es Jesús. De él declara la Escritura: "En el principio era el Verbo, y el Verbo era con Dios, y el Verbo era Dios [...] Y aquel Verbo fue hecho carne, y habitó entre nosotros (y vimos su gloria, gloria como del unigénito del Padre), lleno de gracia y de verdad (Juan 1:1, 14). Jesús fue (y sigue siendo) consustancial con su palabra. Son una cosa. Lo que decía lo traducía a hechos, y ésa era la base de su poder, era "la gloria" que "vimos". Y la Biblia deja en claro que "la gloria de Dios" es su carácter (véase Éxodo 33:18, 19). Y nosotros, ¿seremos gente de carácter? ¿Qué verán los demás?

Hay buenas noticias. Si dejamos que Cristo more en nuestros corazones por la fe, él puede limpiar el corazón (la mente), de donde salen nuestras palabras. Y notemos lo que Dios promete hacer con sus fieles de los últimos días: "Y en sus bocas no fue hallada mentira, pues son sin mancha delante del trono de Dios" (Apocalipsis 14:5).

¡Créelo, joven lector! ¡Esa promesa te incluye a ti!

GUÍA PARA EL AÑO BÍBLICO

ENERO
1. Gén. 1, 2
2. Gén. 3-5
3. Gén. 6-9
4. Gén. 10, 11
5. Gén. 12-15
6. Gén. 16-19
7. Gén. 20-22
8. Gén. 23-26
9. Gén. 27-29
10. Gén. 30-32
11. Gén. 33-36
12. Gén. 37-39
13. Gén. 40-42
14. Gén. 43-46
15. Gén. 47-50
16. Job 1-4
17. Job 5-7
18. Job 8-10
19. Job 11-13
20. Job 14-17
21. Job 18-20
22. Job 21-24
23. Job 25-27
24. Job 28-31
25. Job 32-34
26. Job 35-37
27. Job 38-42
28. Éxo. 1-4
29. Éxo. 5-7
30. Éxo. 8-10
31. Éxo. 11-13

FEBRERO
1. Éxo. 14-17
2. Éxo. 18-20
3. Éxo. 21-24
4. Éxo. 25-27
5. Éxo. 28-31
6. Éxo. 32-34
7. Éxo. 35-37
8. Éxo. 38-40
9. Lev. 1-4
10. Lev. 5-7
11. Lev. 8-10
12. Lev. 11-13
13. Lev. 14-16
14. Lev. 17-19
15. Lev. 20-23
16. Lev. 24-27
17. Núm. 1-3
18. Núm. 4-6
19. Núm. 7-10
20. Núm. 11-14
21. Núm. 15-17
22. Núm. 18-20
23. Núm. 21-24
24. Núm. 25-27
25. Núm. 28-30
26. Núm. 31-33
27. Núm. 34-36
28. Deut. 1-3
29. Deut. 4, 5

MARZO
1. Deut. 6, 7
2. Deut. 8, 9
3. Deut. 10-12
4. Deut. 13-16
5. Deut. 17-19
6. Deut. 20-22
7. Deut. 23-25
8. Deut. 26-28
9. Deut. 29-31
10. Deut. 32-34
11. Jos. 1-3
12. Jos. 4-6
13. Jos. 7-9
14. Jos. 10-12
15. Jos. 13-15
16. Jos. 16-18
17. Jos. 19-21
18. Jos. 22-24
19. Juec. 1-4
20. Juec. 5-8
21. Juec. 9-12
22. Juec. 13-15
23. Juec. 16-18
24. Juec. 19-21
25. Rut 1-4
26. 1 Sam. 1-3
27. 1 Sam. 4-7
28. 1 Sam. 8-10
29. 1 Sam. 11-13
30. 1 Sam. 14-16
31. 1 Sam. 17-20

ABRIL
1. 1 Sam. 21-24
2. 1 Sam. 25-28
3. 1 Sam. 29-31
4. 2 Sam. 1-4
5. 2 Sam. 5-8
6. 2 Sam. 9-12
7. 2 Sam. 13-15
8. 2 Sam. 16-18
9. 2 Sam. 19-21
10. 2 Sam. 22-24
11. Sal. 1-3
12. Sal. 4-6
13. Sal. 7-9
14. Sal. 10-12
15. Sal. 13-15
16. Sal. 16-18
17. Sal. 19-21
18. Sal. 22-24
19. Sal. 25-27
20. Sal. 28-30
21. Sal. 31-33
22. Sal. 34-36
23. Sal. 37-39
24. Sal. 40-42
25. Sal. 43-45
26. Sal. 46-48
27. Sal. 49-51
28. Sal. 52-54
29. Sal. 55-57
30. Sal. 58-60

MAYO
1. Sal. 61-63
2. Sal. 64-66

3.	Sal. 67-69	18.	1 Rey. 11-13	
4.	Sal. 70-72	19.	1 Rey. 14-16	**AGOSTO**
5.	Sal. 73-75	20.	1 Rey. 17-19	1. 2 Rey. 20, 21
6.	Sal. 76-78	21.	1 Rey. 20-22	2. Sof. 1-3
7.	Sal. 79-81	22.	2 Rey. 1-3	3. Hab. 1-3
8.	Sal. 82-84	23.	2 Rey. 4-6	4. 2 Rey. 22-25
9.	Sal. 85-87	24.	2 Rey. 7-10	5. Abd. y Jer. 1, 2
10.	Sal. 88-90	25.	2 Rey. 11-14:20	6. Jer. 3-5
11.	Sal. 91-93	26.	Joel 1-3	7. Jer. 6-8
12.	Sal. 94-96	27.	2 Rey. 14: 21-25	8. Jer. 9-12
13.	Sal. 97-99		Jon. 1-4	9. Jer. 13-16
14.	Sal. 100-102	28.	2 Rey. 14:26-29	10. Jer. 17-20
15.	Sal. 103-105		Amós 1-3	11. Jer. 21-23
16.	Sal. 106-108	29.	Amós 4-6	12. Jer. 24-26
17.	Sal. 109-111	30.	Amós 7-9	13. Jer. 27-29
18.	Sal. 112-114			14. Jer. 30-32
19.	Sal. 115-118		**JULIO**	15. Jer. 33-36
20.	Sal. 119	1.	2 Rey. 15-17	16. Jer. 37-39
21.	Sal. 120-123	2.	Ose. 1-4	17. Jer. 40-42
22.	Sal. 124-126	3.	Ose. 5-7	18. Jer. 43-46
23.	Sal. 127-129	4.	Ose. 8-10	19. Jer. 47-49
24.	Sal. 130-132	5.	Ose. 11-14	20. Jer. 50-52
25.	Sal. 133-135	6.	2 Rey. 18, 19	21. Lam.
26.	Sal. 136-138	7.	Isa. 1-3	22. 1 Crón. 1-3
27.	Sal. 139-141	8.	Isa. 4-6	23. 1 Crón. 4-6
28.	Sal. 142-144	9.	Isa. 7-9	24. 1 Crón. 7-9
29.	Sal. 145-147	10.	Isa. 10-12	25. 1 Crón. 10-13
30.	Sal. 148-150	11.	Isa. 13-15	26. 1 Crón. 14-16
31.	1 Rey. 1-4	12.	Isa. 16-18	27. 1 Crón. 17-19
		13.	Isa. 19-21	28. 1 Crón. 20-23
	JUNIO	14.	Isa. 22-24	29. 1 Crón. 24-26
1.	Prov. 1-3	15.	Isa. 25-27	30. 1 Crón. 27-29
2.	Prov. 4-7	16.	Isa. 28-30	31. 2 Crón. 1-3
3.	Prov. 8-11	17.	Isa. 31-33	
4.	Prov. 12-14	18.	Isa. 34-36	**SEPTIEMBRE**
5.	Prov. 15-18	19.	Isa. 37-39	1. 2 Crón. 4-6
6.	Prov. 19-21	20.	Isa. 40-42	2. 2 Crón. 7-9
7.	Prov. 22-24	21.	Isa. 43-45	3. 2 Crón. 10-13
8.	Prov. 25-28	22.	Isa. 46-48	4. 2 Crón. 14-16
9.	Prov. 29-31	23.	Isa. 49-51	5. 2 Crón. 17-19
10.	Ecl. 1-3	24.	Isa. 52-54	6. 2 Crón. 20-22
11.	Ecl. 4-6	25.	Isa. 55-57	7. 2 Crón. 23-25
12.	Ecl. 7-9	26.	Isa. 58-60	8. 2 Crón. 26-29
13.	Ecl. 10-12	27.	Isa. 61-63	9. 2 Crón. 30-32
14.	Cant. 1-4	28.	Isa. 64-66	10. 2 Crón. 33-36
15.	Cant. 5-8	29.	Miq. 1-4	11. Eze. 1-3
16.	1 Rey. 5-7	30.	Miq. 5-7	12. Eze. 4-7
17.	1 Rey. 8-10	31.	Nah. 1-3	13. Eze. 8-11